《萍乡概览》编纂委员会

主　　编：李昌清

副 主 编：陈为真　赖爱荣

成　　员：姚　萍　易文浩　刘　影　漆贺春　胡继超
　　　　　赵斯琴　李文正　周德林　韩　茜　李雅婷

地图编辑：魏　悦　刘　锬　崔亚如　彭　兵　郭剑平
　　　　　饶　君　曾翠云　付　聪　许　洁

《萍乡概览 上栗县卷》编纂人员

主　　编：李文正

副 主 编：柳兰萍　黄路超

编　　辑：金都有　谢莉祥　崔招金　刘　武　黄如良
　　　　　钟　枧　郑　路　周　川　陈慧琳

校　　对：陈慧琳

上栗县卷

萍乡概览

中共萍乡市委史志研究室 ◎编

江西人民出版社

编纂说明

一、《萍乡概览》以马克思列宁主义、毛泽东思想、邓小平理论、"三个代表"重要思想、科学发展观、习近平新时代中国特色社会主义思想为指导,深入学习贯彻落实习近平文化思想,客观、系统地记录萍乡市、县(区)、乡(镇、街道)、村(社区)各级基本情况概要,反映其自然、政治、经济、文化、社会的历史与现状。

二、记述时间不设上限,尽量追溯到村落、社区形成时,下限至2022年底,其中未标注年份的人口、面积等基础数据为截至2021年底的数据。

三、本卷收录上栗县上栗镇、桐木镇、金山镇、鸡冠山乡、杨岐乡(鸡冠山垦殖场)、长平乡、东源乡、赤山镇共8个乡镇(场)143个村(社区)简介。

四、概览分为地情概况、自然环境与资源、经济、基础设施、社会发展、特色地情等栏目,突出地方特色和历史文化,不面面俱到,有则多记,无则不记。

五、本卷收录的图片和相关经济、姓氏人口等数据均由所在乡镇和村(社区)提供。

乡（镇、街道）图例

符号	说明	符号	说明
★	市政府	═══	主要街道
◎	县（市、区）政府	═══	次要街道
◉	乡（镇）、街道	──	一般街道
⊙	居委会	━━━	高速铁路
•	村委会	━━━	普通铁路
○	自然村	──	高速公路
1918▲金顶	山峰	═G320═	国道及编号
	大型水库	═S311═	省道及编号
	中型水库	──	县道
	小型水库	──	乡道
⌒	桥梁	──	村道
⊐===⊏	隧道	—··—··—	省界
		— — — —	设区市界
		—·—·—·—	县（市、区）界
		— — —	乡（镇）、街道界

附注：图内所有界线不作为划界依据。

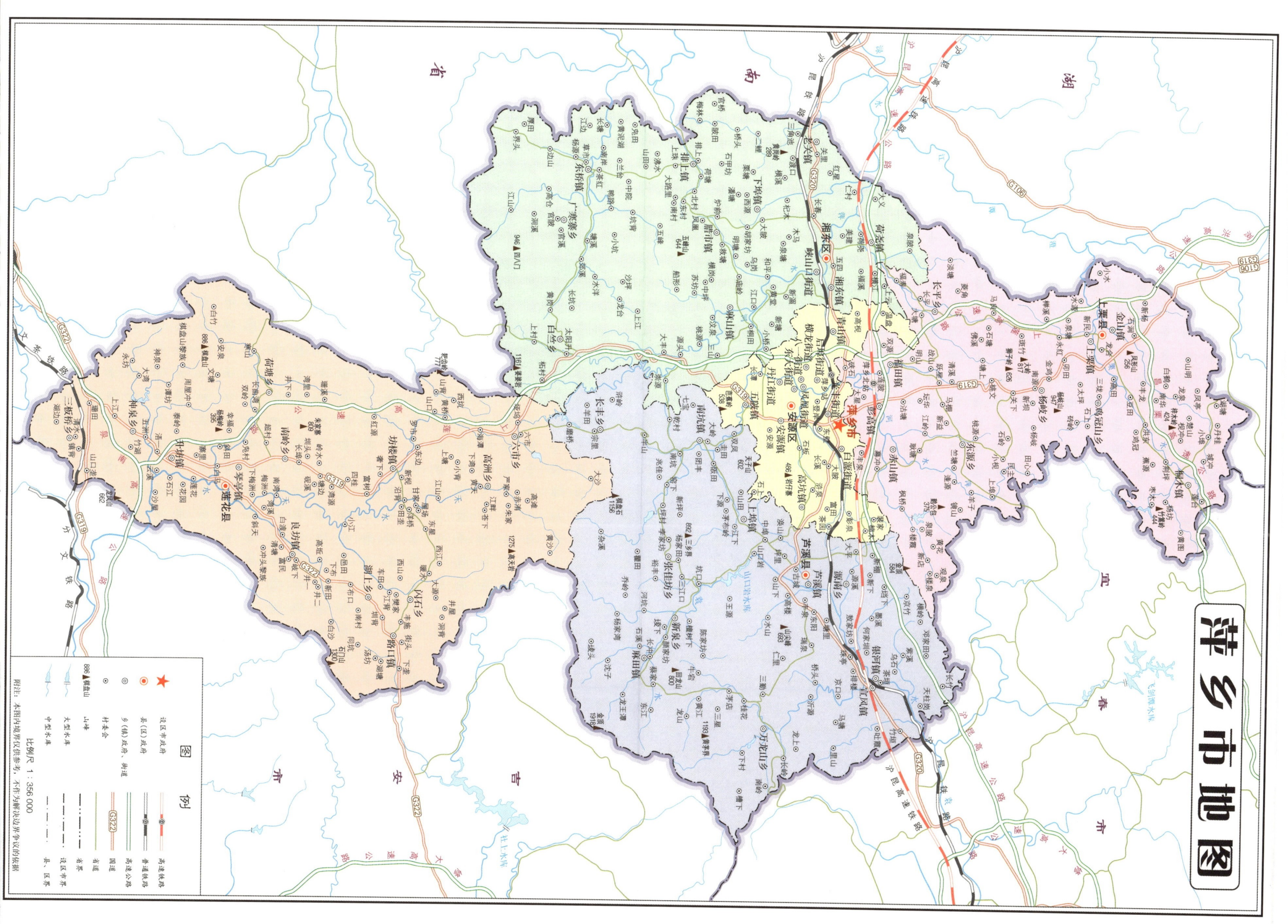

萍乡概况

历史沿革　远在5000年前的新石器时代,萍乡就有先民居住和生活,为百越族的一支三苗族。西周时,萍乡属扬州,春秋属吴国,战国时为楚地,汉时属豫章郡宜春县地。三国吴宝鼎二年(267)设萍乡县,属安成郡,县治设芦溪古岗(今芦溪古城村)。唐武德二年(619),县治从芦溪古岗迁至萍乡凤凰池。唐贞观元年(627),江南道分东西两道,萍乡属江南西道袁州。元至元十四年(1277),袁州安抚司改为总管府,隶属湖南行省,萍乡县属袁州总管府。至元十九年(1282),升袁州为路,隶属江西行省,萍乡县属袁州路。元元贞元年(1295),萍乡由县升格为州。明洪武二年(1369),萍乡由州改县,隶属江西布政司袁州府。1914年,属庐陵道。1926年,直隶于江西省。1932年,属第八行政区。1935年,属第二行政区。

1949年7月23日萍乡解放后,设萍乡市萍乡县,9月撤市留县,隶属袁州专区。1952年9月袁州专区和南昌专区合并为南昌专区,萍乡隶属之。1959年1月,南昌专区改名为宜春专区,萍乡隶属之。1960年萍乡撤县设市,由宜春专区代管。1970年3月10日,萍乡改为省辖市,延续至今。

行政区划　萍乡市辖芦溪、上栗、莲花3县,安源、湘东2区,共29个镇、19个乡、9个街道办事处、144个居民委员会和641个村民委员会。另市本级设有国家级萍乡经济技术开发区管委会和武功山风景名胜区管委会。截至2023年底,全市户籍人口1968083人,

常住人口1801638人。

自然地理 萍乡市地处江西省西部,东接宜春市袁州区、吉安市安福县,西邻湖南省醴陵市、攸县,南连吉安市永新县和湖南省茶陵县,北毗湖南省浏阳市,位于北纬26°57′—28°01′、东经113°35′—114°17′之间,面积3830.42平方千米。

萍乡是江西的"西大门",素有"湘赣通衢""吴楚咽喉"之称。在赣西经济发展格局中处于中心位置,是湘赣两省唯一全境纳入湘赣边区域合作示范区的设区市。沪昆高铁、沪昆铁路横穿境内与京广、京九两大铁路动脉相连。319国道和320国道呈十字形在市区交会通过,沪昆高速公路、上莲高速公路贯穿全境。市中心城区距湖南长沙黄花机场仅120千米,具有优越的区位地理条件。

萍乡市地貌类型有中低山、丘陵、岗地和河谷平原四类。其中中低山和丘陵区分布广泛,面积分别为1535.92平方千米和1591.09平方千米,占全市总面积的40.08%和41.52%。境内山地、丘陵、盆地错综分布,地貌较为复杂。东部、南部、北部以山地为主,西部地势平缓。东南部有武功山脉,海拔一般在800~1900米之间,最高峰白鹤峰海拔1918.3米。北部杨岐山至大屏山一带地势险要,海拔在600~900米之间。西部萍水河河床最低点的海拔只有64米。中部偏东地势较高,成为洞庭湖水系和鄱阳湖水系的分水岭。

域内水系分属洞庭湖水系和鄱阳湖水系。全市主要河流有五条,即萍水、栗水、草水、袁水、莲水。袁水、莲水发源于武功山,汇入赣江;萍水、栗水、草水发源于武功山与杨岐山之间,最终注入湘江。主要支流有长平河、福田河、东源河、楼下河、高坑河、万龙山河、张佳坊河、金山河、大山冲河、鸭路河等。水资源十分丰富,地表水径流量为26.46亿立方米/年,地下水储量为4亿立方米。

萍乡市属亚热带湿润季风气候区,全年光照充足,雨量充沛,四季分明,极端最高气温达41℃,极端最低气温-9.3℃,年平均气温17.3℃。年平均降水量1596.7毫米。降水量时空分布不均,4—6月降水较为集中,占全年降水量的42%;空间上南部多于北部,东部多于西部,山区多于平原。

萍乡自然资源丰富、景色优美,全市森林覆盖率达67.27%,已探明的矿藏有36种,植物物种有1400余种。境内分布的陆生野生动物有两栖类20种、爬行类30种,有鸟类170种、兽类50种。境内亿年溶洞孽龙洞被誉为"天下第一洞""地下艺术长廊",大屏山、玉皇山、明月湖以及仙凤三宝、十里花溪、荷花博览园等一大批山水景观和乡村旅游点星罗棋布,共同构筑了山水形胜、风景如画的大美萍乡。

历史人文 萍乡历史悠久,文化底蕴深厚。田中古城为始建于商周时期的遗址,见证了萍乡3000余年的文明史。相传在春秋时期,楚昭王在此渡江得"萍实",乃"吉祥之物",萍乡也因此得名,意为"萍实之乡"。吴、楚文化的相濡浸染,孕育了独具萍乡风情的民风民俗和异彩纷呈的民间艺术,采茶俚调、民间灯彩、古朴漆画、春锣渔鼓等民间文化传承千年,历久弥新。

杨岐山是中国佛教禅宗五家七宗之一杨岐宗的发祥地,宗教文化源远流长,影响远播海内外。源于楚巫的傩文化被称为"艺术的活化石",萍乡傩面、傩舞、傩庙"三宝"俱全,被誉为"中国傩文化之乡"。

萍乡自古才俊辈出。古代有著名理学家刘元卿,"江西大器"刘凤诰,清代廉吏颜培天,"末代帝师"朱益藩,维新志士、文史大家文廷式等;近代以来涌现了二胡大家黄海怀、中国声乐事业奠基者喻宜萱,还走出了陈述彭、简水生、颜龙安等10位萍乡籍"两院"院士。

萍乡是中国近代工业文明发祥地之一。清邮政大臣盛宣怀于光绪二十四年(1898)在安源创办萍乡煤矿,光绪三十四年(1908)又创办了当时中国第一个股份合资企业——汉冶萍公司,修筑了株萍(至安源)铁路。萍乡煤矿为汉冶萍公司的重要组成部分,是江南最早采用西法机器生产、运输、洗煤、炼焦的煤矿,1916年就产原煤95万吨、焦炭25万吨,萍乡被誉为"江南煤都"。

萍乡是"工运摇篮"。1922年9月,毛泽东、刘少奇、李立三等老一辈无产阶级革命家领导的安源路矿工人大罢工,是中国共产党第一次独立领导并取得完全胜利的工人斗争。安源路矿工人运动持续近十年,开创了中国共产党最早的党校——安源党校、全国产业工人中最早的党支部——中共安源路矿支部、中国共产党领导下最早的经济事业组织——安源路矿工人消费合作社等全国之最。安源工运成为激励全国工人运动的一面旗帜,在中共党史、中国工人运动史、中国人民解放军建设发展史上写下了光辉的一页。在工运浪潮的鼓舞下,中国共产党领导的第一个少年儿童革命组织——安源儿童团在这里诞生,秋收起义在这里策源和爆发,引兵井冈山、开辟中国革命道路的伟大决策在这里作出,萍乡籍和安源走出去的将军就有30人。

萍乡是"户外天堂"。境内武功山是国家AAAAA级旅游景区,入选世界地质公园,获评国家级文明旅游示范单位、国家自然资源科普基地、国家体育旅游示范基地、全国非遗旅游景区。山顶十万亩高山草甸在世界同纬度名山中绝无仅有,被誉为"云中草原、户外天堂",为众多年轻人和户外运动爱好者所青睐,常年在各大旅游平台发布的山岳景区榜单中位居前十,每年都有超过100万人来此徒步、露营,欣赏壮观的云海、草甸、星空和日出的美景。

萍乡是"花炮故里"。花炮祖师李畋的故乡就在萍乡上栗。花炮制作传承发展至今1300余年从未中断,萍乡(上栗)烟花制作技艺入选了国家级非物质文化遗产名录。如今,萍乡是全国四大烟花爆竹主产区和转型升级集中区之一,"上栗花炮"获评中国地理标志商标。2023年,萍乡花炮产业实现产值超200亿元,产品远销60余个国家和地区,产品销量占国内市场的27%、出口市场的22.7%。

萍乡是"中国辣都"。鲜辣椒规模种植面积1.6万亩左右,年产量约5840吨,市场推广应用品种20余个。"鲜辣"是萍乡饮食中最鲜明的印记,"萍乡十大碗"、莲花血鸭、萍乡小炒肉等辣味萍乡菜远近闻名。"花蝴蝶"麻辣豆皮、萍乡炒粉、麻辣嗦螺、盐果子等辣味小吃,种类繁多,各具特色,深受萍乡人和各地游客喜爱。2024年10月,萍乡市被全国生态食材评定中心评为"中国生态美食地标辣文化之都"、生态产品区域公用品牌。

经济发展　2023年,地区生产总值1151.66亿元,同比增长3.0%。一般公共预算收入112.2亿元,增长4.8%。一般公共预算支出325.7亿元,增长6.2%。规上工业总产值1092.66亿元,增长0.5%。规上工业增加值增长2.8%。城镇居民人均可支配收入46928元,增长3.6%。农村居民人均可支配收入25967元,增长6.9%。城乡居民年末储蓄余额1302.13亿元,增长17.26%。

目 录

上栗县概述	001

上栗镇　　005

胜利村	008
新建村	010
斑竹村	012
菜场村	015
达塘村	017
佛岭村	019
榉溪村	022
龙合村	024
绿塘村	026
永红村	028
夭埠村	031
万石村	033
新群村	035
泉塘村	038
石洋村	040
水源村	043
四海村	045
新民村	047
滨河社区	049
西顺社区	051
南北社区	052
平安社区	054
栗江社区	055

桐木镇　　059

桐木社区	062
莲台村	063
黄图村	067
杨坊村	069
枣木村	072
桐木村	075
雅溪村	077
周田村	079
小埠村	082
丹桂村	085
湖塘村	086
蕉源村	089
枧冲村	092
楚山村	094
城冲村	098
洪东村	100
崇德村	103
荆坪村	105

金山镇	109
金山村	112
中鹤村	114
樟坊村	116
白鹤村	118
丰龙村	120
凤鸣村	122
凤亭村	124
高山村	127
横水村	129
简　村	131
黎塘村	133
龙泉村	136
南华村	138
普化村	140
桥塘村	142
山口村	144
山明村	146
山田村	149
石涧村	151
小水村	153
新杨村	157
宝华工业社区	159
鸡冠山乡	163
三垅村	165
豆田村	168
高田村	171
流源村	173

恢柳村	175
芦下村	177
石上村	180
驿马村	182
圳上村	184
鸡冠村	186
横下村	188
砖岭村	190
庙背村	192
杨岐乡（垦殖场）	196
南源村	200
杨岐村	202
保护村	204
关上村	206
关下村	208
黄冲村	210
新坝村	212
太坪村	214
水井村	216
金鸡村	218
卯田村	221
清溪村	223
桃文村	226
石岭村	228
石源村	230
安子全社区	232
长平乡	236
星辉村	240

长平村	242	上埠村	307
大塘村	244	桃源村	310
淡塘村	247	田心村	312
佛溪村	249	小枧村	315
福寿村	251	新益村	318
黄泥塘村	254	羊子村	320
菱角村	256	竺塘村	323
流江村	258		
马良村	261	**赤山镇**	328
落星村	263	院背村	331
明星村	266	赤山村	332
平吉村	269	大院村	335
杉木村	271	耿塘村	337
狮形村	273	幕冲村	339
石塘村	275	观泉村	343
石溪村	278	麻田村	345
塘上村	281	楼霞村	347
新蕉源村	284	兰田村	349
		新店村	351
东源乡	288	泉陂村	353
东源村	290	湾里村	356
逢源村	292	枫桥村	358
宫江村	295	高兰村	360
江岭村	297	楼泉村	363
镜山村	299	黄花村	365
楼下村	300	黄田社区	367
民主村	302		
桥头村	305	**后记**	369

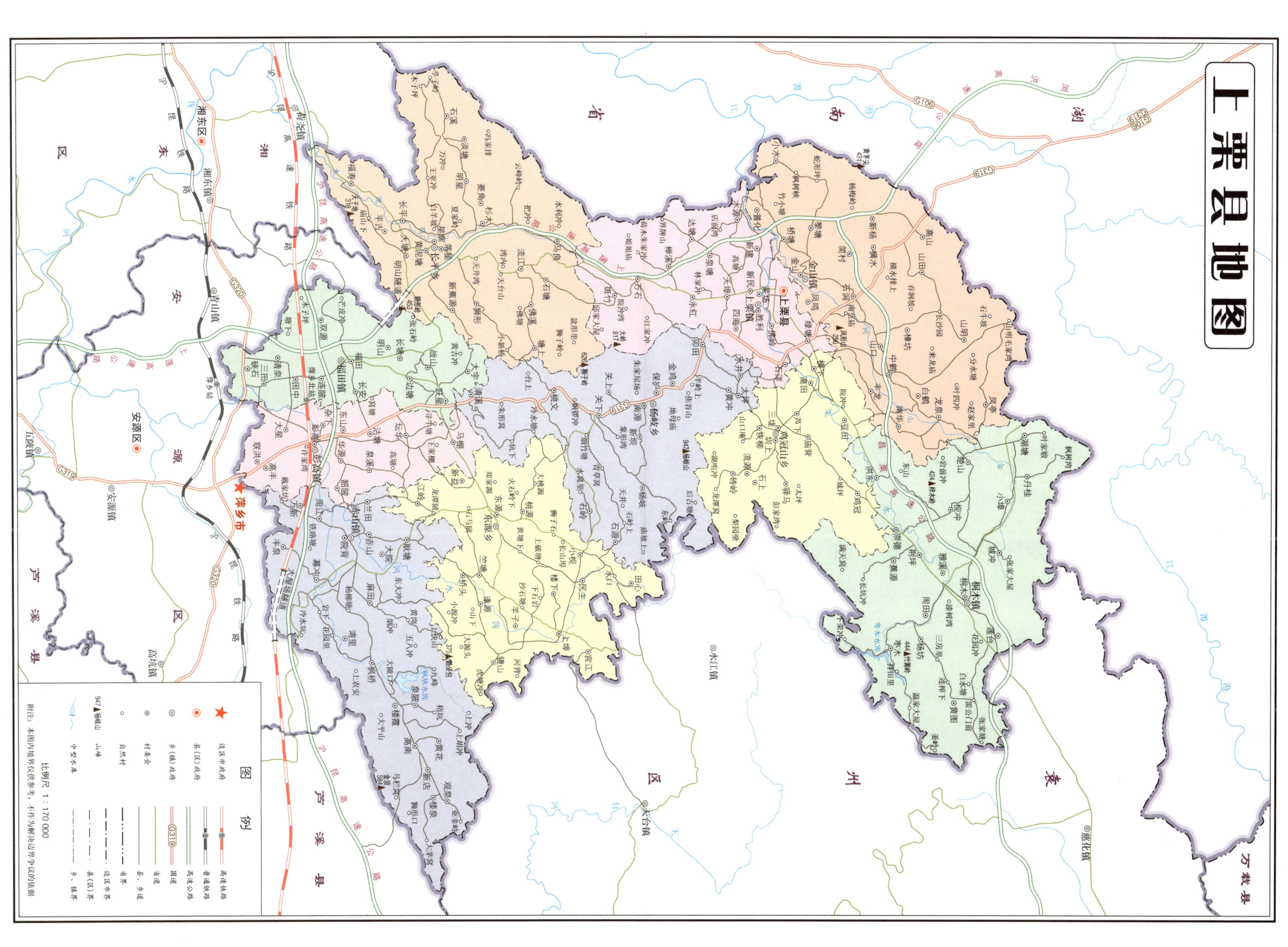

上栗县概述

上栗居醴陵上游,俗称"上醴",也称"上栗市"。位于江西西北部,萍城之北,县城距省会南昌260千米,距长沙99千米,距萍乡市区30千米,自古为赣湘通衢,吴楚咽喉。东临本省宜春市袁州区慈化镇、水江镇、天台镇,萍乡市芦溪县源南乡、银河镇,南与萍乡经济技术开发区,安源区青山镇、高坑镇,湘东区荷尧镇山水相连,西与湖南省醴陵市李畋镇接界,北与湖南省浏阳市大瑶、文家市二镇相依,南北长45千米,东西宽25千米,总面积727.3平方千米。

上栗历史悠久,文化璀璨,风光秀丽,被誉为"中国烟花爆竹之乡""中国傩文化之乡""中国民间艺术之乡"。境内红色和古色文化氛围浓厚,红色文化尤为突出,有很深厚的底蕴。这里走出了王耀南、王六生、黎新民、罗桂华四位开国少将。这里是打响中国民主革命第一枪的萍浏醴起义的策源地,湘赣边秋收起义部队从这里转兵井冈山,斑竹山起义在这里发动。同时,佛教禅宗五家七宗中最为繁茂的杨岐宗在这里发祥;1.8亿年前形成的天然溶洞,被誉为"天下第一洞"的孽龙洞坐落在境内杨岐山风景名胜区。

境内气候温和,属亚热带季风性湿润气候,四季分明,温和多雨,年均温度17℃,极端最高气温为41℃,极端最低气温为-9.3℃,年均降水量1550毫米左右,无霜期240~270天。境内无大江大河,中型河流萍水河、栗水河分别发源于境内杨岐山的东、北两侧,自东向西和由北向南,接纳境内大小支流16条,分别注入醴陵渌水入湘江。地形不利于蓄水,易涝易旱,中华人民共和国成立后,大兴水利建设,先后修建了枣木、黄土开(枫林水库)2座中型和42座小型水库,总库容量达6387万立方米,有效灌溉面积达98674公顷。进入新时代后,上栗县对水利工作更加重视,正在筹建储水量大的流源水库和东源水库,建成后将缓解居民生活用水和工农业

用水紧张的问题。

境内自然资源丰富。矿产资源较多,现已探明的矿库、矿点达150多处,有煤、铅、金、铜、硫、锌、磷、瓷土等10余种,另外,石灰石、海泡石、大理石等矿产资源也是储量大、品位高、分布广,极富开采价值。森林资源丰富,林地约占全县总面积的60%,有各种植物1060余种,大小林场25个,林木以杉、松、毛竹和油茶等用材林木或经济林木为主。

境内山川秀美,环境幽雅。杨岐山重峦叠嶂,钟灵险峻,奇石林立,气象万千。在杨岐山脉内,亿万年前就形成了一个全长约4千米的天然溶洞——孽龙洞,该洞景观独特,洞中有洞,洞洞相通,石乳石笋,千姿百态,栩栩如生。1982年该溶洞经上海同济大学权威专家考察鉴定为天然溶洞,属大自然的鬼斧神工杰作。孽龙洞有"地下艺术长廊""天下第一洞"等美誉。随着孽龙洞等周边景点的开发利用,现已正式命名为杨岐山风景名胜区孽龙洞景区,获批国家AAAA级景区。除该溶洞外,全县发现并命名的溶洞还有46个。境内杨岐山普通寺,为我国佛教五家七宗之一——杨岐宗的发祥地,乘广、甄叔、方会3位高僧是中国佛教史上的杰出人物,杨岐宗传入日本后,成为日本佛教大宗之一。境内傩文化源远流长,赤山镇丰泉村石洞口的傩神庙始建于元末明初,其傩庙、傩具、傩舞至今保存完好,堪称中国傩文化的"三宝"。上栗南街花园古佑圣观始建于东晋永和九年(353),是赣西寺庙的活化石,在当时堪称赣西寺庙之最。境内瑶金山寺前的古罗汉松,树龄1300余年,至今枝繁叶茂。杨岐山寺后的"倒栽柏"均为历经千余年的古树名木,杨岐山的方竹、金山镇白鹤村的红桎木均属国家名贵竹木之珍品。

境内文物古迹较多。1961年,在境内萍水河彭高河段里打捞出了一件西周云雷纹甬钟,郭沫若在《中国史纲》书中将其称为"青铜重器",定名为"彭高编钟"。20世纪70年代,考古人员在境内上栗镇施家台、桐木镇荆坪、赤山镇大宝山等地发现多处新石器时代遗址,在这些遗址中发现了红烧土居住面、柱洞遗址、陶窑址遗迹,出土了谷壳、耕田器、陶纺轮、酒器以及玉和石质佩饰、礼品等。赤山镇拱辰塔、桐木镇龙塔、上栗镇普济桥、长平乡牛皇宫均为市级重点保护文物;杨岐普通寺内唐碑、唐塔、唐柏被列入了国家级文物保护单位。

境内交通便利,沪昆高铁横贯县境,渝长厦高铁已启动建设并在境内设站,沪昆高速、萍洪高速、昌栗高速、319国道贯穿全境。上栗即将形成2条高铁、2个高铁站、3条高速及6条连接线、2条国道贯通的快速交通网络。

1971年1月,经江西省革命委员会批准,上栗成为县级行政区。1997年11月13日,经国务院批准,上栗撤区设县,县辖范围不变。2003年6月,境内赤山镇、彭高镇、福田镇相关村划归萍乡经济开发区管辖。至2021年11月,全县辖6镇4乡,共154个行政村，10个社区居委会，人口523618人，是全省人口密度较高的县区之一。2021年12月始，彭高镇、福田镇和赤山镇丰泉村、五丰湾社区划归萍乡经济技术开发区托管，全县实际管辖8个乡（镇、场），134个行政村，9个社区。

境内自古以来人文荟萃，名人辈出。这块钟灵毓秀的热土，哺育了一批又一批优秀人才。有唐代贞观年间的爆竹祖师李畋，以研制爆竹而闻名遐迩；有编纂《贞观新书》且"新书声价满皇都"的唐朝进士唐廪；有清乾隆时探花，官至史部右侍郎、太子少保，编著《五代史记》的"江西才子"刘凤诰；有清同治优贡，编纂《辽史纪事本末》《金史纪事本末》的著名历史学家李有棠；有同盟会骨干，发动和组织萍浏醴起义的左、右卫督统蔡绍南和魏宗铨；有革命烈士、曾任中共江西省委书记的张国庶；哲学家、教育家、西安交通大学原校长彭康；著名地质学家、长春地质学院原院长喻德渊；开国少将王耀南、王六生、黎新民、罗桂华；音乐家喻宜萱；中青年科学家彭晓峰等。

上栗有革命烈士1957人，他们和王耀南、罗桂华、王六生、黎新民等将军一样，都是上栗人民的崇高荣誉和榜样。上栗人民的革命斗争精神，表现了中华民族不甘屈辱、不畏强暴的崇高气节和爱国主义的崇高品格，这种精神和传统，是上栗人民最宝贵的财富，成为激励上栗人民建设美好明天的强大精神支柱。如今，境内革命纪念地和革命文物较著名的有麻石龙王庙（萍浏醴起义策源地）、斑竹山起义指挥所、斑竹山起义纪念碑、荆坪将军庙驻扎旧址（毛泽东率秋收起义队伍驻扎地）、上栗镇烈士陵园等。

境内经济繁荣，活力迸发。地区生产总值由2002年的23.7亿元增至2021年的194.98亿元，年均增长11.1%；财政收入由2002年的1.24亿元增至2021年的30.69亿元，年均增长17.4%；城镇居民人均可支配收入由2002年5987元增加到2021年40539元，年均增长10.04%；农村居民人均可支配收入由2002年的2030元增至2021年的22564元，年均增长12.8%。2022年，上栗实现生产总值210.55亿元，增长5.5%，列全市第二；完成财政收入36.27亿元，增长18.2%，列全市第一；规模以上工业增加值增长8.1%，列全市第一；固定资产投资增长7.8%，社会消费品零售总额增长5.3%，城镇居民、农村居民人均可支配收入分别增长4.3%和6.3%，主要经济指标增速位居全市第一方阵，全县经济社会呈现"稳中有进、进中趋优"的良好发展态势。

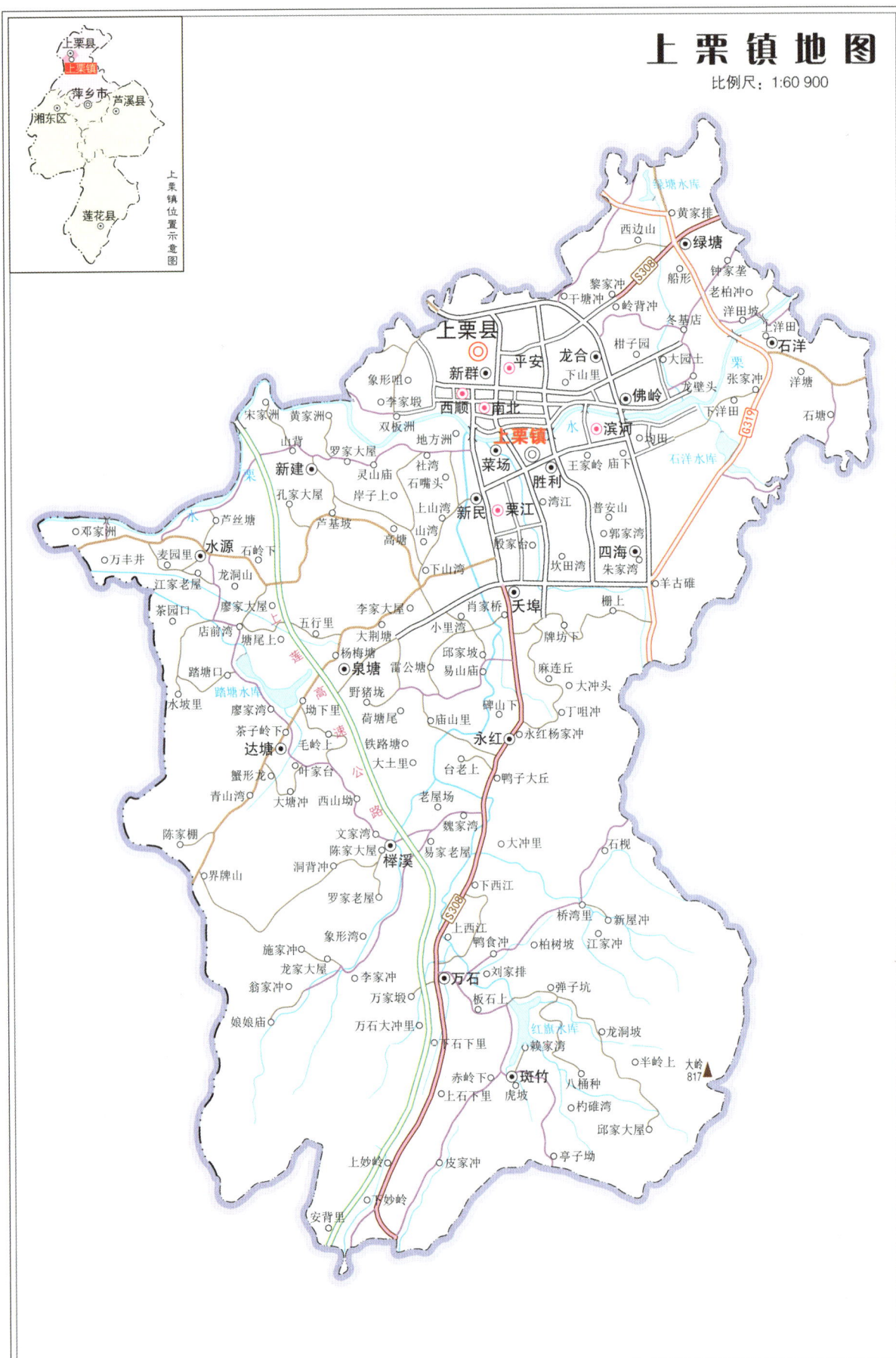

上栗镇

上栗镇地处上栗县城,东邻鸡冠山乡横下村,北靠金山镇金山村、凤鸣村,南接杨岐乡卯田村、长平乡塘上村,西与湖南省醴陵市接壤,系全县政治、经济、文化、交通中心。2021年,全镇总面积58.9平方千米,有耕地面积857.84公顷,山林面积2584.35公顷。镇政府驻地为上栗县城的胜利村,距离县政府仅1.3千米。

上栗镇以驻地得名。明洪武二年(1369)袁州兵备道在此设立上栗巡检司。民国期间属萍乡县栗江镇和从德乡。解放初属上栗区,辖上栗南北二街,渌塘、胜利、四海、南源等乡。1958年镇社分设,集镇称上栗镇,农村称上栗人民公社。1968年镇社合并为上栗镇。1971年改为上栗区上栗镇。1997年撤区设县,改名上栗县上栗镇。2003年8月,撤销杨岐乡并入上栗镇。2012年10月,上栗县恢复设立杨岐乡,原杨岐乡的杨岐、新坝、关下、关上、南源、保护、金鸡、卯田、大坪、水井、黄冲等村重新划归杨岐乡管辖。

上栗镇是一方红色革命热土,1906年发生的萍浏醴起义,上栗镇(古称栗江镇)是主要发起地和大本营。1927年9月10日,中共湖南省委派贺庆仁到上栗成立赤卫队,举行秋收起义,攻占上栗市,夺取了枪支,并率赤卫队参加了攻打浏阳的战斗。1928年,中共安源市委指派贺庆仁等地下党员在境内组织和发动了斑竹山起义,是年1月16日(农历小年)晚上,工农武装突袭驻上栗万寿宫的萍乡靖卫团中队,全歼靖卫团胡启图的一个连,缴枪73支,击毙靖卫团匪兵9名。在大革命和土地革命战争时期、抗日战争时期、社会主义革命和建设时期共有革命烈士171人。

境内地势东南高、西北低，四面群山起伏，中部平畴广阔。最高点位于万石村与杨岐关上村交界处，海拔815米，最低点为上栗镇水源村邓家洲，海拔77米。上栗镇气候温和，四季分明。1月均温5℃，7月均温28.8℃，年均温17.2℃。年降水量为1548毫米，无霜期270天（自3月至11月），森林覆盖率44.5%。矿产资源有煤炭、石灰石、大理石等。有中小河流4条，分别为栗水河、杨岐河、永红河、金山河。水库4座，为红旗水库、石洋水库、达塘水库、绿塘水库。境内旅游资源丰富。著名古迹有南街花园塘古佑圣观（1927年9月毛泽东领导的秋收起义部队驻扎地）、迴龙古庵、栗江书院等。古佑圣观于东晋永和九年（353）由道士彭云开募捐倡建。迴龙古庵，始建于宋代，寺前有古罗汉松两株，相传系宋时所植。栗江书院系清光绪十八年（1892）由邑人柳思诚等倡建，培育人才甚多。明嘉靖二十年（1541）由邑人荣廷诰倡建的栗江桥为市级保护文物。如今境内依托斑竹山党性教育示范基地、泉塘"小西湖"、栗江公园、李畋公园、花炮文化交流电子平台、花炮文化研究所、文化特色步行街等全域旅游资源，上栗镇已成为集花炮文化展示、红色文化旅游、烟火燃放、休闲、娱乐、美食等于一体的特色小镇。

2021年，境内辖18个村，5个社区，分别是石洋村、绿塘村、胜利村、泉塘村、桦溪村、菜场村、水源村、𠮽埠村、龙合村、斑竹村、佛岭村、新群村、新民村、达塘村、四海村、永红村、万石村、新建村、平安社区、滨河社区、南北社区、西顺社区和栗江社区。有334个村民小组，23154户，77843人，其中农村户籍人口51555人，非农村户籍人口26288人。境内人口大多数为汉族。有43个基层党组织，1791名党员。

境内交通发达。319国道连贯南北，萍洪高速从镇内经过，城区路网全面贯通各个村（社区）。2003至2021年，319国道、兴盛大道、平安北路、龙山路、胜利路、浏万路、迎宾大道、吉祥路、杨岐山大道、民胜路、平安南路、四海路相继建成通车，总里程达124.592千米。多次改造浏万东路、石洋路、兴盛大道等境内公路，提升全镇的道路交通设施建设。2014年，境内已实现村村通水泥路，2015年开始，逐步完成村村通沥青路。上栗的水利建设更加成熟，先后对栗水河石洋取水口至南天段、杨岐河从杨岐乡卯田村至菜场村段、金水河新群村至金山普化村段、永红河𠮽埠肖家桥至栗水河入口段等河道一一进行了河道治理。并于2013年开始，对石洋水库、达塘水库、绿塘水库、红旗水库、达塘村巫家冲山塘等水库山塘进行了除险加固及升级改造，大大提升防洪灌溉、生态维持、保障供水等能力，更好地发挥其应急保障功能，对于解决上栗镇的水资源短缺问题具有非常重要的现实意义。其他基础设施也日益完善，从2003年的泥巴路、老旧楼，到2021年道路"白改黑"、雨污分流、农村污水处理、老旧小区改造、背街小巷"白改黑"、老旧小区电梯加装、天然气管网工程、弱电下地、四网合一等民生基础工程日臻完善,如今大地红广场、李畋公园、栗子公园、栗江公园、花海等广场成为百姓休闲、散步、锻炼的好去处,还实现了社区有休闲广场(健身场所)、闹市有社会停车场、路上有公交站等一系列城镇化基础设施的要求,提高了百姓的幸福感、获得感。

上栗镇的经济以工业和商贸流通业为主,2008年至2015年,花炮产业发展较快,呈现逐年增长的好势头;从2019年1月起,花炮企业因环保要求提高,全国禁燃禁放城市逐步增多,部分中小花炮企业主动退出,产业出现了下滑的趋势。2007年至2018年,房地产业兴起,境内有上栗县碧桂园房地产开发有限公司、江西万宏房地产开发有限公司、上栗县华威置业有限公司等30余家房地产企业。从2019年6月起,肉兔、桑蚕、果蔬等农业产业发展迅速。2021年,境内有实体企业152家,其中第一产业有萍乡市裕农农业发展有限责任公司、上栗县卓越水产养殖专业合作社等;第二产业有江西康裕医药有限公司、上栗县福乐出口花炮厂、萍乡市远东出口花炮厂、萍乡市远洋出口花炮厂、萍乡市第六建筑工程有限公司、江西星火建设工程有限公司、上栗县上栗镇祥盛采石场等;第三产业有上栗县比一比贸易有限公司等。

上栗镇自古以来人文鼎盛,才俊辈出。历史上走出了明代县丞荣廷诰,清代举人柳家驹和进士胡增瑞、柳思诚,知县胡邦亮等。近代,魏宗铨和胡有棠在金山麻石龙王庙点燃了萍浏醴起义烈火,革命战争年代走出了开国少将王耀南,涌现出罗运磷、梁志泉、肖简臣、魏功南等一批革命先烈。

上栗镇教育、卫生、科学、体育、精神文明建设等事业发达,2003年有中学3所,中学生5569人,完全小学20所,小学教学点6个,在校小学生7700人。2021年有初级中学2所,小学14所,教学点2个,公办附属幼儿园13所,民办幼儿园25所,有在校学生13464人,教职工897人。在医疗方面,2021年境内有县人民医院、中医院、妇幼保健院等3处县级医院,有社区卫生服务中心1个(挂靠在县中医院),村卫生室71所,病床39张;有医务人员67人,其中有3名副主任医师,6名全科医师,20名执业护士。

全镇通过产业扶贫、就业扶贫、教育扶贫、政策兜底等方式,扎实有效做好脱贫攻坚工作。2014年全镇共有建档立卡贫困户335户1140人,省级贫困村1个。脱贫攻坚工作开展以来,共计脱贫400户1336人。其中,2015年脱贫75户263人,2016年脱贫80户302人,2017年脱贫123户422人,2018年脱贫36户131人,2019年脱贫53户152人,2020年脱贫33户66人,与市、县同步完成脱贫攻坚任务,同步全面建成小康社会。

2021年,全镇财政税收收入达3.94亿元,完成固定资产投资28.05亿元,完成规模以上工业总产值35.27亿元,农业总产值2.43亿元,商贸流通行业总产值达到10.5亿元。农村居民人均可支配收入23605元。先后获"江西省社会治安综合治理先进集体""江西省文明城镇""江西魅力乡镇十强""江西省基层立法联系点""全国第四次经济普查先进集体""全省抗击新冠肺炎疫情先进集体""2016—2020年全省普法工作先进单位"等多项荣誉称号。

胜利村

村情概况　胜利村位于上栗镇南部,面积5.8平方千米,是开国少将王耀南的故乡。全村分为23个村民小组,有6个自然村,分别是花园(一、二、三组)、湾江(四、五、六、七组)、安山(八、九、十组)、均田(十一、十二、十三、十四组)、庙下(十五、十六、二十、二十一、二十二组)、王岭(十七、十八、十九、二十三组),有1106户5313人。居住人口中以汉族为主。全村共有100余个姓氏,其中王、荣、李、黄、叶、柳等姓氏村民人数均超过200人。

自然环境与资源　村地属半丘陵半盆地地形,地势北低南高,另外村庄地势坡度变化平缓,平坦用地较多,栗水河沿村自东向西流过。随着县城城市化进程推进,村

胜利村新农村建设点

栗江公园

境内逐步开发成城区,境内水、电、天然气、污水管网等城乡配套设施齐全。

经济概况 胜利村处于城中村,绝大多数农田已被征收,基本无农业生产,以第三产业为主,有城市花园、兴盛嘉园、御景湾、栗锦花都、栗锦山河、碧桂园等多项房产项目,商铺、酒店、餐饮等鳞次栉比,社会经济效益明显。

基础设施 境内交通便利,上栗县平安路、兴盛大道、胜利南路、新319国道等多条县城主干道贯通全村,距上莲高速2千米,距萍乡北站高铁站23千米。村内配有移动、电信、联通营业厅和邮政物流配送点。村民饮用水基本来自自来水,无工业污染源,水质优良,部分街道及丁塘片有专门污水处理设施。

社会发展 村内有幼儿园1所、中学1所、村级组织活动场所1个、卫生所(室)6个。胜利小学位于湾江片,上栗中学胜利校区位于安山片,教育设施齐全。村级组织活动场所为单独建设,建于2020年,建筑面积368平方米,室内室外卫生环境好,配有新时代文明实践站、图书室、应急服务站、便民服务室等多个功能室,主要用于开展党员学习教育、便民服务、重大节日活动等。村卫生所(室)为村民日常医疗服务提供便利,村委会为村民提供代缴医保服务,2021年度农村医保参保率达100%。村内有低保户71户113人,残疾人134人,脱贫户26户、监测户1户共68人,脱贫户全部解决"两不愁三保障",没有出现返贫现象。村内庭院绿化覆盖率超80%,林木绿化率达到

80%以上,主要树木有桂花树、杉树、柏树等。

特色地情 境内人文荟萃,历史上走出来开国少将王耀南等多位革命前辈。王耀南(1911—1984),1927年参加革命,1930年加入中国共产党。他先后经历过安源大罢工、三湾改编、井冈山斗争、五次反"围剿"、二万五千里长征、抗日战争、解放战争、抗美援朝等战争,参与组织、指挥了地雷战,屡立奇功。1955年9月被授予工程兵少将军衔,1960年任解放军工程兵司令部副参谋长,1970年任工程兵副司令员。王耀南作为中国人民解放军工程兵的创始人之一,有"工兵王""地雷王""爆破王"等称号,曾连续8次获得全军通令嘉奖,先后获得二级八一勋章、一级独立自由勋章、一级解放勋章、二等红星奖章和红旗奖章等荣誉。

新建村

村情概况 新建村原名山背村。清朝末年,农民起义烽烟四起,村庄在清军与太平军的战乱中被火烧殆尽,成为废墟。村民为躲避战乱隐居山沟,后重返故土新建家园,村名自此更迭。

新建村地处上栗县城西1.5千米,全村面积4.7平方千米,其中耕地面积1300亩,下辖27个村民小组,有人口1068户4468人,其中男性2317人,女性2151人。下辖15个自然村,分别是灵山庙湾、罗家大屋、下高堂、芦基坡、施家台、蒋家大屋、渡船口、宋家洲、黄家段、李家大屋、山背里、瓦子塘、孔家大屋、蒋家冲、上高堂自然村。居住人口以汉族为主。

新建村共有113个姓氏,其中李、罗、周、刘、黄、黎、谢、张、宋、孔、蒋、王等12个姓氏的村民人数均超过100人。

自然环境与资源 新建村以丘陵、山地为主,山地面积840亩,森林覆盖率90%。其中,生态公益林560亩,杉、松、杂用材林280亩,是县级生态林业村。东北面多山,西、南及中部多丘陵。平均海拔233.7米。栗水河穿村而过。

经济概况 新建村主要种植水稻、油菜、红薯,养殖土鸡、牛、猪等。2022年,新建村早稻种植540.38亩,中稻种植380.24亩,油菜种植191.5亩。土鸡、牛、猪等皆为家庭散养。工业以劳动密集型的轻工业为主,包括4家有证花炮企业,1家陶瓷片加工厂,1家驾校正在建设中。

基础设施 村内有萍洪高速、新坊公路和新水公路穿村而过,萍洪高速上栗收费

新坊公路示范带

站距村部约2千米。辖区内通电率100%；通信网络信号覆盖率100%，宽带网络使用率约80%，有线电视使用率100%。村内有移动、电信、联通营业厅和邮政物流配送点。村民饮用水多以桶装纯净水为主，建有县级污水处理厂1家，全村三分之一的农户已纳入生活污水管理处理。

社会发展 村内有小学1所、文化服务中心1个、文体广场1个、卫生所1个。新建小学位于施家台自然村，有200多名学生就读。文化服务中心建于2010年，占地面积约5333平方米，设有文化活动室、农家书屋、书法创作室、培训室等功能室140平方米。文体广场中，瓦子塘文体广场距离村部最近，占地约1000平方米，配有多套健身器材，标准的篮球场和一个供中老年人休闲娱乐的门球场。新建村新时代文明实践站采取"一室多区"形式建设，共设立五个集中活动室，包含未成年人活动室、阅览室、文化活动室、市民宣讲室等多个功能区域。卫生所在村内接诊率较高，服务范围辐射到周边村庄。村委会为村民提供代缴医保服务，2022年度农村医保参保率达99.9%。

村内村庄水泥路、沥青路网基本完善，路灯实现全覆盖。村庄聘请保洁人员4名，垃圾收集员2名，人居环境较好。2022年，村内有低保户70户102人，残疾人121人，

新建村

脱贫户38户128人。脱贫户全部解决"两不愁三保障",没有出现返贫现象。

特色地情 罗运磷(1896—1927),号松岩,上栗镇新建村人。1916年考入北京大学地质系。1921年北京大学毕业后,在萍乡中学担任校长,在醴陵办过农民讲习所。1926年任萍乡教育局长,创办女子职业学校。1926年加入中国共产党。1927年6月3日军阀许克祥率军队窜至萍乡屠杀共产党员,镇压革命运动,围攻安源,罗运磷带领工人纠察队等武装力量,前往安源支援路矿工人,在安源十里铺与敌军激战。因敌众我寡,战斗失利。罗运磷被敌军残杀,身中13刀,英勇就义于安源镇牛角坡,年仅31岁。安源工人偷偷地用几块木板装殓好他的尸体,埋葬在安源山上。两年后,他的夫人尤敬宜将烈士骸骨迁回老家,葬在上栗资兴岭。

境内有施家台新石器遗址、东晋永和古墓、千年古寺屈原祠等县级保护文物。灵山庙湾自然村和李家大屋自然村各有1座灵山庙,供奉灵山福主和观音菩萨,每年灵山福主诞辰(农历十月初一)和观音菩萨诞辰(农历二月十九、六月十九和九月十九)之时为祭祀香期,香期均有小型庙会活动。

斑竹村

村情概况 斑竹村位于上栗镇东部,距县城和镇政府所在地8.2千米,东与杨岐山风景区相邻,西至319国道,南至长平乡。斑竹村共有12个自然村,分别为上妙岭、文家湾、安背里、皮家冲、赤岭冲、虎坡里、勺椎湾、亭子坳、院冲湾、八桶种、龙洞坡、斑竹山；共有18个村民小组，575户1751人，其中常住人口689人。

村内共有23个姓氏，其中李、文、邱、陈、龙、刘、赖等7个姓氏的村民人数均超过100人。

自然环境与资源　该村地处高山地带，斑竹山海拔816米，相对高度差为700米。村内有红旗水库。境内属于杨岐山支脉，山林地面积广袤，林地面积8025.23亩，林木绿化覆盖率76%，主要植物有68属180种，乔木灌木24科98种。主要的植被有针叶林、常绿阔叶林、针阔混交林、竹林、常绿阔叶和落叶阔叶混交林。常见野生动物有野山猪、獐子、野鸡、鹌鹑、山鹰、野兔。

经济概况　斑竹村以农业为主，主要种植水稻和红薯，养殖土鸡、羊、牛、猪等，皆为家庭散养，其中养羊较大的有3户。工业方面，有一家民营花炮厂，年产值在3000万元左右。2020年，成立了上栗县斑竹赤岭种植专业合作社，注册资金100万元，构建起"党建+合作社+贫困户"发展模式，打造了民宿区、儿童游玩区、烧烤区、KTV区、帐篷区等，为推动乡村旅游发展打下了坚实基础。2022年，合作社收益30万元。2022年村集体经济收入超过20万元。

基础设施　斑竹村对外道路均为沥青路面，村庄道路网基本完善，交通较为便利。村内道路宽3.5～5.5米，主要为水泥路面，生活道路约4米宽。建有桥梁2座。村内有变电器10台，总功率4000千瓦。村民日常做饭烧水使用的能源主要为电能和液化气，少数家庭使用蜂窝煤、木柴。村民主要生活用水来源于深井水，有3个集中供水点，分别位于弹子坑、皮家冲、文家湾；有自来水储池2座，可蓄水80吨，铺设自来水管道约7000米，可满足全村村民日常生活用水需求。村内有水利灌溉功能的山塘10座，主要采用沟渠引水，可灌溉耕地200余亩。

社会发展　斑竹村文化活动场所包括村委会（含党群服务中心）约800平方米、新

斑竹村民宿区

2018年上栗镇举行纪念斑竹山起义九十周年活动

时代文明实践站约200平方米、文化健身广场约500平方米。斑竹村新时代文明实践站采取"一室多区"形式建设,内设有学雷锋志愿者服务站、图书阅览室、书画室、关爱未成年人活动中心等多个功能室。实践站外部有4个主题文化广场,设有100余平方米的文化墙和好人墙,集中展示历年评选出来的脱贫之星、致富能手等先进人物。此外还有社会主义核心价值观、优秀传统美德宣讲版面10多幅。村内建有一个卫生所(室),接诊率较高,服务范围辐射到斑竹、万石等周边村庄。村内有401人享受失地农民保险,有39户56人享受农村低保。村内有路灯210盏,均为太阳能路灯。聘请保洁人员6名,人居环境较好。

特色地情　斑竹村是萍浏醴起义、斑竹山起义的缘起地之一。1906年7月,萍浏醴起义的领导人蔡绍南、龚春台等召集人密议于斑竹山慧历寺发动起义,成为中国民主革命的先声。慧历寺是萍浏醴起义的总机关驻所,其概况载入《辛亥革命实绩史料汇编》。

1928年1月16日,贺庆仁、肖炳裕等与上栗的农民武装合作,发动和领导了斑竹山起义,成立了中国工农革命军直辖第二团,其团部驻扎在斑竹山凌云寺。斑竹山起义,是湘赣边界秋收起义的后续革命,也是萍乡红色政权建立的先声,是素有光荣革命传统的上栗人民为赣西地区的革命事业做出的又一重大贡献。斑竹村依托斑竹山的红色文化,建立了爱国主义教育基地——斑竹山起义历史陈列馆、党性教育培训基地。

境内始建于唐朝开元时期的慧历寺(民国时期毁于战火)与杨岐山普通寺、上栗瑶金山寺一脉相承,距今有1300多年的历史。据《瑶金山寺志》记载,唐代瑶金山寺创始人彭普明祖师的两位夫人秦氏和蓝氏葬于斑竹山中。两墓虽历经千年风雨,多次被偷盗,但墓穴布置、无字石碑、墓穴前方的圆明灯的弧形石条等依然保存完好。

菜场村

村情概况 菜场村属城区村,全村面积2.5平方千米。境内栗水河穿村而过,有充足的水资源和肥沃的蔬菜种植土地。1976年为解决上栗城区居民的"菜篮子"问题,由原庆丰大队、胜利大队、新民大队、新群大队析出部分小组成立上栗公社蔬菜场大队。1983年底,人民公社、大队分别改称为乡镇和村委会,上栗人民公社蔬菜场大队因蔬菜种植而闻名,故更名为上栗镇菜场村村民委员会。

菜场村下设14个村民小组,分为石板滩、胡家洲、王家段和皇榜潭等4个片区。全村共有416户1526人,其中男性732人,女性794人,户籍人口均为汉族。有常住人口1817人,绝大多数为汉族,有2人是少数民族。全村共有80个姓氏,其中人数较多的姓氏有王、李、荣、黄、郑、邓、张、胡、柳、周等。

杨岐河菜场段

菜场村村委会

自然环境与资源 菜场村属于河流冲积平原,位于栗水河、杨岐河两岸,地势平坦,起伏较少,境内水网密布。菜场村是一个典型的城中村,动植物及其他自然资源都不多。由于地处县、镇城区,为支持城市建设土地大部分被征用,只剩下胡家洲、王家段30多亩土地和老四队100多亩山地。

经济概况 菜场村的农业以蔬菜种植和蔬菜育苗为主,其特色品种主要有上栗白黄瓜、长白茄子。全村可用于种植的土地不多,种植的蔬菜大多是自用,商品蔬菜较少。菜场村商贸发达,全境都在县城城区,有朝阳路、群芳路、步行街3条街。土地被征收后,村民转变身份,利用自家路边房开店经营,或租赁经营。村集体经济收入主要靠门面出租租金,村集体资产主要有萍栗路综合大楼一栋四层15间门面、商贸街仓库6间、兴盛路门面6间出租。

基础设施 菜场村交通发达,依托县城的公交系统,村民出行方便。通讯、供电、给排水功能完备。

社会发展 村内有2所公办幼儿园、多所私立幼儿园,由于历史原因没有自己的村小学,小学生都在县直管学校栗江小学就读,小学毕业后分配到上栗镇中学或上栗镇二中读初中。村内有综合文化服务中心占地面积900余平方米(包括新时代文明实践站和村委会),设有图书阅览室、棋牌室、健身室等多个功能室,休闲健身广场占地500余平方米,智慧书屋24小时开放。

特色地情 1976—1983年,菜场大队以种植露天季节性蔬菜为主,为城区居民解决应季蔬菜供应问题,将一些上栗地方优良蔬菜品种向外推广种植,大量培育上栗白黄瓜种子,成为全国白黄瓜种子的重要供应地,得到了区委、区政府的表扬和肯定。1984年菜场村委会组织学习温室大棚技术,扶持引导利用温室大棚培育蔬菜秧苗。将应季蔬菜供应时间提前一个多月,产生了巨大的经济效益。1985年以后村民纷纷开始温室大棚育苗和反季节蔬菜种植。20世纪80年代末至90年代,菜场村的大棚蔬菜秧苗闻名周边几个县市,浏阳、醴陵、万载等地的许多菜农慕名前来菜场村购买蔬菜秧苗,学习村民的蔬菜种植技术。90年代末,随着城市的发展扩建,菜场村为支持城市建设,大部分菜地、农田被征用,村民逐步退出蔬菜种植行业,转化为新型农民进军工商业、服务业。

石板滩桥位于菜场村石板滩,栗水上游。该桥为市级重点保护文物。北宋宝元元年(1038),僧人普照募捐建造,为4墩3拱石桥,后损毁。清乾隆十七年(1752),邑人柳文郁等集资重建。2008年5月28日,上栗发生特大洪灾,造成桥北第一拱垮塌。2009年8月9日,桥北第二拱和桥北护桥分水墩因施工塌陷。

达塘村

村情概况 相传在元朝末年到处干旱,明开国皇帝朱元璋率部经过,化成巨神身大脚粗,一脚踏出一口水坑,走后水坑地下直冒泉水,解决了农民干旱的问题,从此有文人将此地叫踏塘。后来萍浏醴地区过往的人们纷纷议论来到踏塘别"塌堂",到20世纪初,踏塘更名为达塘。达塘村位于上栗镇西部与湖南醴陵柏大村接壤,东与本镇泉塘村相连,南与本镇榉溪村相邻,北与本镇水源村相依,距县城约4.5千米。森林总面积约3246亩,绿化覆盖率高达92%以上,泉之源田园综合体与水源村、泉塘村连成一体。全村共有18个自然村,分别是廖家湾、茶籽岭、叶家台、西山坳、谢家祠堂、大塘

达塘村水稻种植鸟瞰

达塘村大棚育秧

冲、蟹行龙、新塘里、大树弄、青山湾、谭下塘、界牌山、巫家冲、李家大屋、陈家棚、会上、泉井湾、柳家坡等自然村。全村共有18个村民小组,495户2359人,其中男性1324人,女性1035人。有常住人口2165人。全村共有42个姓氏,其中人口较多的姓氏有吴、江、廖、游、李等。

自然资源与环境 达塘村地貌以丘陵、山地为主,平均海拔高度109米,有山地面积2704亩,森林覆盖率80%,其中生态公益林1340亩,杉、松、杂用材林1318亩,竹林46亩;土地总面积3.6平方千米,其中耕地1101亩,人均耕地0.465亩,实际耕种908亩,闲置耕地36亩,已流转耕地220亩。

经济概况 达塘村农业以种植水稻、油菜、红薯、蔬菜为主。以2022年为例,早稻种植210.43亩,一季稻种植323.31亩,油菜种植面积205.02亩。养殖业以养殖土鸡、鸭、牛、羊、猪、兔为主,其中猪、羊、兔均有规模养殖,鸡、牛、鸭等皆为家庭散养。工业以劳动密集型的轻工业为主,有威剑出口花炮厂、界牌山引线厂2家有证花炮加工企业、1家矿山矿石加工厂。村集体经济有"泉之源"水上游船项目,每年能分红2万元左右,蔬菜大棚流转每年能获得4.5万元。

基础设施 新达公路横跨全村境内东西,与S231省道相连,接萍洪高速,西与湖南省醴陵市柏大公路相连,全程约3.8千米。全村主干道和联村道路、省界交界路段完成沥青路全覆盖,户组通水泥路也基本完善,休闲农家乐、生态停车场等服务基础设施齐全。

社会发展 达塘村大力打造建设"泉之源"田园综合体,建有旅游公路5千米、环湖步道2.4千米,设有村民休闲广场3个、生态停车场3个、文化长廊2个、景观桥1个、休闲方亭1个。在周边打造了1个大型育秧基地,在达塘水库边修建了环湖游步道和绿化带以及廊桥西岛,还对60亩左右的山地进行了各种绿化,植成自然生态林近3000亩,形成了良好的自然生态,吸引了大批游客来观赏山、水、林、湖风光带,使达塘水库成为赣湘边知名网红打卡点,带动周边村民经济发展。2020年达塘村被农业农村部授予"中国美丽休闲乡村"称号。

特色地情 境内有明山寺、仰山祠、歇马祠,每年正月初十有宗教文化活动出行和传统文娱戏活动。境内人文荟萃,涌现出江卓等革命先辈。江卓(1904—1976),谱名绍淹,又名江仲卿,达塘人。萍乡县立高中毕业,后为黄埔军校第二期武汉分校毕业生,曾加入中国共产党。1927年9月10日参加上栗市秋收暴动,1928年1月领导组织斑竹山起义,参加万寿宫夺枪暴动,上斑竹山后任中国工农革命军直辖第二团第二连连长。1928年4月,起义失败后前往上海,与其兄江绍淮(时任贵州保安团团长)取得联系后,到南京国民党当局任职。1949年8月任贵州省第四行政区(毕节)保安司令部副司令,不久任贵州独立第三师少将副师长,1949年12月在贵州普安率部起义。中华人民共和国成立后任贵州省粮食厅副厅长、贵阳市人大代表。1976年因病去世。

佛岭村

村情概况 相传以前有一尊大佛从河水中被冲上来,村民把其捡起来后供奉在河边的庙宇中,取名为许大仙庙(现已搬迁至饭勺岭),加之以前佛岭村的山岭比较多,故取名为佛岭村,寓意佛祖庇佑的山岭村庄。佛岭村位于上栗县东南部,有"新城区核心的区位优势",是新城区规划中的政务、文化、商贸区。佛岭村位于319国道南沿,吴楚路从村的北边穿过,距离昌栗、萍洪高速路口6千米。全村共有6个自然村,分别是大园土、五行里、祠堂坪、龙壁土、新屋里、冬基店;有9个网格(村民小组),360户1726人,其中男性923人,女性803人。外出流动人口38人。全村人口较多的姓氏有柳姓、杨姓等。

自然环境与资源 佛岭村属半丘陵半山地地形,地势东高西低,气候温和,四季分明,村庄地势坡度变化不大,呈平坦态势,平均海拔233.7米。辖区内的河段东起彩虹桥(老许大仙庙),西至319国道栗河桥下游约150米处,全长不足2千米。佛岭村以前有稻田和沙滩,由于是沙土河岸,一发大水,河水冲垮河岸,稻田也往往随之塌陷,变成了沙滩。到2000年,便有了一片10余亩面积的沙滩。后县政府修建栗河南北景观大道,原来的沙土河岸变成了高大坚固的防洪堤。村内有丰富的红色黄土矿藏资源供烟花爆竹厂使用,但随着房地产的开发,被征地使用,利用率越来越低。

经济概况 农业方面,村内无可耕农田,全部为建设用地,农户自行种植了一些蔬菜或树木。境内工业发展较好,有大小企业12家,主要为房地产企业和电子厂,其中较有名气的有江西瑞谷通信技术有限公司和萍乡市粤赣电子有限公司。瑞谷通信公司成立于2020年,位于上栗镇佛岭村风华实验学校对面,占地面积42亩,有厂房1栋4层,建筑面积约8000平方米,主要从事光通信核心器件的研发、制造及销售。粤赣电子公司成立于2016年,位于风华实验学校对面,主要从事光纤通信产品的生产和销售。境内商贸流通便利,主要有1家小型超市日红超市和1家中型生活超市爱联购物中心,主要提供蔬菜、水果和日常的生活用品等。村集体经济收入主要来自门面、房屋出租,每年约11.78元。

基础设施 全村境内有4条主干道,村委会到南天雅苑路段于2020年完成"白改黑"工程,路长约为160米。冬基店、龙壁土到新屋里路段于2022年进行了"白改黑"工程,铺设柏油路面。佛岭村桥于2022年12月份修完通车。全村已完成农网改造,通电率达100%,接通5G网络,电信光纤线缆实现全覆盖,通信网络覆盖率为100%,有线电视使用率为95%,供电、供水率达100%,配备快递集散点和银行服务点。村民生活用火主要依靠煤气、电磁炉。

社会发展 佛岭村建有小学1所、幼儿园3所、文化活动场所1个、卫生所2家、大型综合酒店1家、居家养老服务中心1个、佛岭村老年人活动中心1个。上栗小学及3所幼儿园可满足佛岭村及周边村庄学龄前和九年义务教育阶段的就学需求,

佛岭村党群服务中心

佛岭村沿河路夜景

义务教育覆盖率100%。小学毕业后,学生主要前往上栗镇中学、上栗镇二中、上栗中学等学校就读。村内文化活动场所占地面积约6000平方米,包括村委会、党群服务中心、新时代文明实践站、南天广场、五行里篮球场、健身广场、新屋里门球场和篮球场。其佛岭村新时代文明实践站采取"一室多区"形式建设,共设立四个集中活动室,包含图书馆、四点半课堂、市民宣讲室等10个功能区域,为群众提供一个良好的学习娱乐场所。村卫生所位于李畋大道旁,村医每天坐诊,接诊率较高,服务范围辐射到龙合、绿塘等周边村庄。村委会为村民提供代缴医保服务,2022年度农村医保参保率达100%。

村内的南天大酒店为大型综合酒店,其投资上亿元,按国际高标准精心设计建造。酒店营业面积17000余平方米,主楼高16层,气势宏伟,设计独特,融艺术性和人性化为一体,是上栗一道亮丽的人文景观。居家养老服务中心建于2022年,位于佛岭村祠堂坪,占地240平方米,配备休息室、图书阅览室等休闲娱乐设施,为老年人提供居家养老服务。佛岭村老年人活动中心于2019年投资建设,占地面积1200多平方米,2022年开始投入使用。

村内自然环境优美,景色宜人,村庄道路网完善,有路灯50盏,均为太阳能路灯。村内卫生打扫和垃圾处理主要采取"村内聘请+公司承包"的模式,采用户收集、村拖运、镇处理的方式,各村民聚居点均配备有垃圾收集设施,村内环境较为整洁。佛岭村有360户720人享受失地农民保险,其余人员享受农村社保;有脱贫户8户31人,低保户15户28人,五保户2人,为分散供养,残疾人56人。

佛岭村居家养老服务中心

特色地情 境内人文荟萃,涌现出柳思诚、柳民均、柳天汀等名人。柳思诚(1840—1909),字心绎,清光绪九年(1883)三甲第一百七十六名进士,选授湖南会同县知县,任期有善政,决狱如神,以母逝丁忧,百姓焚香相送者达千余人。

柳天汀(1836—1925),号石卿,祖居萍乡上栗佛岭。清同治二年(1863)科试超等第六名,光绪十八年(1892)赴吏部就任教谕,光绪二十七年(1901)褒奖五品衔,宣统三年(1911)直隶州州判。他刚正果毅,屡次为不平案据理与邑宰争辩,为民申冤、昭雪、解难。他积极捐资兴学,创办了栗江书院。民国十年(1921)10月,大总统特褒为模范缙绅。

桦溪村

村情概况 桦溪村原名荷木乡,小溪从荷木直穿桦溪村中部至永红村,即永平大队。1979—1980年,永平大队拆为荷木、主西、永红三个大队。小溪由南到北成直河,当时桦溪较为贫穷,村民认为河成直行不聚财,所以将小溪改为由南到东再到西成"S"形,并且在小溪两岸种植桦树。桦乃桦树也,整个地方全部都是高大的桦树,溪即小溪,桦溪村由此而得名。

榉溪村位于上栗镇西部,占地面积6.2平方千米,离县城4千米,东边与万石村交界,南边与永红村相邻,萍洪高速贯穿而过,交通便利。截至2022年12月,榉溪村有758户3141人,其中男性1629人,女性1512人,有常住人口1729人,流动人口1412人,全村共20个自然村,分别是老屋场、梁家排上、文家湾、陈家屋场、谢家老屋、丁家屋场、罗家屋场、游家屋场、洞背冲、西山坳、龙家大屋、易家屋场、谢家新屋、猴树岭、象形湾、李家冲、朱家冲、施家冲、翁家冲、娘娘庙,下设25个村民小组。全村以谢、陈、文、龙、刘、黄、魏、李、吴、张、易、蒋等12个姓氏为主。

自然环境与资源 村内地貌以丘陵、山地为主,地势北高南低,气候温和,四季分明,年降雨量1300～1700毫米,水资源充沛,森林资源丰富,覆盖面积达80%左右。

经济概况 2022年对文家湾荒废的基本农田进行撂荒治理。早稻种植达300多亩,中晚稻种植达1000多亩,确保农业生产得到更大丰收,逐步发展现代农业。村级集体经济主要有上栗县卓越水产养殖专业合作社、上栗县海红农牧有限公司、上栗县百福门种养专业合作社、朱家冲农场、上栗县丰达种植专业合作社,其中卓越水产养殖合作社位于榉溪村老屋厂,总投资300万元,基地规模150余亩,主要从事黑斑蛙养殖、稻蛙种养,为上栗县稻蛙共生的核心示范区。带动脱贫户8户,就业务工及分红增收20万元,低收入户及一般户180多户,增收20多万元。海红农牧公司占地面积2000多亩,主要经营黑山羊、鸡鸭、鱼等养殖,果园、杉木、竹林等种植,带动脱贫户6户,低收入户及一般户40多户。百福门种养合作社主要从事猪、野山鸡及其他品种鸡的养殖、销售和技术服务,以"合作社+农户"的模式,种植规模达350亩,带动脱贫户5户,低收入户及一般农户30多户增收。

榉溪村党群服务中心

榉溪村村民在收割稻谷

基础设施 村内有2条主干道,一条从榉溪永红交界处至龙家大屋,途经老屋场、梁家排上、龚家屋场、文家湾、陈家屋场、罗家屋场、丁家屋场、谢家老屋。另一条从龚家屋场至娘娘庙,途经易家屋场、猴树岭、谢家新屋、象形湾、李家冲、朱家冲、翁家冲、施家冲。

社会发展 村内有小学1所、文体广场5处、卫生室2家。榉溪小学内设榉溪附属幼儿园,2023年3月,全校学生总共183人,教职工15人。游家屋场百姓大舞台、龚家屋场文体广场、谢家新屋文体广场、老屋场文体广场、荷木桥头文体广场等5处文体广场,均配备健身器材。村卫生室距离村委会较近,全天开放。

龙合村

村情概况 龙合村曾名龙岗背,20世纪50年代曾用名东风大队,60年代为上栗大队(辖佛岭、龙合、绿塘),70年代因上栗大队所辖面积太宽,东至鸡冠山乡三境村,西至新群村肖家大屋接壤,南与胜利村均田为邻,北与金山镇凤鸣村为邻,后拆为现在的龙合村。

村域面积2.8平方千米,位于县城东段,东邻绿塘村,南接佛岭村,西面毗邻新群村、滨河社区，北面与新群村、平安社区接壤。村庄距上栗镇政府2千米，距离萍乡市区34千米，交通枢纽四通八达。至2023年7月，全村共有407户1954人，其中男性993人，女性961人，有常住人口1562人，流动人口392人，平均年龄39.8岁，居住人口以汉族为主。全村共5个自然村，分别是干塘冲、岭背冲、柑子园、龙岗背、下山里，分为14个村民小组。由于地处城中村，村庄在空间上分布较为密集，西部居民点更为突出，而位于东北部的干塘冲、岭背冲自然村在空间联系上相对稀疏一些。全村主要以柳、陈、戴、刘、周、王、沈、杨、黎、廖等10个姓氏为主。唐朝时期，柳姓人氏从高安来上栗经商落户，繁衍生息，人口规模逐渐壮大，柳姓成为当地占比较大的姓氏。

自然环境与资源　龙合村属半丘陵半山地地形，地势西高东低，气候温和，四季分明。村庄地处城中村，坡度变化不大，村内居民住宅较为密集。村民用水主要依靠县自来水厂，2010年投入39万余元完成乡村振兴饮水工程的管道铺设，实现户户通自来水。村内自然环境优美，景色宜人，森林覆盖率达55%。境内种植杉树、樟树、桂花树等植物。人居环境良好，村内卫生打扫和垃圾处理主要采取"公司承包"的模式，一家一户点均配备有垃圾收集设施，村内垃圾采取户收集、村拖运、镇处理的模式，村内环境较为整洁。

经济概况　龙合村主要种植水稻、油菜、红薯、油茶树等，养殖业包括猪、鸭、鸡、鹅、鱼等。境内有浏万路、上万路、李畋大道三条商业街道，商铺种类齐全产生良好社会效益和经济效益。2002年在李畋大道建成村委会办公楼，门面租金4.2万元每年。2011在浏万东路建成酒店大楼，大楼租金40万元每年。

基础设施　村内有3条主干道，李畋大道横穿南北，上万路和浏万东路贯穿东南长3.6千米。截至2022年7月，村内修筑村道沥青路面2条，共计2.3千米；水泥路12条，共计5.36千米，所有道路兼具生产和生活双重功能。村民生活用火主要是罐式天然气。全村有多个快递集散点接收和发送快递，距离中信银行和邮政银行服务点1千米。

村内农田灌溉主

龙合村村委会现址

李畋公园

要依靠绿塘村水库引水,为兴修水渠,2015年投资10余万元修建了干塘冲、岭背冲九、十、十一、十二、十三、十四组的水渠,有水塘6口,可满足约100亩耕地的灌溉需求。2010年完成自来水管道铺设,自来水通入所有村民家中。2013年,在柑子园九组修建了龙合门球场和健身场所,丰富了人民群众的体育生活。

社会发展　村内有小学1所、休闲娱乐场所3处、卫生所2家。其中,上栗小学主要接收龙合、绿塘、佛岭等3个村的学生,2017年新建上栗小学新校区,全校可容纳900名学生就读,方便了附近小区外来人员子女就读。

人文特色　李畋公园位于村中央龙山岭,为纪念花炮祖师李畋所建。每年农历四月十八日李畋生日这一天,上栗从事花炮行业的人们都自发到此纪念祖师,沿袭至今。李畋公园成为花炮之乡的亮丽人文景点、上栗传统花炮产业的显著标志。

绿塘村

村情概况　绿塘村原名为渌塘村。据考证,渌塘因渌沙塘(现绿塘水库)而得名,原隶属于袁州府萍实里安乐乡。新中国成立后,行政区划发生变化。1966年渌塘、佛岭、岗岭(龙合村)3个村合并为东风大队,1972年改为上栗大队,1982年村级改革拆分为上栗镇渌塘村。2020年因"渌"和"绿"地方同音,本着尊重现状和地名相对稳定的原则,同时为更好方便群众生产生活,将"渌塘村"更名为"绿塘村"。绿塘村位于上栗县城的东北方向,属城郊村,与佛岭村、龙合村、石洋村、鸡冠山乡横下村、金山镇山口村相邻,距上栗县城仅1.5千米,上万公路横穿东西。昌栗高速连接线、杨岐山大道、绕城公路纵横南北,交通十分便利,地理位置优越。辖区面积约2.04平方千米,其中耕地面积约609.59亩,山地面积约950亩,水面面积48亩。全村分为11个自然村,分别是大行里、周家大屋、西边山、黄家排、庙后背、船形、月形、钟家塆、杨家冲、老柏冲、和亲冲。截至2022年12月,全村共有540户3081人,其中常住人口2221人,流动人口860人,男性1635人,女性1446人,全村平均年龄39.7岁,居住人口以汉族为主,村内共有65个姓氏,其中柳、周、刘、钟、吴姓人口较多。

自然环境与资源　　绿塘村地属山地地形,地势较为平坦,气候温和,四季分明,村内居民住宅较为集中。大坡岭植物资源丰富,主要林木为油茶、香樟、杉木、马尾松等,面积约300亩。村内无河流流经,农业灌溉用水主要依靠绿塘小(2)型水库和水塘天然山水储水,村民生活用水依靠已建成完善的自来水管道。村内矿产资源主要是煤炭。

经济概况　　全村农业以按季种植水稻和油菜为主。从2020年起,绿塘村聚焦产城融合资源,着力打造一个生态宜居、产业兴旺的幸福村庄,建设了6家农业合作社,主要种植蔬菜和养殖鱼、山羊、生猪等。此外,绿塘村通过新农村建设,把荒地变成了菜地,利用"合作社+基地+农户"的发展模式,在绕城公路旁建有100余亩的大棚蔬菜种植基地,带动5户脱贫户、23户农民从事种植、采摘工作,户均增收9000元以上。在

上栗汽车客运中心

绿色大棚蔬菜产业的带动下,建立了新月农庄,每年可带来5万余元的稳定收入。村内工业以花炮产业为主,有上栗县明福出口花炮厂、上栗县汝南出口花炮厂、上栗县奇胜出口花炮厂等3家规模以上企业,年产值达6000万元,带动村内劳动力就业300余人。

基础设施　村内交通非常便利,全村实现组组通水泥路,主干道为1.5千米沥青路。上栗县汽车客运中心坐落村境内,新、老上万公路、昌栗高速连接线、杨岐山大道、绕城公路在村内东西横穿,南北交会,是出入县城、工业园的重要交通枢纽。村供电用户达910户(含工业、商业用电),配备移动、电信、联通营业厅和邮政物流配送点,村级寄递物流服务体系实现全覆盖。村民生活用水主要由县银龙水务公司供应,无工业污染源,水质优良。

社会发展　村内有小学1所、文化活动广场1个、卫生所(室)2家。其中,上栗小学为绿塘、佛岭、龙合三村共建,分新、老两个校区,学校小学部共有教学班31个,教职员工77人,在校学生1457人;附属幼儿园共有教学班3个,教职员工7人,在校学生97人。村文化活动广场建筑面积1000余平方米,室内室外卫生环境好,配有新时代文明实践站、图书室、卫生服务室、便民服务室。村卫生所(室)条件完备。村级医疗保障体系完善,2022年度农村医保参保率达100%。村内有农村低保户59户87人,城镇低保户6户6人,特困供养户13户13人,脱贫户32户107人,脱贫户全部解决"两不愁三保障",没有出现返贫现象。绿塘村持续推进移风易俗、树立文明新风,崇尚节俭、婚事新办,厚养薄葬、丧事简办。2019年投资60余万元,在大坡岭建立公益性公墓。

特色地情　绿塘物华天宝,人杰地灵。从绿塘村的地形地貌看,绕城公路旁的绿塘村村落中间有一轮弯月形状的丘陵,全村有大大小小10余口池塘,其中有7口池塘最靠近小山包,形成七星伴月之势,这就是绿塘月形岭的由来。当地有这样一种说法:"月形岭,月形岭,月头尖尖人才拔尖,月腹满满财富盈满。"这也体现了村民对美好生活的向往。

永红村

村情概况　永红村原为永平大队,1969年与榉溪、荷木大队分别设村。因在永红村杨家冲自然村东部蜈蚣冲岭上开有漫山遍野的映山红,因而得名为永红村。永红村地处上栗县城南端,距离县城区5千米,距离萍乡市区35千米,东邻石枧村,南邻万石村，西接榉溪村，北与禾埠村接壤。村部紧依319国道，境内交通非常便利。截至2022年7月，全村下辖10个自然村，分别是杨家冲、台老上、易家湾、魏家湾、大冲里、大土里、荷塘尾、庙山里、林家冲、雷公塘。有19个村民小组，共有654户2986人，其中常住人口1678人，流动人口1308人，居住人口以汉族为主。村民以文、魏两姓为主。

自然环境与资源　永红村属半丘陵半山地地形，地势东高北低，气候温和，四季分明。村庄地势坡度变化大，呈东部高、西北部低的态势。最高海拔380.4米，位于村域西北侧与石枧村交界处；最低海拔120.3米，位于村域西南侧与泉塘村交界处。村内有一条永红河贯穿流经，村民主要用水依靠当地天然的山泉水和地下水，部分自然村已建成独立的蓄水池和输水管网设施。全村自然环境优美，林地木材资源丰富，有毛竹、枫树、樟树、杉树等，特色药材有银杏、黄橘等，农业合作社种植有黄桃、杨梅、李子、板栗等果树。

经济概况　永红村是乡村振兴"十四五"重点村，2021年以来，积极探索本地适宜的产业项目。2022年3月，通过与上栗县裕启翔农业发展有限公司达成产业合作意向，在十三组易家湾集中流转土地100余亩，用于种植有机蔬菜，消化本组劳动力，使部分村民既有田租收入，又有务工收入。土地采取季节性农作物轮种，所收获蔬菜主要供应县城学校食堂。村民整体以种植业和养殖业为主，种植业包括水稻、油菜、红薯、油茶树等，养殖业包括牛、猪、羊、鸡、鸭、鱼等。全村有小型合作社3个，分别是上栗县裕启翔农业发展有限公司、上栗县永粮种植专业合作社、上栗县大幸福有机农业专业合作社。其中，上栗县永粮种植专业合作社成立于2022年，位于永红村庙山里自然村，2022年种植油茶树90余亩、油菜田110余亩。合作社有自营榨油坊1座，带动脱贫户与一般农户30余户，年销菜油、茶油等50万元左右。上栗县大幸福有机农业专

永红村党群服务中心

永红村

业合作社成立于2008年，占地面积283亩，有自建鱼塘4口，面积约6亩，放养有甲鱼、家常食用鱼。山岭果园种植绿春桃、梨树、李子树、葡萄柚等果树约4500棵，种植景观树罗汉松180棵，建成集办公、会议功能完善的大楼1栋、休闲民宿3栋，打造以"天然、绿色、安全、生态、休闲"为目标的上栗县特色农业种植、水产品养殖、休闲农业示范基地。村内有2家规模较大、发展稳定的花炮制造企业，分别是上栗县恒丰花炮制造有限公司和上栗县亮隆出口花炮厂。永红村商贸繁荣，魏家湾有一处延续20多年的乡村赶集场地，农历每月逢九有大型赶集，村民都会汇集于此，共享乡村集市的热闹与购物便利。

基础设施 全村境内有1条省级沥青路面主干道横穿，在永红村境内约2千米，道路沿线途经杨家冲、易家湾、魏家湾、大冲里4个自然村。截至2022年12月，永红村境内水泥硬化路共6条，共计约11千米，实现村组、农户互通。村内配备菜鸟驿站快递集散点和农商银行营业网点。村民生活用能主要依靠煤气、煤炭、电。农田灌溉主要依靠山塘引水，2021年花费21万元修缮了十一组杨家冲的排水沟渠，2022年投入55万元对魏家湾、杨家冲、林家冲、野猪垅排水沟渠进行修缮，两年修缮水渠长约2400米，农田灌溉满足耕地面积600余亩，农田灌溉率在60%以上。2021年投入专项资金20万元修建荷塘尾—大土里饮水工程，完成可蓄50吨水量的蓄水池1座，四组至八组村民自筹资金完善输水管网到户。

社会发展 村内设有小学1所、休闲娱乐场所2处、卫生室2家，村内的永红小学2022年底有师生100余人。全村可供村民休闲娱乐的场所有荷塘尾文氏宗祠和大土里新农村建设点等，配备了健身器材和石桌石凳。村级卫生室位于魏家湾与荷塘尾，村医每周会进行坐诊。永红村居民医疗保险参保人数为2152人,参保率为98.04%。

特色地情 村内现存历史时间较长的建筑有3个,分别是位于九组杨家冲的观音庙、位于六组荷塘尾的文氏宗祠和位于十八组魏家湾的魏氏宗祠。特色小吃有村民制作的山枣糕、艾草粑粑等。

夭埠村

村情概况 夭埠村曾名腰部村,明洪武年间李达卿由小枧徙此,因四周有四海、永红、泉塘、新建等村,夭埠位于中间,就像人的腰部,故名腰部村。1965年后,先后与路下土大队、四海大队合并,原地名废除,1979年后与四海大队分开成立夭埠大队,后改为夭埠村。

夭埠村位于县城南部,东邻四海村,南接永红村,西与泉塘村交界,北与新民村接壤,总面积约3.2平方千米,距上栗镇政府所在地2千米。全村下辖15个自然村组,分别是大冲台、叮嘴冲、杨家冲、碑山下、路下土、麻里丘、架子井、易山庙、叶家大屋、柳古岭、李家大屋、肖家桥、小里湾、荣家大屋、邓家大屋。全村共有768户3780人,其中男性1917人,女性1863人,有常住人口3108人,居住人口中以汉族为主。全村有30多个姓氏,其中叶、刘、黄、李、荣姓村民人数较多。

自然环境与资源 辖区内地貌以丘陵为主,地势南部多山,北部相对平坦,村庄地势坡度变化不大。境内气候温和,四季分明,光照充足,雨量充沛。植物资源丰富,有林地面积2543亩,主要为竹林、油茶林、杉树林、松树林、樟树林,绿化率达65%。村内有永红河自南向北穿村而过。

经济概况 夭埠村的农业以种植水稻、蔬菜和养殖土鸡、土鸭、猪等为主。2022年,水稻种植

夭埠村易山庙

夭埠村花鼓戏活动

473亩、种植户245户，蔬菜种植165亩、种植户120户。村民采取资金资产、土地、劳动力等灵活多样的入社或入股方式成立了农业发展专业合作社，规模较大的有上栗县富民蔬菜种植合作社。该合作社成立于2021年，注册资金81万元，占地面积100余亩，有蔬菜大棚30亩，主要种植青菜、大蒜、辣椒、丝瓜、茄子、豆角等。工业以劳动密集型的轻工业为主，规模较大的有萍乡市远洋出口玩具厂。该厂成立于2006年，位于夭埠村邱家坡，主营砂炮玩具加工销售，有固定员工80余人。村内商贸发达，有商铺60余户，其中超市4家、小卖部8家、餐饮12家、家具店2家、诊所3家、美容美发店3家、五金店1家、汽车修理店1家、建材店2家。

基础设施　S231省道南北贯通全村，北沿萍洪高速入口迎宾大道，均为沥青路面，路况良好。村内道路宽3~4米，长12千米，主要为水泥路面；兼具生产生活功能的集镇路段约1千米，为沥青路面。建有小型桥梁2座，交通较为便利。村内有变电器10台，村民日常做饭烧水使用的能源主要为电能和液化气，少数家庭使用蜂窝煤。生活用水主要来源于自来水，地势较高的自然村组使用深井水，有1个集中供水点，位于叮嘴冲。全村铺设自来水管道约8千米，有小型水坝2座、山塘15口、机井4口，主要由红旗水渠引水，可灌溉耕地800余亩，村民的生活用水和农业用水安全得到保障供给。全村水泥路到户，太阳能路灯覆盖主要路段，高地势路段安装道路护栏。全村覆盖广播，10个主要路口设置监控摄像。2020年建成夭埠村公墓山，位于叮嘴冲。

社会发展　村内有小学1所、新时代文明实践站1个、文化活动场所1个、卫生室3

家。其中,夭埠小学建于1977年,满足夭埠村及周边村庄学龄前和九年义务教育阶段的就学需求,义务教育覆盖率100%。新时代文明实践站约300平方米,采取"一室多区"形式建设,共设立5个集中活动室,包含理论宣讲室、家长学校、健身活动室、未成年活动室等7个功能区域,为村民提供一个良好的学习娱乐场所。村文化活动场所占地面积约600平方米,位于夭埠村六组,包括综合文化服务中心、文化健身广场。村卫生室接诊率较高,服务范围辐射到新民、永红等周边村庄。村委会为村民提供代缴城乡医保服务,2022年度农村医保参保率达96%。村内有14人享受农村五保,有49户72人享受农村低保。村内人居环境较为良好,有路灯160盏,均为太阳能路灯。日常卫生保洁由第三方保洁公司管理,有保洁员5名,村民每户配有垃圾桶,实行垃圾集中堆放处理;投入2.6万元完成"厕所革命",整治厕所23个。

特色地情　夭埠村古属楚地,以信奉道教、佛教为主,村内有一处宗教文物点——易山庙。原庙宇约50平方米,2017年6月在原址上重建,占地面积500余平方米。

万石村

村情概况　万石村自古森林茂盛,山清水秀。古时计量"十斗为一石",因物产丰富,粮食充裕,万石粮仓而得名。斑竹山起义的革命火种燃烧万石大地,新中国成立初期建制为万石乡,后更名为万石村,2003年与石枧村合并。万石村交通区位优越,地处上栗镇南部,离县城6千米,与上栗镇斑竹村、永红村、桦溪村、杨岐乡卯田村相

万石村丰收广场

万石村村貌

邻,辖区面积5平方千米。全村分为6个自然村,分别是石枧、板石上、西江、店门口、万家段、石下里,有22个村民小组,660户2750人,人口较多的姓氏有龙、张、刘、陈、李、谢、林、邱等。

自然环境与资源　村境地处丘陵地带,平均海拔高度不到200米,其中山头仔自然村海拔高度为580米,村内多溪流泉水。矿藏资源主要有煤炭和滑石,林业资源主要有油茶树、杉树、毛竹,山地面积7000亩,森林覆盖率80%,其中生态公益林1565亩,杉、松、杂用材林3025亩,毛竹林2000亩,经济林130亩,是县级生态村。

经济概况　万石村农业以种植水稻、油茶、油菜、红薯为主。2022年,水稻种植面积1000余亩、种植户400余户,油菜种植面积100余亩、种植户约300户。另外,2022年新引进水稻制种项目,种植面积228亩,从业人员15人。养殖业以养殖土鸡、黑山羊、黄牛、蜜蜂等为主,其中黑山羊养殖户8户,年末存栏100余头,全年出栏160头,土鸡、黑山羊、黄牛、蜜蜂等皆为家庭散养。村内工业企业有花炮厂1家。万石村通过"合作社+基地+农产"的发展模式,以村级集体经济投资合作社的模式,投资成立了上栗县太冲里种养专业合作社、江西生态农业开发有限公司等合作社。该模式带贫减贫20余人,实现年产值50余万元,通过合作社分红,村集体经济年增收3.9万元。

基础设施　萍洪高速公路贯穿村内2千米,S231公路纵横南北,交通便利,位置优越。村内有变电器8台,总功率400千瓦,有邮政物流配送点。村民日常做饭烧水使用的能源主要为电能液化气和蜂窝煤,生活用水主要来源于泉水井和山泉水,有7个集中供水点,分别位于上石枧、下石枧、将军庙、板石上、万家段、石下里、西江,铺设了自来水管道约1.2万米,可满足全村村民日常生活用水需求。农业灌溉主要采用沟渠引水,有大冲里、下斋公岭、石下里等具有水利灌溉功能的山塘12座,可灌溉耕地1000余亩。自2019年起,村两委陆续申请实施了张家大屋饮水工程、英竹塘水库维修项目和大冲里山塘维修项目,有效保障了村民的生活用水和农业用水安全。

社会发展 村内有小学1所、文化活动场所1个、卫生所(室)3个。其中,上栗镇万石深圳希望小学位于万石村易山台,创办于1953年,当时校名为万石学校,1994年由深圳华西集团资助建校,校名更名为上栗镇万石深圳希望小学。学校有教师13人、在校学生181人,配有图书室、美术教室、音乐教室、多媒体教室等多种功能室。村文化活动场所占地面积约3300平方米,包括村委会(党群服务中心)约1200平方米、文化健身广场约1980平方米。万石村新时代文明实践站采取"一室多区"形式建设,设立4个集中活动室,包含图书馆、四点半课堂、市民宣讲室等10个功能区域,为群众提供一个良好的学习娱乐场所。村卫生所(室)接诊率较高,服务范围辐射到民主、田心、石岭等周边村庄。村内人居环境较好,有路灯190盏,均为太阳能路灯。垃圾清运为统一承包,投入13万余元完成"厕所革命",整治厕所120个。村内有低保户67户93人,脱贫户19户60人,残疾人72人。脱贫户全部解决"两不愁三保障",没有出现返贫现象。

村内有艺术团体1个,为万石村农民艺术团。该团成立于2014年,有骨干成员150余人,爱心志愿者服务人员35人,设立了军鼓队、广场舞队、巾帼腰鼓队、文体队、农民管乐队、合唱队、锣鼓队、中老年二胡队等8个小分队,面向全村开展业余文艺活动。该团自排自演了《美丽斑竹山》《我的红旗水库情》两部微话剧。

特色地情 境内有大王庙、将军庙等人文景观,斑竹山起义经过地等红色旅游资源。

新群村

村情概况 抗日战争时期,为方便送军火支援前线,当地组织人力物力财力从金山东风界至万载的浏万公路(当地人叫马路和军路)通过。解放战争时期便以此为名,叫大路乡(村)。土地革命时期大路村与邻村新民村合并成新路村。后随着社队的拆并,新路村又与邻村新益村合并为新群村,村委会驻地亦从荣家章屋搬迁至老村部(现镇中心幼儿园),再迁至现村部(原消防大队)。

新群村地处县城区中心,属典型的城中村,北与金山镇凤鸣村相邻,南至栗水河,西与金山桥塘相邻,东至319国道,总面积约为3.2平方千米。全村分为16个自然村,分别是肖家大屋、龙山岭、坛仙庙、荣家巷、猪屎塘、谢家湾、双板洲、董家坊、象神嘴、张家围、苏家段、施家岭、邓家坪、铁炉庙、蒋家湾、蒋家冲,共有26个村民小组,户籍人口1560户6420人。全村姓氏以胡、黎、黄、蒋、柳、邓、崔、叶、荣、张、吴、陈、谢等13个姓氏为主。

自然环境与资源 村境地势东高西低,土地以开阔平坦的田地为主,村范围区域大部分以城区为主。村内有栗水河流过,主要的植被有香樟树、桂花等。

经济概况 新群村农业以种植水稻、油菜和蔬菜为主,养殖业主要养殖土鸡、羊、牛、猪等,土鸡、羊、猪等皆为家庭散养。村两委鼓励村民发展商贸经济,对现有房产进行集中改造,邀请知名人士、致富能手回村创业,盘活资产,有水果市场、夜宵城、镇中心小学、村老协、国医馆等门面出租,租金收入达70万每年。

基础设施 村对外道路均为沥青路面,路况良好;村内道路宽3.5~5.5米,主要为水泥路面,生活道路约4米宽,道路网基本完善,交通较为便利。村内配备移动、电信、联通营业厅和邮政物流配送点。村民日常做饭烧水使用的能源主要为电能和液化气,少数家庭使用蜂窝煤。生活用水主要来源于自来水,完全能满足全村村民日常生活用水需求。农业灌溉采用沟渠引水,主沟渠为三板桥至双板洲水渠,可满足全村200余亩水田的灌溉需求。

社会发展 辖区内有小学1所、中学1所、文化活动场所1个、县中医院1个及村级卫生室多个。其中,新群小学原名铁炉小学,位于铁炉庙地。1951年由于学生人数增多,学校无法容纳,搬迁至新群村象形嘴,开设4个年级4个班,人数100余人。后又因学生增多,兴建1栋

新群村村委会

新群村街景

教学楼,经多次维修扩建,新群小学改为"上栗镇中心小学"。上栗镇第二中学位于新群村境内,始建于1989年,占地面积46700平方米(约70亩),其中校舍建筑总面积13767平方米,有学生1991人,在职教职工121人,是一所城镇全日制初级中学。文化活动场所占地面积约400平方米,村委会(包括党群服务中心)约800平方米,新时代文明实践站约400平方米,多个文化健身广场1000多平方米。新时代文明实践站采取"一室多区"形式建设,设有文体活动室、图书阅览室、书画室、关爱未成年人活动中心等多个功能室。全村因城区开发,大部分村组基本农田被征收,2000多人享有失地农民保险补贴,94户133人享受农村低保。村内有路灯210盏,均为太阳能路灯,聘请多名保洁人员整治全村环境卫生,人居环境较好。

特色地情 新群村是萍浏醴起义和斑竹山起义发源地,参加起义人员诸多,黎静铭、张威九均为起义领导人。黎静铭(1897—1966),又名黎逸民,武昌高师(今武汉大学)生物系毕业,1926年加入中国共产党,任中共萍乡县委宣传委员,萍乡县委党校校长,安源特委组织部部长。后因反动派追捕,到醴陵陵平中学,上栗金山中学,萍乡中学任教,1958年退休,1966年病逝。张威九(1892—1968),革命烈士张国庶之叔父,原住金山镇山明村,后迁回新群村蒋家湾,萍乡中学及浙江志愿军校毕业,1927年9月参加上栗市秋收起义,1928年1月领导斑竹山起义,任财政委员会副委员长,1933年在中华全国总工会上海执行局工作,同年3月被捕关押,6月由廖承志等营救被释放,于1936年回到上栗老家,在栗江小学当教员,积极组织上栗民众支援抗日。1940年,他和本地有识之士创办了私立上栗金山中学,并担任校董。1947年创办上栗第一家医院并担任董事长。1968年去世。

村内古迹甚多。新群村铁炉庙有300多年历史,辖上栗北街、菜场村、新群村、桥塘村和金山村部分地区。老庙建在蒋家湾台老上龟形头上,坐西朝东,占地面积1000多平方米。

皇榜潭,位于栗水河边。据《唐史》载,李畋,江南西道袁州府上栗麻石人氏,生于唐武德四年(621)。传说唐太宗李世民被山鬼迷缠,遍访名医治之,久治无效,遂诏书全国求医。时年24岁的布衣猎人李畋,在今江西省萍乡市上栗镇一河边看到诏书为皇帝治病的皇榜,遂应诏揭榜,带上自制的爆竹,深夜在宫中点响,爆竹吓跑了鬼魅,闻到爆竹清香的唐太宗霍然而愈。唐太宗遂封李畋为爆竹祖师。李畋因此成名后,世人把他揭皇榜的地方命名为"皇榜潭"。该地在今上栗镇新群村夜宵城的河边,皇榜花城小区也是由此取名。

墨迹桥,位于金水河金山村与新群村交界处。早先,湖南浏阳人与上栗人通商来往密切,许多人从浏阳金刚头洪口界到上栗,为此在金水河上架起了一座木桥,但因路窄桥小,行人十分不便。春秋战国时期,墨子创立了墨家学说,与儒家并称显学,广招贤士,周游列国来到此桥边停留休息,被当地人发现纷纷上前讨教,他离去后,人们为了纪念他将此桥命名为墨迹桥。

新群财神古庙,位于新群村施家岭,有400余年的历史。相传施家岭坳上有一条从浏阳到上栗的经商小道,商贾过往都要在坳上歇息,当地人见过往商人无落脚休息之地,就与商贾商议,欲在此建一凉亭,但商贾求财建议将凉亭建成财神庙,自此过往商人无不进庙歇息。

泉塘村

村情概况 泉塘村因地下泉水丰富,故有泉水之源的称号,特别是位于"泉之源"的主泉眼"玄武泉"也被当地百姓称为"乌龟凼"。相传清道光年间,有一位仙风道骨之云游道士到此,看到此泉之后惊曰:"此乃将相王侯之福地,如有幸得之开之保护,将是地方之大幸,百姓安居乐业之福泽延绵之宝地。"

泉塘村地处城西南赣湘交界处,总面积约3.6平方千米,有耕地724亩,山林面积约4500亩。521乡道沿村而过,交通便利,区位优势明显。全村分为9个自然村、13个村民小组,分别是一组大荆塘、二组泉塘基、三组五行里、四组塘尾上、五组六组七组野猪垅、八组毛岭上、九组十组坳下里、十一组十二组李家屋场、十三组杨梅塘,有人口424户2186人,其中常住人口1860人。居住人口中以汉族为主。原住居民姓氏11个,人口较多的姓氏有文、游、李、王、张等。

上栗镇泉塘村美丽乡村示范点

自然环境与资源 村境内以丘陵、山地为主,约占总面积的70%。东北面多山,西、南及中部多丘陵,有农田、林地4500余亩,绿化覆盖率达75%。气候温和多雨,四季分明,光照充足,霜期短,作物生长期长。村境内林地资源丰富,有樟树、野栗树、山枣树、杉树、松树、油茶树等植物。

经济概况 在农业方面,泉塘村通过成立合作社的方式,种植桃树、桑葚树285亩,养殖水产青蛙、龙虾等,生产酸枣糕、艾叶糕等特色农副产品。全村建有泉塘桃园、桑葚园、蔬菜基地等3个休闲农业基地,占地面积300亩,仅2021年一年就接待游客超80万人次。随着游客的增多,民宿、农家乐、水上乐园、特色农产品、儿童乐园等第三产业蓬勃发展。全村以农民为主体,成立了8个合作社,村集体以资源入股占比10%,村民的年人均收入增加4000元以上,村集体经济创收增加到30多万元。

从2018年起,全村干群齐心协力建设"泉之源"田园综合体,"泉之源"成为湘赣边界的旅游网红打卡景区,吸引周边几个县市的群众来此放松心情、释放工作压力、欣赏如画山村美景,仅2021年就获得了超2000万元的营业收入,群众获得感、幸福感大幅提升。2020年"泉之源"获"省级田园综合体"称号。

基础设施 村基础设施齐全,实现组组通、户户通水泥道路,新达公路穿境而过。水利建设完善,家家户户都用上自来水,打通红旗水库的水源用于农田灌溉。"泉之源"田园综合体距上栗县汽车站5千米;距萍洪高速出入口1.5千米;距萍乡高铁站、火车站25千米。村内配有移动、电信、联通营业厅和邮政物流配送点。村内饮用水多为山泉水,无工业污染源,水质优良。全村建有5个绿色银行。卫生环保工作积极,率先在全市开展垃圾分类工作。

社会发展 村内有小学1所、文化活动场所1个、卫生所(室)2个、农家书屋2个、篮球场1个、文体广场6个、广播室1个、红领巾丹勋营地1个、退役军人服务站1个。其中,泉塘小学位于塘尾上自然村,于2021年重建,2022年完工投入使用,有学生

泉塘村"泉之源"田园综合体

100多人。村级组织活动场所建于2020年,建筑面积540平方米,配有新时代文明实践站、图书室、卫生服务室、便民服务室等多个功能室,主要用于开展党员学习教育、便民服务、重大节日活动等。村卫生所(室)接诊率较高,村委会为村民提供代缴医保服务,2022年度农村医保参保率达100%。村内有低保户45户58人,残疾人41人,脱贫户24户77人。脱贫户全部解决"两不愁三保障",没有出现返贫现象。

石洋村

村情概况 石洋村古名为洋田,解放前夕属四海乡第十保,1949年解放后成立农会,名为共和村,1950年成立胜利乡,划为八个大队,成立洋田大队,1964年改为上游大队,1976年改为石洋大队,1982年人民公社、大队分别改为乡镇和村委会,1983年3月改为上栗镇石洋村。

石洋村位于上栗县东部,距上栗县城4千米,东与鸡冠山芦下村为界,南邻杨岐乡水井村,西接胜利村,北与绿塘村接壤,总面积2.6平方千米,有耕地402亩,林地面积1800余亩,水塘15口,鸡冠山乡通城大道接杨岐山大道沿村而过。全村分为7个自然村,分别是张家冲、下洋田、洋田坡、牛头山、上洋田、洋塘、石塘,分11个村民小组,有

614户2336人,其中常住人口1368人,因拆迁居住外村人口968人,居住人口中以汉族为主。村内有陈、柳、魏、刘、吴、杨、钟、张、王、崔、缪、彭、叶、沈、熊、黄、江、胡、梁、邓、丁、赖、罗、谢、甘、周、陆、何等28个姓氏。

自然环境与资源 村地属半山地形,地势北低南偏高,平坦用地少,有栗水河支流自东向西穿村而过。境内林地资源丰富,种植有杉树、樟树、毛竹、油茶等植物,另石塘、张家冲自然村有百年樟树。洋田坡、洋塘受地形和水文条件影响,2008年发生山体滑坡。2022年山体滑坡治理项目在洋田坡启动,用土方挡住滑坡隐患点,整修边坡。

经济概况 石洋村农业以种植水稻、油茶、油菜、红薯和养殖猪、羊为主,2022年水稻种植面积约400亩,油茶种植面积约300亩。村两委鼓励村民成立农业发展专业合作社,规模较大的有上栗县春晖薯业专业合作社、上栗县石洋绿色种植专业合作社、上栗县嘉晋农场、上栗县桂花坡农场。春晖薯业合作社以种植脐橙、安福柚子和养殖土鸡、土鸭为主,有长期从事管护工作人员2人,临时雇用村民8~10人,并附开餐饮店,以牛脚、土鸡为特色菜。石洋绿色种植合作社主要种植水稻,有播种无人机1架、插秧机1台、收割机1台、脱粒机1台,承包水田800余亩,临时雇用村民10~20人。嘉晋农场以养猪和种植脐橙、安福柚子为主,养有200多头猪,种植脐橙200多株、安福柚子100多株。桂花坡农场主要种植安福柚子、油茶树、杉树和养殖鸡、鸭、鹅等家禽,年均收入5万多元,并成立了农家乐,以土鸡、土鸭为特色菜。

村内工业企业以花炮厂为主,规模较大的有上栗县龙发出口花炮厂、上栗县洋田

花炮文化博览园

上栗博物馆

出口花炮厂。龙发花炮厂位于石洋村九组,占地面积120多亩,有员工140多人,主要生产烟花和礼花弹产品,产品主要销往安徽,年产值达3000多万元。洋田花炮厂位于石洋村洋塘芭蕉坡,占地面积60多亩,有员工100多人,主要生产排炮、精品大地红等各种规格的红炮,所有工艺实现全自动化流水生产技术,年产值达1500多万元。另有1家彩印厂,上栗县奇胜彩印厂成立于1994年,位于石洋村上洋田,主要生产经营文化、印刷用纸,书写纸纸类印品,纸类包装制品等产品。

基础设施 境内交通便利,杨岐山大道沿村而过,通城大道由鸡冠山芦下村穿村而过,接壤杨岐山大道均为沥青路面,路况良好,村内主干道沥青路1.5千米,全村实现组组通水泥路,配有移动、电信、联通营业厅和邮政物流配送点。村内饮用水多为山泉水,水质优良。

社会发展 村内有小学1所、篮球场1个、卫生所(室)1个。其中石洋小学位于上洋田自然村,于2014年重建,2015年完工投入使用,有100多名学生就读。石洋村洋塘篮球场于2020年建立,长35.6米,宽19.5米,总面积694.2平方米。村卫生所(室)位于石洋村洋塘,服务范围辐射全村,村委会为村民提供代缴医保服务,农村医保参保率达100%。上栗县花炮文化博览园位于石洋村境内,于2018年5月动工,于2019年9月份竣工,占地面积79626平方米,主要功能区包括花炮文化博览馆、建筑看台、综合馆、花炮技术研究中心、办公服务文化等,配有完善园区基础设施。境内通城大道均有路灯,建有垃圾集中处理中心1个,聘请保洁人员5名。人居环境较好。村内有低保户46户81人,残疾人81人,脱贫户14户45人。监测户1户3人,脱贫户全部解决"两不愁三保障",没有出现返贫现象。

特色地情 石洋宗教文物点有三型福主大王庙,原址上洋田,因建花炮文化博览园,2020年迁入桂花坡新庙。新庙占地面积约2000平方米,主庙坐南朝北,庙前有1间戏台,每年请戏班唱花鼓戏,庙后有极细极清的泉水从石缝间流出,甘甜清冽、极其爽口,当地老百姓都到庙里装泉水饮用。

水源村

村情概况 水源村在1949年前分为水源、横岭,1950—1964年合并为水源,其间还成立过水源乡、长乐乡。1965—1968年分为水源大队和横岭大队,1968年合并为水源大队,1984年改为水源村。水源村地处上栗镇西部,东与上栗镇泉塘村、达塘村相连,西南与湖南省醴陵市李畋镇交界,北与栗水河相邻,新坊公路贯穿全村,全村总面积6.68平方千米,其中水田1734.8亩、旱地800亩、林地1720亩。全村分为27个村民小组,有12个自然村,分别是邓家洲自然村(一、二、三、二十一组),万丰井自然村(四、十六组),横岭自然村(五、二十组),芦丝塘自然村(六组),麦园里自然村(七、八、十七组),江家大屋自然村(九、十组),龙洞山自然村(十一、十八组),横岭坝自然村(十三、二十二组),茶园口自然村(十二、十九组),踏塘口自然村(十四、二十三、二十四组),店前湾自然村(二十五组),水坡里自然村(十五、二十六、二十七组)。有人口1223户5100余人,其中常住人口4427人,流动人口682人,居住人口中以汉族为主。主要姓氏有27个,以江、袁、彭、廖、李、罗、黄、谢、张、杨等10个姓氏在水源村历史最长,人口以江、廖两姓最多。

自然环境与资源 村地属丘陵地带,平坦用地较少,大岭最高峰海拔300余米。气候温和,村内多溪流泉水。境内林地资源丰富,有杉树、樟树、松树、毛竹等植物。

经济概况 水源村农业以种植油菜、水稻、黄桃和养殖猪、龙虾、黑斑蛙、牛、羊等为主。全村大力发展农业合作社,成立了金水源合作社、旺水源合作社、博亦合作社、湘水合作社、店前湾合作社等。其中,金水源合作社以种植油菜、一季稻和养殖小龙虾为主,另有"泉之源"游船项目。博亦合作社以养殖黑斑蛙为主。旺水源合作社以繁殖鱼苗为主。店前湾合作社以种植黄桃和养猪为主。湘水合作社以开发旅游项目为主。主导产业为水源千亩油菜基地,通过金水源合作社与村民合作的模式进行油菜种植,金水源合作社种植近800亩,村民自行种植约600亩,合计1400亩左右。另开发休闲游乐项目,在油菜花基地内打造四季跑道,开放游客散步、骑行、婚纱摄影、休闲观光等休闲场地,拓展周边农户发展农家乐,提升接待能力和水平,促进农户增收,年收入20万元。水源村商贸繁荣,农历每月逢三、逢八有大型赶集。

基础设施　境内交通便利,拓宽提升改造水坡里至湖南交界处、龙洞山至小西湖、店前湾至湖南岸子上、横岭分店至万丰井等村级公路,共计5.6千米,铺设沥青路面18.4平方米,境内的152县道(新坊公路)是贯穿赣湘边交通重要枢纽。村内配有移动、电信、联通营业厅和邮政物流配送点,建有饮水工程6处,分别是水坡里饮水工程、龙形岭饮水工程、四方里饮水工程、茶园口饮水工程、龙洞山饮水工程和万丰井饮水工程,集中式污水处理设施2处。全村进行了"雪亮"工程建设,安装监控探头64个,广播系统10个,村内的基本情况在村部监控室一目了然,切实提高了群众的安全感、幸福感和获得感。

社会发展　村内有小学1所、村文化活动场所1个、村史馆1个、卫生室4个。其中,水源小学创建于1916年,学校总占地面积5605平方米,总建筑面积2460.23平方米,学校教学水平在全镇处于前列。2021年5月,水源村成立水源村教育基金促进会,筹集资金43.7万元。至2022年12月底,已奖励43位优秀学子和优秀教师,资助4名贫困学生。水源村文化活动场所(包括村委会、党群服务中心)约2600平方米,新时代文明实践站约400平方米,龙洞山足球场约18500平方米,村委会文化广场约300平方米,茶园口文化广场约2000平方米。2020年水源村打造建成水源村村史馆,位于小西湖原大王庙,极大丰富了水源村乡风文明载体。村内有低保户106户153人,残疾人101人,脱贫户31户88人。脱贫户全部解决"两不愁三保障",没有出现返贫现象。

村内有路灯382盏,均为太阳能路灯。有绿色银行2处,位于邓家洲和横岭。

特色地情　水源村牛带茶灯表演队成立于2006年,其语言风趣幽默,形象生动,

水源村村委会

水源村"泉之源"田园综合体

既有上栗语系,又有醴陵语系和浏阳语系。同时,由于湖南花鼓戏在湘赣边界的流传和影响,上栗的牛带茶灯演唱的词曲在保留萍乡地方韵味的基础上,还吸收了湖南花鼓调的精华,从而使牛带茶灯的表现形式活泼轻快、健康向上,具有浓郁的乡土气息和地方风情。

四海村

村情概况 四海村位于上栗县城南,东接新319国道,西临萍栗线老319国道,北靠胜利村,南与杨岐乡卯田村接壤,总面积5.5平方千米,其中耕地100余亩,林地面积1000余亩。全村分为19个村民小组,有10个自然村,分别是英加台(一、十七组),坎田湾(二、三、十七、十八组),郭家湾(四、五组),朱家湾(六、十五组),斑竹桥(七、八组),栅上坪(九、十、十二组),黄埠塘(十一组),塘基佬上(十四组),李家祠堂(十三组),荣家大屋(十六组)。有人口816户4024人,其中常住人口3448人,流动人口576人。居住人口中大多数是汉族。全村主要姓氏26个,人口较多的姓氏有李、梁、黄、叶、张等5个姓氏。

自然环境与资源　村庄地势相对平坦,山岭最高峰海拔254米,气候温和,村内水源主要来自红旗水渠和杨岐河。林地资源丰富,主要有毛竹、杉树、樟树、松树等,资源保护较好,未进行过任何勘探活动。

经济概况　全村居民经济收入以外出务工、传统烟花爆竹、砂炮制作加工、房租等形式为主,村内工业企业有花炮厂1家和玩具制造厂1家。2012年,新城区建设启动,90%以上村民的水田被征收,拆迁户接近200户,集中安置在新城区,年满60岁老人基本上都享受失地农民社保,月工资均在1000元以上。

基础设施　村内交通四通八达,十分便利,有迎宾大道、平安南路、胜利南路、吉祥路、民胜路、四海路、X156县道穿村而过,全部为沥青路面,全村完全实现组组通水泥路。全村家庭通电率100%,通信网络信号覆盖率100%,宽带网络使用率约84%,有线电视使用率100%,配备邮政物流配送点。98%的居民都已安装自来水,少数居民饮用山泉水,村内山林及水源保护较好,水质优良,安置区住户雨污分流管道均已完成提升改造。

社会发展　村内有小学1所、村级组织活动场所1个、卫生所(室)3个。其中,四海小学位于栅上自然村,建于1986年,2007年扩建了1栋教学楼,有200名学生就读。村级组织活动场所为单独建设,建于2016年,建筑面积960平方米,室内室外卫生环境好,配有新时代文明实践站、图书室、心理咨询服务室等多个功能室。村卫生所(室)环境卫生良好,有3位乡村医生坐诊行医,口碑较好。四海村有农村低保户51

位于四海村的上栗中学胜利校区

四海村百亩花海

户,75人享受农村低保,2人享受城镇低保,残疾人73人,脱贫户26户81人。

特色地情　2018年,四海村打造"幸福上栗",将闲置土地合理利用,在迎宾大道旁投资新建了花海市民广场,栽种近200亩花卉,主要以菊系列为主,近50个品种。每年5月至10月各种名贵鲜花争相绽放,美不胜收,引来众多游客来此打卡游玩。

新民村

村情概况　新民村于1953年由4个高级社组建,1969年新民与庆丰市门口片一同合并到新建称新建大队,1971年与新建分开恢复新民村。新民村位于栗水河南面,东临菜场村、四海村、夭埠村,南面紧靠新建村,总面积2784亩,其中耕地面积991亩,林地面积860亩。

新民村下辖9个自然村,分别是山湾、上山湾、岸子上、下山湾、石嘴头、社湾、双溪桥、市门口、地方洲,分为18个村小组,有人口5276人,其中常住人口1095户4286人,居住人口中以汉族为主。全村姓氏以陈、刘、荣、李、谭、黄、皮、龙、张、江、文、林、廖等13个姓氏人数较多,其中陈、刘、荣、李等4个姓氏的村民人数超过300人。

自然环境与资源　村地属半丘陵半山地地形,地势东低西高,村内居民住宅较为密集。气候温和,四季分明,光照充足,雨量充沛,霜期较短,春季温和天气易变,夏季炎热期较长,秋季天高气爽,冬季寒冷少雪。村内有一条永红河自南向北穿村而过。

经济概况　新民村农业以种植水稻、菜秧和养殖鸡、鸭、鹅、牛等为主,鸡、鸭、鹅、牛等皆为家庭散养。2022年村集体经济收入为2万元。

基础设施　村内有主干道路3条,均为沥青路面,路况良好,有水塘2口、桥4座,村庄道路网基本完善,交通较为便利。全村供电率达100%,已完成农网改造,通电率达100%,通信网络信号覆盖率100%,配有快递驿站。村民生活用火主要依靠煤气、煤炭、电磁炉。村民日常做饭烧水使用的能源主要为电能和液化气,生活用水主要为自来水,农业用水主要采用沟渠引水。

社会发展　新民村有幼儿园3所、小学1所、中学1所、村史馆1个、村级组织活动场所1个、文化健身广场4个、卫生所4个。其中栗江小学和上栗镇中学可满足新民村及周边村庄学龄前和九年义务教育阶段的就学需求,九年义务教育覆盖率100%。村级组织活动场所设在村委会2楼,建筑面积400多平方米,配备图书室、书法室、乒乓球室、村史室、棋牌室等多个功能室。新民村有38户60人享受农村低保。村内人居环境较为良好,村内约有路灯120盏,均为太阳能路灯。

特色地情　上栗镇革命烈士纪念碑,位于狮形岭,为纪念解放战争中牺牲的6名烈士而建。1949年7月20日,中国人民解放军四十五军一三五师前卫四〇五团从宜春慈化经桐木,急行军至上栗,在杨岐关下文甲陂蓝仙庙与敌四十八军一七五旅遭遇,双方展开激战。解放军奋勇杀敌,敌军四散仓皇逃窜。此次战斗消灭敌军数十人。在追击战中,解放军中3人中弹,壮烈牺牲,班长应福奎和2名战士负重伤,被送

新民村新民小区

新民村山湾傩神庙

到上栗新建山背狮形岭下的师救护所抢救多天后,终因抢救无效而牺牲,另有十余名解放军官兵负伤。这是解放军一三五师进入萍乡境内的第一次也是唯一的一次激烈战斗。1970年4月15日,为纪念在解放战争中光荣牺牲的6位烈士,修建了上栗镇革命烈士纪念碑(狮形岭烈士纪念碑),2016年3月和2021年12月两度修缮,纪念碑占地面积13.396平方米,高11.5米,长4.5米,宽3.36米,分为基座、碑座、主碑和碑顶4个部分,主碑正面刻有"革命烈士永垂不朽"8个鎏金大字,为爱国主义教育基地。

宗教场所有山湾傩神庙,建于清光绪己丑年(1889),位于上栗镇新民村二组,占地面积3200平方米,历史悠久,是县级文物保护单位。庙内香火旺盛,拥有着丰富的傩文化,吸引着众多游客到访。村内现存的古迹有1棵200多年的大樟树,另有特色小吃上栗正宗手撕狗肉店——新市餐馆坐落在境内。

滨河社区

社区概况　滨河社区成立于2004年,因地处栗水河河畔,居民临河而建,沿河而立,故取名为滨河社区。该社区地处上栗县城东南部,辖区总面积3.8平方千米,东起佛岭桥,西至胜利路,南到兴盛大道,北至浏万路。社区设有10个网格,有户籍人口6916人,常住人口17304人,流动人口13670人,居住人口中以汉族为主。社区辖滨江华府、鑫岛尚都、滨江新城、水韵新城、桃源盛景、栗都商城、栗景山河、御景湾、萍矿滨河小区、栗锦花都、栗兴小区、三角形小区、城市花园、兴盛小区等14个居民小区。社

滨河社区红色驿站

区为平原地貌，社区内有17家超市、27家宾馆、16家卫生所(室)、11家五金店、1处商住两用小区。

基础设施 社区内有滨河南路、滨河北路、兴盛大道、胜利路、朝阳路、李畋大道、浏万路、建设路等8条主干道，社区距离上栗萍洪高速3.2千米，距离昌栗高速5.3千米。社区内有移动、电信、联通营业厅和邮政、申通、圆通、德邦、韵达等物流配送点。居民用水主要来自自来水公司，无工业污染源，水质优良，确保居民用水安全。社区内排污入城区污水处理系统。城市经亮化、绿化、美化，有栗水风光沿河景观带。

社会发展 社区内有1所幼儿园、16家卫生所(室)，配备党群服务中心、综治中心、民心警务室、红色驿站、5个新时代文明实践点、3个志愿活动室、2个24小时图书吧、2个篮球场，有栗子公园、栗江公园、南天广场等3个集休闲、娱乐、健身的活动场所。其中，卫生所(室)为居民提供了365天不打烊、预约等服务，医保参保率达100%。社区内有低保户42户65人，残疾人51人。

特色地情 考古发现，早在四五千年前就有先民在上栗这块土地上劳作、繁衍、生息。滨河社区为城区重要组成部分，南北两街隔栗水河相守相望，曾经是上栗最繁华的地段，见证了上栗码头商贸的迭起兴衰，承载了许多上栗人美好的回忆。

滨河社区

西顺社区

社区概况　西顺社区成立于2004年,辖区内有一条比较繁华热闹的街道名为西顺街,"顺"字始见于西周金文,本义是指朝同一个方向,也指事情进行顺利,顺乎民心民意,因此命名为西顺社区。社区位于县城最西部,东起萍栗路,南至栗水河畔,西接皇榜花城,北壤浏万西路,与菜场村、新群村接壤,总面积约0.8平方千米,属城乡混合型社区,辖家具城、皇榜花城等25个居民小区。社区有5个网格区域,分别是浏万西路网格、皇榜花城网格、电信网格、工商银行网格、黄金广场网格,有常住人口1910户6610人,居住人口中以汉族为主。社区为城中平坦地貌,气候温和,多年平均气温为18℃。辖区内有2所医院、2所幼儿园、6家个体诊所、500余家商业网点。

基础设施　社区境内皇榜路、水果街、沿河路设防洪堤护栏。改造后的上栗农贸市场面貌一新,商贸街区繁华。全社区交通便利,各小区实现雨污分流,配有移动、电信、联通营业厅和邮政物流配送点。栗水河从社区流过,域内长1500米。

社会发展　社区内有小精灵幼儿园和上栗镇中心小学。社区组织活动场所建于2009年,建筑面积400平方米,室内室外卫生环境好,配有新时代文明实践站、图书室、卫生服务室、便民服务室等多个功能室,主要用于开展党员学习教育、便民服务、重大

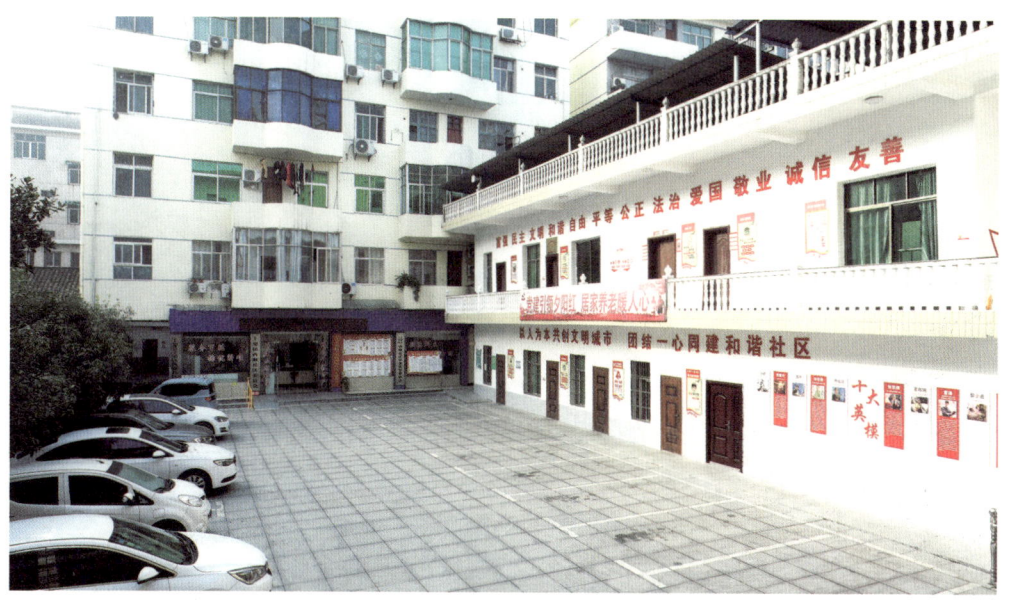

西顺社区居委会

节日活动等。辖区内有2家卫生所(室),居委会为居民提供代缴医保服务,2021年度城镇医保参保率达100%。社区有低保户11户16人,残疾人34人。

特色地情　社区与新群村西部融为一体,境内小区皇榜花城由李畋揭皇榜之典故而取其名称,在小区皇榜花城街区前面有1个特色夜宵城,人气旺盛。

南北社区

社区概况　上栗老街以栗水河为界,分为南北两街。上栗爆竹业进入最兴旺时期,南北街人口一度突破1000人,商铺300余家,形成长达2千米的南北两街,因此命名为南北社区。

南北社区成立于2003年,位于县城中心,沿栗水河两岸,辖区总面积约1.5平方千米,东起胜利路,西至萍栗路,南起兴盛大道,北至浏万路,是原县政府所在地,也是一个商贸发达、人口密集,老式建筑物和新建小区混合的大型综合社区,全市闻名的老城区之一,素有"小南京"之称。社区划分为6个网格,分别是朝阳路、中强步行街、北上街、北下街、双溪桥、南街。截至2021年12月底,社区有人口2505户7140人,其中男性3442人,女性3698人。居住人口以汉族为主,常住人口1000余人,流动人口2000多

栗水河畔古建筑

南北社区栗江桥

人。社区为平原地貌,气候温和,光热充足,雨量充沛,多年平均气温为18℃。

基础设施 全社区主干道为沥青路,实现海绵工程配建。社区距昌栗高速5.4千米,距上莲高速5.6千米,距萍乡北站高铁站21千米,距萍乡火车站25.6千米。社区内配有移动、电信、联通营业厅和邮政银行服务点。辖区内有栗水河流过,长达1千米。

社会发展 辖区内有幼儿园2所、小学1所、中学1所、社区诊所5家、宗教场所5个、商业网点700余家。社区组织活动场所建筑面积300平方米,配有新时代文明实践站、社区书屋、文化活动室、便民服务室等活动室,主要用于开展理论宣讲活动、市民教育活动、科技与科普宣传活动、重大节日活动等。社区有低保户127户218人,残疾人125人。居委会为居民提供代缴医保服务,2021年度城镇医保参保率达100%。

特色地情 石板滩桥建于宋宝元元年(1038),相传继荣泰公之后,汉人南渡,吴、江、易等姓氏相继迁入,争相立祠、建庙、开店,在石板滩上建桥(后名上游桥),桥通栗江南北。

上栗万寿宫位于上栗镇北街栗水河旁,始建于明太祖洪武五年(1372),分前、中、后三开三进,占地面积2100平方米,建筑面积1148平方米。宫门上端墙壁上镶嵌着一块石碑,上刻清乾隆皇帝授赐的"圣旨"两字。宫内许多壁画楹联更增添文化色彩。万寿宫为纪念许真君而建。上栗万寿宫历经沧桑,多次被地方政府征用作办公场所,清朝曾在万寿宫设巡检署,民国年间在万寿宫设立区党部和区公所。在破"四旧"立"四新"运动中,万寿宫的不少文物被毁。党的十一届三中全会以后,万寿宫经过修缮,恢复原来的前、中、后三殿及神像,成为县城宗教活动场所。

福音堂是美籍牧师范里门在1933年建造,占地705平方米,为基督教教堂。

栗江桥建于明嘉靖二十年(1541)夏,上栗荣氏募捐倡建,三年乃成。外地的移民纷纷来这里定居,修建宗祠,架设桥梁,人口日益增多,房舍、庙宇也不断兴建。萍乡、浏阳、醴陵等地的商人来此进行贸易,市面日渐繁荣。清乾隆四十四年(1779),巡检官郑时敏带领商人和百姓修整街道。

栗水河发源于杨岐山北麓,由东向西流入醴陵渌江。到清道光年间,街道已有一里半长,商人和居民达300多户,成为萍乡北部的重要集镇。据老一辈人介绍,那个时候上栗外地商贾众多,甚至还有外国客商。

南北社区文化活动活跃,产生了上栗第一家书店、第一家电影院和第一家书院。天福书店建于1978年,为上栗第一家书店,当时占据临街3个大门面,经营场地近200平方米。上栗老街电影院坐落在北上街中心位置,为上栗第一家电影院,与同样车水马龙的上栗饭店相望而立。

平安社区

社区概况　平安社区地处县城中心位置,东至李畋北大道,南至浏万西路,西至新群村荣家弄,北至李畋北大道,占地面积3.4平方千米。社区有8个小区,分别是吴楚花都一、二、三期,溪山雅苑,吴楚花都鼎城,尚峰公馆,栗江苑,恩信苑,有人口5354户10063人,其中常住人口7564人,居住人口中以汉族为主。社区地属半丘陵半山地地形,地势北高南低,由上栗龙山岭开发拓展用地,呈现纵向狭长态势。

经济概况　社区商贸繁荣,有商铺2000余间,其中大型商超2家,小卖部136家,餐饮383家,衣帽服饰店68家,电器店51家,家具店69家,移动电信99家,诊所3家,美容美发店53家,五金店30家,水电安装23家,汽车修理32家,建材店25家,石材店18家。

基础设施　社区对外道路包括李畋大道、胜利北路、平安北路、浏万东路、龙山路,均为沥青路面,路况良好,交通十分便利。社区内配有移动、电信、联通营业厅和邮政物流配送点。居民日常做饭烧水使用的能源主要为电能和液化气,生活用水主要来源于自来水公司,铺设自来水管道约2.6万米,可满足全社区居民日常生活用水需求。

社会发展　社区内有金色摇篮幼儿园、格瑞堡幼儿园、向阳幼儿园、大唐幼儿园4

平安社区大地红广场

所幼儿园和恩信实验学校、上栗镇二中2所中学,可满足平安社区及周边学龄前和义务教育阶段的就学需求,九年义务教育覆盖率100%。平安社区文化活动场所占地面积约3000平方米,包括居委会(包括党群服务中心)约900平方米、新时代文明实践站约260平方米、文化健身广场约1200平方米,其中平安社区新时代文明实践站采取"一室多区"形式建设,共设立6个集中活动室,包含图书馆、四点半课堂、市民宣讲室等10个功能区域,图书馆藏书达500多册。社区内有卫生所(室)3个,接诊率较高,服务范围辐射到新群、南北、西顺等周边社区,2021、2022年度居民医保参保率100%。社区有34户51人享受了农村低保。社区人居环境较好,路灯均为太阳能路灯,建有垃圾集中处理中心8个。

特色地情 妙清寺位于平安社区环卫路,始建于北宋年间,占地面积20余亩,现为1994年重建的仿古寺庙。

栗江社区

社区概况 栗江社区位于上栗县的中心城区核心地带,其管辖范围东至李畋南大道,南抵迎宾大道,西达萍栗南路,北至兴盛大道,与四海村、龙合村、胜利村、菜场村、新民村以及南北社区、滨河社区等相邻接壤,辖区面积约2.08平方公里,在县域城镇发展格局中占据着重要的位置,是上栗县城市化进程中的关键区域。社区分为6个网格,户籍人口398人,常住人口达4380人。人口结构以汉族为主,呈现出多元融合的居住态势。社区内有碧桂园·天麓、盛世金鼎、鼎虹珑悦、顶峰首府、御府壹号、力高·上尚城、桃林学苑、兴盛嘉园等8个商住居民小区,配套有1个保障性住房小区,满足不同层次人群的生活需求。

经济概况　辖区内有15家超市、6家宾馆、4家诊所、11家五金店,还有1处综合性的建材商业中心。

基础设施　境内交通网络发达,有迎宾大道、李畋南大道、兴盛大道、胜利南路、平安南路、民胜路、南源西路、萍栗南路等8条交通主干道,相互交织,构成了便捷高效的交通体系。栗江社区距离上栗萍洪高速仅1公里,距昌栗高速5.3公里。社区内通信网络信号覆盖率100%,宽带网络使用率近100%。设有移动、电信、联通的营业厅以及邮政、申通、德邦、韵达等物流配送点,为居民办理各类电信业务和收发快递提供便利。

社会发展　辖区内拥有1所设施齐全、师资优良的中心幼儿园,有2所小学,分别是栗江小学和胜利小学,拥有完善的教育教学设施和优秀的教师队伍,能够为学生提供全面的基础教育。社区配备党群服务中心、综治中心、博爱家园、3个新时代文明实践点、4个志愿活动室,有2个篮球场,有新民小区文体小广场、湾江公园、市民广场等3个集休闲、娱乐、健身的活动场所。社区内有4个卫生所(室)、1家嵌入式养老院。社区为居民提供365天不打烊、预约等服务,医保收缴率达100%。社区内登记的残疾

迎宾大道

湾江公园

人有1人。

特色地情 栗江社区管辖范围主要集中在充满活力与现代气息的新城区,新建的商住居民小区充分体现现代建筑的时尚感与便捷性。而在社区的一些老街坊区域,依然保留传统赣西风格的民居,小青瓦、马头墙、雕花门窗等传统建筑元素,散发着浓郁的历史文化气息。传统建筑与现代建筑相互映衬,形成了鲜明的对比,又和谐地融为一体,彰显出社区独特的建筑风貌和时代变迁的痕迹,成为社区一道独特的风景线。

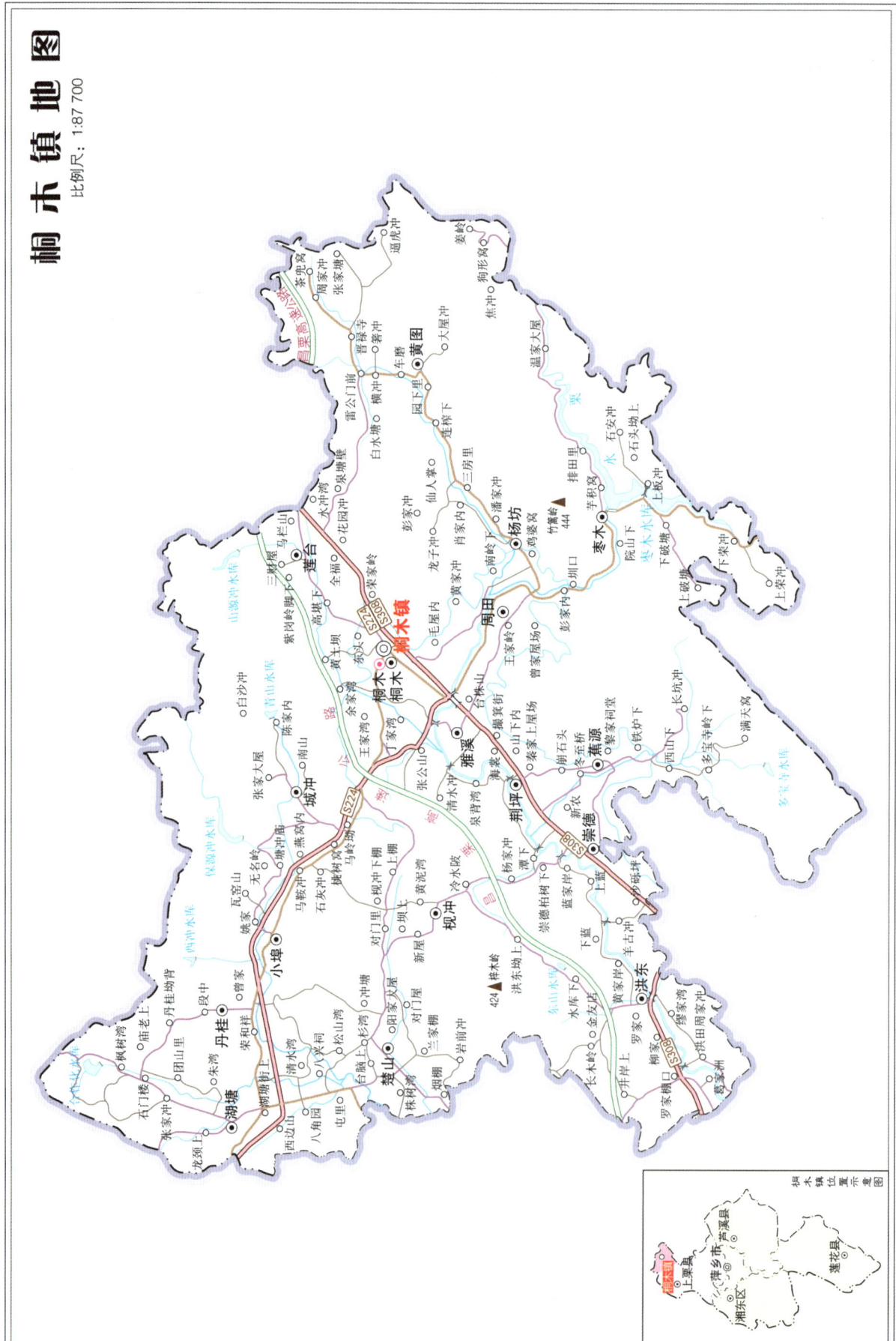

桐木镇

桐木镇位于湘赣边境,萍乡市北陲,距县城18千米,距萍城48千米。东邻宜春市慈化镇,南与宜春水江镇接壤,西与本县金山镇毗邻,北接湖南省浏阳市,为湘赣两省三县市七乡镇接壤之重镇。东西宽18千米,南北长20.7千米,面积109.5平方千米,地形扁长。有山林面积11000公顷,耕地面积1600公顷,其中旱地333.4公顷,水田1466.6公顷,森林覆盖率达64.5%。镇政府驻桐木社区。

在1968年,该镇荆坪村船形岭发掘出少量新石器时代石斧、石箭等石器,证实在新石器时代,人类的祖先就已在桐木一带生活。1930年6月,桐木被划入湖南省浏九区。8月,桐木划归萍乡县管辖,为萍北二区。嗣后,改为萍五区、萍七区。1930年底改为桐木区,并在枣木、黄图、杨坊、周田、桐木、涧山、湖塘、石头、丹桂、城冲、桐木街、崇德、蕉源、枧冲、楚山相继建立了苏维埃政权。中华人民共和国成立后,桐木区改称萍乡县十四区,下设18个乡。1956年5月27日,撤销十四区,并入上栗区,原十四区内设5个乡。1957年11月,撤区建乡,原5个小乡从上栗区析出成立桐木乡。1958年9月,改乡建社,称桐木人民公社,辖36个生产大队。1975年冬,因修枣木水库,将水库东南面的小洞梓木一带划给宜春水江乡管辖。1984年3月,撤社建乡,称桐木乡,辖21个村、1个街道居委会。1990年3月5日撤乡建镇。2003年,分别将三七村、东源村、石头村、东山村并入桐木村、黄图村、湖塘村、洪田村(改称洪东村),由此,全镇21个村变为17个。

桐木镇是一方红色革命热土。1927年9月21日至9月

24日,毛泽东带领秋收起义部队从浏阳文家市出发,来到上栗境内转战四天住三晚,部队从文家市边界高升岭进入上栗市,经桐木镇的老山冲、孤岭、严塘、小埠到达桐木镇街区。桐木人民革命斗争活动频繁,百姓自觉参军参战,仅1930年前后的湘赣边区一次战争中,桐木就有3000余人参加红军。据不完全统计,彭德怀、黄公略到上栗的两次扩红就有15000余名老百姓充实部队。桐木镇牺牲的烈士较多,在大革命和土地革命战争时期有革命烈士691人,抗日战争时期有革命烈士4人,解放战争时期有革命烈士1人,社会主义革命和建设时期有革命烈士7人,合计703人。

境内地势东高西低,属典型丘陵地貌。东北、南部多山,丘陵地约占60%,最高点为蕉源村与驿马村交界山峰,海拔590米,最低点为洪东村周家湾自然村,海拔98.8米。土壤以红壤居多。境内最大河流为雅溪河,发源于宜春慈化和水江镇小洞村,汇集枣木水库水源,流经杨坊、桐木、雅溪、荆坪、崇德、洪东,经鸡冠山乡豆田、横下汇入栗水注入醴陵渌水。境内有枣木水库和三源冲、青山、宝源冲、西冲、合作化、东山、多宝寺等10多座小型水库,总库容2046万立方米,有全长52千米的枣木水库南、北干渠和7座长1100米以上的渡槽。境内四季分明,日照充足,雨量充沛,属亚热带季风性湿润气候。1月份平均气温4.8℃,7月份平均气温28.6℃,年平均气温17℃,年降水量1560毫米,全年无霜期270天左右。常年主导风向为东北风,夏季主导风向为东南风。全镇矿藏资源丰富,地下有煤炭、石灰石、大理石、铁矿石、白云石、瓷土等十多种矿产,特别是煤炭和石灰石资源分布广,品位高,储藏量在270万吨以上。境内风光秀美奇特,溶洞多,较典型的有茶园石洞,蕉源二号洞,楚山龙洞等。名胜古迹以雄踞宝塔岭顶峰的震龙塔,佛教圣地满觉寺、多宝寺较为著名,还有相传春秋时期楚昭王落难时修建的楚王台、楚昭王庙,红色教育基地烈士公园和文化广场等。

2021年,境内辖17个村、1个社区,分别是莲台村、雅溪村、桐木村、周田村、城冲村、小埠村、丹桂村、湖塘村、蕉源村、枧冲村、楚山村、崇德村、洪东村、荆坪村、枣木村、杨坊村、黄图村、桐木社区。有337个村民小组,22888户,户籍人口87461人(农村户籍人口81926人,非农村户籍人口5535人),人口密度786人每平方千米。境内人口大多数为汉族。2021年有党组织44个(总支2个,支部42个),党员2284人。

境内交通发达,昌栗高速经过境内并在雅溪村设出入口,省道上万公路自西向东斜贯连接湖南省。2003至2021年,罗家棚至上万线、马楚公路、黄图至花苑冲客运网络公路、昌栗高速公路、昌栗高速桐木互通公路、X944小洞至桐木公路、荆坪至蕉源公路、S224桐木至水口山公路相继建成通车,总里程达46千米。多次改造路线有老桐湖公路、Y013石头至小埠公路、Y122楚山—河东公路雅溪至莲台公路、马岭至城冲老村部公路、洪东村部至东山公路、湖塘至石头公路、X161圳口至慈化公路、周田至桐木公路、泉背湾至月山下公路、洪东村龙合至豆田公路、湖塘街上至九龙公路、枧冲至马岭公路、崇德至戴家大屋公路、蕉源公路等境内公路,提升了全镇道路基础设施。2005年,境内实现村村通水泥路。2018年,境内实现村村通沥青路。此外,城冲村保源冲水库、青山水库、丹桂村西冲水库、湖塘村合作化水库、洪东村东山水库、蕉源村多宝寺水库、莲台村山源冲水库除险加固改造,栗水河、金水河、黄图河、莲台河、蕉源河的河道综合治理工程,浏湖南山塘、水浸冲山塘等山塘改造共86处。

桐木镇经济以工业为主,2002年起,煤炭曾经是全镇支柱产业,原来有煤矿7家,为响应国家生态保护要求,2012年后所有煤矿逐步关停。2003年,花炮产业发展较快,呈现逐年增长的好势头。从2019年9月起,花炮企业因环保要求提高,全国禁燃禁放城市逐步增多,部分中小花炮企业主动退出,产业出现了下滑的趋势。2014年至2021年,水泥建材产业兴起,该行业有规模较大的企业2家;2021年,境内共有实体工业企业6家,较有影响的有:江西省上栗县印山台水泥厂、江西中成建业工贸有限公司、上栗县兴荣建材有限公司、上栗县崇德机制砂厂、上栗县珍友模压制造有限公司等。农业产业以水稻种植为主,2021年,粮食总产量达64800吨。2010至2015年期间,果蔬种植、畜牧、水产养殖等产业开始推广,有凤形山果园、九龙果园、楚山小龙虾养殖基地、黄图绿福源生猪和鳗鱼养殖基地、城冲罗氏虾养殖基地、莲台蔬菜基地等一批科技种养示范基地。2021年,梨子、柚子等水果产量达120吨,生猪出栏18000头,小龙虾、鳗鱼、罗氏虾养殖年产量分别达到55吨、200吨、20吨。

境内物华天宝,人杰地灵,自古以来人文鼎盛,才俊辈出。历史上走出了王六生、黎新民2位开国将军,走出欧阳枝梧、刘梓华、赖衍洪等一批革命先驱和烈士。

桐木镇教育、卫生、科学、体育、精神文明建设等事业发达,2003年有完全小学20所,初级中学4所,幼儿园(含公办、私营)10所。在校中小学生7900人,教师440人。现在有镇中心医院1所,镇中心医院占地1.2万平方米,病房40多间,病床60多张。村合作医疗所119个,组成完善的医疗合作体系,全镇有医护人员178人。2021年有中学4所,小学19所,教学点3个,幼儿园26所(其中公办1所),在校学生12411人,教职工1039人。有中心卫生院1所,村合作医疗所52个,有医务人员172人,病床170张。有敬老院1家,可容纳100位老人入住。有镇老年科技协会1个,村(社区)老年体育协会18个。2011年成立全市首个乡镇文联,设音乐舞蹈协会、诗词楹联文学创作协会和书法美术摄影协会。2012年,建成烈士公园和文化广场。

全镇聚焦"两不愁三保障",通过产业扶贫、就业扶贫、教育扶贫、政策兜底等方式,扎实有效做好脱贫攻坚工作。全镇有建档立卡贫困户478户1792人,省级贫困村4个。脱贫攻坚工作开展以来,共计脱贫478户1792人。其中:2015年脱贫94户381人,2016年脱贫115户459人,2017年脱贫103户401人,2018年脱贫46户165人,2019年脱贫69户253人,2020年脱贫51户133人,与市、县同步完成脱贫攻坚任务,同步全面建成小康社会。

2021年,全镇有花炮企业58家,采石厂4家,机砖厂4家,规模以上企业达到36家。完成财政总收入3.07亿元,规模以上工业总产值20.55亿元,增幅92.8%,列全县第二;规模以上工业增加值6.2亿元,增幅81.2%,列全县第一;固定资产投资完成22.37亿元,同比增长33.2%,列全县第一;工业投资完成16.89亿元,增幅38.6%,列全县第六;货运、客运和私家生活用车突破18000辆;居民储蓄存款余额突破9亿元。先后获"全国首届乡镇投资环境300佳""全国样板镇""全省综合改革试点镇""首届江西投资环境最佳乡镇""全省百强中心镇""全省经济发达镇和全省行政体制改革试点镇""全省'五型'政府建设先进单位"等多项荣誉称号。

桐木社区

社区概况 桐木社区原名为桐木街道办事处,桐木街道办事处以前有很多企业,随着经济体制改革,建立社会主义市场经济体制,很多企业被注销或改制。一段时间内,办事处由政府收购,事务由政府干部办理。2000年由于企业改制,人员精简,街道办事处服务面越来越广泛。2002年办事处的事项从政府分离出来,原来的街道办事处更名为桐木社区,同时成立桐木社区党组织和社区居民委员会。桐木社区位于桐木镇商贸中心,面积约3平方千米。社区分为6个居民小组,分别是老街东头、老街西头、阳光小区、大市场、团山岭、步行街,有人口826户3313人。居住人口中以汉族为主。居民姓氏有116个,人口较多的姓氏有曾、阳(欧阳)、黄、张、谢、肖、王、荣、彭、刘、李、黎、金、况、甘、戴、陈等。桐木社区地属半丘陵半山地地形,地势相对平坦,地势坡度变化不大,平坦用地较多,整体海拔168米。社区境内林地资源丰富,种植有杉树、樟树、松树、桐树、野栗树、桂花树等特色植物。

经济概况 桐木社区自成立以来,以社区的地理优势扩大集镇范围,盘活社区闲置房屋,发展商品贸易。至2022年末,社区有金融网点4家、商业网点389个,职工1356人,其中外来品牌落户35家,综合超市5家,连锁专卖店20家,城乡集贸市场3个,桐木集镇农历每月逢五有大型赶集。社区居民中有40%为个体工商户,60%到附近单位工作,多年来GDP增长率一直在全镇前列。

基础设施 境内交通便利,319国道穿区而过,距昌栗高速出口2千米,辖区实现组组通柏油路,主干道沥青路3千米。辖区供电用户826户。辖区自来水实现全覆

桐木社区小组屋场贴心会地点

盖,保留了多个古井,水质优良,确保居民用水安全。2022年在辖区修建了污水处理厂,并添置了处理设施,辖区污水统一排放在污水处理厂进行处理。

社会发展 社区内有学校3所、活动场所1个、诊所4个、中心医院1所。其中,桐木镇中心小学坐落在社区老街西头,有学生1245人、教师70人。社区活动场所建筑面积5000平方米,有新时代文明实践站、图书室、卫生服务室、音乐室、演艺厅等多个功能室,配备室内篮球场和室外篮球场、乒乓球桌。社区卫生所(室)和医院接诊率较高,可满足居民的医疗需求。2022年度居民医保参保率达100%。社区有低保户59户87人,残疾人45人,特困8户9人。脱贫户3户,全部解决"两不愁三保障",没有出现返贫现象。社区志愿者活动活跃,2015年成立桐木社区志愿服务队,有志愿者395人。后相继成立社区义务巡防队、文艺队、艺术团等多支队伍,共有队员148人。

特色地情 桐木社区老街建立于20世纪40年代初期,是桐木最早的经济中心。老街居民都是来自五湖四海闯南走北的商客。老街居民思想灵活,个个创业有成效,家家生活富裕,邻居之间互相帮助。国内微雕艺术家陈冬生出生于此街。

莲台村

村情概况 莲台村位于桐木镇东边,四周群峰环抱,一片翠绿郁郁葱葱,生机盎然,中间一条溪流由东向西碧波荡漾奔流不息,孕育两岸万物长发。相传宋朝年间,有一传道之士偶经此地,见塅中偏北之处凸显一高地,形似莲花钟灵毓秀,前有一山坡如鼓，背后山峰被日光照射霞光万丈，便决定在此建立寺庙名为莲花寺，后寺庙毁于战火。1977年，莲台大队兴办炼硝厂清挖基脚时，挖出了大量莲花寺的麻石条和砖瓦，市文物局派人员实地查勘确认是宋代的建筑材料。

1958年成立人民公社（人民公社成立前为乡，下辖高级农业社），莲台正式命名为莲台大队，下辖12个生产队。1968年10月扩队兴社时，将原以河为界的莲台、富桥（向阳）两个大队合二为一，仍以莲台大队命名，两个大队合并以后下设12个生产队，1个林场，1个砖瓦厂，1个石灰厂。20世纪80年代改名为莲台村。莲台村区域面积5.2平方千米，位于江西西部，萍乡市北部，栗水上游，东与宜春市袁州区接壤，地处湘赣两省边界。东邻余坊村、黄图村，南邻杨坊村，西邻桐木村，北与浏阳文家市、袁州区慈化镇花木村交界。莲台村下辖17个自然组，分别是庙下、美财屋、莲花台、塘上、檀树下、杨家园、马栏山、水冲湾、李家排、打鼓岭脚下花园冲、谢家窝、全福里、荣家岭、高堪下、付家里、紫宫岭。截至2022年12月，全村共有826户4216人，其中常住人口2789人，居住人口以汉族为主，全村平均年龄37.09岁，其中男性2187人，女性2029人。全村主要姓氏有李、钟、王、荣等。

自然环境与资源　莲台村地属半丘陵半山地地形，地势四边高，四面环山，村庄地势坡度变化大，村内居民住宅较为集中在中心区域，中间地势平坦，为粮食主产区域。莲台村自然环境优美，景色宜人。森林总面积3250亩，森林覆盖率达85%，富含负氧离子。交通便利，省道上万公路及昌栗高速穿境而过。村内水源丰富，莲台河发源于慈化镇余坊村流经全村，村内有大型山塘2口、小型水库1座、古泉水井4口，其中花园冲大型山塘建造于1958年，铁横冲大型山塘建造于1959年，三源冲水库建造于1970年。村民生活用水依靠山泉水和地下用水，2022年起部分村民采用自来水。矿藏资源以石灰石、瓷泥为主。林业资源丰富，种植杉树、油茶树等林木总面积1200亩。村内有林场1个，为三源冲林场。动物野禽有乌鸦、麻雀、斑鸠，家禽有牛、猪、鸡、狗。

经济概况　莲台村积极探索本地适宜的农业产业项目，2013年7月成立了江西省杨岐山生态农业开发有限公司，该公司2014年被评为市级龙头企业，下辖上栗县莲花台生态农业专业合作社，从事果蔬种植。村内水稻种植面积约500亩、种植户约260户，油菜种植面积约400亩、种植户310户，葡萄种植面积150余亩、种植户4户，生猪养殖户年末存栏350余头，其他还有养牛散户20余户，存栏50余头。工业以鞭炮产业为主，有上栗县波波烟花有限公司、光明出口编炮厂、江莲花炮厂、鼎隆烟花原材厂等4家烟花鞭炮企业，其中上栗县波波烟花有限公司位于十二组全福里内，厂区面积500余亩；光明出口编炮厂位于花园冲十一组，厂区面积600余亩；江莲花炮厂年产值1000多万元；鼎隆烟花原材厂年产值达1000万元以上，解决劳动就业700余人。至2022年

莲台村

12月底，村集体经济收入超15万元。

基础设施 村境内交通较为便利，昌栗高速、省道上万路S308穿境而过，距镇中心3千米，水泥路实现组组通，"白改黑"完成45%，林区公路通达。村内有变电器18台，总功率7200千瓦。村民日常做饭烧水使用的能源主要为电能和液化气，少数家庭使用蜂窝煤、木柴。村民生活用水主要来源于深井水和三源冲水库，铺设自来水管道约1.2万米。农业灌溉主要采用沟渠引水，可灌溉耕地800余亩。

社会发展 村内有幼儿园1所、小学1所、门球场1个、卫生所(室)2个。其中，莲台小学始建于1973年，位于村中央，地处莲台村十二组全福里，占地面积7451平方米，有7个教学班、267名学生。旺旺幼儿园（桐木中心小学莲台校区）创建于1999年，建筑面积4000平方米，每学期有幼儿人数约140人。莲花台门球场成立于2013年，2022年耗资9万余元重新翻修风雨门球场，"老协"门球赛已连续举办多届。村内卫生所(室)接诊率较高，服务范围辐射全村。村内有127户享受失地农民保险；有65户88人享受农村低保。村民购买养老保险比例达26%，享受社保比例达28%，低保人员和发放金额覆盖率达100%。

特色地情 1930年，红军从小洞途经莲台村富家桥到达文家市，并在高升岭、九峰寺等地巧妙设伏，全歼白匪戴斗垣旅，取得了红一军团全歼敌人一个整旅的辉煌战绩。文家市大捷是红一军团成立以来的第一个大胜仗。

莲台村富家桥，始建于清朝道光年间，由王姓大户人家王永楠修建。传说在嘉庆年间，花园冲王氏有个名叫永楠的七世祖公，幼小聪明，心灵手巧，精通一门缝纫活儿，技艺超群，被本地付员外长年聘用在家做衣裳。一天，有个卖杂货的人挑着杂货

莲台村富家桥

担,在付家门口叫卖,付员外听到叫卖声,忙呼家丁去上烟。在侧厅做活的王永楠看到付员外这一举动,有所不解,忙问道:"员外我在你家做裁缝尚已三年,从未上过烟给我,对一个杂货贩子为何上烟?"付员外叹声道:"你有所不知呀,就是艺工与生意人之分,即'工'字与'生'的区别,'生'字出了头,有出头之日,生意兴隆。而'工'字未出头,做艺只能糊口罢了。"王永楠听后当即辞工,收拾好自己的缝纫剪刀尺回家,途经河上木桥(即现在的富家桥处),站立木桥上对天仰首誓道:"如果我有发达之日,我把剪刀尺扔进河水中你就浮起来。要是浮起来了,此处筑石桥1座,如果没有发达,就沉下去永无踪影吧!"果真剪刀尺浮在水面,事后大拱石桥横跨此处,取名"富家桥",距今200多年。

黄图村

村情概况 据族谱记载,欧阳姓家族大约是在200年前从万载白水迁徙至黄图,不断繁衍生息,人口逐渐壮大,欧阳姓成为了黄图的一个庞大群体。中华人民共和国成立后改名为东源大队,改革开放后分为东源村和黄图村,2003年8月两村合并为新黄图村至现在。

黄图村位于上栗东南部、桐木镇东部,东邻枣木村,南接杨坊村,西面毗邻余坊村,北接宜春市山楚村,区域面积5.5平方千米,村庄距桐木镇政府5千米,距上栗县城23千米,距离萍乡市区52千米。截至2023年3月,全村共有1123户4645人,其中常住人口3216人,居住人口以汉族为主,其中男性2414人,女性2231人。全村共15个自然村,分别是大塘面、张家塘、茶兜窝、周家冲、东源冲、晋禄店、弱冲、雷公门前、横冲、车磨、白水塘、大屋冲、山盛里、大屋里、园下内,有15个村民小组。村内有22个姓氏,人口以欧阳姓最多。

自然环境与资源 黄图村地属丘陵山地地形,地势东北高西南低,气候温和,四季分明。最高海拔289.4米,位于村域西北侧与宜春余坊山楚村交界处;最低海拔147.3米,位于村域南侧与杨坊村交界处。村内居民住宅较为分散,平坦用地少,土地利用率较低。村内无大江大河流经,村民用水主要依靠本地天然山泉水和地下水,已

黄图村

黄图村牌坊

建成完善的自来水管道和蓄水池。2018年以来投入60万元完成乡村振兴饮水工程,建成可蓄50吨水量的蓄水池3座。村境内有着丰富的煤炭资源,由于煤矿开采较大,2014年关停了黄图村洪家源、锡梅树下、大屋冲、高椅窝等多处小煤井,2015年进行废弃矿山治理,恢复植被。境内自然灾害频发,2014年5月25日发生百年难遇洪涝灾害,造成河流河堤冲垮、房屋倒塌、大面积田地被淹,直接经济损失600余万元。

经济概况 村内农业以种植业和养殖业为主,其中种植业包括水稻、油菜、红薯、油茶树、西瓜、药材等,养殖业包括肉牛、猪、羊、鸡、鱼等。2012年以来,黄图村积极探索本地适宜的产业项目,成立了江西省绿福源农牧业有限公司、天成鳗鱼养殖基地。绿福源农牧业公司成立于2013年3月,养猪6000余头,吸纳本地劳动力40余人,为百姓增收近120万元。天成鳗鱼养殖基地成立于2016年,养鳗鱼60余吨,吸纳本地劳动力8人,为百姓增收近40万元,土地流转40余户,增收16万余元。全村有个人合作社10个,其中规模较大、效益较好的有宏昌种养合作社和黄图种植专业合作社。宏昌种养合作社成立于2014年,位于黄图村周家冲自然村,2020年种植柚子、桃子、杨梅等果树200亩、蔬菜10亩、油茶树75亩,养殖土鸡350羽、鱼塘2亩,带动脱贫户3户10人,年销售额35万元左右。黄图种植专业合作社成立于2015年,位于黄图村大塘面自然村,2022年养殖生猪756头,带动脱贫户3户10人,年销售额42万元左右。村内工业有花炮企业5家,引线企业3家,纯净水厂1家。江西省兴泰花炮有限公司成立于2022年3月,吸纳本地劳动力320余人,为百姓增收近400余万元。江西省紫新祥花炮有限公司成立于2022年3月,吸纳劳动力400余人,为百姓增收近400余万元。江西省宏升花炮有限公司成立于2023年3月,吸纳本地劳动力150余人,为百姓增收近200万元。

基础设施 村境内交通便利,有2条主干道,X161圳口至慈化县道长6千米,花苑冲至东源公路3千米,大型养殖基地至高速连接线公路(产业路)6千米,实现了组组通沥青路、户户通水泥路。至2022年11月,黄图村境内柏油路共4条,共计12.2千米;水泥路共9条,共计6.15千米;可通行的沙石路1条,400米;生产道路1条,同时也是便于森林防火的林内公路,全长3.6千米。全村依托桐木镇菜鸟驿站快递集散点接收和发送快递,村委会附近的小商店能接收邮政快递。最近的银行服务点为农商银行楼下支行,距离村庄5千米。村民生活用能主要依靠煤气、煤炭、木柴、电磁炉。农田灌溉主要依靠山塘引水。

社会发展 村内原有小学2所,为黄图小学和东源小学,由于大量的人口外流加剧了农村教育资源的萎缩,黄图小学于2021年初停止办学,2023年改造为黄图中心幼儿园,入园人数72人。东源小学有师生245人。2018年8月在乡贤倡议下,成立黄图村教育促进会,以奖学、奖教的机制来促进黄图村教育事业的发展。至2022年,共捐资48万余元,奖励高中生145人、本科生74人、研究生11人。全村可供村民休闲娱乐的场所有大屋里和横冲自然组2处,均配备了健身器材。2020年,筹资10万元,在黄图村大屋里自然村建设居家养老服务中心,占地120平方米,配备休息室、图书阅览室等休闲娱乐设施,为老人提供居家养老服务。村有卫生室1个、诊所3个,可满足村民一般医疗需求。村内居民医疗保险参保人数为4532人,参保率为98%。村内有脱贫户25户103人,低保户109户150人,五保户18户21人,残疾人120人,参加失地农民保险56人,参加城乡居民养老保险1250人。

黄图村自然环境优美,景色宜人。林地总面积7000亩,森林覆盖率达85%,富含负氧离子。境内种植杉树、油茶树、竹子等林木的总面积5700亩。人居环境较好,卫生打扫和垃圾处理主要采取"村内聘请+公司承包"的模式,在各村民聚居点均配备有垃圾收集设施,村内垃圾采取户收集、村拖运、镇处理的模式,村内环境较为整洁。

特色地情 欧阳柄荣(1846—1918),谱名晋廷,号悔斋,桐木镇黄图村人。光绪乙酉年(1885)拔贡,1886年朝考绩优列一等,分发湖北试用知县,历署宜都、建始县事。受湖广总督张之洞的派遣,踏察萍乡煤铁资源,首创萍乡煤务局,炼制萍乡焦炭,为萍乡煤矿创办立下首功。后任宜都知县加同知衔(正五品)赏花翎,兼理建始县事。著有《备夷策》,被晚清学者葛士浚编入《皇朝经世文续编》。

杨坊村

村情概况 杨坊村地处桐木镇东南部,距桐木集镇4千米,位于枣木水库下游,东连黄图村,西接周田村,南邻枣木村,北靠桐木村。全村分为23个自然村,分别是石洞口、彭家冲、连榨下、将军山、仙人掌、杨家坊、大布冲、邱家岸、潘家冲、黄家冲、包公庙、南岭下、赖家内、药王庙、和聚堂、圳口内、龙子冲、邹家祠堂、李家祠堂、彭家内、崔家内、冯家内、肖家内，主村在和聚堂自然村，共有21个村民小组，有人口1732户6592人，其中男性3415人，女性3177人。外出务工人口1450人，主要流向广东、湖南务工。村民以汉族为主，人口较多的姓氏有欧阳、李、刘、崔、陈。

自然环境与资源 杨坊村地处丘陵地带，平均海拔高度298米，年平均气温17～18℃。全村土地总面积7.6平方千米，其中耕地面积1268亩（水田1100亩），人均耕地0.172亩，实际耕种930.3亩，闲置耕地120亩，已流转耕地217.7亩。山岭面积9000亩，森林覆盖率80%，其中生态公益林2000亩，杉、松、杂用材林4240亩，竹林960亩。境内曾经是产煤重点村，有证煤矿企业7家，后煤矿企业转型，引进了江西洋沣礼花制造有限公司，总投资1.3亿元，占地2000余亩，年产值达3000余万元，税收超600万元，吸纳劳动力200余人，产品远销欧洲国家。

经济概况 村内农业以种植水稻为主，全村整治撂荒农田200余亩，早稻耕种面积完成400余亩，建成高标准农田300余亩，实施河道治理4000余米，水渠标准化建设2500余米。全村大力打造特色产业品牌，以村集体经济为主体，总投资870余万元，成立了江西桐顺新材料有限公司，利用村内杉树、竹林等优势资源，主要生产西餐餐具、环保颗粒等产品，直销国内外，产值达2000余万元，税收100余万元，吸纳村民就业100余人，为村集体创收30余万元。

基础设施 村境内有1条主干道，从新德桥至黄图村车磨水交界处，长约7千米，属沥青路面。X151村道西沿，X161村道从连榨下自然村穿境而过，东起黄图，西接周田。全村铺设村组路、入户路、硬化路面3000余平方米，铺设沥青路面19000余平方

杨坊村新时代文明实践站

杨坊村村委会

米。全村1732户家庭均实现供电。全村依托桐木镇菜鸟驿站、圆通、邮政快递集散点接收和发送快递,均由村委会附近的杨坊村妈妈驿站接收。村民生活用能主要依靠煤气、煤炭。水利设施完善,有村级水渠5000余米、水坝2个、山塘4个,河道修缮2600米,自来水管网全村铺设率达100%。

社会发展 村内有小学1所、幼儿园1所、综合文化服务中心1个、文化广场9个、村诊所5家、卫生室1家、居家养老服务中心1个。其中,杨坊小学内有附属幼儿园1所,2018年投资200余万元进行操场扩建改造,全校师生最多的时候约380人,其中老师30人。村综合文化服务中心占地面积200余平方米,总投资20余万元。9个文化广场总面积约1200平方米,配有30多个体育健身器材。2018年筹资80余万元,在潘家冲自然村建设居家养老服务中心,占地980余平方米,配备休息室、图书阅览室等休闲文化娱乐设施,为老人提供居家养老服务。杨坊村有脱贫户42户151人,监测户2户8人,低保户122户178人,五保户15人,残疾人163人,残疾人中享受政策补助的158人。

村境内自然环境优美,景色宜人,绿化总面积8100余亩,境内种植松树、杉树、毛竹等9000余亩,油茶林1500余亩。卫生打扫和垃圾处理主要采取"村内聘请+公司承包"的模式,在各村民聚居点均配备有垃圾收集设施,村内垃圾采取户收集、村拖运、镇处理的模式,村内环境较为整洁。

特色地情 赖衍洪(1906—1935),桐木镇杨坊村人。1929年冬,赖衍洪在杨坊组织成立第一个工农协会筹备委员会,积极向贫苦农民和工人宣传革命道理,秘密发展工农协会会员。同年12月,周田工农协会正式成立,赖衍洪任协会委员长兼赤卫队队长,并以周田为中心,深入开展工农革命运动。1930年4月,赖衍洪任周田苏维埃政府主席。他先后在小枧、杨岐、苍下等地组建工农协会和赤卫队、童子军、慰问队等革命团体。1931年11月,敌人对萍北苏区进行全面"清剿"。为保存革命力量,萍北游击队撤至小洞整编,赖衍洪被任命为萍乡七区(桐木区)苏维埃政府军事部部长兼游击队队长。1933年3月,赖衍洪带领4名游击队员从桐木监狱救出了关押的100余名群众。1934年8月,赖衍洪带领萍乡七区游击队,配合宜萍独立团,在小枧一举歼灭李春明团。在这次战役中,赖衍洪一人炸毁敌人2个碉堡。1935年农历六月二十日,由于叛徒告密,赖衍洪不幸被捕牺牲。他的部分遗物至今仍陈列在江西省革命烈士纪念堂。

枣木村

村情概况 枣木村系栗水发源之地,由两条河流汇集于本村,呈"人"字形分布。据说早在600多年前,一僧人为方便百姓往来,在两河汇集处修建一木桥,并在桥头种了一棵枣树,后取名为枣木桥,枣木村的名字由此而来。1976年,为兴修枣木水库,枣木桥被拆除。

枣木村地处桐木镇东部,距集镇5.5千米,全村总面积7.6平方千米,其中耕地面积372亩,林地面积15200亩,森林覆盖率达85%。全村划分6个自然村庄,分别是满金山、破塘、荣冲、石安冲、大山冲、姜岭,分为14个村民小组,有520户2684人,其中常住人口892人,流动人口1792人。居民姓氏有41个,人口较多的姓氏有张、陈、黄、温、李、叶、龙等。

自然环境与资源 村境内属丘陵地区,村庄分散,每个自然村四面环山,中间有少许水田,地势坡度变化大,平坦用地较少,水域面积较大,为省级湿地公园。气候温和,年平均气温17~18℃。境内矿产资源有煤炭等。动植物资源丰富,有毛竹、杉树、樟树、松树、金丝楠、青光树等,合作社种养有黄精、桃林、药柑、牛、羊等。境内自然灾害频发,2008年1月发生冰冻灾害,持续时间较长,竹木被冻死,经济作物收益减半,村经济损失36万余元。2014年6月发生百年难遇的洪灾,120余户房屋进水,造成房屋倒塌16间,死亡1人,直接经济损失100余万元。

经济概况 村内农业以种植、养殖为主,有耕地面积372亩,部分耕地由个体专业合作社栽种,主要耕种二季作物、一季水稻、一季油菜。村内有种植养殖专业合作社8

枣木村石安冲新农村建设点

个,主要种植水稻、梨、桃、药材等,养殖猪、牛、鸡、狗、羊、鱼等,另生产山茶油、红薯酒、竹笋等特色农产品。村集体经济收入主要来源于林业及土地收入,2022年收入突破10万元。

基础设施 村境内交通道路状况良好,县道X944公路从院山下自然村穿境而过,村内主干道路主要连接上万公路,至2022年底,全村道路沥青铺面达22%,村级改造道路28千米。全村520户均实现供电。村境内水利设施完备,建有水渠3.6千米、水坝2座、饮用水塔14个,河道治理600米。

社会发展 枣木村境内有小学1所、文体广场4个、诊所2家、居家养老服务中心1个。其中,枣木小学创办于20世纪50年代,曾5次搬迁,现枣木小学于2006年建造,地处破塘自然村,占地面积3200平方米,现有教师14人。枣木村分别在满金山、荣冲、破塘、石安冲4个自然村建设文体广场,总投入60多万元。村内私人诊所2家,群众看病方便。群众参与医疗保险比较积极,年参保人数有1980人,参保率89%。全村共有426人购买养老保险,已享受社保186人,其中X944公路占地作为失地农民购买养老保险71人,已享受社保26人。全村有脱贫户22户81人,低保户62户87人,脱贫户中17户31人纳入低保对象,有残疾人52人,五保户10人。村级居家养老服务中心建有食堂,配有餐桌、床铺和活动室,供老年人吃、住、休闲娱乐。枣木村大力进行环

枣木水库

保绿化治理,落实门前三包责任,农户垃圾分类处理,由第三方公司承包运营负责垃圾收集拖运,村级监督管理,生态、人居环境较好。

特色地情　枣木村现存古迹有满觉寺,至今有700多年历史。满觉寺位于萍乡宜春两市交界处,属枣木村管辖范围,此地山清水秀,风景优雅,可谓洞天福地,最宜养性修身。满觉,又称圆觉,觉行圆满是佛教修行的最高境界。据说明永乐年间(1403—1424),有一个云游僧人,法号释满觉,化缘路过桐木镇枣木村,遥望两河交界处,有一座山头,山峦重叠,藤木参天,白云缭绕,山泉潺潺,修篁遍野,谷深幽静,茂竹成林,风景别致,而且山壁间一面悬石如镜,与远山的宝塔岭遥呼相对。山坳口,两股棋盘巨石,巍然屹立,似龙盘虎踞之状。满觉僧不由大喜,说道:"此乃洞天福地也,宜建寺立庙,以此养性修身,弘扬佛法。"于是,满觉僧便在此山择日动土兴工,修建寺庙。历代文人墨客云游此地,无不赞叹,曾有文人温氏题诗《满觉夜月》赞曰:"满觉桥畔好天机,一月玲珑照石矶。两岩烟霞多变幻,三更花草影依稀。光浮流水波如练,辉映平沙浪欲飞。佳境千层香馥郁,何时柳汁染衣归。"满觉圆寂后,其弟子为纪念师祖,故取其名为满觉寺,一直沿用至今。据碑记载,乾隆酉年(1741),成道法师、光臣大师在此寺主持修炼,后传道慧海,命达等弟子先后圆寂于此寺,皆建塔立碑数处立于寺边山岗桥头。满觉寺被列为重点文物保护单位。

桐木村

村情概况 相传春秋战国时期,吴国和楚国扎兵营于吴楚边界之地,漫山遍野长满参天油桐大树,枝叶茂盛,果实硕大球状,是油漆的主要原材料。因盛产油桐,而得名"桐木"。桐木村由原光辉大队和庙下大队及农科所等合并成桐木村,2002年7月原三七村与桐木村合并统称为桐木村。

桐木村位于上栗县东部,东、南连雅溪村,西连莲台村,北与杨坊村相连,占地面积5.5平方千米,距县城18千米,距镇政府所在地300米。全村下辖28个自然村,分别是金家大屋、宇堂屋、甘家大屋、石园里、甘家里、团山岭、茶园里、老街东头、刘家里、道观冲、黄土坝、余家湾、王家湾、谢家老屋、叶家巷子、西头岭、老街西头、漆树湾、胡家里、毛屋里、罗家塘、筒车岭、三眼井、竹山屋、黄家冲、吴家里、肖家桥、包公庙,共有28个村民小组,有1579户7619人。全村共有35个姓氏,其中金、李、王、黄、谢、彭、陈、邓、崔、甘、胡、黎、刘、欧阳、肖、余等16个姓氏村民人数均超过200人。

自然环境与资源 村境内属半丘陵半山地地形,地势西低东高,地势坡度变化不大,平坦用地多。气候温和,村内林地面积为2.01平方千米,占比36.6%,主要种植有油茶林、松树林、杉树林和樟树林。境内的桐木河横穿全村流向上栗县城,汇入栗水河。

经济概况 全村农业以种植水稻、油菜为主,2022年水稻种植面积约760亩、种植户约810户,油菜种植面积约360亩、种植户约246户。规模较大的合作社有上栗县桐木涧山林木农民专业合作社、上栗县桐木凤形山生态果园专业合作社、上栗县王斑洞果木种植专业合作社、上栗县桐木西头养殖专业合作社、上栗县桐木涧山养殖专业合作社。工业企业有1家花炮厂,年产值5000万元左右,纳税300多万元,吸纳600多人就业,平均每人每年收入3万元以上。桐木村商贸繁荣,地处集镇中心,集商贸、运输、服务业等第三产业于一体,解决了大部分人的就业问题,增加了经济收入。2022年村集体经济收入42万元,其中大部分收入来自店面出租。

基础设施 村内交通便利,昌栗高速经过村境内,新、老上万线为主干道,村级道路全部实行水泥路面硬化,沥青路面改造6000平方米。全村供电用户1569户。村内水利建设完备,有水塘水库48个,水域面积1600多平方米,完全可解决农村和居民用水之需。

社会发展 村内有中学1所、小学3所、村级组织活动场所1个、村级卫生室5

所。其中,桐木镇中学占地面积13677平方米,教职员工86人,学生1117人。桐木中心小学占地面积10387平方米,有教职员工72人、学生1245人。桐木实验学校占地面积11655平方米,有教职员工32人、学生587人。三七小学占地面积5697平方米,有教职员工12人、学生128人。村级组织活动场所建于2012年,为单独建设,建筑面积423平方米,广场面积1200平方米,室内室外卫生环境好,配有图书室、村级卫计室,2019年建设成新时代文明实践站的中心点,配备了齐全的设施设备供广大村民学习和娱乐。各自然村的卫生室社保齐全,村委会为村民提供代缴医保服务,2022年度农村医保参保率达98%。村内有91户121人享受低保人员待遇,因昌栗高速、安居工程、防洪工程等多个项目征用村民水田,有200多户上千人享受失地农民养老保险。村庄道路网基本形成,有路灯510盏,均为太阳能路灯;建有垃圾集中处理中心1个,聘请保洁人员11名,人居环境较为良好。

特色地情　村境内古迹古树甚多,天地二仙庙、万寿宫、将军庙、傩神庙、东头古樟树、古井等都是历史悠久的古迹。其中,天地二仙庙坐落在桐木镇中心广场。相传在公元前465年,一位地理先师带着弟子来到桐木踏看地理。当师徒二人走到凤形山快到山顶的位置时见一平地,四周均是怪石嶙峋,站在山之中位,眺望整个桐木欲行千里、一马平川之势,左有狮子山为青龙连九龙冠山连绵相望,恰似青龙回头顾看凤形山,右边有低矮的虎形山,形似巨型卧虎,与左边青龙遥相呼应,师徒二人所站位置乃是凤栖之地。听师父讲解,徒弟竟想将其祖坟迁至此宝地,师父看出其心思,师徒

桐木村党群服务中心

桐木村文体广场

二人起嫌隙,发生争执后师父谨防弟子偷袭,当即就地垒石块,祭天地于此地,后而得名于天地二仙庙。

桐木村十组老街后面上坡处有一棵千年古樟树,树高18米,距地面1米处周长6米,枝叶茂密,顶如华盖。虽历千年沧桑,却苍劲挺拔、生机无限,是桐木村不可移动文物。老樟树的主干非常粗壮,四个成年人双臂都搂抱不来,枝杈苍劲虬髯,形似龙爪,勃勃生机。桐木村王家湾是开国将军王六生的故里,其骨灰葬于涧山韩家冲,离将军故居仅300米。

雅溪村

村情概况 雅溪村位于桐木镇中心地段,距上栗县城约16千米,与桐木村、周田村、荆坪村、城冲村毗邻。至2022年底,全村有22个村民小组,有1085户5310余人,其中常住人口3752人,流动人口1558人。平均年龄为52.3岁。全村划为17个自然村庄,分别是邢家岭、柏树下、谢家老屋、张家山、杉木桥、韩家冲、大坳上、井眼冲、连塘、学桂冲、贺家塘、毛林桥、布岭上、新屋内、郭家山、老屋内、台珠山。全村共有26个姓氏,其中张、谢、黄、吴、郭等姓人口较多。

自然环境与资源　雅溪村属丘陵地形,地势比较平坦,村民主要依山而居和在上万公路两旁集居,村内土质为沙泥土,有石灰石等矿产资源,因环保问题20世纪90年代开采过后一直未开采。水利建设完备,栗枣河穿流村境内,有自动拦水坝2座,自2017年起河道治理无洪水泛发现象。全村有水塘27口、饮用深泉水井5口,水域面积22.5亩,有枣木水库灌渠至雅溪村,农业灌溉用水方便,村民饮水安全。

经济概况　雅溪村农业以种植水稻为主,有耕地面积1200亩,部分耕地流转给个体专业合作社栽种,主要耕种二季作物、一季水稻、一季油菜,旱地200余亩主要栽种蔬菜。村内有专业种植养殖合作社2个,种植水稻、蔬菜、梨子、黄桃等,养殖猪、牛、鸡、狗、羊、鱼等。村内主要经济来源为工业企业,有鞭炮烟花企业2家。

基础设施　村境内交通道路状况良好,昌栗高速公路、上万公路、互通出口、桐九公路、桐枣公路穿村而过,村内主干道路主要连接上万公路。至2022年底,全村道路沥青铺面达72%,村级改造道路3.2千米。全村1085户均实现供电,配有邮政代办点1个。2022年投入1000万元,用于上万线集镇道路拓宽。

社会发展　雅溪村境内有幼儿园1所、小学1所、文化广场3个、诊所1家、居家养老服务中心1个、农家书屋1个、文化活动室1个。其中,雅溪小学地处上万公路旁,占地面积6700平方米,有教师19人、学生300人,教育质量较好。2022年县教育局拨放资金建设旗台、硬化操场,提升教学环境。雅溪村分别在甘家岭、郭家山、杉木桥安置区建有文化广场,规模较小,基本可满足村民对文化娱乐的需求。村内有私人诊所1家,群众看病方便。群众参与医疗保险比较积极,年参保人数为4350人,参保率99.8%。村级居家养老服务中心建有食堂,配有餐桌、床铺、活动室,可供老年人吃、住、休闲、娱乐。农家书屋有藏书1600多册,建成面积25平方米电子阅览室,有专人管护,是村民闲暇学习的好去处。文化活动室建成面积25平方米,配有棋牌桌2张、书法桌1张,是老年村民活动的好场所。全村共有1013人购买养老保险,525人享受社保。由于昌栗高速公路占地、栗枣河道治理、污水处理工程占地等,失地农民购买养老保险940人,已享受社保452人。全村有脱贫户29户130人,低保户85户113人,脱贫户中17户36人纳入低保对象,有残疾人123人(其中一、二级重度残疾38人),五保户15人。村境内生态环境优美,南面山新造油茶林,北面山栽种果树,村庄道路两旁公共场所绿化率达60%,落实门前三包责任,农户垃圾分类处理,由第三方公司承包运营负责垃圾收集、拖运,村级监督管理,人居环境较好。

雅溪村内建设的2500吨污水处理厂、垃圾中转站

特色地情 桐木有个九龙贯,形似雄狮,山上有个九龙庵,脚下有个石球,名叫狮子滚球,此球就是郭家山。雅溪村郭家山地处上万线与周田、杨坊交叉路口处,改革开放以前有常住人口100多人,围居于破烂不堪的原始村落之中。改革开放以后,原先的独居村落已与桐木街道连成一体,人口逐渐增长,新居翻倍。

周田村

村情概况 据说很久以前,周、田、段三个姓氏的人迁居此地,称为"周田段",后不断繁衍生息,人口逐渐壮大。由于当时生存条件差,人口外出,三个姓氏的人逐渐迁出周田段,但"周田段"地名遗留了下来。新中国成立之后,经过多次的村级区域重组,三七和周田合并成朝阳大队,20世纪80年代以后改为周田村。

周田村位于桐木镇东南面,东面与杨坊、枣木村相接,南接蕉源村,西与雅溪村交界,北面正对桐木村,距镇政府所在地3千米,全村地域面积为4.6平方千米。全村下辖13个村民小组,分别是下棚、槐树下、荣家大屋(十组和十一组)、上棚岭、龙头湾、瓦子坪、东冲、蛇形上、铁甲冲、罗家屋场、肖家屋场、新德桥。全村共有941户3841人,其中男性2017人,女性1824人。有常住人口2411人,流动人口1430人。居住人口中以汉族为主。全村共有73个姓氏,其中荣、彭、欧阳、肖、龙、邱、王、杨、李、刘、曾、黎等12姓村民人数均超过100人。

自然环境与资源 周田村地属半丘陵半山地地形,东南面多丘陵,西面多山,北面及中部为平地,地势北低南高,村庄地势坡度大,平坦用地少,呈现纵向狭长态势。气候温和。境内石灰石矿产较为丰富。村内依山傍水,绿化率达72%,林地面积为1259亩,占比59.11%,主要种植有油茶林、松树林、杉树林和樟树林。

经济概况 全村农业以种植水稻、油茶、油菜、红薯和养殖土鸡、羊等为主,2022年,水稻种植面积约110亩,种植户约280户;油菜种植面积约280亩,种植户约370户;黑山羊养殖户1户,年末存栏145头,全年出栏100头;蛋鸡养殖户1户,年末存栏2100羽,全年出栏1450羽;土鸡、羊等皆为家庭散养。2015年周田村建立了100亩左右的村级产业基地,周田村生态果园位于周田村东冲,占地面积为120亩左右,种植有10000余棵特色金兰柚果树以及应季的蔬菜、水果,带动16户脱贫户通过产业直达资金参与产业基地经营,户均年增收1500元,现已挂果生效,年创收5万~6万元且逐年递增。彭记楚山田螺生产加工厂位于周田村东冲,2018年开始投产,占地3000平方米,日产可食产品3000公斤,年产值1000余万元,独具特色的楚山田螺真空包装产品已销售到湖南、广东、浙江、福建等地,尤其在本省大中城市畅销。村内工业以花炮生产加工为主,规模较大的有上栗县事盛出口花炮厂。该厂位于东冲,有固定工人50余人,临时用工80余人,年产值500余万元。另有一家煤炭加工厂,位于上棚岭位置,占地500平方米,年产值约100万元。村内商贸便利,每月有三次逢八赶集,村内新街全长500余米,有商铺35户,其中小超市和小卖部10家、餐饮4家、诊所4家、理发店4家、杂货铺2家、修理铺2家、其余种类9家。

周田村村委会

基础设施 村境内道路状况良好,村庄道路网基本形成,交通较为便利。境内公路均为沥青路,村内主路段约2.4千米,宽6米,道路户户通达100%,建有桥梁9座,其中小型桥梁6座、涵洞型桥梁3座。村民日常做饭烧水使用的能源主要为电能和液化气,少数家庭使用蜂窝煤、木柴。生活用水

周田村

主要来源于深井水,有2个集中供水点,分别位于槐树下和东冲;有自来水储池2座,可蓄水150吨,铺设自来水管道约8千米,可满足全村村民日常生活用水需求。农田灌溉主要采用沟渠引水,有山塘、水库8口,水面面积24亩,可灌溉耕地400余亩。2020年开始打造排水沟建设,完成排水沟建设2000米,有效保障了村民的生活用水和农业用水安全。

社会发展 周田村建有周田村小学和附属幼儿园,学生在200人左右。周田村文化活动场所占地面积约2500平方米,包括村委会和综合文化服务中心约300平方米、周田村居家养老中心约300平方米、共有5个文化健身广场约1900平方米,分布在周田村各个组中心点。其中周田村综合文化服务中心设立五大功能室,包含农家书屋、市民宣讲室、文化娱乐室、学习培训室等多个功能区域,主要开展党员学习教育、村民代表大会议事、便民服务、重大节日活动等。村内建有4个卫生所(室),接诊率较高,保障了周田村村民日常医疗。全村有270户890人享受失地农民保险;有83户126人享受农村低保。村内人居环境较好,有路灯580盏,均为太阳能路灯;有一处污水处理站位于上棚岭,连接了一至十一组的污水处理管;投入4.2万余元完成"厕所革命"工程,整治厕所31户。

周田村有1支牛带茶队,12人为一队,集说、唱、舞、灯为一体,配以民间乐器,内容多是从历史故事和传说中采撷,融入当地民俗创作而成。唱词诙谐幽默、雅俗共赏。每年春节,左右村邻相邀演出,自是应接不暇。

特色地情 1929年12月杨坊村赖衍洪受红五军二纵队负责人、共产党员张华的启发教育,与周田村贫苦农民龙彪等人一起,自发成立了桐木第一个工农协会——周田工农协会。工农协会成立后,以周田为基础,发动工农群众,深入开展打土豪斗矿霸的斗争。至1930年2月,赤卫队和工农协会队伍发展到1200余人。1930年3月,对周田最大的地主土豪荣匀仁进行了清算,镇压了桐木影响最大的杨坊村恶霸地主刘早堂,有效地打击了桐木一带封建地主和土豪劣绅的嚣张气焰,大大激发了工农群众的革命热情。后又相继成立了妇女慰劳队和少年童子团,成为了宜(春)萍(乡)边区最具实力的一支工农武装。

村境内古迹遗产甚多,保存较好的有周田古槐、九莲禅寺、宝塔。周田古槐位于周田村十二组荣家大屋上坡处,已有千年历史,树高15米,距地面一米处周长4米,枝叶茂密,顶如华盖,是不可移动文物。周田村九莲禅寺位于周田村槐树下山岭上。九莲禅寺经过岁月的洗礼,遭到严重破坏,2019年重新修葺。周田村宝塔属于楼阁式塔,已有百余年历史,塔高24米,塔身为六面体,塔层共有七级。宝塔上视野开阔,林木茂盛,可观全村风貌。经过历史的风霜洗礼,塔身一侧被击倒,塔体有些歪斜。

小埠村

村情概况 小埠村建村至今已有600多年的历史,由萍乡籍移民帅姓建村,以萍乡上埠、下埠帅氏族人需三埠为村名,故起名"小埠"。小埠村位于桐木镇西北面,与浏阳文家市接壤,距离县城20千米,全村土地面积4.5平方千米,有耕地面积1460亩,山地面积3750亩。辖区内有居民1256户5137人,18个村民小组,有16个自然村,分别是杉山下、塘冲坪、上街、帅家祠、下街、甘坝上、张家新屋、张家老屋、荣和祥、四和祥、横下、横冲、姚家老屋、瓦窑山、徐家大屋、东岸肖家。居住人口以汉族为主。全村共有40多个姓氏,其中张、刘、萧、徐、姚、帅姓人口较多。

自然环境与资源 小埠村地属山地丘陵地形,东高西低,平均海拔为140米。气候温和,年平均气温18.5摄氏度。绿化率达80%,林地面积为2850亩,占比54%,主要种植有油茶林、松树林、杉树林和樟树林。受地形和水文条件影响,小埠村在2012和2014年分别暴发过两次大型洪灾。

经济概况 村内农业主要以种植水稻、油茶、油菜、红薯和养殖土鸡、土鸭、鹅、牛、猪、羊、狗、蜜蜂等为主。2022年,早稻种植面积300亩、晚稻种植面积300亩、种植户约220户;油菜种植面积300亩,种植户约300户;黑山羊养殖户12户,年末存栏50头,全年出栏80头;土鸡、羊、鸽子、蜜蜂等皆为家庭散养,另有茶油、菜油、竹笋、豆腐乳、红薯酒、谷酒等农产品颇为有名。村两委鼓励村民采取资金资产、土地、劳动力等灵活多样的入社或入股方式成立农业发展专业合作社,规模较大的有上栗县萍农种养专业合作社。该合作社成立于2017年,注册资金200万元,占地面积1200平方米,以养殖牛、羊、鸡和种植果树、油茶树为主,果树种植300余亩,带动5户脱贫户增收,村集体经济收入突破24万元。村内工业以花炮为主,规模较大的有威泰出口花炮制造有限公司。该公司成立于2017年,位于小埠村河家坝,注册资金500万元,主营业务为烟花生产,有固定工人182人,年产值1500余万元。村内商贸繁荣,农历每月逢六有大型赶集,小埠集镇全长300余米,有商铺9户,其中中大型批发店2家,小卖部4家,诊所1家,美容美发店1家,五金店1家。中型商超有小埠村永安超市和小埠村中心超市。其中,永安超市成立于2010年,位于小枧村集镇,注册资金30万元,主营食品、果蔬、日化用品、服饰,年营业额达30余万元;小埠村中心超市,成立于2005年,位于小埠村集镇,注册资金35万元,主营电器、服饰、日化用品、肥料,年营业额35万余元。2022年村集体经济收入约30万元。

基础设施　村内交通路况良好,交通较为便利,桐湖和S224等对外道路,均为沥青路面;村内道路宽5.5米,主要为沥青路面,还建有桥梁5座,其中小型桥梁4座、涵洞型桥梁1座。村内有变电器15台,总功率4000千瓦,配有邮政物流配送点。村民日常做饭烧水使用的能源主要为电能和液化气,少数家庭使用蜂窝煤、木柴。村民生活用水主要来源于自来水和深井水,有8个集中供水点,分别位于东岸、徐家岸上、横冲、姚家老屋、甘坝上、荣和祥、杉山下、塘冲坪,有自来水储池8座,可蓄水500吨,铺设自来水管道约2万米,可满足全村村民日常生活用水需求。农业灌溉用水主要采用沟渠

小埠村水稻种植项目

小埠村内景观

引水,有水浸冲山塘、保源渠道、金水河、西冲水库等具有水利灌溉功能的山塘水库以及河流,可灌溉耕地800余亩。

社会发展 小埠村建有1所附属幼儿园和小埠小学,可满足小埠村及周边村庄学龄前和小学义务教育阶段的就学需求,小学义务教育覆盖率100%。小埠村文化活动场所占地面积约1800平方米,包括村委会和党群服务中心约900平方米、新时代文明实践站约40平方米、文化健身广场约800平方米,庙宇约1200平方米。其中小埠村新时代文明实践站采取"一室多区"形式建设,共设立3个集中活动室,包含图书馆、四点半课堂、市民宣讲室等5个功能区域,为群众提供一个良好的学习娱乐场所。村内建有2个卫生所(室),接诊率较高。村委会为村民提供代缴医保服务,2022年度农村医保参保率达100%。小埠村有319户1445人享受失地农民保险;有102户145人享受农村低保。村内人居环境较为良好,有路灯320盏,均为太阳能路灯;建有一个污水处理站,有效解决村民污水处理问题。

特色地情 小埠村是一块红色热土,有着光荣的革命斗争史。1927年9月,毛泽东率秋收起义部队从文家市向南战略转移,先头部队78人在小埠村山头夜宿,部队翻过对面的老山冲,到达小埠已是晚上11点多,在小埠水库山上的位置驻扎,第二天天亮与主力部队在桐木镇街上会合。

村内古迹文物甚多,较为有名的有小埠村神峰寺。神峰寺原名叫陈大仙庙,始建于明朝万历年间,1993年重建,1995年12月30日更名为神峰寺。神峰寺建筑面积400平方米,古建筑群有山门、东西门房、大影壁、大雄宝殿、西偏殿、钟楼等。

丹桂村

村情概况　丹桂村古名为丹家岭,清乾隆四十六年(1781),杜氏从万载挑担迁到雷嘴岭脚下时扁担断裂,便在此安家扎寨,因此得名丹家岭。1968年属桐木公社炼东大队;1970年从炼东大队析出,名丹桂大队;1984年1月改为丹桂村。

丹桂村位于上栗县桐木镇西部,总面积3平方千米,有耕地面积670亩,林地面积3000亩。全村分为8个村民小组,有17个自然村,分别是苦瓜冲、甘家湾、坳背、麻园、杜家老屋、三寺屋、枫树冲、郭家坡、大冲、浑水坳、茶山内、段中、段南、长坡内、庙山、黎家大屋、曾家大屋,有362户1620人,其中常住人口1080人,流动人口540人。居住人口以汉族为主。全村共有13个姓氏,其中杜、吴、黎、张、曾姓村民人数均超过100人。

自然环境与资源　丹桂村四面环山,呈长条形,中间为狭长田垄,村庄地势坡度变化不大,平坦用地较少,整体海拔150米,大岭最高峰海拔200米。气候温和。境内石灰石储量比较多,林地资源丰富,种植有毛竹、杉树、樟树、松树、野栗树等,有老油茶树改造100亩,另有红薯酒、酸枣糕、冬笋、春笋、烟笋等农家特色产品。

经济概况　全村以第一产业为主,按季种植水稻、油菜和红薯,养殖肉猪、黄牛、藏香猪和蛋鸡等。农田灌溉主要从山塘、水库中放水灌溉,山塘、水库靠天降雨和山塘储水,受季节和天气影响较大。自2020年起,全村大力发展特色种养产业,聚焦本地特色资源,成立了4家养殖合作社,养殖有黄牛、藏香猪、黑山羊、肉猪等,生产红薯酒、蜂蜜等特色农副产品。村内工业主要有花炮生产企业,因花炮企业转型,大多数花炮企业

丹桂乡村森林公园

大冲百年罗汉果树

退出关厂,留有1家引线厂、1家花炮厂。

基础设施 村境内交通便利,319国道、S224省道沿村而过,全村实现村组路主干道沥青路改造6.5千米。全村供电用户362户。村内饮用水多为山泉水,无工业污染源,水质优良。

社会发展 村内有小学1所、村级组织活动场所1个、卫生所(室)1家。其中,丹桂小学于2017年重建,位于三寺屋自然村,在村主干道路边,有100多名学生就读。村级组织活动场所为单独建设,建于2009年,建筑面积300平方米,室内室外卫生环境好,配备新时代文明实践站、图书室、卫生服务室、便民服务室等多个功能室,主要用于开展党员学习教育、村民代表大会议事、便民服务、重大节日活动等。全村有低保户36户43人,残疾人46人,脱贫户15户46人。脱贫户已解决"两不愁三保障",没有出现返贫现象。丹桂村整体地理位置四面环山,风景优美,林地广袤,主要林木为杉木,面积约3000亩。2022年,在村六组黎家里打造了一个乡村森林公园,以此为契机全村的基础设施得到了显著提升。

特色地情 境内还有2株古樟,已有数百年的历史,被列入重点保护树木,百年古庙——大王(杨五郎)庙于2017年8月在庙山重修竣工。

湖塘村

村情概况 据族谱记载,曾姓家族大约三百年前就在此地不断繁衍生息,人口逐渐壮大,曾姓人士成为了当地较为庞大的一个群体。随后村级区域重组,将附近的石头村落合并在一起成立蒲塘乡。中华人民共和国成立后又拆分成了石头大队和湖塘大队,20世纪80年代后湖塘大队又被改为湖塘村。2004年,将石头村和湖塘村合并成一个大村——湖塘村。

湖塘村,位于桐木镇西部,东邻本镇小埠村,南与金山镇凤亭村相邻,西与湖南省浏阳市澄潭江镇渠成村交界,北与湖南省浏阳市文家市镇湘龙村交界,是两省三市县四乡镇交界的边陲大村。至2022年11月,全村有2468户12256人,其中常住人口10065人,流动人口2191人。居住人口以汉族为主,全村平均年龄36.1岁,其中男性6336人,女性5920人。全村共30个自然村,分别是马家塘、菖蒲岭、叶家塅、栗山湾、龙胫上、下新屋里、上新屋里、大坝上、新街上、老街上、西边山、塅心内、鳌鱼石、岭背内、清水湾、八兴祠、减水坪、张家祠堂、八角园、莲花形、朱湾内、瑶泉、三寺屋、陈家大屋、团山里、张家冲、黎家大屋、枫树湾、烟煤冲、莲塘里。全村共有61个姓氏,以曾、张、黎三个姓氏为主。

自然环境与资源 湖塘村环境优美,村境内地处丘陵地带,平均海拔高度133.7米,其中山峰海拔高度为326.2米,土地总面积10.8平方千米,其中耕地面积2700余亩,林地面积4600亩。村内居民住宅较为集中,制造企业用地面积较大。村境内有丰富的煤炭资源,煤矿开采曾一度是附近一带经济发展的支柱行业,由于煤炭开采对于生态环境的破坏很大,村内的煤井均已全部废弃多年。

湖塘村有一批古樟树,据长者介绍,以前湖塘村其实是叫"福堂"村,"湖塘"与"福堂"音近,后改为湖塘村。在湖塘村株树湾屋场处有棵古樟树,树高18米,距地面一米处周长4米,其繁茂的枝叶、蓬勃的长势及优美的形态,像极了楷书体的"伞"字。历经千年沧桑,苍劲挺拔,生机无限,是湖塘村不可移动文物。

经济概况 村内农业以种植水稻、油茶、油菜、红薯为主。2022年,湖塘村水稻种植面积约1900亩,油菜种植面积约1500亩,另新引进再生水稻种植面积520亩。2019年,全村大力发展乡村农业产业,通过"合作社+农户"产业化经营模式,相继成立上栗县绿丰农业开发有限公司、上栗县井坡种养专业合作社,带动脱贫户就业,发展当地农业特色,增加村集体经济收入。上栗县绿丰农业开发有限公司大力推进村内土地流转及租赁形式,种植水稻和大棚蔬菜600多亩,解决了附

湖塘村党群综合服务中心

近40多户农户的就业问题。上栗县井坡种养专业合作社位于湖塘村井坡里自然村,2022年养殖西蒙塔尔母牛15头,自繁自养,年底出栏3头,年销售额15万元左右。2021年,有效利用省农科院研究成果,引进广昌菌种,发展村集体经济,与上栗县湖塘振兴农业开发有限公司合作,同时纳入本村村民投资入股合作,重点打造"一村一品"农业产业,暨赣湘农业示范园。菌菇种植基地厂区30余亩,种植面积16亩,带动脱贫户及55周岁以上的农户就业。

全村有12家烟花生产企业和2家引线厂,总年产值可达3.9亿元。配有2个大型仓储公司,总仓储面积9000平方米。村境内商贸流通繁荣,农历每月逢九有大型赶集,有一个占地30多亩的农贸市场,有集镇街道5千米,有大小近800家的商铺,其中大型超市2家,电器超市5家,餐饮酒楼5家,服饰、文体、日杂、日用、日化等多家,为当地的社会经济产生了较大的效益。2022年村集体经济收入258231元。

基础设施 村境内交通四通八达,非常便捷,S224道路贯穿腹中,昌栗高速在桐木镇设有出口,距村6千米,310省道距村仅1千米。乡道设施完善,村组公路基本实行了组组通,公路养护实行村级和村民义务负担相结合,确保路面无堆积物,水沟、路面畅通无阻,投资近2000万元对30余千米的主干道进行了"白改黑",完善村内水泥公路"窄改宽"8千米。

全村2468户家庭均实现供电,集镇有农村信用社、中国邮政储蓄银行,金融业务十分方便,设有邮政快递点接收和发送快递,物流十分便捷。村民生活用火主要依靠煤气、煤炭、电磁炉。村民生活用水主要来源于深井水和自来水,基本满足全村村民日常生活用水需求。农田主要依靠水库、山塘引水灌溉,2021年利用乡村振兴衔接资金,对村级的水渠和山塘进行梳理,增加建设了3口深水饮用井和1个水泵站,有效保

湖塘村水稻种植基地

障了村民的生活用水和农业用水安全。

社会发展　村内有中学1所、小学1所、教学点1个、幼儿园2家、农家书屋1个、诊所多家。其中,湖塘中学有学生774人,教职工52人;湖塘小学和石头教学点有学生1000人,教职工65人;2所民办幼儿园有学龄儿童312人,教职工39人。可满足全村及周边村的学生九年义务教育需求。农家书屋藏书2000余册,有多种报纸杂志,吸引村民、学生经常前来借阅。体育健身氛围非常好,村级"八一"建军杯男子篮球赛已连续开展了几届。村境内有桐木镇中心卫生院分院1家、诊所多家,接诊率较高,服务范围辐射到丹桂、小埠、楚山和湖南渠城等周边村庄,2022年度农村医保参保率达100%。湖塘村是省定"十四五"乡村振兴的重点村,有脱贫户27户121人,监测户3户16人,低保户125户184人,五保户21户22人,均全部分散供养,低保人员的资金发放按时按量,未出现拖欠的情况。村级残协对残疾人登记造册,有残疾人201人,其中享受政策补助的93人。

湖塘村自然环境优美,景色宜人,村内卫生保洁和垃圾处理主要采取"村内聘请+公司承包"的模式,在各村民聚居点均配备有垃圾收集设施,村内垃圾采取户收集、村拖运、镇处理的模式,村内环境较为整洁,人居环境较为良好。

特色地情　村境内有古庙多座,其中较有影响力的有湖塘财神庙、湖塘村府君福主古庙。湖塘财神庙位于湖塘村老街上,建于明崇祯二年(1629),建筑面积达1000平方米。财神古庙在经过岁月的洗礼,曾多次修葺,嘉庆十八年(1813)修建财神古庙水井,道光二年(1822)和光绪十九年(1893)修缮财神古庙,1976年重修建戏台和修缮财神古庙设施。湖塘村府君福主古庙位于湖塘村清水塘,建于乾隆五十五年(1790),建筑面积100平方米,曾多次修葺。

蕉源村

村情概况　明朝宣德年间,外人贸易来萍,见蕉源崇山峻岭,有一小溪自南向北穿梭而过,随即开辟种植,庐舍俨然,随即定居于此,取名樵源,"樵源"意为有山有水之地。清乾隆年间,村进士黎调元望"蕉山永固,源水长流",故其改名为蕉源。中华人民共和国成立后,蕉源村分为前进和爱国两个大队,20世纪80年代以后改回蕉源村。

蕉源村位于桐木镇西南部,西与宜春梓木村为邻,南与鸡冠山相连,距桐木镇中心5千米,西与崇德村、荆坪村接壤,三面环山,环境优美,生态宜人,民风淳朴。辖区总面积6.7平方千米。全村下辖21个自然村组,分别是新农村、杨家湾、团山岭、风坝山、围子场、冬至桥、崩石头、廖家冲、树山里、老屋场、铁炉下、庙山下、戴家大屋、瓦园里、西山下、院霞洞、下马塘、搓树下、上新屋、多宝寺、黄株山。有1120户5200人,居住人口以汉族为主。全村共有21个姓氏,其中以黎、戴二姓为主。

自然环境与资源 蕉源村地属半丘陵半山地地形,地势西高东低,村庄地势坡度变化大,平坦用地少,呈现纵向狭长态势,居民住宅较为分散,土地利用率较低。气候温和,村内有条溪流自西向东穿村而过。

村境内有丰富的煤炭资源,煤矿开采曾一度是村经济发展的支柱行业,随着国家对煤窑的调整,大小煤窑相继关闭。石灰石矿产较为丰富,石场企业2家,分别为蕉源村新型页岩矿和印山台水泥厂采矿厂。蕉源村植物资源丰富,靠近垦殖场国家森林公园,绿化率达87%,林地面积为14000余亩,主要为油茶林、杉树林、松树林、竹林和杂木林。合作社种养有"橄榄南瓜"30亩,另有红薯酒、红薯片、烟笋等特色农产品,千年樟树3株。

经济概况 村内农业主要种植水稻、油茶、油菜、红薯,养殖土鸡、羊、鸽子、蜜蜂等,其中茶油、黑山羊、萝卜菜是家喻户晓的"蕉源三宝"。2022年,蕉源村水稻种植面积约1200亩、种植户400户,油菜种植面积约400亩、种植户约300户,黑山羊养殖户12户,年末出栏400头。村内龙头种植企业有天堂谷、福强种养合作社和蕉源村股份经济合作社等3家。村内工业以劳动密集型的花炮企业为主,有花炮企业4家,吸收劳动力1200余人,其中友信花炮厂为全县标杆企业,拥有员工600余人,村内有砖厂和采石厂各1家。2022年村集体经济收入为45万余元。

基础设施 蕉源村对外道路有3条,中间主路、通往胜利方向和荆坪方向各1条,为沥青路面,中间路面长2.2千米,为水泥路面,路况良好,已实现组组通公路,交通较为便利。村内配有移动、电信、联通营业厅和邮政

蕉源村百年宗祠

蕉源村院霞洞村民小组

物流配送点。村民日常做饭烧水使用的能源主要为电能和液化气,少数家庭使用蜂窝煤、木柴。生活用水主要来源于深井水,有2个集中供水点,分有自来水储池2座,可蓄水200吨,铺设自来水管道约1.2万米,基本满足全村村民日常生活用水需求。

社会发展 村内有小学1所、幼儿园1所、村文化活动场所1个、足球场1个、省级农家书屋1个、卫生所(室)2家,其中蕉源小学和蕉源小学附属幼儿园有学生324名、教职工35名,可满足蕉源村及周边村庄学龄前和九年义务教育阶段的就学需求,九年义务教育覆盖率100%。村文化活动场所占地面积约4600平方米,包括村委会和党群服务中心约1200平方米、新时代文明实践站约300平方米、文化健身广场约1500平方米。省级农家书屋藏书3800余册。村内人居环境较为良好,村庄道路网基本形成,有路灯242盏,均为太阳能路灯,建有垃圾集中处理中心1个,2022年投入4.4万元,完成"厕所革命"整治厕所22个。

特色地情 1906年春,蔡绍南、魏宗铨和洪江会首领龚春台在蕉源村院霞洞召集哥老会首领肖克昌、沈益古、李金奇、邓廷保和武教师会首领胡友堂、廖叔保、龙人杰、万木匠、饶有寿等500余人,成立革命队伍。

蕉源村是一方红色热土:1930年,彭德怀领导的红三军团曾来到蕉源,在蕉源戴家大屋门口路旁"八十大丘"田里席地驻军,召开了军民大会,开展革命宣传,讲解革命发展形势、党的政策主张以及红军的宗旨和任务,号召支援红军和参加红军。当天晚上,蕉源一批村民参加红军。

1930年黎新民带领蕉源12人参加中国工农红军,1932年在蕉源村满天窝进行了一场激烈的战斗。蕉源村在革命战争和解放战争中牺牲的烈士有50余人。

蕉源村历史上人才辈出，走出了开国将军黎新民。黎新民（1910—1980），1930年参加中国工农红军，同年加入中国共产党。土地革命战争时期，任红三军第七师二十一团文书、红三军玉中兵站站长、红五军团后勤部没收委员会主任、第十三师三十九团连政治指导员、红一军团随营学校副中队长。抗日战争时期，任八路军一一五师晋西独立支队第一团一营政治教导员、教导第二旅供给部政治委员、滨海军区政治部组织科科长、山东军区第二师五团政治委员。解放战争时期，任东北民主联军第一纵队二师五团政治委员、松江军区哈南军分区政治部主任、松江军区政治部组织部部长、第四野战军五十四军一六〇师政治部主任。中华人民共和国成立后，任湖南军区沅陵军分区副政治委员、海军某基地政治委员、万山要塞区政治委员、原广州军区后勤部副政治委员。1964年晋升为少将军衔。1980年因病逝世，享年70岁。

村境内古迹遗产甚多，较有名气的有院霞洞。院霞洞位于桐木镇西南的一座山峰山腰上，洞口距离319国道约3.7千米，其中村主干道2.2千米，路面宽6.5米，村组路1.4千米，路面宽3米，步行上山只需3分钟，是远近闻名的天然冷库。洞口向外延伸300米范围内，有住户22户，洞口对面有一淘汰退出花炮引线厂，范围内土地性质为一般耕地和林地。院霞洞基本属于干洞，雨季有少量渗流水汇入洞内，形成季节性的水潭，洞边石形态完整，钟乳石、石柱和石笋点缀其中。大厅南侧大石柱路大厅分为里外两部分，有"先抑后扬"的特点，将院霞洞最美的钟乳石景掩藏于内，其中三根石柱将洞道分隔，构成迷宫状的结构，穿梭其中移步换景，洞顶的钟乳石时隐时现，颇有观赏价值。

枧冲村

村情概况　枧冲村位于桐木镇西部，东邻城冲村，南接崇德村，西通楚山村，北衔小埠村，占地面积约3.5平方千米，拥有水田800余亩，旱地150亩，山林2700亩，山塘水库1座。全村下辖10个自然村，分别是冷水陂、瑶前、黄泥湾、水库内、水库坝上、塘源湾、横岭下、下棚、上棚、对门岭，分11个村民小组，有512户2366人，其中常住人口1345人，流动人口1021人。居住人口均为汉族。全村共有13个姓氏，其中彭、朱、杨姓人口较多。

自然环境与资源　枧冲村四面环山，常年缺水。气候温和，村内有冷水陂龙王庙泉水井、泉古佬泉水井等2口泉水井。经测量，枧冲林场、马岭采石场旁有着碳酸钙等丰富的矿石资源。

经济概况 村内农业以种植水稻和高粱为主,高粱酒是枧冲村的特色农副产品。由于枧冲村整体比较缺水,导致农业产业发展受限。村民主要经济来源为年轻人到外务工,主要去往浙江和广东一带,中年人则在附近花炮厂务工,或在横岭下、上棚、下棚一带养猪。

基础设施 枧冲村距昌栗高速仅有2.5千米,全村实现组组通水泥路,主干道沥青路4千米,交通便利。村内饮用水为山泉水或左邻右舍合伙打的机井,水质优良。

社会发展 枧冲村有小学1所、卫生所(室)3所。枧冲小学位于黄泥湾自然村,于2015年重建,有110余名学生就读。村级无单独组织活动场所,新时代文明实践站和图书室设在村委办公楼,党员学习教育、村民代表大会议事、重要节日活动等都是在村委会办公楼举行。卫生服务室建于2017年。村委会为村民提供代缴医保服务,2021年度农村医保参保率达100%。全村有低保户43户62人,残疾人58人,脱贫户18户66人。

枧冲村自然环境优美,景色宜人。森林占地面积3000亩,富含氧离子,境内种植杉树、油茶树、毛竹等。枧冲村人居环境较好,村内卫生打扫和垃圾处理主要采取"村内聘请+公司承包"的模式,在各村民聚居点均配备有垃圾收集设施,村内垃圾采取户收集、村拖运的方式,卫生状况较好。

枧冲村三八水库

枧冲村彭氏宗祠

特色地情 枧冲村曾名"失剑冲"。春秋战国时期,吴楚争霸,由潭州(今长沙)转战于淮川(今浏阳),吴王阖闾智退于吴楚交界之渠城南麓沼泽之中,楚昭王急功近利,不慎将宝剑湛卢失落于泥潭之中而败退。因该沼泽(今枧冲)尚未有地名,故云:失剑冲。失剑冲之地名一直流传至元末明初,归萍乡县管辖,斯时失剑冲属同唐里(今金山镇与桐木之楚山、枧冲、湖塘、小埠等村)。新中国成立后,失剑冲与楚山合并为楚剑乡,后改称楚剑农业生产合作社,分社后,失剑冲更名为剑冲联盟管理区。因剑冲有封建腐朽之嫌,按当地人的口音将"剑冲"改为"枧冲"。

楚山村

村情概况 春秋战国时期,楚昭王与吴王交战战败,避走于楚山山顶,在山峰修建了练兵台,后人为纪念他,将该山取名为楚山,并建了楚王庙,楚山村也因此而得名。

楚山村位于桐木镇西部,地属湘赣边沿,与金山镇龙泉村相邻,总面积5.9平方千米,村域内矿石资源丰富,大理石、石灰石储存量较大,传统鞭炮烟花是主要产业。全村下辖21个自然村组,分别是水坡内、坟斗树下、中房屋、花门楼、茶子岭、阳家大屋、上棚、南家棚、岩前冲、烟棚内、茶子园、彭家祠、株树湾、茅坪内、上茅坪、陈家桥、新屋内、井湾内、玉华屋、集美内、松山湾。全村分21个村民小组,有1204户7014人,其中男性3690人,女性3324人,常住人口5625人,流动人口1389人。居住人口以汉族为主。全村共有100个姓氏,其中欧阳、曾两姓人口较多。

自然环境与资源　楚山村地属半丘陵半山地地形,地势西低东高,村庄地势坡度变化不大,平坦耕地居多,适合传统农业耕种。气候温和,村内有一条楚枧河支流自东向西穿村而过,另一条金水河将楚山村与龙泉村分开。村境内石灰石、大理石矿产较为丰富。动植物资源丰富,有梓木岭林区、大冲内林区、茶子岭林片、松山湾林片,绿化率达70%,林地面积为200公顷,占比58%,主要为油茶林、松树林、杉树林和樟树林。禽类主要有鸡、鹅、鸭等,牲畜类主要有猪、牛、羊等。

经济概况　村内农业以种植水稻、油茶、油菜、红薯和养殖田螺、土鸡、土鸭、土鹅为主,楚山田螺为楚山的特色产业,并成立了上栗县楚王田螺食品有限公司和上栗县楚王种植养殖专业合作社。楚王食品厂成立于2022年,位于楚山村南家棚自然村,占地面积10000余平方米,加工区、办公区、养殖区、生活区、直播间等配套设施一应俱全,养殖区占地面积200余亩,采用稻螺混养模式,年产值2000万元以上,带动脱贫户和劳动力就业100余人。楚山田螺充分利用祖传厨艺、最新技术和设备、以创新的加

楚山村古城门

工工艺并建设现代化标准加工设施,独家生产以田螺原肉为主要成分并保留原田螺色泽风味的系列产品,产品具有独特、营养、安全、高档、方便食用等优点,独具特色的楚山田螺吸引了各地食客来楚山消费,真空包装产品已销往湖南、广东、浙江、福建等地,在本省大中城市已经形成了一定规模的销售网络,产品得到了广大消费者高度赞赏与肯定。

楚山村工业以传统烟花爆竹产业为主,有星河烟花制造有限公司、珍友新型烟花压膜厂、集美福花炮厂。星河烟花制造有限公司位于楚山村花门楼自然村,厂区占地面积1000多亩,是萍乡市十佳企业,有职工400多人,年总产值过亿元,解决农村就业劳动力300余人。珍友新型烟花压膜厂成立于2018年,占地面积50多亩,由原来的利友花炮厂转型而成,主要生产烟花模具,有职工近200人,年产值5000万元以上,2019年成立帮扶车间,解决脱贫户就业7人。集美福花炮厂成立于2000年,占地面积225亩,主要生产鞭炮、擦炮为主,产品畅销省内外。楚山村商贸繁荣,每月有三次逢四大型赶集。村中心路段内全长300余米,有商铺30户,其中小卖部16家,餐饮4家,诊所4家,美容美发店2家,汽车修理店2家,建材店2家,年营业额达50万元以上的商家有2家。2022年村集体经济收入为22.8万元。

楚山村楚文馆(村史展览馆)

基础设施 楚山村交通较为便利，村庄道路网基本形成，楚山村对外道路包括马楚公路和Y565公路均为沥青路面，路况良好，村内道路宽3.5～5.5米，主要为沥青路面，生产道路约5千米，生活道路约8千米，兼具生产生活功能的集镇段约1千米，均为沥青路面。村内有变电器12台，总功率6000千瓦。配有美团优选、兴盛优选和邮政物流配送点。楚山商店配有POS机，村民可刷卡消费。村民日常做饭烧水使用的能源主要为电能和液化石油气，少数家庭使用蜂窝煤。生活用水主要来源于深井水，有5个集中供水点，分别位于花门楼、茶子岭、阳家大屋、井湾内、岩前冲，有自来水储池5座，可蓄水300吨，铺设自来水管道约2.3万米，基本满足了全村村民日常生活用水需求。水利设施完备，有岩前冲山塘3口、井湾内大塘1口、集美内大塘1口、松山湾黎家大塘1口、曾家花门楼大塘1口，主要采用沟渠引水，可灌溉耕地600余亩。2022年，村两委陆续申请实施了茶子岭饮水工程、岩前冲饮水工程、株树湾永红圳维修项目和岩前冲山塘维修项目，有效保障村民的生活用水和农业用水安全。

社会发展 村内有小学1所、幼儿园1所、村文化活动场所1个、卫生所（室）4个、其中，楚山村中心幼儿园和楚山小学可满足楚山村学龄前和小学教育阶段的就学需求，小学毕业后，可在邻村湖塘村就读初中继续完成九年义务教育。楚山村文化活动场所占地面积约10300平方米，包括村委会和党群服务中心约1000平方米、新时代文明实践站约500平方米、文化健身广场约7000平方米，庙宇约1800平方米。楚山村新时代文明实践站采取"一室多区"形式建设，共设立3个集中活动室，包含图书馆、四点半课堂、市民宣讲室、多功能培训室、棋牌室等10个功能区域，为群众提供一个良好的学习娱乐场所。村卫生所（室）接诊率较高。村委会为村民提供代缴医保服务，2022年度农村医保参保率达98%。全村有72户268人享受失地农民保险，有124户158人享受农村低保。村内人居环境较为良好，有路灯180盏，均为太阳能路灯；建有垃圾集中处理中心1个；投入2万余元完成"厕所革命"，整治厕所15个。

特色地情 相传公元前约500年，楚国国王楚昭王率队游猎南巡，在吴国与楚国交界地，忽遇吴国巡防兵马，因寡不敌众而退避于楚山顶，在山峰修建了兵马场、练兵台，山顶有一劈两开的试剑石等古迹。后人为纪念他，还修建了楚王庙。唐元和十四年（819），唐代诗人韩愈担任袁州刺史期间，曾来楚山拜游过楚王庙，并写下《题楚昭王庙》诗："丘坟满目衣冠尽，城阙连云草树荒。犹有国人怀旧德，一间茅屋祀昭王。"楚王庙至今保存完整。楚山村梓木岭上有相传2000多年前的楚文化遗迹楚王台及真圣寺，从半山腰俯瞰，似雄虎盘踞。村头建有楚文馆。

城冲村

村情概况　城冲村位于上栗县桐木镇西北部,由塘冲生产队、城冲生产队、马岭生产队等3个生产队合并而成,总面积9.8平方千米,四面环山,中为凌乱田垄,有耕地730亩、林地7000亩、油茶3000亩。全村有26个村民小组,有1006户5264人,有常住人口3896人,流动人口1368人。居住人口以汉族为主。全村有肖、彭、张、陈、凌等36个姓氏,其中肖姓人口最多。

自然环境与资源　城冲村地属丘陵地形,地势东高西低,村庄地势坡度变化大,呈东部高、西部低的态势。村民用水主要依靠本地水库蓄水和地下水,已建成完善的自来水管道和蓄水池。大多数村民家中有水井,生活用水以免费的井水为主,自来水的使用频率不高。村境内有丰富的含镁石料、稀土、石山资源,曾在城冲村马鞍冲自然村进行石材开采,带动当地的经济发展,由于矿藏开采对于生态环境的破坏很大且不可逆,均已停产。

经济概况　全村主要以第一产业为主,按季种植水稻和油菜,2022年水稻种植面积约780亩,油菜种植面积约350亩,新引进再生水稻种植面积260亩。村民自行成立了多个种养合作社,主要养殖有肉牛、肉猪和蛋鸡,以城冲村特种养殖水产厂较为有名。上栗联丰特种养殖有限公司成立于2017年,位于桐木镇城冲村,集特种水产养殖、垂钓、观光休闲为一体,属于生态绿色养殖,养殖品种为海类优良品种,肉质鲜美、营养价值高,初投虾类200万尾、鲈鱼20万尾和四大家鱼2万尾。2021年始,成立了金林种养合作社,带动脱贫户就业,发展当地农业特色,增加村集体经济收入。村内工业以花炮企业为主,有萍乡市永泰烟花材料有限公司、上栗县松林花炮厂等2家烟花生产企业,其中萍乡市永泰烟花材料有限公司成立于2015年2月,位于城冲村龙王冲,占地面积800余亩,有员工56人。上栗县松林花炮厂成立于2002年6月,2022年9月更名为上栗县宝利烟花有限公司,可吸纳员工360人左右。村内商贸较为单一,有小卖部14家、餐饮3家、诊所4家、美容美发店1家、水电安装1家、汽车修理2家。

基础设施　村境内交通便利,桐湖公路、S224省道横贯全境,距昌栗高速2千米,距萍乡北站高铁站45千米,全村实现组组通水泥路,主干道沥青路1.5千米。全村供电用户862户,配有邮政、圆通物流配送点。村内饮用水多为山泉水,无工业污染源,水质优良,农田灌溉主要依靠山塘、水库引水。

社会发展　城冲小学位于桌子面自然村,处于村中心地带,于2005年重建,有312

城冲村

名学生就读。村级组织活动场所为单独建设,建于2012年,建筑面积1200平方米,室内室外卫生环境好,配有新时代文明实践站、图书室、卫生服务室、便民服务室等多种功能室。村内有两个卫生所(室),接诊率较低。村委会为村民提供代缴医保服务,2023年度农村医保参保率达99.9%。城冲村有低保户89户108人,残疾人136人,脱贫户24户78人。脱贫户全部解决"两不愁三保障",没有出现返贫现象。城冲村整体地理位置四面环山,颇有一种桃花源的感觉,在村内放眼望去皆是幽幽竹林,风景优美。城冲村绿化情况优秀,主要林木为毛竹、油茶等。

特色地情 村境内人文荟萃,涌现出了肖正五、张龙等36位烈士和"全国敬老好儿女"池桂莲。肖正五烈士,男,1904年出生,城冲村人,1930年5月参加革命,1932年在宜春白水被敌杀害,时年28岁。张龙烈士,男,1906年出生,城冲村人,1926年参加革命,萍七区游击队政治委员,1934年在圳口作战牺牲,时年28岁。

村境内古迹特产甚多。百年古樟树位于城冲村樟树方坪福主旁,树龄约800年,树高有30米,主干直径超过4米合抱近9米。古树主干2米高处依次出现二大分枝,一枝向上,直径76厘米,一枝向北,直径98厘米,枝叶繁茂,开花结实。1989年8月1日,樟树枝干因内部空心遭雷电击中而断折。现在残损的主干上长满次生树。村民把这株古樟树视为"护村树",十分爱护。楠木树位于城冲村宝源冲深山处,为国家二级保护植物,树龄约200年,树径超过2米,合抱近5米。楠木树历经风雨,仍昂首云天,亭亭如盖郁苍苍。

屯梓真人庙,又名屯梓陈真人寺,位于城冲村屯梓山山顶部,始建于清光绪十二年(1886),当时只是一小间42平方米的茅房,因年久失修,1976年重建了一座300平方

城冲村百年古樟树

米土木结构庙宇。屯梓山一山跨二省三县(市、区),二省指湖南和江西,三县指湖南省浏阳市、江西萍乡市上栗县和宜春市袁州区。屯梓真人庙前殿在上栗县境内,后殿在浏阳市范围内,庙东面外墙在袁州区境内。1927年秋收起义部队中的一支近200人的队伍由文家市高升岭出发,翻山越岭来到城冲村保源冲屯梓山真人寺,并在此夜宿休整一晚,第二天由保源冲经桐木,走宜春小洞、芦溪、莲花等地跟随大部队开往井冈山。1949年5月由张铁桥带领的100余名独立武装部队,进入城冲保源冲屯梓山真人寺驻扎,后被中国人民解放军吸纳收编。后屯梓真人寺挂牌部队驻扎纪念牌和萍北七区游击队驻地纪念牌。

洪东村

村情概况 1958年以前是洪田乡,1958年成立人民公社,分为三个大队,下洪田片是洪田大队,上洪田片是新华大队,东山仍是东山大队。1960年三个大队合并为洪田大队,1963年又划分为东山大队、洪田大队。1968年又合并为洪田大队,1982年又划分为东山大队、洪田大队。2003年东山与洪田合并为洪东村。

洪东村距萍乡市中心48千米,离上栗县城9千米,西南与鸡冠山乡豆田、鸡冠村接壤,北与金山镇南华村毗邻,是湘赣两省、萍乡、宜春、浏阳三市九乡镇接壤的省界重镇。全村有20个村民小组,有20个自然村,分别是彭家坳上、水库下、黄家大屋、易家湾、经有店、蛇形岭、叶家岸上、经松屋、岩屋内、罗家棚、罗家棚口、易家屋场、葛家州、周家湾、缪家湾、陈家湾、居民点、罗家屋、钟家屋、柳家屋。有人口1221户5886人,其中常住人口3561人,流动人口2325人。居住人口以汉族为主,全村有121个姓氏,人数较多的姓氏有黄、陈、易、叶、缪、罗、柳、周、彭、甘、曾、李、钟、夏、黎、刘等。

自然环境与资源 洪东村域整体呈现出东南、西、北高,中间低的态势,全村海拔介于98.8~378米之间,其中北部最高点处海拔为378米,南部最高点海拔为232.5米,村域最低处位于村域中部,海拔为98.8米,主要为栗水河流经的区域,居民点主要位于高海拔98.8~123.1米之间。洪东村域可用建设用地主要集中在312省道两侧及中部偏北地区,其南北部皆为山体,雅溪河两侧平坦用地多为基本农田。气候温和,年平均气温为18℃,年平均降雨量为1548.4毫米,适宜各种作物生长。每年3—6月降雨最多,9—12月最少,无霜期为235—260天,每年3—5月,由于冷空气活动频繁,易出现强对流天气,少数年份会出现洪汛和风暴等灾害性气候。洪东村域面积7.8平方千米,其中耕地面积1620亩,山地面积6235亩,水域面积800余亩。境内有石灰石等矿藏资源,林地资源丰富,有毛竹、杉树、樟树、松树、柚子树等特色植物,合作社种养毛豆等时令蔬菜。

经济概况 全村第一产业年总产值在130万元左右,其中水稻占比较大,其次为山羊、肉猪养殖。第二产业年总产值在3400万元左右,主要以花炮厂为主。第三产业年总产值在120万元左右,由工业带动的以餐饮、医疗和商店为主。规模较大的合作社有洪田农业综合开发有限公司。该公司成立于2020年8月,为村集体企业,建成蔬菜种植大棚100亩,发展规划现代生态农业产业,农户可通过直接到基地务工和间接分包基地的大棚等方式参与进来,公司免费提供技术指导和销售帮扶。2021年,带动就业50多人,带动种植大户20多户,村集体收入增长10多万元。

基础设施 村庄内有312省道(上万线)贯穿村庄主要居民区,有昌栗高速贯穿村庄西部。全村实现组组通水泥路,主干道为沥青路,交通便利。全村供电用户1221户,配有

洪东村村委会

洪东村葛家洲

移动、电信、联通营业厅和邮政物流配送点。污水处理设施有2处,已有5个组接入,还有15个组以就地直接排放、排入下水管道、排入自家化粪池等方式为主。村级水渠维修、水坝、河道建设已完成80%,山塘维修已完成30%,水库能正常运行,农户饮用水靠村内10处饮水工程,水源是深水井,农户接入饮用自来水,水质清澈,80%农户用水得到解决。

社会发展　洪东小学占地面积约1.4公顷,建筑面积约4300平方米,有6个年级12个班级,有在校学生620人,教职工30人。村内文化设施和休闲活动场所主要有农家书屋、老年人活动中心、文化广播室、祠堂、初心广场。村内有卫生所4所,占地面积约1440平方米,建筑面积约1900平方米。

特色地情　翠峰寺是一座历史悠久的千年古寺,始建于北宋咸平五年(1002),据宋清诏编史志记载,原名文昌阁,是当时为了纪念孔子的庙宇。直至明正统六年(1441),相传明英宗南巡至此,天色已晚,在文昌阁下榻,时有一逃荒僧人,在此常住,见客人至,异常高兴,用自种的蔬菜和地方的山珍火薯(山药),客人觉得清香可口,待客意诚,龙颜大悦,立叫随从取纸笔来,写上"翠峰寺"几个大字,吩咐僧人次日送到萍乡县衙。当时此僧不识字,第二天送走客人后,就立刻启程步行至萍乡县衙,并击鼓。县官见纸上盖了皇帝的印章,立跪呈接,并询问僧人这张纸的来历,僧人把经过一一告诉了县官。第二年春,县衙派专员至此予以考察,当年秋破土动工,历时二年建成翠峰寺。后衰于清康熙二十四年(1685)。历经沧桑,直至2005年筹资重建。

崇德村

村情概况 据蓝姓族谱记载,崇德村古名为袁州府萍实里安乐乡三四保。解放后成立互助组、初级社到高级社都未有社名,直至高级社转到人民公社,才有幸福大队和胜利大队2个大队,1965年两个大队合并为胜利大队。20世纪80年代,大队改为村,胜利大队变更为崇德村。

崇德村位于桐木镇中段,东邻蕉源村、荆坪村,北邻枧冲村,西邻洪东村,南邻鸡冠山乡鸡冠村。全村下辖15个自然村组,分别是崔家屋场、谭下、黄家屋场、黎家湾、蓝家岸、上蓝象行园、下兰虎行山、羊古冲、石龙口、鸡冠山下、黄家屋场、潘家坳、西冲湾、刘家岸、盐家冲,有1221户5184人,其中男性2842人,女性2342人,居民以汉族为主。全村共有90个姓氏,人数较多的姓氏有蓝、黄、黎、刘等姓。

自然环境与资源 崇德村四面环山,平坦用地较少,呈现纵向狭长。气候温和,栗水河自东向西经过,沿鸡冠山下有多处清泉,特别突出的是西冲湾莲洪山泉饮用水,在石龙口林场山上建有全村深井饮用水供应基地,可供全村半数以上村民饮用。境内石灰石储量大,林地资源比较丰富,主要有油茶树、杉树、松树、樟树等。

经济概况 村内农业以种植水稻、油茶、油菜为主,水稻种植面积约700亩,油菜面积350亩,有农业合作社1家,养有驴20头、羊200头、牛50头,长期雇用脱贫户3人。有高粱酒、红薯酒等特色产品。村内工业以水泥厂和鞭炮厂为主。江西印山台水泥有限公司成立于2006年,上缴税款2000多万元,有职工220余人。宏福、吉星2家鞭炮厂,上缴税款80多万元,有职工200多人。2022年村集体经济收入15万多元。

基础设施 崇德村距昌栗高速4千米,距萍乡北站50千米,308省道从西向东经村而过,

崇德村村委会

全村各村民小组水泥路、沥青路实现全覆盖,有水泥路5千米,沥青路3千米,栗水河有桥梁5座,交通较为便利。

全村有变压器11台,村民日常做饭烧水使用能源主要为电能和液化气,少数村民使用蜂窝煤,村民用水主要来源于深水井,有2个集中供水点,建有水池2座,可储水150吨,铺设管道1万多米,基本满足全村居民日常用水。村内有灌溉功能的山塘3座,枣木水库南岸渠已通到本村,可灌溉耕地400余亩,有效保证了农业用水安全;有2台大型生活水处理设备,1台在崇德桥,1台在上兰桥。

社会发展 崇德村内建有桐木镇胜利辅区中心小学和桐木镇胜利中学,胜利中学可容纳崇德、洪东、蕉源、荆坪等村学生就读,九年义务教育覆盖率100%。村级文化娱乐场所有图书室、阅览室、棋牌室、老人活动中心等功能室,用于村内召开党员会议、村民代表会议、开展各项教育活动和重大节日庆祝活动。村内有4个卫生所,接诊率较高。崇德村有脱贫户37户129人,易地搬迁户10户45人,享受失地农民社保82户125人。村内居住环境较好,有路灯200盏,均为太阳能路灯,污水处理池2座,聘请保洁员7人。

特色地情 黎宏烈,字公庵,名崇德,清乾隆年间,从蕉源村牌坊下迁到崇德村黎家湾,至今已有十二代后人。黎崇德一生勤劳致富、家境殷实、乐善好施,在当地建了很多石拱桥,有崇德桥、上兰桥、下兰桥、洪田桥、荆坪桥、周田桥、莲台桥、雅溪桥、万

崇德村境内风光

载双桥、浏阳南市街桥等共九十九拱半桥,人们为了纪念黎崇德的向善事迹,将在当地建的桥取名为崇德桥,崇德村村名也由此而来。

刘德胜(1908—1965),崇德村人。1927年秋收起义途经桐木时,刘德胜参加工农革命军,走上革命道路,曾任少共国际师第四十四团排长、连长等职。1931年加入中国共产党。抗日战争时期,任八路军前方机械部队第二十七团团长,晋察冀军区独立旅旅长、第一二九师三五六旅旅长。后又任晋察冀警备司令部副司令员、新四军第二十四师警卫旅旅长。解放战争时期,任华北军区第六纵十八旅旅长。1949年1月任解放军第二十兵团六十八军七十四师副师长。是年,任第三野战军七兵团三十六师师长。参加了渡江战役和解放上海的战役。上海解放后,负责接管上海的社会治安工作。新中国成立后历任南通军分区司令员、南京军分区司令员、江苏省委委员、江苏省军区党委委员。1955年被授予大校军衔,被授予二级八一勋章、独立自由勋章和解放勋章。

荆坪村

村情概况　大约在600年前秦姓族人由吉安迁入此地,后有黎姓、袁姓、崔姓等相继迁入,当时满地荆棘,先辈们披荆斩棘,开荒创业,整理成坪,因地势比较平坦,故将此地取名荆坪,一直沿用至今。20世纪50年代,荆坪与崇德村(原称为胜利村)合在一起,称为友爱大队,70年代初拆开,正式称为荆坪大队,80年代以后称为荆坪村。

荆坪村区域面积约4.5平方千米,东与雅溪村毗邻,南邻蕉源村,西连崇德村,北与枧冲村接壤,属上万公路沿线村,距上栗县城15千米,距桐木集镇3千米,距昌栗高速公路入口2千米,交通便利,枣木至上栗河穿流村境。至2022年12月,全村总人口846户3297人,常住人口1923人,外出务工人员1374人;男性1732人,女性1565人,平均年龄51.6岁。全村划分10个村民小组,12个自然村庄,分别是泉背湾、月山下、袁家大屋、下屋内、黎家湾、秦家大屋、山下内、河下内、海棠、撮箕街、李家塅、长窝内,其中泉背湾、月山下、袁家大屋自然村在栗枣河以北,下屋内、黎家湾、秦家大屋、山下内、河下内、海棠、撮箕街、李家塅、长窝内在栗枣河以南,紧挨上万公路。全村共有24个姓氏,其中秦、黎、袁、崔、李等姓人口较多。

自然环境与资源　荆坪村属丘陵地形,地势比较平坦,两面环山,土质主要为沙泥土,村内居民主要依山而居和上万公路两旁集居。自2017年河道治理以来无洪水泛滥现象,栗枣河有自动拦水坝2座。全村有水塘33口、饮用深泉水井4口,水域面积18.5亩,饮水安全,农业灌溉用水方便,有枣木水库自来水安装至荆坪,水质符合《生活饮用水卫生标准》。村境内有石灰石矿产资源,20世纪90年代开采过后一直未开采。村内有溶洞2处,一处未开发,另一处称为观泉洞,洞深开发了200余米,洞高3米以上,冬暖夏凉。村内自然灾害频发,2008年1月发生冰冻自然灾害,时间持续较长,苗木蔬菜被冻死,造成经济损失20余万元。2014年6月发生百年难遇的洪灾,导致300余户房屋进水,房屋倒塌7间,河堤冲毁多处达200余米,直接经济损失100余万元。

经济概况　荆坪村农业以种植水稻为主,有耕地面积380亩、旱地200余亩,有部分青壮劳动力外出务工,部分耕地流转给个体专业合作社栽种,耕种二季作物、一季水稻、一季油菜,无撂荒现象。有专业合作社4个,从事种养殖业、种植水稻、蔬菜、梨子、黄桃等,养殖猪、牛、鸡、羊、鱼等。2022年村集体经济收入突破20万元。

基础设施　全村交通道路状况良好,昌栗高速公路、省道上万公路穿村而过,投资400余万元进行水泥硬化和沥青铺面。至2022年底,全村道路沥青铺面达95%,村级道路改造2.9千米。全村846户均实现供电,有邮政代办点1个。农田主要由栗枣河水和枣木水库水灌溉,2017年栗枣河通过河道治理,河床深、宽、平坦,无淤积,河两岸用沙石垒起护岸,上游段设有2座自动式拦水坝,供农田引水灌溉。2021年对枣木水库水渠进行修缮,便利农田用水。

社会发展　村内有小学1所、文化广场4个、诊所3家、居家养老服务中心1个。

荆坪村

荆坪村闹元宵民俗

其中荆坪小学创办于20世纪50年代,曾几次搬迁,后荆坪小学于1998年建造,地处上万公路旁,占地面积6700平方米,有学生210人、教师14人,教育质量较好。在泉背湾、秦家大屋、黎家湾、长窝内建有文化广场,2020年在荆坪桥靠栗枣河畔建有比较大的文化广场,建有舞台,占地1600余平方米,位置比较居中,配备音响、彩光灯。村内私人诊所3家,群众看病方便。群众参与医疗保险比较积极,年参保人数为2650人,参保率98.2%。全村共有668人购买养老保险,已享受社保213人,由于昌栗高速公路占地、栗枣河道治理工程占地,作为失地农民购买养老保险425人,已享受社保70人。全村有脱贫户29户99人,低保户55户81人,脱贫户中16户36人纳入低保对象,残疾人67人。居家养老服务中心建有食堂,配有餐桌、床铺、活动室,供老年人吃、住、休闲娱乐。全村生态、人居环境优美,南面山新造油茶林,北面山栽种果树,村庄道路两旁公共场所绿化率达60%。

荆坪村美丽乡村建设特色明显,2017年打造竹园自然村,有40余亩荷花池,小桥弯曲其中,并有凉亭,四面种有桃树,安装路灯,夏季游玩,观赏荷花,心旷神怡。村庄内道路沥青铺面,两旁树木葱绿,环境优美,每到夏季,游客络绎不绝。2021年打造泉背湾沿河路1000余米彩色路面,两旁绿化成荫,安装路灯,并建有凉亭,在河边建有文化广场和百姓大舞台,吸引村民前来散步健身。

特色地情 荆坪村留有不少红色遗迹。1927年9月,秋收起义部队曾在荆坪村将军庙留宿一晚,当地群众闻知为工农革命军送粮送物。1930年彭德怀曾率领红三军团在将军庙休整招兵。将军庙已成为红色革命旧址。

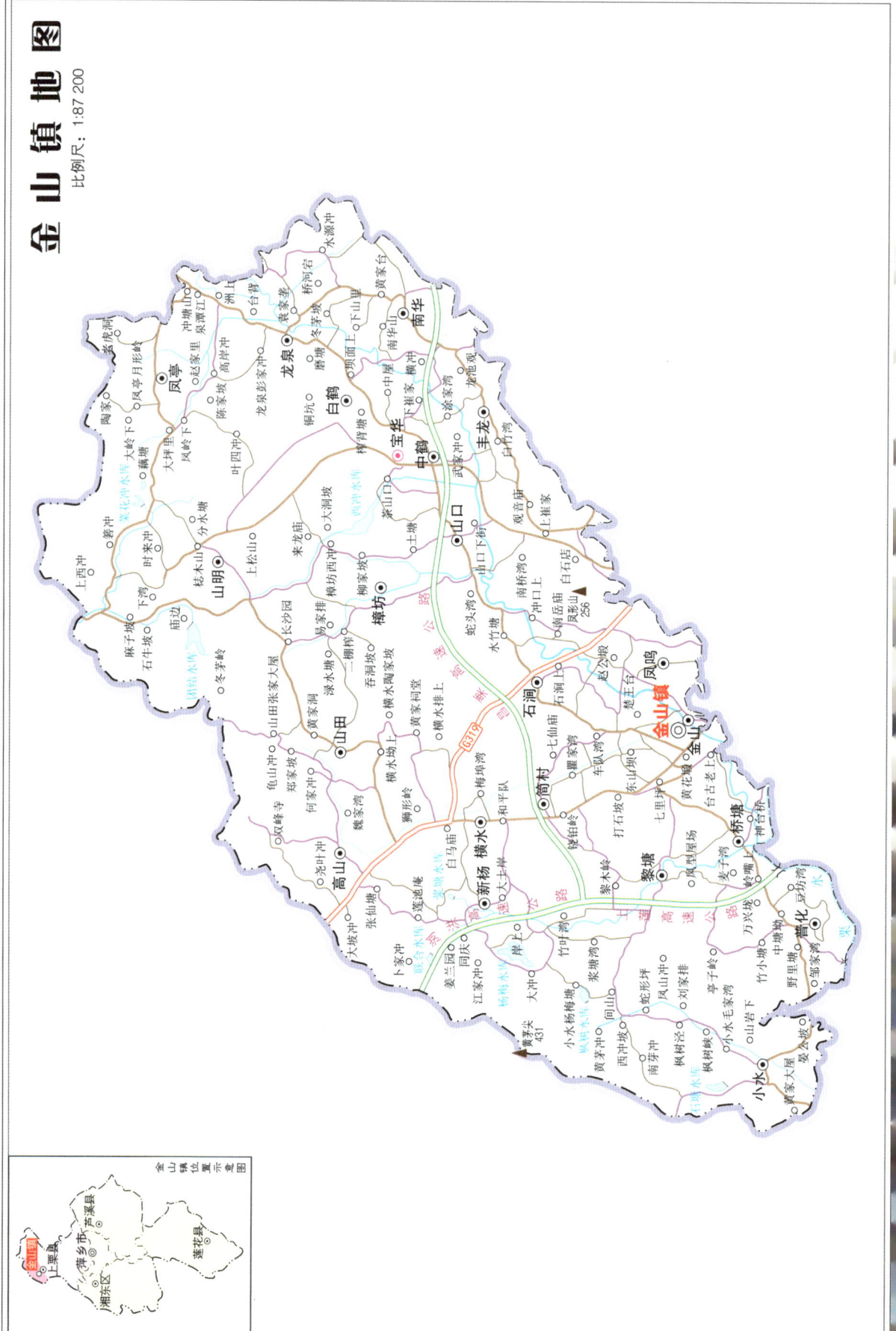

金山镇

金山镇位于县城北部,西与湖南省醴陵市李畋镇麻石村、浏阳市金刚镇沙螺村接壤,北与浏阳市大瑶镇李畋村、澄潭江镇山下村临界,东临桐木镇湖塘村、楚山村和鸡冠山乡横下村、豆田村,南靠上栗镇新群村、水源村,距县城1.1千米,距萍乡市34千米。2021年,全镇总面积97.14平方千米,有林地面积4490.69公顷,耕地面积1710.53公顷,种植园用地94.26公顷,草地62.64公顷,商业服务用地11.44公顷,湿地0.79公顷,水域及水利设施用地331.19公顷,工矿用地86.25公顷,住宅用地69.27公顷,公共管理与服务用地58.33公顷,特殊用地28.94公顷,交通运输用地452.52公顷。镇政府驻地金山村。

金山镇以驻地瑶金山寺而得名。瑶金山寺(原名宝华观)是道人彭普明祖师修道住持地。该观始建于东晋癸卯年(343),扩建于唐开元癸丑年(713)。自元、明、清至1933年先后四次修复。宝华观规模宏伟壮观,明、清时期拥有蓄发道人一百余人,是一所融释、道、儒三家为一体的综合寺庙,属全国六大道观之一,素有"瑶金第一山"之称。1949年解放时,金山寺为区人民政府驻地。清末至民国期间,金山分长乐、山湖两个乡。长乐乡驻地黎塘义祠,山湖乡驻山口。解放初期长乐、山湖两乡合并为萍乡县长乐区(山湖乡的湖塘地区划归桐木区管辖)。1958年改名成立金山人民公社,是年并入上栗公社,是年12月又与上栗公社分开,仍名金山公社。1961年1月属上栗区。1962年3月金山公社划分为金山、白鹤两个公社。1966年9月撤销白鹤公社并入金山公社。1984年改称上栗区金山乡。1998年4月撤乡设镇，称上栗县金山镇。

金山镇是一方红色热土，历代不乏仁人志士为人民追求美好幸福生活而抛头颅洒热血，英勇奋斗。1906年12月3日由蔡绍南等在金山高家台召开各路首领会议，商议萍浏醴起义日期和办法，并于12月8日在金山麻石街发动萍浏醴起义，成为了辛亥革命的一次重大预演。

金山镇为保卫红色政权英勇献身的革命烈士307人，其中大革命和土地革命战争时期有革命烈士295人，抗日战争时期有革命烈士3人，社会主义革命和建设时期有革命烈士9人。

境内为丘陵地形。西北多山，地势北高南低。最高处为杨梅村境内的黄茅尖，海拔431.5米，其次是小水村与湖南交界处主峰，海拔400米，最低点为小水村与湖南交界处麻石，海拔75米。源于桐木镇湖塘村和城冲村的金山河经白合、山口、凤鸣、桥塘村与栗水汇合注入渌水入湘江。气候属亚热带季风性湿润气候，四季分明。1月均温5℃，7月均温28.7℃，年均温17.2℃。年均降水量1550毫米，无霜期270天（自2月至11月）。森林覆盖率42.09%，自然资源主要有煤炭、铜、铅、锌、硫黄、石灰石、大理石、瓷泥与瓦泥等。主要河流为金水河和栗水河，两河在双板桥汇流进入湖南醴陵。境内历来缺水易旱。解放后兴建了杨梅、跃进、五四、团结、菜花冲等9个小（1）、（2）型水库，蓄水量为454.6万立方米，还建立了55座电力排灌站，改善了农田水利设施，农业生产得到较快发展。境内古迹较多，较有名气的有千年古刹瑶金山寺、花炮始祖李畋故居、张国庶烈士故居、萍浏醴起义旧址、双峰寺景区等景点。2003年至2021年，又建成了乡村旅游景点1个，现已成为集花炮文化展示、红色文化旅游、乡村休闲、美食等于一体的花炮特色文化小镇。

2021年，境内辖21个村、1个社区，分别是高山村、金山村、横水村、山明村、凤亭村、新杨村、小水村、山田村、樟坊村、南华村、黎塘村、桥塘村、简村、中鹤村、普化村、白鹤村、凤鸣村、山口村、丰龙村、龙泉村、石涧村和宝华社区。有388个村民小组，20825户，总人口80210人（其中农村户籍人口73135人，非农村户籍人口7075人），人口密度847人/平方千米。境内人口大多数为汉族。2021年，镇机关行政内设机构48个。全镇有党组织38个，其中总支2个，支部36个，党员1787人。

境内交通方便，319国道横穿南北，"金湖""金水"公路跨越东西。2003至2021年，金湖路、金水路、高凤路、金鸡路、横水至小水公路、绕城路、龙泉至凤亭路、简村至莲池庵相继建成通车，总里程达330千米。多次改造金湖路、金水路、高凤路等境内公路，提升全镇基础设施建设。2016年，境内实现村村通沥青路。通讯方便快捷，境内建有移动通信转播台4座，山明村、丰龙村光伏发电站2座。农电网络完备，农电入户率已达100%。2017年至2021年累计投资1500万元，先后打造了5个新农村建设中心点,分别是2017年高山村双峰寺新农村建设中心点、2018年新杨村莲池坞新农村建设中心点、2019年普化村棉花甲新农村建设中心点、2020年龙泉村水源冲年新农村建设中心点、2021年小水村老屋场新农村建设中心点。

　　金山镇经济以工业和商贸流通业为主,2003年以前,工业主要以建材、煤炭、烟花爆竹为主。2004年至2005年,花炮产业发展较快,呈现逐年增长的好势头。2004年全镇烟花爆竹从家庭作坊式到上山办基地规模化发展,基地生产企业有320余家,2005年,为响应县委、县政府"全县千家企业"精神,全镇有282家企业取得了由省安监局颁发的安全生产许可证。从2009年起,花炮企业因环保要求提高,全国禁燃禁放城市逐步增多,部分中小花炮企业主动退出,产业出现了下滑的趋势。从2016年起,全力配合打造建设赣湘产业园,聚焦上栗打造全国知名电子电路产业聚集区定位,累计引进凯诺微电子、鸿信科技等项目6个。2019年至2021年,肉兔、养猪、果蔬等农业产业发展较快,有11家农业龙头企业。2021年,有实体农业企业95家,较有影响的有：上栗县鑫农兔业发展有限公司、上栗县鹏辉农业发展有限公司、上栗亚强综合种植专业合作社、育明养殖合作社、上栗县臻利种养专业合作社。农业产业以水稻种植为主,2021年,粮食总产量达14700吨。2016年至2021年,果蔬种植,畜牧养殖等产业开始兴起。有山明循环果园、山口绿兴生态果园、黎塘蔬菜基地、黎塘肉兔养殖基地、简村有机蔬菜基地、新杨山明养猪基地等一批种养示范基地,2021年果蔬等产量达4610吨,生猪出栏30600头,肉兔出栏45万只。

　　境内人文荟萃,曾诞生了花炮祖师李畋,清代进士甘立猷入选翰林院官至河南正主考。中共江西省委原书记张国庶,原国家教委副主任、教育部总督学柳斌等均为邑中俊贤。走出张维、黄兴来、李仁光、叶友文等一批革命先驱。

　　金山镇教育、卫生、科学、体育、精神文明建设等事业兴旺,省级重点中学上栗中学坐落境内。2003年有小学24所,学生7500余人,初中3所,学生3700余人,中小学教师427人。境内医疗卫生工作基础较好。1951年创建了金山医院。2003年有卫生院1所,分院2所,病床20张,合作医疗点25所,防疫站1所,从医人员136人。2021年有初级中学3所,小学22所,教学点1个,公办附属幼儿园23所,民办幼儿园7所,有在校学生10386人,教职工811人。经过20年的发展,现在有公立卫生院2所,村卫生室56所,有医务人员92人,病床90张。上栗县金山镇卫生院分为龙泉院、金山院,有从医人员92人,其中医师35人,护士24人。

　　全镇通过产业扶贫、就业扶贫、教育扶贫、政策兜底等方式,扎实有效做好脱贫攻坚工作。共计脱贫1086户3618人,其中：2014年脱贫654户2079人,2015年脱贫74户278人,2016年脱贫72户261人,2017年脱贫104户370人,2018年脱贫52户225人,2019年脱贫81户267人,2020年脱贫49户138人,与市、县同步完成脱贫攻坚任务,同步全面建成小康社会。

2021年,全镇财政税收收入达到2.5584亿元,完成固定资产投资12.7亿元。完成规模以上工业总产值26.1亿元,农业总产值4.29亿元,商贸流通行业总产值达到2.64亿元。2021年城镇和农村居民人均可支配收入分别为40539元、22564元。先后获"花炮名镇""赣湘合作明星乡镇""全省科学发展50强乡镇""全省百强乡镇"等多项荣誉称号。

金山村

村情概况 金山村因驻地瑶金山寺而得名,由金山农科所、荷花大队、金山大队合并成金山村。金山村位于上栗县西北部,距县城2千米,位于镇政府所在地,东邻凤鸣村,西邻桥塘村,南邻上栗镇新群村,西北邻简村。全村总面积8平方千米,有水田1302亩、山岭3856亩。全村共有17个自然村,分别是瞿家湾、土塘坡、杨家弄、东山坝、缪家湾、开发区、横冲、杨梅塘、打石坡、台古老上、黄花段、夏院、楚王台、大水路、吴家大屋、车队湾、枫树湾,村部便民服务中心坐落在黄花段金山湾,有29个村民小组,有1385户6481人,其中男性3336人,女性3145人,有常住人口5735人,流动人口746人,占全村人口11.5%,主要流向湖南、广东等地,从事行业主要为经商和务工。人口较多的姓氏有瞿、吴、孙、叶、崔等。

自然环境与资源 金山村地处山丘地带,与319国道昌栗高速相连。气候温和。村内有条金水河主河道,有3条5千米的河流。山地面积3856亩,森林覆盖率68%,其中生态公益林89亩,杉、松、杂用材林

金山村村委会

70亩,经济林29亩。

经济概况 全村农业以按季种植水稻和油菜为主,主要灌溉方式是利用山塘、河流放水灌溉。村内有鞭炮烟花企业1家,金水花炮厂主要生产C级爆竹类产品,年产值2200万元,年缴纳税额60万元,带动145人就业。新发展的产业有萍光电子厂、江西普林斯渔具制造有限公司、江西小钢炮科技有限公司,其中萍光电子厂位于319国道旁,从事光纤制造,带动110人就业;江西普林斯渔具制造有限公司注册资金300万元,位于319国道旁原金水阁,主要生产和销售仿生鱼饵、钓鱼用品、相关塑胶制品、五金制品及配件,带动30人就业;江西小钢炮科技有限公司注册资金200万元,位于319国道旁原金水阁,主要生产汽车零部件研发及配件制造、零售,带动20人就业。村内还有多家餐饮店、汽车维修店等多家商铺。村集体现有山水林田湖资源及店面等固定资产,有生态林1265亩等。

瑶金山寺

基础设施 村内交通便利,319国道途经本村,相距昌栗高速路口5千米,相距萍洪高速4千米。全村供电用户1385户,配有移动、电信、联通营业厅和邮政物流配送点。村内饮用水多为山泉水,无工业污染,水质优良。村内排污主要以就地直接排放、排入下水管道、排入自家化粪池化掉等方式为主。村干部带领全村实施的重大项目有新建村部建设、水泥路硬化、各自然村公厕建设、幸福院项目建设,水利建设有杨梅塘山塘改造、乌狗塘山塘改造、春皮坝改造。

社会发展 村内有上栗中学、金山镇中学、金山镇中心小学,教育质量好,教师素质高,学校条件好。村级组织活动场所为单独建设,在镇政府所在地,建于2015年,建筑面积416平方米,广场面积1000平方米,室内室外卫生环境好,配备有图书室,主要用于开展党员学习教育、村民代表大会议事、便民服务、重大节日活动等。村内有卫生所(室)5个。村委会为村民提供代缴医保服务,2022年度农村医保参保率达100%。金山村有农村低保户77户114人、城镇低保户10户12人、特困户7户7人、残疾人74人、脱贫户15户46人,脱贫户全部解决"两不愁三保障",没有出现返贫现象。

村庄环境整洁卫生,家禽家畜圈养,严格执行"门前三包"制度。

特色地情　瑶金山寺,位于金山镇金山村,始建于东晋年间,是赣西历史悠久的古寺之一。该寺古建筑古朴壮观,正殿气势恢宏,侧殿双层琉璃挑檐,小巧玲珑,讲究对称,整个寺院浑然一体,层次分明。古罗汉松,坐落在金山村瑶金山寺内,是彭祖师于唐开元年间亲手所植,明朝东林党人御史大夫邹元标亲手题碑:"唐开元年植古罗汉松"。

上栗中学烈士纪念碑,为纪念烈士谢建益而立。谢建益,男,黑龙江人,中共党员,第四野战军第四十五军后勤部卫生部部长。1949年6月26日,上栗县解放前夕,部队驻扎在当时的金山中学(现上栗中学金山校区)校内。谢建益深入到当时还未解放的国民党统治地区长沙去联系工作,中了敌人的伏击,一行5人全部壮烈牺牲。当地百姓选址上栗中学前花园(后称烈士园)将他们5人合葬,为旌其所为,立碑以示纪念。上栗中学烈士纪念碑成为上栗中学革命传统教育基地,每年清明节、国庆节学校都会组织师生到此举行弘扬爱国主义精神的祭扫英烈活动。

中鹤村

村情概况　中鹤村因位于白鹤、山口两村之中,故名。中华人民共和国成立前属萍乡县山湖乡第六保,中华人民共和国成立初属长乐区中鹤乡石上村,土改时叫中鹤村,合作社时叫中鹤高级社,辖现中鹤村崔家后背、曾家大屋、毛岗上、塘下、塅中屋、刘家大屋、蛤蟆塘、武家冲、石坝上、曾家垅、沈家坪、侯家冲、油榨坡13个自然村及现丰龙村管辖虎冲坡、白竹湾、杨柳湾、上碧园等4个自然村。1958年属金山公社称中鹤大队,1960年虎冲坡、白竹湾、杨柳湾、上碧园划归丰龙村管辖,1962年属白鹤公社仍称中鹤大队,1965年属金山公社仍称中鹤大队,1966年与山口、南桥大队合并称山口大队,1980年从山口大队划出仍称中鹤大队,1981年中鹤大队改为中鹤村(当时由于办公没有使用电脑等设备,文书简化换成中合村,一直沿用至2022年6月,2022年6月恢复原名中鹤村),1984年3月改制为中鹤村村民委员会。

中鹤村位于金山镇腹部,上栗县赣湘合作产业园桥头堡位置,总面积3.8平方千米,有耕地面积860亩,林地面积4000余亩,距上栗县政府驻地5.8千米。全村有11个村民小组,有396户2436人,其中常住人口2206人。居住人口以汉族为主。居民姓氏有17个,人口较多的姓氏有崔、曾、叶、游、刘、张、武、周、邹等。

自然环境与资源　中鹤村西北面环山,为丘陵地带。气候温和,西北面有全县最大的小(2)型水库——西冲水库,南面紧邻金水河,水资源丰富,林地资源以油茶树为主,有2个合作社,种养有"红美人""安福柚"等果树。

经济概况　中鹤村农业以种植油茶和水稻为主,有油茶种植1000亩、水稻种植120亩。中鹤村以前有多家花炮生产企业,由于赣湘合作产业园建设,除红宝山烟花制造有限公司外,其他全部退出关厂。赣湘合作产业园自成立以来,先后有佳禾电声、萍乡伍子醉食品科技有限公司、亚强食品、凯诺威、益森能源、丰达兴线路板制造有限公司、联锦成科技有限公司、江西东讯精密制造有限公司等企业落户。其中,佳禾电声于2021年12月落户,项目建成投产后具备年产1930万件智能电声产品和500万件智能穿戴产品的生产能力,提供4000余个就业岗位。萍乡伍子醉食品科技有限公司,年产值超10亿元人民币,年均税收超过1000万元,为当地提供近3000个就业岗位。联锦成科技有限公司一期建成后新增约800个直接就业岗位,年产值5亿元以上,全部建成投产后年产值30亿元以上。亚强食品2021第一期投产后,年产值2600万元,带动劳动力就业200人。中鹤村村集体收入主要靠盘活集体一部分闲置房屋,收取一定租赁费以及为园区企业提供服务获取一定工作经费。

基础设施　境内交通便利,工业大道与金湖公路在村境内纵横交错而过,距昌栗高速上栗东枢纽500米,全村实现组组通水泥路,主干道沥青路2.5千米。全村供电用户396户,配有移动、电信、联通营业厅和多家快递物流公司。村内饮用水多为集中供水,水质优良,排污主要通过统一排水设施排入污水处理厂集中处理。

社会发展　中鹤小学位于樟树下自然村,于1983年新建,2010年、2019年两次扩建,有100多名学生就读。村级组织活动场所为单独建设,建于2019年,建筑面积500平方米,室内室外卫生环境好,配有新时代文明实践站、图书室、卫生服务室、便民服务室等多种功能室,主要用于开展党员学习教育、村民代表大会议事、便民服务、各种纪

中鹤村法治文化建设广场

中鹤村毛岗上自然村

念活动等。村内有卫生所(室)2个,接诊率较高。村委会为村民提供代缴医保服务,2021年度农村医保参保率达100%。全村有低保户36户51人,脱贫户15户51人。

特色地情 流经村旁的金水河上,现存一座清代建造双拱石桥,位于中鹤村石坝上自然村,横跨10余米,宽约2米,历经百余年的风雨侵蚀,一直是连接中鹤村与丰龙村的交通要道,古桥用石块和青砖拼砌成弯曲的拱作为桥身,上面修成平坦的桥面以行车走人,在两村人民群众日常生活中发挥了极大的作用。

樟坊村

村情概况 樟坊村位于金山镇北部,北靠山明村、山田村,西邻横水村,东边与白鹤村、中鹤两村搭界,南边与山口村为邻,有耕地面积约1275.5亩、林地面积约6034亩、水面面积760亩。全村分为19个村民小组,分16个自然屋场,分别是樟坊大屋、马井凹、楼下、柳家坡、西冲、帐下、土天排、西岸、马冲、易家排、绿水塘、长沙园、天冲坡、百冲、叶家排、张家大屋,总人口5446人,居住人口以汉族为主。全村居民以黎、张两大姓氏为主。

自然环境与资源 樟坊村四面环山,中为狭长田垄,村庄地势坡度变化大,平坦用地较少,平均海拔260米,最高峰海拔620米。气候温和,多溪流泉水。林地资源丰富,有竹林、杉树、樟树、板栗树等特色植物,另有红薯酒、冬笋、春笋等特色农产品。

经济概况 村内农业以种植水稻为主,有水稻种植面积760亩,大力发展种养专业合作社,种植金银花、马铃薯等,养殖黄牛、兔、蛋鸡等。村内工业以花炮企业为主,有花炮企业6家、引线企业3家,其中规模较大的有江西强泰花炮(集团)有限公司、上栗县春源引线制造有限公司、上栗县传龙引线制造有限公司。江西强泰花炮(集团)有限公司占地面积1300余亩,产品分开专业生产,统一销售,有职工700余人,产值1.2亿元,纳税360万元。上栗县春源引线制造有限公司成立于2022年,总投资900多万元,占地面积189亩,有职工39人,2022年实现产量1.3万箱,年销售额1300万元,年纳税6万元。上栗县传龙引线制造有限公司创建于2015年,注册资金800万元,占地面积110亩,有员工52人,年销售额2000万元,年纳税20万元。

基础设施 境内交通便利,559乡道沿村而过,樟坊村距昌栗高速1千米,距上栗县城10千米,距萍乡北站高铁站35千米,全村实现组组通水泥路。全村供电用户1316户,配有移动、电信、联通营业厅和邮政物流配送点。村内饮用水多为山泉水,水质优良。

社会发展 樟坊村小学位于马井凹自然村,于1972年重建,1973年完工投入使用,在村部右边,有300多名学生就读。村级组织活动场所为单独建设,建于2016年,建筑面积423平方米,室内室外卫生环境好,配有新时代文明实践站、图书室、卫生服务室、便民服务室等多种功能室。2021年樟坊村建成樟坊村村史馆,为新时代文明实践提供坚实阵地,丰富樟坊村乡风文明载体。村内有卫生所(室)4家,接诊率较低。村委会为村民提供代缴医保服务,2022年度农村医保参保率达92%。全村有低保户105户154人,脱贫户26户86人。樟坊村整体地理位置四面环山,颇有一种桃花源的感觉,在村内放眼望去皆是幽幽竹林,风景优美。樟坊村绿化情况优秀,主要林木为油茶,面积约6034亩。

特色地情 樟坊村是一块红色资源宝地,发生了不少红色革命事迹。第二次国内革命战争时期,因革命的需要,樟坊村全部划归湖南省浏阳县管。当时浏十区苏维埃政府设立在澄潭江上山岭老庵子内,樟坊村张恩学任浏十区区委书记。当时浏十区三乡苏维埃政府设立在樟坊村北冲真人庙,樟坊村黎育斌任苏

樟坊村村委会

樟坊村天王寺

维埃政府主席。1930—1932年期间,在苏维埃政府十区区委的直接领导下,积极开展各项革命活动和斗争,很快组织和发展了一支英勇善战的革命队伍——赤卫队。在党的领导下,打土豪、分田地,工作开展顺利,搞得红红火火,大快人心。在对抗义勇队(白匪)进攻苏区掠夺财粮烧杀百姓、保卫劳苦大众所分得的田地和胜利果实的过程中,在白匪的反动口号"宁肯错杀一千,不可留匪一名"的残酷镇压中,在赤卫队在与白匪短兵相接、大刀见红的英勇战斗中,在樟坊村壮烈牺牲的革命同志就有16人。

白鹤村

村情概况 相传在早年前有许多"仙鹤"在山林中栖息,百姓口口相传,后称之"白鹤村",也称"白鹤田"。白鹤村位于金山镇北部,距县城和镇政府所在地10千米,东邻南华村,南接中鹤村,西连山明村,北依龙泉村。全村有13个自然村,分别是吴家大屋、中屋、丛山坳、红太园、罗家湾、坝面上、甘家大屋、黄家大屋、施家湾、磨塘、松山下、榨布塘、铜坑,共有14个村民小组,有809户3353人,其中男性1761人,女性1592人。居民姓氏有12个,人口较多的有崔、黄、叶、吴等。

自然环境与资源 全村总面积4平方千米,其中耕地1289亩(水田1035亩),人均耕地0.38亩,实际耕种852亩,闲置耕地12亩,已流转耕地425亩,有山地面积2652亩,森林覆盖率80%。气候温和。

经济概况 村内农业以种植水稻为主,有水稻种植1038亩,每亩效益600元,占农民收入20%,还种有香瓜、西瓜等瓜果,共计30多亩。村内工业企业有花炮生产企业1家、胶水厂1家。新成立的合作社有蚕丝宝合作社、远顺合作社。村集体固定资产有生态林2652亩。

基础设施 境内交通便利，115县道直穿而过，距离昌栗高速上栗东收费站3千米，距上栗汽车站6千米，配有移动、电信、联通营业厅和邮政物流配送点。村内饮用水多为山泉水，水质优良。

白鹤中学旧景

社会发展 村内有中学1所、小学1所、村级组织活动场所1个、卫生所（室）3家。其中，白鹤小学于2012年重建，位于罗家湾自然村，有200多名学生就读。白鹤中学于

白鹤中学现图

2019年重建，位于施家湾自然村，有900多名学生就读，配套齐全，师资力量较强。村级组织活动场所与村委会一起，建于2013年，建筑面积333平方米，室内室外卫生环境好，配有新时代文明实践站、图书室、卫生服务室、便民服务室等多种功能室，主要用于开展党员学习教育、村民代表大会议事、便民服务、重大节日活动等。村卫生所（室）接诊率较低，村民有医疗需求一般直接去金山卫生院。村委会为村民提供代缴医保服务。全村有低保户58户90人、残疾人70人、脱贫户20户75人。脱贫户全部解决"两不愁三保障"，没有出现返贫现象。村庄环境整洁卫生，家禽家畜圈养，严格执行了"门前三包"制度。

特色地情 村内有一棵古树——长红桎木，位于白鹤村铜坑，树高8.7米，冠幅南北8.2米，东西9.2米，每年花开四季，花呈玫瑰红，树龄达1000年以上，并与一棵同龄的罗汉松交织在一起，人们又称之为"连理树"，此长红桎木是中国唯一的一年四次开花的稀有植物，湘赣大部分花园和苗圃的红花桎木都是由此嫁接而来。1986年《人民日报》刊文介绍后，全国各地的游客前来观赏其娇容。红桎木，为金缕梅科檵木属，常绿灌木或小乔木。它树态多姿，像挥舞着一条条彩带，不失温良与坚强，以其天然的禀赋，潇洒自如，充满生机，散发出诱人的美丽。解放战争时期，一位连长带着部队在

白鹤村

白鹤田住了半个多月,在日记中写道"十里长鞭",记录了与白鹤乡亲们的友谊,临走时乡亲们放十里长鞭为解放军送行。

丰龙村

村情概况 1950年长乐乡将乡政府驻地设在龙池观(今黄家大屋),下辖丰龙和福阳两地,1951年丰龙村、福阳村划归中鹤乡管辖。1958年成立白鹤人民公社,丰龙及福阳均划归白鹤人民公社,1963年丰龙大队、福阳大队合并为丰龙大队。1984年10月正式更名为丰龙村,隶属金山乡管辖。丰龙村位于上栗县东部,距县城约7千米。紧依县工业大道,西北面与县北工业园相接,东面紧邻桐木镇洪东村,南临鸡冠山乡豆田村、横下村,全村总面积4平方千米,有耕地面积786亩、旱田面积340亩、山岭面积3860亩。全村有17个村民小组,有10个自然村,分别是上边园、杨柳湾、白竹湾、虎冲坡、枫树湾、龙池观、龙池泉、横冲、下崔家、涂家湾,有人口526户2538人,其中常住人口1895人,流动人口643人。居住人口中以汉族为主。全村姓氏有16个,人口较多的姓氏有叶、崔、黄、邹、周、张、陈、涂、柳等。

自然环境与资源 丰龙村南面靠山,全村整体地貌为狭长形带状,与中鹤村交界为金水河,中为狭长田垄,整体海拔110米,最高峰海拔206米。气候温和,村内以金水河为主要河流,村内多溪流泉水。林地资源丰富,面积约3860亩,有茶树、毛竹、杉树、樟树、松树、野栗树、野酸枣树等植物。

经济概况 村内农业主要以种植水稻、油菜、红薯、油茶等农作物为主,合作社种养有冰糖柚20亩,另有红薯酒、酸枣糕、谷酒等特色农产品。2015年,村两委带领贫困户参与专业种养合作社养猪,部分剩余劳动力实现转移就业,生活水平有较大程度提高。到2016年,集体项目发展稳定,所有贫困户达到人均年纯收入3146元以上。丰龙村2016年全村农民人均纯收入达到4000元,实现预期脱贫目标。到2020年整村人均纯收入达到全省平均水平4737元。自国家实施乡村振兴战略以来,全村集体经济收入主要有光伏发电、乡村振兴产业分红,产业带动脱贫户就业明显,脱贫户收入也明显得到改善。村内工业有花炮生产企业2家和花炮配套模压生产企业1家,因丰龙村紧靠赣湘合作产业园,村民就近到工业园就业较多,有少部分村民外出务工。

基础设施 村境内交通便利,昌栗高速沿村而过,离昌栗高速上栗东高速出口300米,距萍乡北站高铁站25千米,全村实现组组通水泥路,主干道沥青路2.5千米,2022年荣获全省"四好"乡村公路。全村供电用户526户,配有移动、电信、联通营业厅和邮政物流配送点。村内饮用水多来自山塘的集中供水点,全村建成集中供水点8处,均符合饮用水标准,水质优良,建有1座综合污水处理站。

社会发展 丰龙村有小学1所、幼儿园1所、村级综合文化服务中心1个、新时代文明实践站1个、卫生所(室)2家。其中,丰龙小学始建于1979年,2011年在老村部新建校舍完工并投入使用,有150多名学生就读,有教职员工16人。村级综合文化服务中心建于1979年,建筑面积650平方米,室内室外卫生环境好,配有农家书屋、书画创作室、卫生服务室、老年人活动中心、乒乓球室、多功能会议室、娱乐室等多个功能

枫树湾自然村

丰龙村石板古桥

室。村卫生所(室)解决村民日常寻医问诊,提供一般体检服务。村委会为村民提供代缴医保服务,2022年度农村医保参保率达100%,社保、新农保实现全覆盖。全村有低保户46户55人、五保户13人、残疾人66人、脱贫户15户50人。脱贫户全部解决"两不愁三保障",没有出现返贫现象。

丰龙村以生产鞭炮为传统支柱产业,有古牌坊、下崔家文化广场和枫树湾、涂家湾、白竹湾等一批新农村建设点和特色地情风貌。

凤鸣村

村情概况 凤鸣村因境内凤形山而得名,1000余亩的凤形林场成为全村独特亮丽的风景线。1989年凤鸣大队拆分为凤鸣村、南山村、石涧村三个村,2003年凤鸣村和南山村合并为凤鸣村。凤鸣村位于金山镇东部,依山傍水,环境优美,交通便利,紧邻319国道,绕城路穿行而过,距县城1.5千米。全村总面积4.5平方千米,耕地面积共1300余亩,山地面积共3500余亩。凤鸣村生态环境优美,人居环境良好,土地肥沃,气候宜人,生态农业和生态旅游业的发展具有得天独厚的潜力和优势。全村共有15个村民小组,有13个自然村,分别是孔陂、享堂力、赵公塅、杜家坡、李家弄、小鹤田、彭家岭、冲口上、刘家大屋、南山冲、阮家大屋、周家大屋、周家冲,有720余户3738人,其中常住人口2839人,流动人口899人。居住人口以汉族为主。全村主要姓氏有崔、阮、周、叶、刘、郑、彭等。

自然环境与资源　凤鸣村为长带形,前后依山傍河,凤形山脉、楼溪河绵延村庄全境,中为平坦良田。气候温和,栗水河流经全村,风景秀丽的楼溪河延绵流经全村,河长8000余米。境内凤形山内有丰富的石矿资源,山林资源丰富,有油茶、杉树、樟树、松树、野栗树、野生果树等特色植物。另有红薯酒、酸枣糕、冬笋、春笋等特色农产品。

经济概况　全村以第一产业为主,按季种植双季水稻和油菜,种有安福柚子、苹果、蜜橘等果蔬,养殖有肉猪、肉兔、牛蛙、龙虾和蛋鸡。村庄修有西岳坝、孔陂坝等2座水坝,农田灌溉较为方便。村庄有大小企业10家,其中花炮企业3家、新型材料厂2家、上规模种养殖户4家、食品厂1家,有水稻种植基地1个、蔬菜种植基地2个,每年完成税收600余万元,村民基本上实现在家门口就业。村内商贸流通企业、服务业等活跃,村集体经济较好。

基础设施　境内交通便利,319国道穿村而过,距上栗汽车客运站1.7千米,距昌栗高速3千米,距萍洪高速4千米,距萍乡北站高铁站22千米,全村实现组组通水泥路,主干道沥青路1.5千米。村内饮用水多为井水和自来水,无工业污染,水质优良。村庄建有西岳水电坝、孔陂坝,保障了水利供给,主要水渠基本上实现硬化,楼陂河两边河道已修缮,自来水实现户户通。

社会发展　凤鸣小学于2008年重建,位于冲口上自然村,绕城国道旁边,有100多名学生就读。村级组织活动场所为单独建设,建于2019年,建筑面积536平方米,

凤鸣村

室内室外卫生环境好,配有新时代文明实践站、农家书屋、宣讲室、幸福食堂、卫生服务室、便民服务室等多种功能室。村内有1个卫生所(室)。村委会为村民提供代缴医保服务,2022年度农村医保参保率达99%。全村有低保户64户102人、残疾人3人、脱贫户23户83人、五保户6户7人。脱贫户全部解决"两不愁三保障",没有出现返贫现象。

特色地情 村内有青龙桥、楼溪南岳古庙、鱼王庙等古迹。青龙桥位于凤鸣村与石洞村交界处,始建于清代,现保留有青石古道,古桥上还留有一道深深的车辙印,青龙桥于2012年已被列为县级文物。凤鸣村楼溪南岳古庙始创于明朝晚期,清同治四年(1865)建立了戏台,同治十年(1871)修砌围墙,光绪元年(1875)修上首酒楼,光绪十一年(1885)立碑记载道光至咸丰年间集钱购置赵公段三桶田亩之事。凤鸣村鱼王庙位于金山镇楼溪(凤鸣河),依山临河而建,是一座千年古庙,相传瑶金山寺开山始祖彭普明七岁拜乃山庵(现在的凤鸣小学)黄老祖为师学道,兹因黄老祖师是一个奇道士,酷爱养鱼,他的道法高超,所养的鱼不是放在池塘,而是放在楼溪河自由畅游,所有的鱼一到黄昏清理数目,放鱼的事就由彭普明负责。日复一日,年复一年,普明道法渐渐提高,日子过得清平自在,河里的鱼一条不少,师父对他更是疼爱有加。有一天夕阳西下,彭普明在清理鱼的数目中,发现少了一条乌鱼,不知去向,情急之下,做了一条木鱼,往河中一扔。说出来也怪,那木鱼在水里像真鱼一样,摇头摆尾、随之与同类为伴,这才骗过了师父的眼睛。至今瑶金山木鱼守山传为佳话。那条不见的乌鱼缘于灵性,自恃修炼,长成了门板大的乌鱼,时隐时现,并且化身托梦给百姓治病,造福一方。当地百姓造了一尊金身,建了一座庙宇以示纪念,香火一直鼎盛至今。

凤亭村

村情概况 凤亭村原名凤停大队,土地改革前与龙泉村同为一个乡,即高泉乡,土地改革后与龙泉撤乡立队,取名凤停大队。改革开放后,撤队改村,因停字有停止不前之意,寓意不佳,有碍发展,故改名为凤亭村,恰似凤凰立于山林亭廊之中,一片欣欣向荣。

凤亭村位于金山镇北部,距县城和镇政府所在地13千米,东邻龙泉村,南界白鹤村,西连山明村,北邻湖南省浏阳市渠城村,总面积9平方千米,水田1124亩,山地面积8800亩,森林覆盖率70%。全村共有19个自然村,分别是黄家垅、老虎洞、塘坡力、白泥岭、龚家湾、太岭下、毛家大屋、凤岭下、高岸冲、赵家力、黎家大屋、陈家坡、叶四冲、虎脑下、亭子岭、藕塘、坳上、油榨塘、老鼠嘴,主村在白泥岭自然村;共有19个村民小组,有856户4327人,其中常住人口3956人。居住民姓氏有26个,人口较多的姓有吴、黄、曾、毛、叶、王、张、欧阳等。

自然环境与资源 凤亭村四面环山,地处丘陵地带,平均海拔112米。气候温和,村内多溪流泉水,林地资源丰富,有毛竹、杉树、樟树、松树、野栗树、七叶一枝花等特色植物,有谷酒、红薯酒、酸枣糕、冬笋、春笋等农产品。

经济概况 全村主要以第一产业为主,按季种植水稻和油菜花,农田灌溉主要从山塘、水库中放水灌溉。自2020年起,大力发展特色种养产业,聚焦本地绿色资源,着力打造生态宜居、产业兴旺的幸福村庄。有10余家农业合作社,种有南瓜、玉米、紫薯、茄子等作物,养殖牛、猪、鸡等;有3家果园,产出水果有黄桃、李子、桃、柑橘等。20世纪70—80年代,主要以煤炭、鞭炮、引线为主,80年代末以鞭炮、引线产业为主要经济发展来源,1996年规划建立鞭炮、引线厂房,逐步将生产规模小、安全保障性低的鞭炮厂、引线厂关停,现今还剩4家鞭炮厂、1家引线厂,解决劳动力600余人。村集体有山、水、林、湖等资源,其中生态林1686亩,天然型水库1座,生态环境好,利用价值较高。2022年,村集体经济收入约15万元。

凤亭村亭子岭菜花冲水库

凤亭村

基础设施 境内交通便利，Y557乡道穿村而过，距金湖公路1.5千米，距昌栗高速上栗东收费站8千米，全村实现组组通水泥路，主干道沥青路10千米。全村供电用户856户，配有移动营业厅和邮政物流、圆通、京东、顺丰物流配送点。全村安全饮水工程完成率达90%，每户供水都得到了解决，90%饮用水已接通自来水，水质清澈，用水方便且快捷。

社会发展 凤亭小学重建于2017年，在村部后面，有400多名学生就读，地理位置良好、师资力量雄厚。村级组织活动场所为单独建设，建于2009年，建筑面积536平方米，室内室外卫生环境好，配有新时代文明实践站、图书室、卫生服务室、便民服务室等多种功能室。村内有一个卫生所(室)，接诊率较高，一般医疗需求直接到该诊所就诊。村委会为村民提供代缴医保服务，2022年度农村医保参保率达95%。全村有五保户18户20人、低保户79户137人、脱贫户27户120人，脱贫户全部解决"两不愁三保障"，没有出现返贫现象。

特色地情 凤亭村四面环山，高山峻岭、蜿蜒曲折延绵至湖南，中间三座尖峰、危峰兀立远远望去，恰似凤凰微展翅，立于中央，美其名曰"凤停山"。

高山村

村情概况 高山村的村名取自自然村落"高家台"和"山灵庵"第一个字,命名为"高山村"。1949年冬成立高山乡政府,管辖高山、山田、新竹3个村,1958年金山人民公社成立,高山农业合作社改称高山大队,1969年高山大队与山田大队合并成高山大队,1974年高山大队与山田大队拆队,1984年撤金山公社建立乡政府,高山大队改称高山村。

高山村地处湘赣边界,与湖南省浏阳市大瑶镇和澄潭江镇接壤,距湖南省会长沙100千米,距上栗县城6千米,总面积4.57平方千米。全村共有17个村民小组,有17个自然村,分别是双峰寺、蔡家排、山田庵、赖家排、高家台、灰冲湾、下都屋、团山下、油榨坝、李家湾、余家冲、周家大屋、张仙塘、易家冲、大坡冲、尧叶冲、峡山口,有641户3135人,其中常住人口2331人,流动人口804人。居住人口中以汉族为主。全村姓氏有31个,人数较多的有吴、张、李、余等。

自然环境与资源 高山村四面环山,中为狭长田垄,村庄地势坡度变化大,平坦用地较少,平均海拔224.7米,最高峰海拔334.3米。气候温和,四季分明。村内多溪流泉水,横水河沿村而过,有水库1座,水域面积约30亩,大小水塘15口,面积均在1~2亩之间,均匀分布在各村民组,用于农田蓄水灌溉。境内有少量煤炭、石灰石矿、陶土矿等矿产资源。森林资源以阔叶林、乔木林为主,有毛竹、杉树、樟树、松树、桐树等植物。

经济概况 村内农业以种植水稻为主,有水田470亩,全部种植水稻。2022年开始推行再生稻种植并取得良好效果,亩产550公斤左右,全村年总产量可达250吨,基本可实现粮食自给自足。村内工业企业以花炮产业为主,有花炮制造企业4家、花炮原材料厂1家。其中梦幻电子烟花有限公司年产值约1500万元,解决就业75人;湘赣出口花炮厂年产值约1800万元,解决就业160人;银杏出口花炮厂年产值约2200万元,解决就业180人;佳友烟花制造有限公司年产值约2000万元,解决就业170人;金山烟花材料厂年产值约1100万元,解决就业15人。高山村商贸流通企业、服务业等较少,个体运输业兴旺,有个体运输车辆近百辆,主要从事建筑材料运输。2018—2022年村级集体经济收入分别为:10.2万元、10.6万元、10.8万元、12.3万元、20.1万元。

基础设施 村境内交通便利,319国道横贯全村,全村实现组组通水泥路,村组路宽度3米~3.5米,3条主干道沥青路4.2千米。全村供电用户641户,有邮政物流配送点。村内饮用水多为山泉水,村级水渠大部分进行过"三面光"修缮建设。

社会发展 高山小学位于山灵庵自然村,1993年建成,占地面积约35亩,包含附属幼儿园有200多名学生就读,有教师14人,教学质量较好。2022年投资30万元建成村部文体广场,设有百姓大舞台,用于举办大型文艺活动,有3个小型文体广场,配有健身器材,供群众茶余饭后跳广场舞及锻炼身体。老年活动中心设有幸福食堂、门球场、书画室、阅览室,供老年人休闲娱乐。村内有2个卫生所。村委会为村民提供代缴医保服务,2022年度农村医保参保率达100%。村民购买养老保险率100%,无失地农民,有低保户42户50人,月发低保金共21850元,有残疾人42人,脱贫户17户51人。脱贫户全部解决"两不愁三保障",没有出现返贫现象。高山村山清水秀,风景优美,森林覆盖率61%,2020年获"国家森林乡村""省级生态村"荣誉称号。

特色地情 境内人文荟萃,涌现出不少名人。潘世告(1930—2007),高山村人,是萍乡矿务安源煤矿的采煤工人,曾任中共第九届、十届中央委员。2007年4月因病医治无效,在家中逝世,终年77岁。余维璜(1882—1932),出生于高山村的贫苦农民家庭,自幼习武,因武艺出众,好打抱不平而逐渐在当地闻名。1906年,孙中山组织成立同盟会,在萍浏醴地区联合"洪江会"举行起义。余维璜参加了革命,在起义前被总指挥机关委派在高山村的高家台秘密制造军械火药。12月4日,萍浏醴起义爆发,余维璜身先士卒,勇猛冲杀,战功卓著。起义失败后遭缉捕,在狱中受尽严刑拷打,坚贞不屈,被判终身监禁。1911年辛亥革命胜利,余维璜被释放出狱,并在浏阳造上煤矿当矿师。1926年,余维璜毅然投身农民运动,在东风界一带组织农民协会。土地革命战争时期,担任浏十区第四乡苏维埃政府土地委员。1930年,余维璜参加中国工农红

高山村双峰乡村森林公园

高山村蔡家排

军,在上栗桐木镇与宜春水江镇的小冲一带开展游击斗争,多次挫败反动派的进攻。1932年,冲锋在前的他被流弹射中腿部,为躲避追捕,从高坎跳下,不幸腿折重伤,后又身染疟疾,因缺吃少穿、缺医少药,不久便病故于山林。中华人民共和国成立后,余维璜被追认为革命烈士。

境内有文物古迹甚多。觉华寺(现为村部综合文化服务中心)建成于1648年,新中国成立后改为村部,为县级不可移动文物。双峰寺位于高山村双峰景区内,坐落于六龙山脉东段,天堂峰的半山腰,海拔434.5米,建于唐朝乾符年间(874—879),距今有1000多年的历史,是历史名寺,堪称双峰古刹。1927年秋,中国工农革命军曾在寺内创立"浏十区第四乡苏维埃政府"。1958年前,双峰寺被列为上栗中学革命传统教育和宗教文化教育基地。寺院占地面积55.5亩,规划建筑面积18000平方米。喻仙寺位于高山村,东风界往南县城方向数百米,319国道左进高山村境内,罗霄山脉的支脉发源于六龙山,主峰高耸入云,遍山青石林立,奇态百异,层层如莲,故此取名。传说斋婆喻清秀于1911年得道成仙,人称喻仙娘,当地人为感喻仙娘之德,1915年特建寺纪念,称为"喻仙寺",2020年后又改为"喻佛禅寺"。

横水村

村情概括 横水村古名为长乐乡长平里,1958年属金山公社横水大队,1984年改属上栗区金山乡横水村,1997年改属上栗县金山镇横水村。横水村地处湘赣交界,

319国道贯穿其境,与高山、简村、山田、新杨、石涧等村接壤。辖域面积4.7平方千米,其中水田面积896亩、山岭面积4680亩。全村有17个村民小组,有17个自然村组,分别是梅埠湾、付家大屋、孙家坡、排上、风龙坡、坳上、黄家祠堂、彭家冲、张家大屋、狮形岭、月形岭下、马路边、洲上、白马庙、缪家冲、侯家塘、和平队,有人口1029户4651人,居住人口以汉族为主,还有苗族、布依族、壮族、回族、满族、土家族等少数民族人口。全村姓氏有99个,人口较多的姓有黄、付、胡、缪、张、黎等。

自然环境与资源 横水村地处湘赣交界,属丘陵地带,气候温和。村域林地资源丰富,有毛竹、杉树、樟树、松树、野栗树等特色植物;矿藏盛产石灰石。

经济概况 村内农业以种植水稻为主,种植400多亩双季水稻。工业以花炮企业为主,有花炮企业2家,其中上栗县狮岭出口花炮厂占地面积520亩,主产烟花,年销售额达2100多万元,解决200多人就业;上栗县世纪星出口花炮厂占地面积600亩,年产值达3000万元,解决就业近300人,带动脱贫人员就业10余人。发展专业合作社3个,其中路金祥养殖专业合作社注册资金1100万元,主产药材、蔬菜以及果树种植,家禽家畜及水产养殖,高峰规模时养殖生猪1500头,鸡鸭500羽左右,年生产收入达400万元;横水村种养专业合作社注册资金92万元,属花炮企业退出转型种养户,主要种植蔬菜和养牛,规模高峰时有50头大牛,年生产收入达80万元左右;则华生态养殖场主养牛、黑山羊、鸡、鸭等家禽,属个人独资企业,年收入达120万元。横水村商贸繁荣,农历每月逢二有大型赶集。

基础设施 村境内交通便利,有319国道沿村而过,距昌栗高速5千米,距萍乡北站高铁站27千米,全村实现组组通水泥路。全村供电用户1029户,配有移动营业厅、邮政物流、四通一达配送点。村内饮用水多为自来水,无工业污染,水质优良。

社会发展 横水小学位于横水村鸭婆岭,建于2004年,于2022年重新装修,有400多名学生就读。村级组织活动场所配备新时代文明实践站,农家书屋有图书3000余册。村内有卫生所(室)3个,接诊率很高。村委会为村民提供代缴医保服务,2023年度农村医保参保率达

横水村村委会

横水小学

100%。全村有农村低保88户136人、城镇低保8户10人、特困供养17人、残疾户108人,全部解决"两不愁三保障",没有出现返贫现象。横水村积极推动"返绿工程",通过流转土地,利用荒山植树绿化,森林覆盖率达到90%以上。

特色地情 村内有一棵古樟树,历经千百年的风雨,至今仍根深叶茂,形如大伞。横水龙王庙是道教四大神庙之一,每年六月十三日是龙王大帝寿诞。石碧白马庙毗邻319国道,为村内文物点。老年人活动丰富多彩,有民间"秧歌队""龙灯队"等。村民文化生活多样充实,民风淳朴。

简村

村情概况 简村位于金山镇西北,北接横水村,南邻金山村,西邻新杨、黎塘村,东靠石涧村,距离上栗县城4千米,有319国道、昌栗高速穿过,过境交通为萍乡接浏阳,交通便捷。全村总面积3.56平方千米,有水田456亩、山岭12081亩。全村有16个

简村便民服务中心

村民小组,有13个自然村,分别是李家大屋、蔡家大屋、绍堂冲、对门台、谢家大屋、曾家大屋、宋家大屋、戴家大屋、尧白岭、荣家大屋、安置区、张家大屋、施家湾,有596户2569人,其中常住人口2471人,居住人口中以汉族为主。主要姓氏有7个,人口较多的有李、施、蔡等。

自然环境与资源 简村四面环山,中为狭长田垄,村庄地势坡度不大,平坦用地较多,整体海拔289米,大岭最高峰海拔534米。气候温和,村内有一条主河道解决了灌溉问题,有两口人工水井解决了自来水到户问题。林地资源丰富,杉树、樟树、松树为林地主要树木,面积约为732亩。

经济概况 村内农业以种植水稻、油菜为主,有水稻种植370亩,油菜等其他农作物种植80亩。村内有大小企业18家,其中花炮企业4家、加油站1家、制砂厂1家、供电所2家、餐饮酒店2家、规模种养殖户2家,其中明达出口花炮厂年产值为200万元,亿祥出口花炮厂年产值为200万元,彭兴小型礼花制造厂年产值100万元,黄金坡出口花炮厂年产值80万元。2022年人均纯收入17800元。

基础设施 村内交通便利,319国道沿村而过,距昌栗高速2.3千米,距县城3千米,全村实现组组通水泥路,主干道沥青路2千米。全村供电用户596户,配有移动、电信、联通营业厅和邮政物流配送点。村内饮用水多为地下水,无工业污染,水质优良。

社会发展 村内有小学1所、幼儿园1所。其中,简村小学于1990年重建,2010年重新改造,位于简村319国道东面,有150多名学生就读。村委在一楼配备了健身房,在高速桥下建设了门球场,村部配备有新时代文明实践站、图书室、卫生服务室、便民服务室等多种功能室,主要用于开展党员学习教育、村民代表大会议事、便民服务、重大节日活动等。村内有卫生所(室)3个,接诊率较一般,村民有医疗需求一般直接去上栗县医院。村委会为村民提供代缴医保服务,2022年度农村医保参保率达98%。

简村有低保户30户46人、残疾人61人、脱贫户14户57人,脱贫户全部解决"两不愁三保障",没有出现返贫现象。村整体地理位置四面环山,生态良好,2019年在绍冲堂建造了森林公园,依塘而建,种植树木,建有凉亭等。

简村现代化农业种植比较有名,2017年总投资500万元成立了上栗县大富种植专业合作社,以现代化农业种植、有机质椰土栽培、农产品加工、销售为基础,以基地和订单化种植为扶贫中心,建有农产品展示厅、多功能会议厅、农业培训中心等多个场所,努力打造乡村旅游、美丽金山、金山一日游等品牌。核心基地占地80亩,含阳光薄膜大棚、研学教育亲子体验区、垂钓区、休闲娱乐区、自助生态餐厅、生态停车场等,主要种植蘑菇和大棚蔬菜包括水产养殖等,有无土栽培基地占地面积30亩,薄膜大棚30余个,年产量100余万斤;平菇栽培基地占地面积10亩,室内自动温控室,薄膜大棚年产量100余万斤。带领周边村民全面参与到现代高效农业种植中来,真正在家门口实现增收致富,通过构建"示范园+基地+合作社+贫困户+电商产业"模式,辐射带动周边贫困户,走出一条大数据助推大扶贫、市场化推动大扶贫和精准扶贫的路子。

黎塘村

村情概况 原黎氏宗祠所处位置在塘中央,再加上村内村民黎氏人口占比较多,因此取名为黎塘村。黎塘村位于金山镇西部,与桥塘村、小水村、新杨村、简村接壤,距县城5千米,离镇政府驻地3千米,村域面积5平方千米,其中耕地面积3680亩(含水田1330.8亩),林地面积1560亩。全村内共有26个村民小组,18个自然村,分别是江塘湾、界山口、上檀山湾、下檀山湾、凤山冲、亭子岭、黄家仕冲、凤型屋场、茅屋力、河背大屋、黎塘大屋、山下力、石坝上、施家冲、上黎塘、黎木岭、株树湾、竹叶湾,有1030户4610人。主要姓氏有26个,人口较多的姓氏有黎、吴、李、张、戴等。

自然环境与资源 黎塘村地处丘陵地带,气候温和,村内多溪流,林地资源丰富,有罗汉松、桂花树、樟树、松树、油茶树等特色植物,合作社种植有辣椒、空心菜、黄瓜、甜瓜等蔬菜。

经济概况 黎塘村曾经也是远近闻名的"花炮大村",以产业振兴加速全村发展,村集体经济收入从10多万元升至20多万元。在退出花炮企业基础上引进鑫农兔业公司。该公司是华东地区最大的肉兔养殖基地,占地面积42.6亩,现有厂房12栋,饲料储备车间1栋。存栏种兔约7000只,年出栏商品兔30万只,年产值高达1600万元以上,是花炮企业转型养殖肉兔的典型代表,也是金山肉兔养殖产业迅速发展壮大的缩影,2022年5月被认定为市级龙头企业。黎塘村引进鹏辉农业发展公司,流转土地120余亩打造蔬菜种植基地,实现年产值近300万元,带动本村20余名劳动力就业;引进供兴农业开发公司,投资3000万元建设现代化畜禽屠宰场,投产后产值可达1亿元,可解决本村至少50名劳动力就业。随着长赣高铁动工并在黎塘设站,将实现零距离融入高铁经济圈,跑出发展的"加速度"。

基础设施　萍洪高速公路与昌栗高速公路在村境"T"形穿越,设有高速服务区和高速枢纽,村级主干道沥青路8千米,全村实现组组通水泥路,交通便利。配有移动、电信、联通营业厅和邮政物流配送点。村内饮用水多为井水,无工业污染,水质优良。

社会发展　黎塘学校位于本村的中心地区,始于私塾教育,解放初期定为长乐乡完全小学,统招近6个村的高年级小学生和本村的全部小学生,而后逐渐改善扩大办学条件,特别是在国家两次下拨教育专项资金40万元和260万元的帮助下,建起了较超前的小学教学大楼及配套设施,建了占地1400平方米的初中教学大楼和其他配套设施。村级组织活动场所为单独建设,有2个户外广场,晏家屋场户外广场建于2018年,建筑面积700平方米,株树湾户外广场建于2022年,建筑面积500平方米,室外卫生环境好,配备有新时代文明实践站、农家书屋、年文化馆、卫生服务室、便民服务室。

黎塘村株树湾

黎塘村鑫农养殖合作社

2022年黎塘村打造建成黎塘村年文化馆，为新时代文明实践提供坚实阵地，丰富黎塘村乡风文明载体。村内有卫生所(室)2家，接诊率较高。村委会为村民提供代缴医保服务。黎塘村有低保户108户152人、残疾人130人、脱贫户19户54人，脱贫户全部解决"两不愁三保障"，没有出现返贫现象。全村狠抓环境整治工作，聘请了13名保洁员，定期在各自然村屋场清理垃圾，每户免费发放垃圾桶，并专门请保洁公司按时清运垃圾，全村卫生环境大有改观。

特色地情 黎塘村境内有3棵数百年古樟，其中超粗的一棵离地一米处量得其干粗围长8.8米。远近知晓的龙洞小石岭位于黎塘村下端中央，有黎塘村中流砥柱的美名，站在山巅远眺可览萍洪高速及其服务区的繁忙景象和黎塘村的全貌。山中曾有干龙洞和水龙洞，蕴藏有较充沛的水资源，山脚下除居住有几十户农家外，还有一座白沙石室古寺，该庙建立于咸丰元年(1851)，惠及周边金山、小水、新杨、简村4个邻村，宗教文化源远流长。2007年打造上栗县高产油茶林示范园，五年初见成效，年产茶油4000余斤，全村已有近百户农家自觉地在荒山野岭或零散地块种植了油茶树。

龙泉村

村情概况 龙泉村又名笼泉村,土地改革前,现凤亭村高岸冲和龙泉村泉塘江合称为高泉乡,灯笼桥和白鹤村合称为龙鹤乡。后灯笼桥与泉塘江合为一村,取名笼泉村。后来人们为感大地喷涌之泉恩,寓意百姓生活吉祥如意,得名"龙泉村"。以河为界,东边为河东村,2003年河东村与龙泉村合并为龙泉村。

龙泉村位于金山镇东北部,南靠南华村,西邻凤亭村,北连桐木镇湖塘村,东靠桐木镇楚山村。全村共有19个自然村,分别是阳家湾、彭家冲、台背里、黄家老屋、石毕口、排上、朱家力、泉塘江、冲塘山、灯笼桥、袁家垅、黄家湾、乔家丈、蛇嘴岭、水源冲、陶家大屋、水源冲东、朱家大屋、周家湾,村中心在灯笼桥街道。全村共有19个村民小组,有1355户5168人,有常住人口4008人,外出流动人口1160人,主要流向上海、广东、福建和浙江等地。村民姓氏有12个,人口较多的有欧阳姓、黄姓。

自然环境与资源 龙泉村地处丘陵地带,平均海拔96米。全村总面积9平方千米,其中耕地2890亩(水田1360亩),人均耕地0.47亩,有山地面积5028余亩,森林覆盖率90%。

经济概况 村内农业以种养业为主,有特色养殖牛、青蛙、兔子、猪、鱼等,有合作社5家,其中,上栗县金山镇灯笼桥供销合作社成立于1989年,主要经营副食品、生活用品及百货,年销售额60万元;上栗县领富养殖专业合作社主要养殖猪、牛;上栗县龙

龙泉村

凤养殖合作社主要养殖龙虾和鱼，种植水稻，年销售额90万；上栗县常青水产养殖场成立于2018年，主要养殖鱼、牛蛙，年销售额95万；上栗县金山镇敏胜养殖场成立于2020年，主要养殖牛、驴，年销售额120万。村内有花炮厂2家，其中上栗县金星出口花炮厂成立于2004年，位于龙泉村水源冲边界处，占地面积328亩，以从事化学原料和化学制品制造业为主；上栗县紫阳花炮厂成立于2012年，位于金山镇龙泉村，占地面积122亩，主要生产鞭炮类产品，有两条爆竹生产线，有在职员工150余人，年销售额5000万，产品主要销往河北、四川、云南、安徽、江西等省份，产品质量佳，获得客户一致好评。龙泉村商贸繁荣，农历每月逢六有大型赶集。

龙泉村灯笼桥街道夜景

基础设施 村境内交通便利，距昌栗高速15千米，金湖公路县道穿村而过，全村实现组组通水泥路，主干道沥青路5千米。全村供电用户1355户，配有移动、电信、联通营业厅和邮政物流配送点。村内有一家金龙纯净水有限公司，80%饮用水已接通自来水，水质清澈，用水方便而且快捷。

社会发展 龙泉小学于2019年重建，位于金湖路路边，有270多名学生就读。河东小学重建于2009年，有180多名学生就读。两校地理位置良好，师资力量雄厚，教学经验丰富，附近家长都愿意把学生送到该校就读。村级组织活动场所为单独建设，建筑面积180平方米，室内室外卫生环境好，配备有新时代文明实践站、图书室、卫生服务室、便民服务室等多种功能室。村卫生院在龙泉村灯笼桥街道边，接诊率较高，地理位置良好，一般疾病、医疗需求可直接到该院就诊。村委会为村民提供代缴医保服务，2022年度农村医保参保率达95%。全村有五保户17户、低保户83户129人、留守儿童32人、60岁以上的老年人815人，其中失能人员3人，半失能人员37人。

特色地情 龙泉，以泉闻名，"栗水发源天下无，平地涌出白玉绸。长浪久恐龙气泄，岁旱不忧湘断流。"这诗出自雷雨同志，这里的泉，指的便是一块迷人的宝地——龙泉泉塘江。

村内有水源冲南方年文化小镇,位于金山镇龙泉村东南角,项目总投资1000万元,秉承"树本有根,水本有源"理念,依托现有地理环境优势和浓厚文化底蕴,以回家过年为主题,通过上一辈过年记忆和现今过年气氛的对比,划分了陈年年俗年话区、当下年俗年话区、邻里年俗年话区,刻画了浓厚的年文化印象。陈年年俗年话区通过挖掘上一辈人的年俗年话活动,追忆往昔,画面感十足;当下年俗年话区透过温情话语传递信息时代家人朋友们盼望游子归家的讯号;邻里年俗年话区运用灯笼、对联、窗花等营造浓厚的过年氛围,仿佛春节将至。水源冲南方年文化小镇为金山镇构建年文化圈添上浓墨重彩的一笔。

南华村

村情概况 南华村旧名为白鹤大队;1958年属金山公社白鹤大队;1966年从白鹤大队析出,取名南华大队;1984年3月改为南华村。南华村位于金山镇东北部,全村占地面积5.6平方千米,南靠丰龙村,西邻白鹤村,东靠桐木镇洪东村,北邻龙泉村。全村共有7个自然村,分别是下山、鹅公场、冷水塘、黄家台、沙子沟、南华山、施家坊,共有14个村民小组,有538户2532人,其中常住人口2218人。村民姓氏有21个,人口较多的姓氏有叶、黄、陈、邓等。

自然环境与资源 南华村地处丘陵地带,村庄平坦用地较多,平均海拔80米,大

金山党校(赣湘合作产业园产业工人培训基地)

南华村"一河两岸"风光

岭最高峰海拔135米。气候温和。林地资源有杉树、樟树、松树等特色植物,合作社种养有油菜300亩,另有苹果、红薯、西瓜、香瓜等特色农产品。

经济概况 全村主要以第一产业为主,按季种植水稻和油菜,种养产业主要种植苹果、红薯和西瓜,养殖有肉猪和蛋鸡。农户家中主要生产设施为小型耕田机、日常农具等。受盆地地形影响四面环山,整体比较缺水,农业用水比较捉襟见肘,导致农业产业发展缓慢。农田灌溉主要为农户从山塘放水灌溉,山塘靠天降雨和山水储水,受季节和天气影响较大。南华村有2家花炮生产企业,可解决劳动力400余人。2022年,南华村大力开展土地整理,充分利用本村丰富的茶林资源,进行茶林改造,壮大村集体经济,采取入股合作社的方式实施,努力寻求一种既可以有效壮大村级集体经济又可以保护促进生态环境的发展方式,将"绿水青山就是金山银山"理念落到实地。

南华村自2020年起,大力发展特色种养产业,聚焦本地绿色资源,着力打造一个生态宜居、产业兴旺的幸福村庄,有10家农业合作社在运营农产品,种植有苹果、红薯、西瓜、香瓜等瓜果。

基础设施 村域位居153县道沿线,距昌栗高速入口4千米,全村实现组组通水泥路,主干道沥青路4千米,交通便利。全村供电用户538户,配有移动、电信、联通营业厅和邮政物流配送点。20%饮用水已接通金龙纯净水有限公司自来水,水质清澈,用水方便而且快捷,进行了污水处理设施安装。

社会发展 南华小学重建于2015年,位于金湖路路边,有220多名学生,地理位置良好,师资力量雄厚,教学经验丰富。村级组织活动场所为单独建设,建筑面积1000平方米,室内室外卫生环境好,配备有新时代文明实践站、图书室、书法室、卫生服务室、便民服务室等多种功能室。村内有3个卫生所(室),接诊率较高,地理位置良好,一般疾病、医疗需求直接到该诊所就诊。村委会为村民提供代缴医保服务,2022年度农村医保参保率达100%。全村有五保户13户、低保户38户58人、留守儿童12人、60岁以上的老年人342人、失能人员3人、半失能人员16人。

普化村

村情概况 普化古称棉花甲,其地西山有如二龙戏珠,山脉平稳起伏,分支于此,呈棉花吐艳形状,由此得名棉花甲。1952年9月,上栗设5区97乡2街时,普化称"乡",隶属于"长乐区"。1957年12月,上栗撤区并乡时,长乐改称金山公社,普化改称"大队"。1970年,与桥塘大队合并,称"双红大队"。1975年,从"双红大队"析出,使用现称"普化村"。

普化村位于金山镇的西南面,距上栗县城4千米,距金山镇政府3千米,东邻桥塘村,北与黎塘村道路相通,南与上栗镇水源村相连,西与醴陵市李畋镇相连。辖区面积3450亩,其中耕地面积1039亩、林地面积2550亩、水面面积139亩。全村有9个自然村,12个村小组,分别是豆坊湾自然村(一、二组)、棉花甲自然村(三、四组)、易家大屋自然村(五组)、龚家山自然村(六组)、野里塘自然村(七组)、邹家湾自然村(八组、九组)、汉冲力自然村(十组)、竹小塘自然村(十一组)、熊家里自然村(十二组)。全村姓氏有22个,人口较多的姓氏有黄、李、柳、易、谢、陈等。

自然环境与资源 普化村南临栗水河,东、西为开阔地,北靠山岭。中间为粮田,村庄地势比较平坦。气候温和,村内多溪流泉水。林地资源丰富,有杉树、樟树、松树、野栗树、油茶树等特色植物,合作社养殖有牛、猪,种植有秋葵100亩,有薯苗干菜、酸

普化村

普化村村貌

枣糕等特色农产品。

经济概况 全村以第一产业为主,按季种植水稻和油菜,有水稻种植1000亩。自2021年起,有6家农业合作社在运营农产品,种植有秋葵、豆角、甜瓜、西瓜、玉米、红薯等蔬菜瓜果,养殖有肉猪和菜牛。普化村有花炮生产企业1家,上栗县金信出口烟花制造有限公司成立于1999年8月,是一家集科研、生产、销售为一体的专业公司。金信烟花是三信集团旗下关键成员企业,通过集团旗下在香港注册的中国三信烟花有限公司和乐盛烟花有限公司将产品销往世界各国。公司2021年纳税金额已近1500万元,解决就业近400人。

基础设施 村域金水路横贯东西,萍洪高速从村东头经过,2020年豆坊湾扩建农户入户路,便利村民出行,全村实现组组通水泥路,主干道沥青路1.7千米,交通便利。全村供电用户651户,配有邮政、中通、圆通、顺丰、物流配送点。村内饮用水多为深井水和集中供水。从2021年开始有统一的污水处理设施,正常运行。水利建设较完善,2019年竹小塘新建水渠长800米、宽1米、高0.7米,水渠建设后带动建档立卡贫困户2户、贫困户3户,水渠周围农户农田灌溉便捷,利于农产品种植受益群众68户。2022年普化村九、十组水圳改造长1897米、宽0.6米、高0.7米,带动脱贫户5户,受益村民320户。

社会发展 村内有小学1所、村级组织活动场所1个、村史馆1个、卫生所(室)1个。其中普化小学建校初借用原普化六组龚家山的黄氏宗祠,1986年搬迁至普化七组野里塘,2015年扩建,校园总面积15418平方米,是上栗县小学中面积最大的小学,有268名学生就读。村级组织活动场所为单独建设,建于2011年,建筑面积588平方米,室内室外卫生环境好,配备有新时代文明实践站、图书室、卫生服务室、便民服务室等多种功能室。2021年建成普化村村史馆。全村有低保户58户77人、残疾人45人、脱贫户12户41人(其中1户为特困人员),脱贫户中有10户15人为低保户,全部解决"两不愁三保障",没有出现返贫现象。

特色地情 姚家江大桥位于普化村十二组熊家里,桥联赣湘,石头砌造,双拱老桥。因年久失修,2010年12月投资约195万元开始危桥改造,2011年竣工,桥长85.22米,桥宽7.0米。

桥塘村

村情概况 解放前夕,桥塘村属萍乡县长乐乡第二保,解放初为长乐区硚头乡三硚村,土改时叫硚头乡。1952年划出普化、黎塘村,1958年为金山公社硚塘大队,1968年普化大队并入,1973年划出普化,仍称硚塘大队,1984年3月改为金山乡硚塘村,以硚塘境内硚塘片村得名,驻地双板桥。20世纪80年代,因村干部手写出现误差,变成了"桥塘村",后"桥塘村"村名一直沿用至现在。

桥塘村辖区面积约3.1平方千米,北接黎塘村,南邻上栗镇新建村,西临普化村,东靠新群村。全村共有15个自然村,分别是麦迹桥、李家岭、高狮塘、神台桥、邓家棚、山土湾、茶子山、大茅坡、麦子湾、上吴家、下吴家、岭嘴上、学堂湾、万兴垅、毛园里自然村;共有15个村民小组,有811户3905人,常住人口3208人,有外出流动人口600余人,主要流向浙江、广东、湖南等省,以经商或务工为主。居住人口以汉族为主。村民姓氏有16个,人口较多的姓有邓、黄、吴3姓。

自然环境与资源 村境内以丘陵、平原为主,约占总面积85%,整体地势呈东北高西北低。气候温和,日照时间长,年降雨量1300~1700毫米,水源充沛,紧邻栗水河、金水河、杨梅河穿村而过,生产用水丰富。全村土地总面积2.2平方千米,其中耕地约1276亩(水田926亩),人均耕地0.33亩,栗水河防洪堤占约65亩,农户种植蔬菜和经济作物约458亩,山地面积1845亩,森林覆盖率42%,树木以油茶树、杉树、樟树、桂花树为主。由于地理环境的影响,每逢梅雨季节村内都会发生不同程度的洪涝灾害,特别是2008年洪涝灾害损失严重,冲毁房屋2间,经济农作物80多亩,直接造成经济损失约80万元。

经济概况 全村农业以按季种植水稻和油菜为主,主要种植秋葵、红薯、大豆、香

桥塘村村委员会

葱等450多亩,每亩效益3500余元,占农民收入30%,经营方式为散户独种与合作社联合种植并存。同时,利用废弃厂房等发展集中化养殖业,养殖黑山羊、肉猪等。2018年引进了一家柴火山庄,该山庄以新式海南的椰子鸡为主题,以采用海南正宗文昌鸡以及天然椰子汁烹制为特色。全村工业以花炮生产企业及其上下游产业为主,有花炮生产企业1家、花炮机械厂1家、花炮再生能源造纸厂1家,解决本地劳动力500余人,人年均收入8000余元,占农民收入的50%。恒达造纸厂有员工40名,年产值为2000多万元,年缴纳税收50多万元。

基础设施 桥塘村距离上栗县城2千米,萍洪高速、县道X151穿村而过,全村实现户户通水泥路,主干道沥青路纵横交错贯穿全村,环城客车往返经过,交通便利。村域内有太阳能路灯,主要沿县道X151和至上栗县城的通村路分布。全村有供电用户811户,每个村民小组都安装了应急广播。村内饮用水多为自来水,部分村民使用自家地下水井,水质优良。桥塘村在金水河、栗水河沿河两岸修建了护河防洪堤岸,为两岸居民提供了更好的生活安全保障。

社会发展 村内桥塘小学位于邓家棚自然村,2008年6月重建,小学教学楼共3层,操场和体育设施一应俱全,在校就读生200多名。村内有宝宝乐幼儿园、向善幼儿园2所民办幼儿园。2019年村级文化综合服务中心与村委会结合设置,村内多个庙宇、宗祠等空闲场地作为老年活动中心,有便民广场5个,均配套健身器材。为了丰富村民娱乐活动,方便村民身体锻炼,桥塘村于2015年修建了高狮塘室外篮球场,2020年修建了桥塘村体育公园室内篮球场,举行了多次篮球邀请赛,效果较好。村内有卫生所3家,1家位于一组,2家位于十组,可满足当地卫生服务一般需求,村委会为村民提供代缴医保服务。全村有建档立卡脱贫户26户104人,全部解决"两不愁三保障",没有出现返贫现象。桥塘村气候优越,土壤肥沃,水稻、蔬菜、瓜果生长条件良好,森林覆盖面积广阔,绿化优美。村内每户配置有垃圾桶,垃圾每周统一收集1至2次,由专人运输至金山镇垃圾处理厂集中处理。

特色地情　邓氏宗祠坐落在邓家棚自然村内金水路路旁,始建于清道光二十三年(1843),拥有几百年历史,由于经历近代炮火洗礼加上年久失修已成危房,现已重建。金山合作社桥塘分店,建于20世纪60年代那个物资匮乏的年代,它见证了新中国由弱到强、由贫到富的进程,承载了几代人的记忆。

山口村

村情概况　山口村以前称山口大队,1962年属白鹤公社,1966年属金山公社,1980年正式改村,山口大队拆分为南桥村、山口村、中合村等3个村,2003年南桥村并入山口村。山口村总面积5.54平方千米,北与樟坊村接壤,南邻上栗镇绿塘村,西与石涧村和凤鸣村相连,东与丰龙村和鸡冠山乡横下村相邻。全村有28个村民小组,有18个自然村,分别是中屋、南桥湾、古江山、吴家地坪、山口上街、山口下街、山牛岭、曾家大屋、朝冲口、柳家冲、白石店、阮家大屋、石头湾、羊古练、蛇头湾、贯冲坡、青山坡、安置区,有1306户4869人,其中常住人口3428人,流动人口1441人,居住人口以汉族

山口村

山口村大树下

为主。全村姓氏有21个,人口较多的姓氏有黎、吴、刘、张、周等。

自然环境与资源 山口村地势坡度变化小,平坦用地较多。气候温和,林地资源有杉树、樟树、松树、稠树、野栗树等特色植物,还有酸枣糕、冬笋、春笋等农产品。

经济概况 山口村一贯以花炮产业为支柱产业,曾有9家花炮生产企业,有6家退出关厂,村域重点企业有泰源花炮厂、鹏程花炮厂、东湖花炮厂、龙发采石场、萍栗驾校。泰源花炮厂年收入约150万元,解决约400人就业;鹏程花炮厂年收入80万元,解决约260人就业;东湖花炮厂年收入50万元,解决约200人就业。成立上栗县丁山种植专业合作社、上栗县绿兴生态农业专业合作社、上栗县经旺家禽养殖专业合作社、上栗县蚕丝宝山口蚕桑专业合作社等13家专业合作社。山口村商贸繁荣,农历每月逢七有大型赶集。

基础设施 山口村距上栗东高速出口2千米,距上栗高速8.2千米,距萍乡北站高铁站34千米,村庄对外交通主要有昌栗高速、工业大道以及金湖路,全村实现组组通水泥路,主干道沥青路4.18千米,交通便利。全村供电用户1306户,有移动、电信、联通营业厅和邮政物流配送点。村内饮用水多为矿泉水,无工业污染,水质优良。

社会发展 山口小学位于山口八角亭,占地面积360平方米,于2017年改建,2018年完工投入使用,位于塔平里自然村,在村部后面,有100多名学生就读。南桥小学位于山口村南桥湾,占地面积约200平方米。村级组织活动场所为单独建设,于2020年改建,建筑面积240平方米,室内室外卫生环境好,配有新时代文明实践站、农家书屋、党群服务中心、警务室等多功能室。村内有4个卫生所(室)。村委会为村民提供代缴医保服务,2022年度农村医保参保率达90%。山口村有低保户89户136人、残疾人101人、脱贫户19户71人,脱贫户全部解决"两不愁三保障",没有出现返贫现象。山口村绿化率达到了58%。

特色地情 村境内有大王庙、观音庙、瓦宫桥、新石桥等古迹,其中大王庙位于山口村老街,建于1892年,占地面积800平方米;观音庙位于山口村石头湾,于1888年8月立殿开光;瓦宫桥位于山口村厚安榨,已有200多年历史;新石桥位于山口村晚禾段,已有100多年历史,年久失修,后被洪水冲毁。

山明村

村情概况 山明村在20世纪60年代分为山明片、庙前片、城西片,经过村级区域重组,逐渐将附近三片合并为如今的山明村。山明村位于上栗县北部,湘赣交界处,与樟坊、凤亭、中鹤、浏阳山下等几个村接壤,全村总面积9.6平方千米,共有耕地面积998.82亩,林地面积10800亩,山塘70多座。距县城约15千米,是张国焘、张国庶(曾任江西省委书记)的故里。全村共有20个自然村,分别是西冲、林场、柽木山、松山、江家组、分水塘(上、下)、上湾力、下湾力、若冲、下马界、时来冲、石牛坡、新屋等。全村共有20个村民小组,有723户3267人,其中男性1723人,女性1544人,常住户数578户2377人,流动人口890人,居住人口以汉族为主,还有苗族等少数民族人口。由于地形限制,村民居住分布较为分散。村民姓氏有82个,其中人口较多的有张、李、黄、毛、江、刘、韩、詹、欧阳、宋、陶、吴等。

自然环境与资源 山明村以丘陵、山地为主,整体海拔200米。村域有铁矿石、铜、金、银、高岭土、煤炭等自然资源,其中煤炭资源较为丰富,煤矿开采曾一度是附近一带经济发展的支柱产业。但煤炭开采对于生态环境和工人身体健康伤害较大,位于赵家冲的煤场于2010年废弃。气候温和。村境内有山林面积10800亩,森林覆盖率85%,其中生态公益林5800亩,杉、松、杂用材林3000亩,经济林约1600亩,竹林400亩(人均3.4亩),种植有松树、杉树、锥栗、毛竹等,是县级生态村。境内有张国庶故居、宗教点福主庙和包公庙等人文景观;黄泥坳自然村有座小(1)型团结水库,风景秀丽、气候宜人。

经济概况 全村以第一产业为主,按季种植水稻和油菜。在农田灌溉方面还比较滞后,主要灌溉方式是山塘、水库放水,山塘、水库靠天降雨和山水储水,受季节和天气影响较大。农户家中主要生产设施为小型耕田机、日常农具等。2021年,投入50万元种植桃、李、柚、橘等果树约40亩。成立了8家农业合作社,其中上栗县金谷地专业种养合作社养殖生猪1000余头;上栗县丰禾种养合作社养殖鸡鸭500余只;山明村

山明村村委会

农业发展有限公司种植果树40余亩;上栗县循环种养专业合作社种植果树、油茶约150余亩;上栗县芮农生态种养专业合作社种植果树30亩;上栗县冬毛岭种养合作社养殖生猪600余头;上栗县二禾冲种养合作社养殖生猪1000余头;茂盛生态林场种植杉树、油茶等100亩。

村内工业以花炮企业为主,有花炮企业4家、烟花材料厂1家,其中上栗县金宏花炮厂位于山明村椛木山,主要生产组合烟花、鞭炮等,解决劳动力200人,企业职工工资达280万元;上栗县明利来鞭炮烟花制造有限公司位于山明村椛木山,注册资金2000万元,带动劳动力就业150余人,主要生产组合烟花、加特林等,年产值达1500万元以上,企业职工工资达260万元;上栗县嘉鑫花炮厂带动劳动力就业240余人,年产值达3000万元以上,企业职工工资达320万元;上栗县西河花炮厂位于山明村十三组,解决劳动力260人,企业职工工资达300万元;上栗县鼎泰烟花材料有限公司金顺分公司,主要生产烟火药材料,劳动力80人,年产值达3000万元,企业职工工资达500万元。山明村与赣湘产业合作园接壤,带动就业人员500人左右,满足了村民在家门口就业的需求,实现全村经济的稳步增长。

基础设施 赣湘合作产业园大道穿村而过,距上栗东高速4千米,全村实现组组通水泥路,主干道沥青路3.5千米,高凤公路7号公交车通至村部门口,交通便利。

山明村整体地理位置四面环山,村内放眼望去林地多,山清水秀,风景优美。完成公共亮化设施项目,全村安装400多盏路灯;投入300余万元项目资金提升改造沥青路,有效提升了山明村的村容村貌。山明村修建农村道路近20千米,自然村通村道路路面硬化率100%,农户入户路硬化率100%,加固整治山塘10座、水渠10千米,农

山明村张国庶故居

田灌溉有了更多的保障。

社会发展　村内有一所山明小学,位于上湾力自然村,于2010年重建,2011年完工投入使用,山明小学附属幼儿园项目于2022年12月启动,距村部700米,有150多名学生就读。村级组织活动场所与党群服务中心共同使用,建于2019年,建筑面积800平方米,采取"一心多室"的模式,配有新时代文明实践站、图书室、党员活动室、亲子活动室、文化活动室等多种功能室,满足群众的日常娱乐文化需求。2010年重新修建张国庶故居,为新时代文明实践提供坚实阵地。村内有5个卫生所(室),村委会为村民提供代缴医保服务,2022年度农村医保参保率达95%。全村有低保户78户123人、脱贫户32户108人、享受两项补贴残疾人50人,脱贫户全部解决"两不愁三保障",没有出现返贫现象。

特色地情　张国庶(1905—1930),别名张训年,金山镇山明村人。1925年秋在萍乡中学读书时加入中国共产党,并担任萍乡党小组组长。1927年由中共派往苏联莫斯科中山大学攻读政治。1929年冬回国任中共中央巡视员,到上海各区巡视工作。不久,中共江西省委遭到破坏。1930年3月,张国庶被派赴九江重建中共江西省委,任省委书记。5月29日,由于叛徒告密,中共江西省委、团省委及其交通机关和中共九江中心县委及其所属支部等全部被破坏,张国庶等共产党员和革命群众40余人被国民党反动派逮捕。被捕后,当时国民党南昌警备司令张辉瓒亲自派员审讯。张国庶受尽酷刑后于7月5日被绞杀,尸体被抛入赣江,时年仅25岁,其妻晏碧芳(省委妇女部部长)被砍去头颅。1986年11月,经江西省人民政府批准,张国庶夫妇被追认为革命烈士。

张国庶故居位于金山镇山明村柽木山,始建于康熙五十九年(1720),占地面积约26亩,建筑面积6800平方米。有房舍108间,由多条里弄和48个天井把整座建筑连为一体,是典型的围屋形式。大厅采用木构架结构,房间大多靠天井采光和通风,中庭大厅两侧基本对称。两侧各有3套住房,都有客厅、厢房、厨房。中华人民共和国成立后,村民杂居其内。随着时间的推移,故居房屋有的因无人居住年久失修而成了危房,有的被拆除另建新居,只剩下槽门和部分老屋。2010年被列入县重要文物修缮项目,规划建筑面积为9811平方米,拆除所剩老屋(保留了槽门)和在旧址上后建的房屋,重新设计建造,恢复原有格局。

山田村

村情概况 山田村古名为古三圣,解放后至1969年属高山大队,1974年从高山大队拆出,名山田大队,1982年改为山田村。山田村位于金山镇湘赣边界,四面环山,中为狭长田垄,面积2.8平方千米,有耕地560亩,林地4300亩。山田村距319国道500米,距昌栗高速4千米,距上瑞高速23千米,距萍乡北站高铁站45千米。全村有14个村民小组,有12个自然村,分别是魏家山崖(一、二村民小组)、何家冲(三、四村民小组)、李家湾(五村民小组)、刘家大屋(六村民小组)、郑家竹山(七村民小组)、邓家大屋(八村民小组)、黄家洞(九村民小组)、汪家冲(十村民小组)、黎家山崖(十一村民小组)、郑家新屋(十二村民小组)、郑家老屋(十三村民小组)、张家大屋(十四村民小

山田村

山田村高凤公路

组)。有528户2728人,其中常住人口1985人,流动人口743人。居住人口以汉族为主。村民姓氏22个,人口较多的有郑、邓、刘、张、李、黎、王等。

自然环境与资源　山田村四面环山,中为狭长田垄,村庄地势坡度变化大,平坦用地较少。气候温和,村内多溪流泉水。林地资源丰富,有毛竹、杉树、樟树、松树、椆树、野栗树等,有红薯酒、酸枣糕、冬笋、春笋等特色农产品。

经济概况　全村农业以种植水稻为主,有水稻种植面积400亩。村内大力发展专业合作社,成立了桂凤家禽养殖合作社、金海红专业合作社、上栗县黔湘赣种植专业合作社等8家专业合作社。全村工业以花炮企业为主,有4家花炮企业,分别是吉利烟花厂、中德花炮厂、斌鑫花炮厂、雄辉花炮厂,另有1家环保砖厂(福旺砖厂)、1家胶水厂(亮光胶水厂),年产值共达7000多万元,每年上缴税收300多万元,可解决500人就业,剩余大部分劳动力前往湘赣工业园工作。

基础设施　村境内交通便利,距319国道0.5千米,距昌栗高速4千米,距萍乡北站高铁站45千米。全村实现组组通水泥路,主干道路面完成"白改黑"整修26000平方米,极大地方便了村民出行。在水利建设方面,为解决村民灌溉耕作,维修山塘3座,新修硬化水渠5000米左右。村内饮用水多为山泉水,水质优良,实现自来水全覆盖。

社会发展　村内有小学1所、村级组织活动场所1个、卫生所(室)1家。其中山田小学位于山田村村部旁边,于1998年重建,2002年完工投入使用,有200多名学生就读。村级组织活动场所为单独建设,建于2017年,建筑面积350平方米,占地面积1400平方米,室内室外卫生环境好,配有新时代文明实践站、图书室、卫生服务室等多种功能室。山田村有低保户40户55人,残疾人44人,脱贫户20户61人。脱贫户全部解决"两不愁三保障",没有出现返贫现象。山田村整体地理位置四面环山,生态优美,在村内放眼望去皆是幽幽竹林,风景优美,主要林木为毛竹,面积约1200亩,2015年获"江西省省级森林乡村"荣誉称号。

特色地情　张维(1908—1932),原名张国全,金山镇山田村人,中共党员,1925年参加革命。1926年在家乡开展农民运动,1927年大革命失败后,组织赤卫队,任赤卫队队长。1930年9月,中国工农红军湘东独立师在萍乡大安里成立,张维任湘东独立师第一团团长兼政委。1931年7月回乡探亲时,由于叛徒出卖,被敌人逮捕。后在狱中受尽酷刑,始终坚贞不屈,英勇牺牲,时年24岁。

为纪念张维烈士,2015年当地政府耗资30余万元,建成张维烈士纪念碑。张维烈士纪念碑位于山田村龟山井处,坐东朝西,碑基座直径为15.8米的圆形,底座前后方宽3.6米、左右侧宽3米,纪念碑主体碑前后方宽1.8米、左右侧宽1.46米、高9.1米,纪念碑正面刻写"张维烈士纪念碑"7个大字,碑座右面刻写"缅怀先烈功绩、建设文明山田",左面刻写"弘扬革命传统、开创美好未来"。整个烈士纪念广场占地面积1.6亩,烈士广场地面采用大理石铺垫,花坛式绿化围绕周边,前临龟山井千年古樟,后靠龟山冲水库。

石涧村

村情概况　解放后,石涧村改村名为和平村。1956年成立南狱楼溪高级农业社,和平村归其管辖。1958年南狱楼溪高级农业社拆成凤鸣和南山两个高级集体农庄,大毛坪、梁家湾、石涧上归凤鸣管辖,水竹塘、牛车湾归南山管辖,隶属金山公社。1960年以石涧上青龙古桥古迹为依据成立石涧生产大队。1966年扩社并队,石涧、凤鸣、南山三个生产大队合并,称凤鸣生产大队。1984年金山公社改乡,1986年凤鸣生产大队拆成凤鸣村、南山村和石涧村,沿用至今。石涧村位于金山镇北部,距县城和镇政府所在地2.5千米,东临山口村,南临凤鸣村,北临横水村,西临金山村,土地总面积2.5平方千米,水域面积0.5平方千米。全村共有5个自然村,分别是水竹塘、大毛坪、牛头湾、梁家湾、石涧上,有9个村民小组,有361户1893人,其中户籍人口1769人,有常住人口1476人。居住人口以汉族为主。村民姓氏有17个,人口较多的姓氏有张、黄、梁、李等。

自然环境与资源　石涧村村庄地势平坦,地处丘陵地带,平均海拔高度约200米,

石涧村大毛坪文化活动广场

最高峰雷公岭海拔638米。气候温和,村内多溪流泉水。林地资源丰富,以杉树、油茶等植物为主。

经济概况 全村以第一产业为主,按季种植水稻和油菜,有水稻种植465亩,油菜种植206亩。农田灌溉主要以金水河和山塘水灌溉。农户家中主要生产设施为小型耕田机、日常农具等。村内有1家养猪场,散养户若干。村内有上栗县金旺出口花炮厂、上栗县湘赣金属颜料有限公司、鑫顺机动车检测站、豆腐厂、五金制造厂、田螺食品加工厂、春丰汽修、沥青环保搅拌站等大小企业8家。县北工业园劳务输出全村约160余人。

基础设施 村内交通便利,319绕城国道和县道金湖公路从石涧村穿境而过,有昌栗高速穿过,距离昌栗高速出入口3千米。全村供电用户361户,村内日常用水多为3个饮水工程集中供水,无工业污染,水质优良,少数农户使用自家井水。石涧村大力发展村镇建设,2014年投资约16万元,建设梁家湾新农村,参与农户40余户,主要进行农村户厕改造、余坪水泥硬化、道路水泥硬化和绿化亮化设施建设。2019年投资约30万元,建设大毛坪新农村,参与农户12户,主要进行石涧村文体广场建设(围栏、余坪硬化、凉亭、健身设备建设)和休闲花园建设(绿植、草皮种植、凉亭、过道建设)。2021年投资约35万元,建设水竹塘新农村,参与农户23户,主要进行水竹塘清淤、护岸建设、人行道地砖铺设、绿植草皮亮化、余坪硬化、健身设备安装、道路硬化等。

社会发展 村内有小学1所、村级组织活动场所1个、卫生所(室)1家。其中,石涧小学位于大毛坪自然村,于1998年投入使用。2002年金山镇中心小学建成,石涧小学撤销,并入金山镇中心小学。村级组织活动场所建于2004年,为单独建设,建筑面积220平方米并配有新时代文明实践站、卫计室、便民服务中心等多种功能室。村委会为村民提供代缴医保服务,2021年度农村医保参保率达98%。全村有低保户29户,53人享受低保(含脱贫户12户),脱贫户14户53人。脱贫户全部解决"两不愁三保障",没有出现返贫现象。

特色地情　石涧上青龙桥及石板古道,始建于清朝,位于石涧村和凤鸣村交界处。青龙桥为二孔石拱桥,长24米、宽4.5米、高6.3米,南北走向。桥身为麻石材质,桥面为青石材质,桥两头分为四级阶石板斜坡,中间有一道很深的车辙印,连接两头石板大道。桥墩上游有3.6米长的船型击水,桥体较高,是一处较完整的石桥,为研究桥梁史提供了丰富的实物资料。石板古道位于青龙桥的两端,以青龙桥为中心,北段连接石涧村,南段连接凤鸣村。现存北段85米,南段87米,宽90厘米,为青石板铺成,早年是凤鸣村与石涧村主要交通要道,为研究当时交通道路提供了史料依据。

小水村

村情概况　小水村古名为小书,后经人相传,因水利设施不够完善,干旱多,水量较少,被称作为"小水"。又以枫树峡为界,河上游为上小水,河下游为下小水,2003年并村后统称为小水村。解放前,小水村有庙山、小水、枫树等3个地方,1966年4月庙山、小水两村合并,1974年小水、枫树拆大队,2003年9月枫树、小水两村后合并为现今小水村。

小水村

小水村枫树峡年文化小镇

　　小水村坐落在赣湘边陲的萍、浏、醴三市交会处,东邻黎塘村,南接醴陵市李畋镇麻石村,西连浏阳市金刚镇沙螺村,北隔金山镇新杨村,距县政府所在地8千米,总面积5.6平方千米。全村共有34个自然村,分别是麻石、大塘湾、瓦窑前、中间屋场、毛屋里、柳家排、毛家湾、枫树峡、枫树井、刘家排、李家大屋(枫树)、上冲里、南牙冲、庙山岭、黄家大屋、柳家大屋、八角亭、晏公坡、曹家弄、山崖下、松树坡、老屋、蛇形坪、胡家桥、李家大屋(南牙冲)、灰棚岭、江家屋场、西冲坡、黄毛冲、彭家岭、间山屋场、曾家排、杨梅塘、子秀冲。全村共有21个村民小组,有1080户5290人,其中男性3177人,女性2113人;常住人口5154人,流动人口100余人。村民姓氏有32个,人口较多的姓氏有柳、李、黄、林等。

　　自然环境与资源　　小水村四面环山,地处丘陵地带,平均海拔126米,其中黄毛尖海拔208米。村内多溪流泉水。林地资源丰富,有毛竹、杉树、樟树、松树、椆树、野栗树、七叶一枝花等特色植物。合作社种养有桃10亩、李子15亩、柑橘100亩,有谷酒、红薯酒、酸枣糕、冬笋、春笋等特色农产品。

　　经济概况　　全村主要以第一产业为主,按季种植水稻和油菜花,有水稻种植800亩,毛竹林种植1000亩。农田灌溉主要是山塘、水库水。农户家中主要生产设施为小型耕田机、日常农具等。村内有浩诚生态种植有限公司、南伢冲种养合作社、佳豪种植专业合作社等11家农业合作社运营农产品,绿色种植基地种植有南瓜、玉米、紫薯、茄子等,有3家果园,产出水果有黄桃、李子、桃、柑橘等。2018年,小水村实施高标准农田改造全覆盖,引进湖南亚强食品有限公司,帮助流转土地120余亩,进行特色农产品种植,解决劳动力30余人。20世纪80至90年代,小水村主要以煤炭、鞭炮、引线为主要产业,小水村胡芦山煤矿储量较大,1985年村集体新建上栗县金山镇小水煤矿,于2011年停产,2013年正式关停。1996年规划建立鞭炮、引线厂房,逐步将生产规模小、安全保障性低的鞭炮、引线厂进行关厂,还剩下上栗县华良出口花炮厂、上栗县华金出口花炮厂、上栗县六顺花炮厂、上栗县两龙仓出口花炮厂4家鞭炮厂,上栗县佳诚引线厂、上栗县枫林引线厂2家引线厂。

基础设施 村境内交通便利,319国道沿村而过,距昌金高速10千米,距离上栗县城7.8千米,距萍乡北站高铁站39.9千米。全村实现组组通水泥路,主干道沥青路10千米。全村供电用户1028户,配有移动营业厅和邮政物流、圆通物流、京东物流、顺丰物流配送点。全村安全饮用工程完成率达90%,每户供水问题都得到了解决。

社会发展 全村有小学2所、村级组织活动场所1个、村史馆1个、卫生所(室)2家。其中小水小学位于柳家大屋自然村,在村部后面,于2008年改造新建,2010年完工投入使用。枫树小学位于蛇形坪自然村,于2012年改造新建,2013年完工投入使用。全村共有学生200多名学生就读。村级组织活动场所设在村文化大院,建于2005年,建筑面积1200平方米。2021年小水村打造建成了小水村村史馆和枫树峡年文化小镇项目。村委会为村民提供代缴医保服务,2022年度农村医保参保率达95%。全村有低保户97户148人、残疾人117人、脱贫户15户65人,脱贫户全部解决"两不愁三保障",没有出现返贫现象。小水村主要林木为樟树、杉树,面积约6500亩,2021年获"江西省省级森林乡村"荣誉称号。

特色地情 萍浏醴起义旧址——麻石龙王庙,坐落于上栗县金山镇小水村麻石街,为省市县爱国主义教育基地。原占地面积1100平方米,始建于唐朝,后多次维修扩建。2003年再次重修,为唐代建筑风格。重修后,建筑面积500平方米,坐北朝南,保护地带含对面戏台四周20米,建设控制地点四周30米,建设控制高度10米。光绪三十二年(1906)12月4日,同盟会策动江西萍乡、湖南浏阳、醴陵地区会党和矿工武装起义,史称"萍浏醴起义"。因1906年是农历丙午年,故又称"丙午萍浏之役"。安源矿工6000余人参加起义,队伍发展至3万多人。起义军定名为"中华国民军华南革命先锋队",推会党首领龚春台为都督,按同盟会纲领发布檄文,强调除反清外,"必建立共和民国,与四万万同胞享受平等之利益,获自由之幸福。而社会问题尤当研究新法,使地权与民平均,不致富者愈富,成不平社会"。此举震动长江中下游,清政府十分惧怕,即派湘、鄂、赣、苏四省清军数万人前往镇压,起义军终因分散作战,互不统一,被各个击破。同盟会员刘道一、魏宗铨、肃克昌牺牲,被害群众达1万人。

千年古桥——吴楚桥,原是吴国和楚国的交界处,桥东为古吴国,即现在的上栗县,桥西为楚地,即现在的醴陵市。一座古桥,连接吴楚。关于吴楚桥流传着一个故事:孔子周游列国时,他和学生从吴国投奔楚国途中,突然发现前面有一条大河,水很急,河上没有船也没有桥。于是,子路向村民问路。在村民指点下,他们继续走了几里路后,终于看到了一座桥,渡过了河。在湘赣交界的罗霄山脉中段,唯独只有萍乡和醴陵之间留下一条狭窄的低洼地带,被称为"萍醴孔道""吴楚咽喉"。加上渌水和吴楚河的流经,位于通道北乡正中的麻石,自然成为沟通华东和中南的重要通道。吴楚桥是一座由大麻石建成的石拱桥,麻石上的纹路昭告着它的岁月。现在桥上挂满了绿藤,但桥身经过河水冲刷呈乳白色。在桥墩上的石板上还用篆体刻画着桥名,不过淤泥已经将桥墩覆盖。

爆竹祖师李畋故居,位于两省(江西、湖南)、三县市(上栗、浏阳、醴陵)的交会处的麻石老街。麻石街位于湘赣交界处,历史上被称为"吴头楚尾"。街南边是湖南省醴陵市富里镇麻石村,北边是小水村,因接壤赣湘两省,又被当地群众称为"界街"。李畋故居坐落在麻石北街,厅堂的香案上供奉着李畋神像,至今已有数百年历史。爆竹祖师李畋,生于唐武德四年(621)四月十八日。相传李畋在贞观十九年揭皇榜,制作爆竹,为唐皇李世民驱鬼治病,使龙体康复,被皇上封为"爆竹祖师"。后李畋回乡以爆竹为业,并逐步把制造爆竹的工艺传给乡邻。李畋造福桑梓,得到百姓的尊重。明太祖洪武三年(1370),当地人将每年的四月十八日定为"爆竹鼻祖"的诞辰纪念日。

金山镇小水村老屋场年文化小镇,位于小水村西南角,是继高山双峰寺、新杨莲池坞、普化棉花甲、龙泉水源冲之后,为弘扬传统文化、创新地域文化打造的第五处南方年文化特色小镇项目。该项目以建设"生态文化宜居乡村"为目标,依托现有地理环境优势和浓厚文化底蕴,重点打造古井、森林有氧游步道;挖掘乡贤名士、村发展历程等小水历史及民俗文化;建设村史馆、村民文化活动中心、村民活动广场;完善房前屋后、雨污分离等配套基础设施,打造"秀美乡村、宜居小水"。小水村老屋场年文化小镇以"燃起烟花过大年、宜居还是小水好"年文化为主线,通过剪纸、特色文化墙、雕塑小品等表现手法,展现烟花与年节的关系,同时突出金山镇作为全球烟花盛产之地的重要地位。结合小水村浓厚的人文底蕴和独特的自然生态环境,充分挖掘极具本地特色的文化,同时又深度融合当地的自然景观,展现出了生态宜居的乡村之美。

新杨村

村情概况 新杨村新中国成立前属萍乡县长乐乡第五保,新中国成立初为高山乡新蔡村,1958年为金山公社新蔡大队。1968年新蔡大队与杨梅大队合并,名新杨大队。1972年新蔡从杨梅大队析出,仍名新蔡大队。1984年3月改为金山乡新蔡村。2005年新蔡、杨梅合并为新杨村。

新杨村位于金山镇西部的萍、浏交界处,西北山岗纵横,地势北高南低,距离上栗县城8千米,距离金山镇政府4千米。村域面积约7.8平方千米,其中耕地面积978余亩,林地面积7200亩。全村有36个村民小组,有23个自然村,分别是岸上、竹叶湾、大土岸、瓦屋、上冲、莲池庵、蔡家屋场、卜家湾、五星屋场、青常老屋、大冲、东泉湾、乐家冲、江家冲、山里坳、黎家屋场、姜兰园、卜家冲、草坪、同庆、宋家屋场、杨梅岭、郑家冲。有1021户5025人,其中常住人口3569人,流动人口1456人。居住人口以汉族为主。村民姓氏有39个,人口较多的姓氏有黎、蔡、荣、卜、黄、吴、郑等。

自然环境与资源 新杨村四面环山,中为狭长田垄,村庄地势坡度变化大,平坦用地较少。林地资源丰富,有毛竹、杉树、樟树、松树、野栗树、油茶等植物,另有红薯酒、酸枣糕、冬笋、春笋等农产品。

经济概况 全村主要以第一产业为主,按季种植水稻和油菜,有水稻种植260亩,蔬菜种植120亩。农田灌溉主要为农户从山塘、水库中放水灌溉。农户家中主要生产设施为小型耕田机、日常农具等。新杨村大力发展种植与养殖产业,成立了上栗县金山镇明辉养殖专业合作社、上栗县齐兴养殖专业合作社、上栗县盛通综合种植专业合作社、上栗县金山镇玉新养殖专业合作社、上栗县宏明种植专业合作社、上栗县中天种养专业合作社等6家专业合作社,主要种植蔬菜,养殖有肉猪和蛋鸡。2020年,全村进行高标准农田改造,草坪自然组小改大农田80余亩。新杨村有3家引线厂,湘林、宏运烟花厂提升改造转型后,预估可增加500~600人就业岗位,人均年工资3.5万元,全村劳动就业收入可增加2000万元左右。

基础设施 村境内交通便利,全村实现组组通水泥路,主干道沥青路4千米。全村供电用户1021户。村内有移动、电信、联通营业厅和邮政、圆通物流配送点。村民生活用水多为地下水和自来水,无工业污染,水质优良。

社会发展 村内有小学2所、村级组织活动场所1个、卫生所(室)4家。其中新蔡小学位于新杨村同庆自然村,新蔡片学生原来寄读在蔡家祠堂,1985年新建教学楼,有300多名学生就读。杨梅小学位于新杨村竹叶湾自然村,1989年重建,后成立杨梅小学附属幼儿园。村级组织活动场所为单独建设,建于2005年,建筑面积360平方米。村委会为村民提供代缴医保服务,2022年度农村医保参保率达99.9%。全村有低保户91户115人、残疾人108人、脱贫户21户64人,脱贫户全部解决"两不愁三保障",没有出现返贫现象。新杨村森林覆盖率很高,整体地理位置四面环山,是个生态宜居的乡村,主要林木为毛竹、杉树、松树、油茶林等,面积约7200亩。2018年新杨村美丽乡村建设点年文化小镇莲池坞,按"一心二带"总体设计布局进行"一村一品",以年主题打造发展特色种植,养殖业带动周边群众增收致富。

特色地情 村内人文荟萃,涌现出不少名人。蔡振玉,清嘉庆年间进士,新杨村瓦屋里人,官至五品。

蔡苏民(1882—1937),族谱名锡极,字宣永,号森阶,原名为苏民,号松延,又号醒然,新杨村蔡家冲瓦屋里人,上海体育公学、江西省优等师范学校毕业后在栗江高等小学担任庶务,加入中国同盟会进行地下革命活动。1906年参加萍浏醴地区武装起义,起义失败后逃亡外地,参军入伍加入辛亥革命。1912年进入江西陆军讲武堂将校班学习。1913年毕业后任赣军游击营上尉,大革命时期任萍乡县保安大队大队长、萍乡县审判土豪劣绅特别法庭委员、军事委员会委员。1927年9月10日带领工农义勇军参加湘赣边秋收起义,后遭国民党通缉逃亡外地,后在湖南省公路局常醴段工程处任职,1937年去世。

新杨村莲池坞年文化小镇

蔡锡履,清光绪年间生,字绥之,号醒民,曾任萍乡县苏维埃政府主席,后被敌人追杀,牺牲在广西楷树埠,后来迁至本县桐木镇烈士陵园。

黎定炎,烈士,男,新杨村人,萍七区赤卫队员,1932年11月在萍乡市上栗县施家岭被敌人杀害,时年30岁。

村内特色古迹有莲池寺,始建于唐末,南宋淳熙二年(1175)重建,明天启二年(1622)重修,清乾隆三十五年(1770)大修,"文化大革命"中被毁,到20世纪70年代后期重建。寺庙外观气势雄伟,内部结构精巧,有前殿、后殿及数十间厢房,占地面积约6200平方米,建筑面积约1680平方米。民国时期,政府在寺中办了一所私塾小学。莲池寺现有古建筑一幢、戏台一座,20世纪兴建大雄宝殿,21世纪初扩建莲池,取名为放生池。2011年建山门、浮桥和亭阁,2012年建综合大楼,2018年新建纯绎阁戏台。莲池寺经历了唐、宋、元、明、清5个朝代,现还保存着几块完整的石碑,碑上刻有"乾隆三十一年"的字样,恢复了原状,镶嵌在前殿正门的墙壁上。2012年,蔡家冲莲池寺被列为县级重点文物保护单位。

村内有新杨莲池坞年文化小镇,入口为年兽形象指引,依次是大型腊肉雕像、年货、木栈道、烟花观景台、腊味人家小院、过冬酒年货、板凳龙、对春联及展示长廊、百姓大舞台、莲池寺、新杨酒坊、杀猪饭小院、打糍粑小院、汤圆。莲池坞特色小镇,三步一景,五步成诗,十步入画,是集聚传统年文化的灵秀宝地。

宝华工业社区

社区概况 2016年赣湘合作产业园启动建设以后,规模不断扩大,园区企业由最早的1家发展至38家。为了更好的服务于企业和企业职工,成立宝华工业社区,是全省首个工业社区,开展工业园区和基层治理服务体系工作。

宝华工业社区由金山镇原瑶金社区变更而来,原瑶金社区辖区内有座瑶金山寺,于唐朝贞观年间称为宝华观。赣湘合作产业园北侧有座七宝山,在新中国成立初期,七宝山开采出来的矿石为当时工业制造发展提供了物资保障。结合两者物华天宝、人杰地灵之寓意,故将新成立的社区命名为宝华工业社区。

宝华工业社区位于金山镇赣湘合作产业园内,行政管辖范围约6平方公里。境内有昌栗高速、萍洪高速上栗东出入口,工业园大道、金湖公路南接湖南醴陵市,北与湖南浏阳市、文家市,东与万载相毗邻。服务对象包括园区企业、职工及落户在社区的居民,辖区内有职工总人数达24000人,常住人口4000余人。居住人口中以汉族为主。

经济概况　辖区内工业企业以电子信息产业及食品产业为主,有生产企业38家,其中食品产业及其他企业6家。2023年底的工业总产值达78.9亿元,其中佳禾电声科技有限公司年工业总产值约22亿元,解决就业人数3000余人;萍乡伍子醉科技发展有限公司年工业总产值约20亿元,解决就业人数2500余人;萍乡市丰达兴线路板制造有限公司年工业总产值约4亿元,解决就业人数400余人;江西雅信达电路科技有限公司年工业总产值约4.5亿元,解决就业人数200余人。另外,社区内还有市级食品产业园区、商贸流通企业、服务业等第三产业,除电子信息产业外,宝华工业社区还含服务配套企业及工贸企业近110家。

基础设施　辖区内交通便利,位于昌栗高速、萍洪高速交通枢纽中心,距长沙黄花机场和宜春明月山机场1小时车程,距沪昆高铁萍乡站仅30分钟车程。移动、电信、联通的通信网络信号覆盖率100%,宽带网络使用率约100%。辖区内有邮政、圆通、申通等物流配送点。通电率100%;辖区内饮用水多为自来水;设有统一的污水处理设施。

社会发展　辖区内有1所幼儿园——金山镇中心幼儿园时代分园,于2022年开园,现有约150名学生就读。

宝华工业社区

上栗宝华工业社区

社区有1个卫生所——赣湘合作产业园医务室。社区设有职工书屋、公益红娘、爱心驿站、公共法律服务驿站等。

特色地情　辖区内七宝山因历史上矿产资源丰富,盛产铅、铁、硼砂、青矾、胆矾、土磺、碱石等七种矿物质而得名。

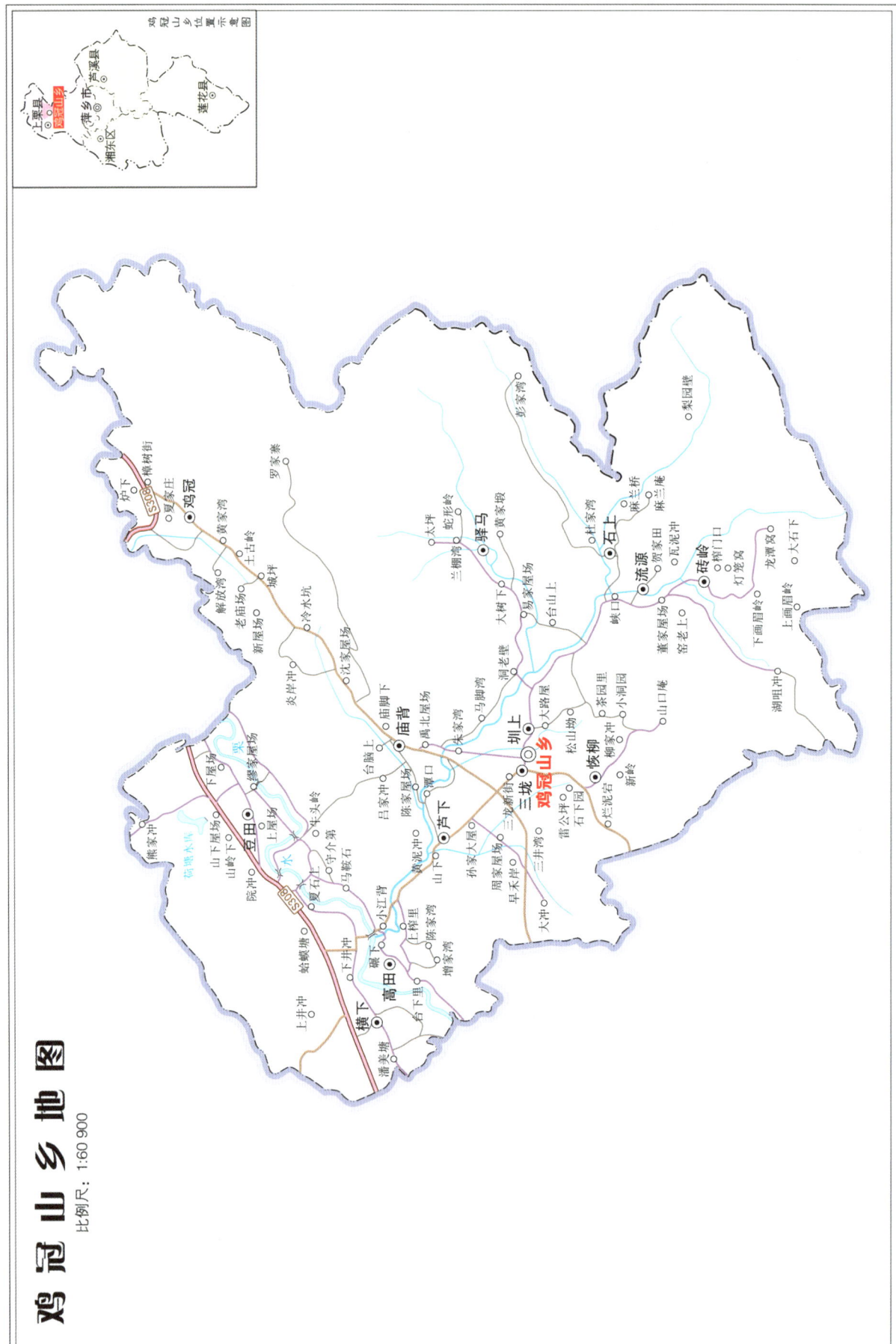

鸡冠山乡

鸡冠山乡位于萍乡市北部,上栗县正东边陲。东与宜春市水江镇上洞村接壤,南邻杨岐乡黄冲村,西接金山镇山口村,北靠桐木镇洪东村。距县城6千米,距萍乡市区24千米。2021年,全乡面积57.64平方千米,耕地626.67公顷,林地2524.53公顷。乡政府驻地三垅村。

鸡冠山乡历史悠久,原名秋江,又称萍实里,现名以境内鸡冠岭得名。中华人民共和国成立前,属萍乡县的和平乡、从德乡和清明乡管辖。中华人民共和国成立初属萍乡县桐木区、上栗区管辖。1958年属桐木、上栗公社管辖。1956年划芦下村设国营鸡冠山林场。1960年豆田、横下、芦下、鸡冠、庙背、三垅、驿马、流源等大队和鸡冠山林场合并成国营鸡冠山综合垦殖场。1966年南源公社并入,1968年福田公社的关下、中塅大队划入,改为萍乡市国营鸡冠山垦殖场。1984年1月,乡、场分设,垦殖场的农村部分从场析出,成立鸡冠山乡。1985年11月,设立杨岐乡,原属鸡冠山乡管的黄冲、太平、水井、卯田、南源、金鸡、保护、千丘、西安、关上、关下、新坝、中塅、杨岐等14个村划为杨岐乡所辖。

境内革命历史悠久,系湘鄂赣革命根据地的一部分。1930年先后建立了13个乡苏维埃政府,宜萍县第六区苏维埃政府曾驻庙背村二仙庙和秋江小学(现为鸡冠山乡中学)内。赤卫队曾参加了袭击第六区警察所、攻打上栗市、夜袭赤山桥等战斗。在大革命和土地革命战争时期有革命烈士321人,社会主义革命和建设时期有革命烈士7人,合计328人。

境内地势东高西低。最高点位于石上村,海拔930米。其次为鸡冠山,海拔567.2米。最低点位于高田村、横下村界河边交汇处,海拔90米。气候温和,四季分明。1月均温4.9℃,7月均温28.5℃,年均温16.9℃。年均降水量约1580毫米。无霜期260天左右(3月—11月)。源于流源冲的秋江河,自东向西流入栗水。另外还有中小河流2条,分别为秋江河、栗水河。水库有2座小(2)型水库,为杨岐水库、荷塘水库。境内矿产、森林及旅游资源丰富,主要矿产有煤炭、石灰石。境内古迹和自然景观有市重点文物保护单位二仙庙,该地为原宜萍地区乡苏维埃政府驻地,圳上村的牛鼻子洞、罗刹洞和驿马村的锣鼓洞均为风光奇特的赣西著名溶洞。境内乡村旅游资源丰富,有国家森林乡村恢柳村、省级乡村AAAA级旅游点豆田农博园、罗家寨国家森林公园、后古塘景区等。

2021年,境内辖13个村,分别是三坡村、芦下村、豆田村、横下村、鸡冠村、砖岭村、流源村、石上村、圳上村、高田村、恢柳村、驿马村、庙背村。境内共193个村民小组,8879户,32882人。境内人口大多数为汉族。有基层党组织27个,党员969人。

境内交通发达,老上万公路穿经境内。通城大道全线贯通,黄鸡公路贯穿通城大道通往G319,连接新上万线省道。二十年来,交通网络大提升,通城大道2019年建成通车,旅游大道(流源至圳上村)2019年建成通车,总里程达5千米,并多次改造黄鸡公路、老上万线、县道X153、圳上至驿马公路、石洋至高田、豆田至蛤蟆头等境内公路。2015年,境内实现村村通水泥路,2017年,实现了农村水泥路组组通,2020年,境内实现村村通沥青路。投资400余万元,打造鸡冠山乡示范街道——鸡冠花园街,该路总长1000余米,双向四车道,安装太阳能路灯。投资600余万元,打造城乡融合工程的重点设施——"智慧农贸市场",破解了赶集时秩序乱、交通堵的"痛点",还有效打通制约各类农副产品双向流动"堵点"。大力实施集镇房屋立面改造提升行动,投资300余万元,完成沿街160栋房屋立面改造。投资2000万元,完成集镇26千米污水管网铺设,实现集镇1000余户居民污水管网全覆盖、全收集、全处理,美丽特色集镇品质大幅提升。

鸡冠山乡以农业和工业为主要产业,农业方面以水稻种植为主,2018年起,果蔬种植、畜牧养殖等特色农业发展迅速。全乡农业产业结构优化,特色农业产业突显,农业基地和品牌逐步打造,建立了鸪兔、桑蚕、羽鸽等益农惠农基地,成立了羽全鸪兔、蚕丝宝合作社、鑫源食品等较具规模的果木种植基地,推出翠冠梨、葡萄、火龙果等果蔬品牌。从2020年起,该乡重点打造豆田农博园等农业特色小镇项目,成为周边群众乡村休闲旅游的好去处。工业方面,以花炮产业为主,2020年前有花炮企业55家。随着全国各地禁放政策的出台、民众环保意识和风俗习惯的改变以及传统消费者可支配收入的降低,部分中小花炮企业主动退出,产业出现了下滑的趋势;同时为做大做强做优花炮产业,淘汰退出一批弱、散、小企业,自2020年1月起累计退出花炮企业40家(其中征收2家),成功转型肉兔、黑山羊、桑蚕种植养殖等企业13家,保留花炮企业15家。

境内才俊辈出,萍浏醴起义的主要领导人蔡绍南是境内高田村人。历史上走出了陈赞猷、蔡绍南等名人,走出了唐德、肖烈等一批革命先驱和烈士。

鸡冠山乡教育、卫生、科学、体育、精神文明建设等事业发展态势良好,2003年有中学1所,小学8所,在校中小学生4000人,教职员工209人,学龄儿童入学率达100%。2021年,有乡办医院1所,村医疗所12个,医疗站13个,医务人员25人,病床20张。乡办敬老院3所,收养孤寡老人76人。2021年有初级中学1所,小学8所,公办附属幼儿园4所,民办幼儿园2所,有在校学生4062人,教职工335人。有公立卫生院1所,村卫生室13所,有医务人员59人,病床55张。

全乡按照中央和上级指示要求,聚焦"两不愁三保障",通过产业扶贫、就业扶贫、教育扶贫、政策兜底等方式,扎实有效做好脱贫攻坚工作。2020年全乡有建档立卡贫困户220户778人,省级贫困村2个(石上村、芦下村)。脱贫攻坚工作开展以来,共计脱贫230户803人。其中:2015年脱贫68户234人,2016年脱贫48户162人,2017年脱贫47户177人,2018年脱贫19户62人,2019年脱贫30户111人,2020年脱贫18户57人,与市、县同步完成脱贫攻坚任务,同步全面建成小康社会。

2021年,全乡完成固定资产投资92911万元。完成规模以上工业总产值97500万元,同比增长8.9%;规模以上工业增加值31228.9万元,同比增长8.6%;农业总产值22477万元,同比增长9.6%;商贸流通行业总产值达到5660.2万元,同比增长43.6%。城镇和农村居民人均可支配收入分别为40539元、22564元。先后获"省级文明乡村""AAAA级乡村旅游点""旅游风情小镇"等多项荣誉称号。

三垅村

村情概况 三垅村曾名"三龙力",清末属萍乡县安乐乡管辖。因地位于杨岐山下三条山脉来龙,故历史上称"三龙力",现三垅村地域都叫三龙自然村。20世纪60、70年代撤乡并村,三龙自然村和现圳上村、恢柳村合并组成三垅大队,意思是由三个"田垅"组成,故起名三垅大队。1984年乡场分设,成立鸡冠山乡,原来的三垅大队分拆为三垅、圳上、恢柳三个行政村。

三坨村地处上栗县东部,为鸡冠山乡政府所在地,距县城7千米,距萍乡市区36千米,东邻圳上村,南接恢柳村,西与芦下村接界,北与庙背村接壤。全村下辖8个自然村组,分别是石下园、雷公坪、三龙老街(2个组)、易家屋场、柳家屋场、黄李屋场、三坨新街。全村共有823户3125人,其中男性1621人,女性1504人;常住人口2523人,流动人口602人。居住人口以汉族为主。全村共有21个姓氏,其中刘、柳、易、谢、黄、李、周、王姓人数较多。

自然环境与资源 三坨村地属半丘陵半山地地形,地势比较平坦。气候温和。村内有一条栗水河支流自东向西穿村而过。森林覆盖率达60%,有林地面积为1860亩,主要为毛竹林、杂木林、杉树林。

经济概况 村内工业以种植水稻、油茶、红薯为主,2022年三坨村水稻种植面积约200亩、油茶种植面积约170亩,养殖以猪、牛、鸡、鸭为主,皆为家庭散养。规模较大的合作社有上栗县油茶种养合作社。该社位于柳家冲,成立于2016年,占地面积400多亩,以种植油茶为主,有油茶林7万余株,冰糖柚、板栗、枇杷1万余株,还兼养牛、猪200多头。三坨村位于集镇地区,商贸繁荣,农历每月逢五、逢十有大型赶集。三坨新街有4条主街道,总长有2000余米,有商铺220余户,其中大型商超12家、小卖部20余家、餐饮18家、衣帽服饰店30家、电器店12家、家具店11家、移动电信8家、诊所6家、美容美发店10家、五金店8家、水电安装7家、药房7家、汽车修理3家、建材店8家、石材店2家,有大型加油站1家、自来水厂1家、邮政银行1家、农村信用社1家、富民银行1家、卫生院1家、快递店4家,年营业额达100万元以上的商家有8家,年营业额达300万元以上的商家有4家,集镇长期从业人员800余人,临时性从业人员400余

三坨村集镇

鸡冠山乡中心幼儿园

人。2022年集体经济收入为19万元。

基础设施 三圳村对外道路为通城大道和X153县道,均为沥青路面,路况良好。村内道路宽3.5~5.5米,主要为沥青路面;生产道路约5.2千米,生活道路约8.3千米;兼具生产生活功能的集镇段约2.5千米,为沥青路面。村庄道路网完善,交通便利。三圳村有变电器12台,总功率6000千瓦。村民日常做饭烧水使用的能源主要为电能和液化气,少数家庭使用蜂窝煤。村民生活用水主要来源于自来水,村内有1家自来水厂。农田灌溉用水主要来自流源村峡口的花陂、瓦江两条水圳。另外村内有一口地下水机井,在干旱年份提供水源,有效保障了村民的生活用水和农业用水安全。

社会发展 村境内有幼儿园2所、小学1所、中学1所、文化健身广场4处、风雨门球场1个。其中,鸡冠山中心幼儿园为公办,天乐幼儿园为私立,鸡冠山中心小学和鸡冠山乡中学可满足三圳村及周边村庄学龄前和九年义务教育阶段的就学需求,九年义务教育覆盖率100%。村内雷公坪、三圳老街、柳家屋场、黄李屋场等4处文化健身广场占地面积约6540平方米,新时代文明实践站约300平方米,包含图书室、市民宣讲室等功能室。风雨门球场占地面积约400平方米。三圳村还成立了西子舞蹈队、百灵合唱团、葫芦丝乐队、气功队等4个业余文化团体,定期开展活动和比赛,群众文化活动氛围浓厚。村委会为村民提供代缴医保服务,2022年度农村医保参保率达100%。全村有225户826人享受了失地农民保险;有33户46人享受了农村低保。村内人居环境较为良好,有太阳能路灯232盏,投入10.5万元完成"厕所革命"工程,整治厕所102个。

特色地情　三垅村刘氏宗祠(又名田寮祠),为萍北秋江刘氏祖祠,萍北秋江刘氏始迁祖雍源公,乃炎宋广西总镇椿四公第九代孙。元至正年间,公因避乱由瑞郡新昌县天宝徙萍乡北境安乐乡杨岐,将所居地取名天宝,以示不忘桑梓之意。嗣后瓜瓞藩衍,二世仁一公创上栗秋江派、仁四公创宜邑上溪派、仁二公、仁三公亦外出开基立派。五世应新公后又三分,孟益公迁灰然冲,仲兴公迁田寮,季铭公迁圳上。明朝后期,族众感念祖德,创建宗祠于秋江圳上。惜时局动荡,兵匪猖獗,宗祠颓毁,沦为牧场。清嘉庆八年(1803)春,后世许以田寮私祠基址捐建三分公祠,捐私地以建造局房、厨房。百年祖祠,重焕光彩,称之为全家祠堂。自清末民国以来,宗祠命运坎坷。新中国成立初期始,政府在宗祠办公、办校。祠前坪地被划拨给他人。改革开放后,宗祠回归,族谊加强,大路屋、涧山等支系融入宗祠。风侵雨蚀,宗祠椽朽瓦裂,墙破形衰,侧屋倒塌。2012年,后世决议重修宗祠。是年7月动工,翌年9月竣工。

豆田村

村情概况　豆田村土壤肥沃气候适宜,一直以种植蔬菜、大豆而闻名,豆甜而大,十里八乡闻名,因故取名为豆田村。豆田村位于鸡冠山乡的北面,距上栗县城6千米,距鸡冠山乡政府3千米,东邻桐木镇洪东村,北与金山镇白鹤村道路相通,栗水河贯穿村东西,上万路穿境而过。豆田村下辖9个自然村,分别是上屋厂、中屋厂、下屋厂、山下屋厂、农贸市场、井湾屋厂、熊家冲屋厂、炮台岭、对门岭,有26个村民小组,有846户3831人,其中男性1966人、女性1865人,常住人口3650人。居住人口以汉族为主。全村共有32个姓氏,其中柳、周、张、崔、黄、李、刘、吴、叶姓村民人数较多。

自然环境与资源　豆田村属半丘陵半山地地形,地势北低南高,四季雨水充沛,土壤肥沃,排灌方便,是一个环境优美的生态村。气候温和,年平均气温18~20℃,境内有1座小(2)型水库,小型水库3座。全村面积6.7平方千米,其中水田1276亩、旱地530亩、山林3600亩,森林覆盖率达79%,主要林木为油茶林、竹树、杉树林。受地形和水文条件影响,豆田村历史上洪灾频发,2008年暴发过一次较大洪灾,造成大量农作

豆田村

物受损。随着水利设施的逐渐完善,洪水暴发频次和严重程度逐渐降低,2010年以后未出现造成人员伤亡和严重财产损失的洪水。

经济概况　农业方面,豆田村主要农作物有水稻、油茶、油菜、大豆、葡萄、草莓等,其中大豆、草莓、葡萄比较出名。养殖以土鸡、牛为主。2022年,豆田村水稻种植户约380户,面积约300亩;大豆种植户约200户,面积约400亩。规模较大的合作社有上栗县鸡冠山乡豆田村股份经济合作社和水根家庭农场。豆田村股份经济合作社成立于2021年,以村集体形式经营,较好地发展壮大了集体经济;水根家庭农场成立于2018年,注册资金100万元,占地面积20余亩,以种植梨子、橘子、柚子为主,2022年产值30余万元。工业方面,有花炮厂5家、引线厂1家、砖厂1家。花炮厂带动就业400多人,引线厂带动就业100人左右,砖厂带动就业100人左右。豆田村商贸繁荣,农历每月逢四在豆田农贸市场有大型赶集。村内有大型商超2家、小卖部10家、餐饮店5家、电器店3家、诊所4家、美容美发店3家、五金店1家、水电安装店1家、汽车修理厂2家、建材店1家、石材店1家。其中营业额达100万元每年的商家2家。

基础设施　村境内交通方便,与省道相连,路况良好,村内道路宽3.5~5.5米,主要为沥青路面,建有桥梁2座,村庄道路网基本形成。豆田村有变电器9台,总功率4000千瓦。村内有邮政物流配送点。村民日常做饭烧水使用的能源主要为电能和液化气,少数家庭使用蜂窝煤。村民生活用水主要来源于深井水,有3个集中供水点,分别位于仙州、院冲、熊家冲;有自来水储池3座,可蓄水200吨,铺设自来水管道约1万米,基本满足了全村村民日常生活用水需求。村内有栗水河道、农田水渠3000米,有5个大型打水机,1000米水管,可灌溉耕地600余亩,有效保障了村民的生活用水和农业用水安全。

社会发展　豆田村建有集幼儿园和小学于一体的豆田小学,可满足豆田村幼儿

豆田小学

和小学阶段的就学需求。文化活动场所占地面积约4600平方米，包括村级活动场所（党群服务中心）约600平方米、新时代文明实践站约300平方米、文化健身广场约2500平方米，庙宇约1200平方米。豆田村新时代文明实践站采取"一室多区"形式建设，共设立4个集中活动室，包含图书馆、四点半课堂、市民宣讲室等10多个功能区域，为群众提供一个良好的学习娱乐环境。村内建有5个卫生所（室），接诊率较高。村委会为村民提供代缴医保服务，2022年度农村医保参保率达98%。全村有235户718人享受了失地农民保险，有52户92人享受了农村低保。全村人居环境较为良好，村内有路灯89盏，均为太阳能路灯；建有垃圾集中处理中心1个，聘请保洁人员10名；投入4.8万余元完成"厕所革命"，共整治厕所28个。

特色地情　境内有仙娘庙、城隍庙。同治七年（1868）三月二十九日将仙娘迎来豆田，此后人们以三月二十九日定为仙娘仙降寿诞日。仙娘庙建于同治十年（1871）五月，至此江西三处仙娘香火庙形成（即赣州、于都、萍乡豆田）。城隍庙建立于元朝至正二十六年（1366），是一所道教文化宗地。殿内供奉着"城隍""仙娘"两位神祇。

高田村

村情概况 高田村地处上栗县南部,与横下村、芦下村、豆田村相邻,距县城10千米,距离萍乡市区31千米。高田村下辖7个自然村组,分别是小江背、碾下立、上榨下、杨家大屋、高田店、台下立、陈家湾。全村共有348户1528人,其中男性832人,女性696人;常住人口1164人,流动人口364人。居住人口以汉族为主。全村共有81个姓氏,其中人口较多的姓氏为杨姓、陈姓。

自然环境与资源 高田村属半丘陵半山地地形,地势西低东高,村庄地势坡度变化大,平坦用地少,呈现纵向狭长态势。气候温和,村内有秋江河汇入,栗水河支流自东向西穿村而过。森林覆盖率达60%,林地面积为1127公顷,主要为油茶林、杉树林、樟树林。

经济概况 农业以种植水稻、油茶、油菜、蜜柚、橙子、葡萄、杨梅等为主,其中葡萄、蜜柚、杨梅等水果尤为突出。2022年,高田村水稻种植面积约220亩、种植户约180户。规模较大的合作社有高田村股份经济合作社、上栗县水根家庭农场、上栗县橙韵园农业综合开发有限公司、上栗县下坊种植专业合作社。其中高田村股份经济合作社成立于2021年,种植油茶面积100亩,带动全村脱贫户和劳动力人员增收,2022年油茶种植面积继续扩大,达150余亩;上栗县水根家庭农场成立于2020年8月,占地面积120亩,以种植葡萄为主,年产值收益达到20万元;上栗县橙韵园农业综合开发有限公司成立于2020年,占地面积100亩,以蜜柚、橙子为主导产业,2022蜜柚年产值5万余元。工业历来以花炮产业为主,有花炮企业1家,位于高田村小江背与仙州衔接处,主营业务为大型烟花、小型烟花、小型电子产品,销售渠道主要以出口为主,现有固定工人120人,临时用工30余人,年产值约800万元。

基础设施 村内道路通畅,进村主干道路为沥青路面,路况良好;大多数村组道路宽3.5~5.5米,主要为水泥路面;生活道路约5千米,兼具生产生活功能的公共路段约1千米,为沥青路面。建有桥梁2座,其中小型桥梁1座、涵洞型桥梁1座。村内有变电器1台,总功率3000千瓦。村民日常做饭烧水使用的能源主要为电能和液化气,少数家庭使用蜂窝煤。村民生活用水主要来源于深井水,有3个集中供水点,分别位于高田大屋、陈家湾、高田店;有自来水储池3座,可蓄水100吨,铺设自来水管道约1.2万米,基本满足了全村村民日常生活用水需求。村境内有秋江河、栗水河、阿里山、树安冲大塘、树安冲中塘、树安冲小塘等具有水利灌溉功能的山塘6座,主要采用沟渠引

高田村村委会

水,可灌溉耕地300余亩。

社会发展 高田村无单建小学,与邻村横下村合建合用横下小学,可满足高田村及周边村庄学龄前和九年义务教育阶段的就学需求,义务教育覆盖率100%。村文化活动场所占地面积约4600平方米,其中村委会、党群服务中心约600平方米,新时代文明实践站约300平方米,文化健身广场约2500平方米,庙宇约1200平方米。村新时代文明实践站采取"一室多区"形式建设,共设立4个集中活动室,包含图书馆、四点半课堂、市民宣讲室等10余个功能区域。村内建有1个卫生所(室),接诊率较高。村委会为村民提供代缴医保服务,2022年度农村医保参保率达98%。高田村有23户79人享受了失地农民保险,有28户50人享受了农村低保。村内人居环境较为良好,村庄道路网基本形成;村内有路灯61盏,均为太阳能路灯;建有垃圾集中处理中心1个;投入1.9万余元,完成"厕所革命"整治厕所11个。

特色地情 村内有中秋节耍桂花灯的习俗。桂花灯,又名七星伴月,归属傩文化,故原名为傩灯。桂花灯有日、月各一盏排灯,7颗小灯名为七星,6个火把星名为满天星,队伍由21人组成,其中小唢呐(喇叭)1名、锣鼓5名。每逢农历八月十一至八月十五日中秋节耍桂花灯,由乡间人士组成桂花灯队伍,浩浩荡荡,走村串户,祈福招财,消灾保平安。队伍连续出灯三个晚上,燃放鞭炮,张灯结彩,一派热闹非凡的景象。

蔡绍南(1865—1910),字秉章,鸡冠山高田村人(祖籍金山镇新杨村蔡家冲瓦屋里),中国近代民主革命家。幼时天资聪慧,青年时期赴湖南求学,后东渡日本留学。

1905年,在日本加入中国同盟会。同年夏天,受黄兴委派,蔡绍南与刘道一、彭邦栋等人回国领导萍浏醴起义。起义失败后,为逃避追捕,蔡绍南潜往广西。1910年7月,蔡绍南病逝于广西昭平县。

流源村

村情概况 解放前流源村属桐木区,1951年成立流源乡。1956年成立高级社党支部,1958年在流源大炼钢铁,修杨岐水库。1958年东明社与光明社合并为人民公社。1962年通流源公路,1964年建立储备盐库,1968年人民公社改为流源大队。1970年建成流源学校,以驻地流源得名。

流源村位于上栗县城东南,与砖岭村、石上村相连,总面积2.5平方千米,其中耕地面积421亩、山林面积3200亩。全村有384户1920人,辖11个村民小组,有4个自然村,分别是峡口、黄土墈下、贺家田、董家屋场。全村共有22个姓氏,其中董、陈、杜、王、黄、肖、钟、吴、万、杨姓村民人数较多。

自然环境与资源 流源村属丘陵山地地形,土壤肥沃,排灌方便,是一个环境优美的生态村。气候温和,村内有一条河道自东向西流入秋江河。村境内森林覆盖率达85%,主要为油茶、竹树、杉树和其他物种。野生动物有麂子、野猪、松鼠、野鸡及鸟类等。

经济概况 村内农业以种植水稻、油茶、油菜、红薯和养殖猪、牛、羊、鸡、鸭为主,有水稻种植面积420亩,油菜种植面积170亩,红薯种植面积35亩,油茶林面积300余亩。2019年成立流源村兴农种养专业合作社,主要经营鸽和羊养殖、水产养殖、家禽家畜养殖、高产油茶林种植、油菜种植、农作物初加工。工业以

流源村村委会

流源小学

引线、花炮生产为主,转型后绝大多数引线、花炮厂退出,剩有1家花炮企业,带动110余人就业。利用原有的花炮厂产业转型成立宏光鸽业合作社和长窝养殖合作社。大多数村民到乡镇集镇采购,有商铺6户、餐饮店1家、家禽销售10家。2022年集体经济收入为10万元。

基础设施 村境内交通便利,路况良好,水泥公路直通村部,主干道1千米,大部分为沥青路面,宽4.5米,组道长约3千米、宽3.5米,主要为水泥路,有小型桥梁4座,有变电器5台。村民日常做饭烧水使用的能源主要为电能和液化气,少数家庭使用蜂窝煤。村民生活用水主要来源于杨岐山山泉水,基本满足全村村民日常生活用水需求。农田灌溉用水主要来源于杨岐山供水,有效保障了农业用水安全。

社会发展 村内有小学1所、村文化活动场所1个、卫生所(室)1个。其中村文化活动场所占地面积约2450平方米,包括村委会、党群服务中心约520平方米、新时代文明实践站约220平方米、文化健身广场约1700平方米,为群众提供一个良好的学习、娱乐、健身的场所。村委会为村民提供代缴医保服务,2022年度农村医保参保率达96%。全村有503户人享受了失地农民保险,有43户74人享受了农村低保。村境内人居环境优良,有路灯60盏,垃圾转运车1部,垃圾分类工程已实施。

特色地情 境内有流源采茶剧团,组建于1958年,当时命名为毛泽东思想文艺宣传队。经多年发展,剧团有演员16人,主要巡回上栗各乡镇宣传演出。1959年正式转编为流源采茶集团文艺宣传队。每逢春节期间剧团被邀请到宜春、桐木、芦溪等多地演出,剧团被授予江西省先进文艺宣传队光荣称号。20世纪70年代初期,剧团运营曾一度中断。直到2012年,重新组建上栗县流源采茶剧团,同时成立了腰鼓队、军鼓队、龙狮灯队等,灯光音响、剧团戏装一应俱全。

村内有陈朝财、陈朝丁、陈满和、陈朝昆、陈朝仕、董根元、董祥、肖顺告、王耀山、曾宪章、陈满和、钟成义、钟承东等13名革命烈士,参加过抗美援朝的志愿军战士1名。

恢柳村

村情概况　20世纪70年代初,恢柳村、三垅村和圳上村隶属于垦殖场(公社)管辖,统称三垅大队。改后命名为灰燃冲,后又改名为恢柳村。恢柳村地处鸡冠山乡南部,东邻圳上村,南靠杨岐山山脉脚下,西邻杨岐乡太坪村,北接三垅村。全村下辖11个自然村,分别是烂泥宕、灰然冲、石下园、张家岭、李家屋场、柳家大屋、茶园立、肖家屋场、曾家立、德招屋立、花园山。全村有581户2680人,其中男性1360人,女性1320人;常住人口2000人,流动人口680人。居住人口以汉族为主。全村有20个姓氏,其中人口较多的为柳姓、肖姓。

自然环境与资源　恢柳村地处山区地带,平均海拔350米,四季雨水充沛、土壤肥沃、排灌方便,是一个环境优美的生态村。气候温和,年平均气温18~20℃。村内有

恢柳村柳家冲水库

恢柳村天仙宫

石灰石、煤炭矿藏资源。全村总面积4.5平方千米,有林地面积2500亩,其中生态公益林20亩,杉、松、杂用材林50亩,经济林800亩,竹林1630亩(人均1.0084亩),森林覆盖率达90%,是生态宜居村。

经济概况 村内农业以种植水稻、果蔬、锥栗及养殖牲畜等传统种养业为主,有耕地面积640余亩(水田580余亩),种植锥栗200亩,另有冬笋、春笋年产量约1万斤。村内工业以花炮企业为主,有长山出口花炮厂、金冠来花炮厂、上栗青田出口花炮厂3家花炮企业,有1家引线厂,为田垅坡引线厂,另有1家路豪鞋厂。村内商贸繁荣,农历每月逢五大型赶集,有商铺户6户,其中大型商超1家、小卖部2家、餐饮2家、摩托维修店1家。2022年集体经济收入为20万元。

基础设施 村境内交通便利,黄鸡公路和桐木至杨岐的县道穿境而过,距离萍洪、昌栗两个高速互通口8千米,村庄道路主要为沥青路面,宽4米,组组互通。恢柳村有变电器5台,村民日常做饭烧水使用的能源主要为电能和液化气,少数家庭使用蜂窝煤。村民生活用水主要来源于深井水与山泉水、自来水,满足了全村村民日常生活用水需求。村内有污水处理终端1处,污水管网排放全村覆盖。村内有座小型柳家冲水库,农田水渠有3000米,有2台大型抽水机、3000米水管,灌溉耕地600余亩,有效保障了村民农业用水安全。

社会发展 恢柳村学校位于鸡冠山中心小学附近,距离村落较近,可满足恢柳村幼儿、小学上学需求。村内有柳家冲森林公园,设有有氧跑道1条、钢棚门球场1个。各屋场都有文化娱乐健身设施。村内设有卫生所1处。村委会为村民提供代缴医保服务,每年度农村医保参保率达98%。全村村民享受了失地农民保险,有40户70人享受了农村低保。

特色地情 境内有山口庵,位于柳家自然村,始建于清朝年间,后被改为栗江书院秋江分院,原址为现天仙宫所在地。"文化大革命"期间被毁,留有一块乾隆年间的栗江书院禁碑,该碑为官府禁止流氓进村打扰学生学习的文告。2012年在恢柳村山口庵筹备修建天仙宫庙。天仙宫占地面积2000平方米,建筑面积1100平方米。殿堂依山傍水,红墙黄瓦,气势宏伟。

芦下村

村情概况 芦下村傩神庙路段,古称山口,后经劈山开路,方成现状。芦下村位于鸡冠山西面,北接高田村,南靠三坳村,西邻上栗镇石洋村,东邻庙背村。全村下辖12个自然村组,分别是孙家大屋、芦下大屋、早禾岸、大冲里、上三咀湾、下三咀湾、周家屋场、黄泥冲、卢家大屋、山下立、留先台、岭家湾,有17个村民组,有821户3986人,其中男性1903人,女性2083人;常住人口3728人,流动人口258人。居住人口以汉族为主。全村共有81个姓氏,其中易、孙、卢、柳、刘、杨、文、陈、周、黎等姓人数较多。

自然环境与资源 芦下村属半丘陵半山地地形,地势北低南高,村庄地势坡度变化大,平坦用地少,呈现纵向狭长态势。气候温和,村内有两条栗水河支流自西向东穿村而过。石灰石矿产资源较为丰富。芦下村靠近杨岐山风景名胜区,森林覆盖率达70%,有林地面积为172.19公顷,主要为油茶林、杨梅林、松树林和樟树林。

经济概况 村内农业以种植水稻、莲藕、油茶、油菜、红薯、甜瓜,养殖土鸡、羊、鸽子、蜜蜂等为主,其中莲藕、甜瓜比较出名。2022年,芦下村水稻种植面积约400亩,种植户约250户;油菜种植面积约300亩,种植户约300户;新引进水稻制种项目,种植面积228亩;黑山羊养殖户4户,年末存栏120头,全年出栏110头;兔子养殖户1户,养兔1000只;土鸡、羊、兔、鸽子等皆为家庭散养。规模较大的合作社有羽全鸽兔专业合作社。工村内工业以劳动密集型的轻工业为主,有鸡冠山乡宏冠楚山田螺加工厂。该厂成立于2021年,位于芦下村大冲里,种植莲藕、黄桃、油菜250多亩,有固定工人8人,年产值约200万元。村内有商铺8户,其中小中型商超1家、小卖部6家、餐饮1家。

基础设施 芦下村对外道路有通城大道,均为沥青路面,路况良好。村内道路宽3.5～5.5米,主要为沥青路面,生产道路约8.2千米,生活道路约9.1千米,兼具生产生活功能的集镇段约1.6千米,为沥青路面。建有桥梁3座,目前芦下村村庄道路网基本形成,交通较为便利。全村有变电器12台,总功率3000千瓦。村民日常做饭烧水使用的能源主要为电能和液化气,少数家庭使用蜂窝煤。村民生活用水主要来源于深井水,有3个集中供水点,分别位于大冲里、黄泥冲、早禾岸,有自来水储池3座,可蓄水200吨,铺设自来水管道约1.2万米,基本满足了全村村民日常生活用水需求。村内有黄泥冲、岭家湾、胡冲里、小冲立、大冲立等具有水利灌溉功能的山塘7座,主要采用沟渠引水,可灌溉耕地300余亩。

社会发展 村内有小学1所、村文化活动场所1个、卫生所(室)1个。其中芦下小学可满足芦下村及周边村小学教育阶段的就学需求,小学毕业后,学生主要前往鸡冠山乡中学就读初中。芦下村文化活动场所占地面积约3600平方米,包括村委会和党群服务中心约600平方米、新时代文明实践站约200平方米、文化健身广场约1600平方米、庙宇约1200平方米。新时代文明实践站采取"一室多区"形式建设,共设立4个集中活动室,包含图书馆、四点半课堂、市民宣讲室等10个功能区域。村委会为村民提供代缴医保服务,2021年度农村医保参保率达100%。全村有80户324人享受了失地农民保险,有61户97人享受了农村低保。村内人居环境良好,有太阳能路灯98盏,垃圾集中处理中心1个,聘请保洁人员3名,投入4.6万余元完成"厕所革命"整治厕

通城大道鸡冠山芦下村段

芦下村稻鱼螺生态种养基地

所45个。

特色地情 境内有鸡冠山乡芦下村秋江傩神庙,位于芦下村留先台,始建于清顺治年间(1646),距今300余年。后因风雨侵袭,年久失修,濒临倒塌。2015年进行修复。

村内有一支男子牛灯队。牛灯表演者通过运用自制木牛、木锄头、木犁、竹鞭等道具,来讲述农业生产、农民靠牛耕田等日常生活,主要包括赞土地、砍柴、姜太公钓鱼、小放牛、耕田五个项目。牛灯队伍由2人对唱、锣鼓4名、二胡1名、唢呐1名,共8人组成。其表演一般从农历正月初一开始,走街串户,送去新年祝福,祈福招财保平安,所到人家燃放鞭炮喜迎和欢送牛灯队伍。

境内有烈士孙增元(1897—1935),又名孙占元,鸡冠山乡人。1927年9月参加秋收起义,随部队上井冈山。同年12月加入中国共产党。1929年1月跟随毛泽东、朱德率领的红四军转战赣南闽西,曾任红四军第二纵队班长,参加了创建中央革命根据地和五次反"围剿"战斗。1934年10月跟随毛泽东率领的中央红军进行长征。1935年5月,在四川省泸定县强渡大渡河战斗中牺牲,时年38岁。

石上村

村情概况 石上村从解放以来,由互助组到初级社、到高级社、到人民公社,再到流源大队(石上、流源、砖岭统称是流源大队),后流源大队拆分为石上村、流源村、砖岭村3个村。石上村位于鸡冠山乡东部,东邻宜春市水江镇,南与杨岐乡相接,西连圳上村,北毗驿马村,占地面积7.9平方千米,其中水田345亩、山林面积7600余亩。全村辖8个自然村,分别是虎形岭、杜家湾、石板段、上石上、下石上、梨园壁、彭家湾、麦兰庵。有332户1396人,其中常住人口1040人,流动人口356人。居住人口中以汉族为主。全村的主要姓氏为陈、彭、杜、谢、李、龚、肖等。

自然环境与资源 石上村属丘陵地形,地势起伏较大,山地较多,最高海拔659.8米,最低海拔120米,山体坡度起伏较大,山中岩石比较多,因此叫石上。气候温和。村内有一条河流通往秋江河向西汇入栗水河。村内石头、煤炭较为丰富,林地主要为竹林、松树林、杉树林和樟树林,水质和空气质量优良,森林覆盖率高,是纯天然"氧吧"。

经济概况 农业以种植水稻、油茶、油菜、红薯,养殖土鸡、羊、牛等为主。2022年,石上村有水田315亩,旱地652亩,水稻种植面积约210亩,种植户198户;油菜种

石上村进村路口

石上村党群服务中心

植面积约160亩，种植户约35户；土鸡、羊、牛、蜜蜂等皆为家庭散养。规模较大的合作社有益民养殖合作社。益民养殖合作社成立于2019年3月，位于石上村彭家湾组，主要养殖黑山羊，年产值30万元。

基础设施 村内主干道575公路为沥青路面，路况良好，其他道路全部都是水泥路。村内有邮政物流配送点。村民日常做饭烧水使用的能源主要为电能和液化气，少数家庭使用蜂窝煤。村民生活用水主要来源于高山泉水，完全满足了全村村民日常生活用水需求。农业灌溉采用河道引水和沟渠引水。

社会发展 石上村文化活动丰富，村新时代文明实践站采取"一室多区"形式建设，包含图书馆、四点半课堂、市民宣讲室等多个功能区域。村内建有1个卫生所(室)，接诊率较高，服务范围辐射到周边村庄。村委会为村民提供代缴医保服务，农村医保参保率位居全乡前列。全村有24户35人享受了农村低保。村内人居环境良好，装有太阳能路灯。

特色地情 陈赞猷(1893—1956)，鸡冠山乡流源冲人(现石上村)，毕业于江西法政学校。1926年任栗江小学校长，1927年参加斑竹山起义，任农协委员，后被反动当局通缉，潜至醴陵县，在培元小学和醴陵简师任教。1935年应聘返萍，任萍乡中学校长。1940年为保护学生，拒不接受当局命令，辞去校长职务，应邀回上栗市创建金山中学(今上栗中学前身)任校长。中华人民共和国成立后任上栗市支前委员会主任。1953年调萍乡一中任教，1956年病逝，享年63岁。

村境内有月形岭、虎形山、麻蓝庵、猪牙塘、天生龙洞。龙洞内清泉冰清玉洁，此泉水称之为甘露泉。洞顶生有一蛤蟆石，形态逼真。另有叫花子洞、神仙脚印等，古代文人题诗说："何仙画眉人形狮像守峡口，寒婆打鼓金盆燕子飞石上。"

驿马村

村情概况 驿马村曾名驲马村,因古代传递公文都是驿官骑马传递,从长沙(古称长沙郡)到宜春(古称袁州府)要经过浏阳、上栗、万载驿道至驿马驿站,刚好是马走一日的路程,故名驲马。驿官在本地休息一晚,第二天换马再出发。后来,电脑办公普及后,"驲"字在电脑上很难找到,故更名为驿马。西周隶属扬越之地,春秋战国隶属楚吴之地,汉武帝时期隶属长沙郡醴陵县,三国时期隶属康乐县(万载),隋唐隶属袁州府萍乡县。1950年隶属桐木区流源乡。1958年上栗撤乡,成立人民公社,实行政社合一,上栗地区增设鸡冠山国营综合垦殖场,驿马隶属鸡冠山垦殖场管辖,名驿马大队。1984年1月场乡分设,驿马大队归鸡冠山乡管辖,更名为驿马村。

驿马村地处鸡冠山乡东部,距上栗县城6千米。东邻宜春市水江镇,南接石上村,西与圳上村交界,北与鸡冠林场接壤,村辖面积7平方千米。全村共有15个自然村组,分别是彭家榨、斑竹山上队、斑竹山下队、台山上、棕树坡、唐家屋场、易家屋场、大树下、王家墈、蛇形岭、草坪、兰棚湾、潭下、大炉平、庙前,有18个村民小组,有783户

3200余人,其中常住人口2920余人,流动人口280人。居住人口以汉族为主。全村共有27个姓氏,其中以易、唐、喻、谢、彭、陈姓为主。

自然环境与资源 驿马村属半丘陵半山地地形,地势东高西低,呈现纵向狭长地势,东西长3.5千米,南北宽2千米。

驿马村易氏宗祠

气候温和。全村范围水塘分布均匀,共有水塘14口,面积38亩,主要解决农田灌溉问题。村境内石灰石资源丰富,深层煤藏量大。驿马村近邻省级森林公园(鸡冠林场),森林覆盖率达80%,森林面积7700余亩,另有油茶林2200余亩。野生动物有麂子、野猪、松鼠、野鸡、少数鸟类等。

经济概况 农业以种植水稻、油茶、油菜、红薯等为主,养殖以养猪、牛、羊、鸡、鸭为主。全年水稻种植面积470亩,油菜种植面积280亩,红薯种植面积110亩,油茶林面积2200余亩。2019年成立驿马村裕隆种养专业合作社,主要经营养猪、养蚕、养牛,种植高产油茶林、毛竹林改造、加工等。工业以引线、花炮生产为主,绝大多数引线、花炮厂转型,剩有茂源出口花炮1家花炮企业,年产值1000余万元,解决劳动就业200余人。驿马村地处山区,有商铺6户、小型超市1户,年营业额总计200余万元。村集体经济收入年均16万元。

基础设施 村主干道长3.5千米,均为沥青路面,组道长约3千米、宽3.5米,水泥路为主,有小型桥梁5座,交通便利,路况良好。村有变压器10台,总功率4000千瓦。村民日常生活使用的能源主要为电能和瓶装液化气,少数家庭使用蜂窝煤、木柴,村民生活用水来源于村泉明山水厂,少数村民自接山泉水,生活用水充足。山塘有大竹山、榆杆冲、庙前、刘家棚、长坡里、棕树坡、禁山坡、青龙山等9口,主要采用沟渠引水,发挥灌溉功能。为保障村民的生活用水和农业用水安全需求,将大竹山水塘和榆杆冲水塘合并建一座小(1)型水库。

社会发展 驿马小学新建于2005年,占地面积3000平方米,有学生76人,教师10名。驿马村文化活动场所占地面积4700平方米,包括村委会、党群服务中心600平方米,新时代文明实践站150平方米,文化健身广场800平方米,老年体育协会180平方米,庙宇约2970平方米。村内有卫生室2个,公共卫生服务体系健全,历年医保参保率100%,防治结合,保障体系完善。全村新农保参保率在90%以上,有低保户53户84人。村内有路灯102盏,垃圾转运车1部。

特色地情　村境内有曾昭谷、唐德、唐信乾、易能纯等革命烈士27名;抗美援朝志愿军战士4名,其中易宗芳为正师级。

圳上村

村情概况　圳上村解放前夕属萍乡县和平乡第一保,解放初为桐木区秋江乡三龙村,1958年为上栗公社三龙大队,1969年为鸡冠山综合垦殖场秋江分场,1964年三龙、恢柳分出,改为圳上大队。1968年三龙、恢柳合并,称三龙大队。1982年又分开,仍称圳上大队。1984年3月改为鸡冠山乡圳上村。

圳上村地处上栗县东部,距县区6千米,东邻驿马村,北倚鸡冠岭和庙背村,南邻恢柳村,西邻三垅村,村辖面积2.5平方千米。全村下辖17个自然村,分别是庵子里、柏树庙、板栗山、编炮厂、大路屋、洞老壁、锅铸厂、蓝家屋厂、老屋地厂、龙眼坡、马脚湾、人和屋、神家弄、水口山、松山坳、陶瓷厂、窑远里,有11个村民小组,有485户2400人,其中男性1268人,女性1132人;常住人口1920人,流动人口480人。居住人口以汉族为主。全村共有26个姓氏,其中刘、蓝、欧阳、李、曾、肖、陈、易姓村民人数较多。

圳上村马脚湾秀美乡村

旅游大道圳上村马脚湾段

自然环境与资源 圳上村地属半丘陵半山地地形,地势东西低南北高,气候温和,雨水充沛,土壤肥沃,排灌方便,是一个环境优美的生态村。村内有一条秋江河自东向西穿村而过。村域拥有稀有的瓦泥资源,林木资源丰富,有山林面积2300亩,绿化率达85%,主要为油茶林、竹树、杉树林和其他物种。野生动物有麂子、野猪、松鼠、野鸡、少数鸟类等。

经济概况 农业以种植水稻、油茶、油菜、红薯等为主,养殖以养猪、牛、羊、鸡、鸭为主。全年水稻种植面积320亩,油菜种植面积280亩,红薯35亩,油茶林面积980余亩。2019年成立圳上村种养专业合作社,主要经营养蚕、养兔、水产养殖、家禽家畜养殖、高产油茶林种植、油菜种植、农作物初加工等。工业以引线、花炮生产为主,由于政策市场影响,绝大多数引线、花炮厂转型退出,仅有1家花炮企业,通过产业转型利用原有的花炮厂成立了羽全鸽兔合作社,通过招商引资引进了盛丰玩具厂和法器铸造厂,共带动就业500人左右。2022年集体经济收入为15万元。

基础设施 主干道长3千米、宽4.5米,大部分为沥青路面,组道长约3千米、宽3.5米,以水泥路为主,有小型桥梁3座,交通便利,路况良好。圳上村有变电器10台,家庭通电率100%。村民日常做饭烧水使用的能源主要为电能和液化气,少数家庭使用蜂窝煤。村民生活用水主要来源于鸡冠山乡秋江水厂和松山坳自建的滤水池,基本满足了全村村民日常生活用水需求。农田灌溉用水主要来源于流源村峡口的花陂、瓦岗、湖兰3条主要水圳以及秋江河,有效保障了村民的生活用水和农业用水安全。

社会发展 村内有幼儿园1所、村文化活动场所1个、卫生所(室)3个。村内龙凤幼儿园为私立幼儿园,可满足本村幼儿就学需求。村文化活动场所占地面积约2600平方米,包括村委会、党群服务中心约400平方米,新时代文明实践站约200平方米,文化健身广场约1800平方米。村委会为村民提供代缴医保服务,2022年度农村医保参保率达96%。全村有144户504人享受了失地农民保险,有40户57人享受了农村低保。村内人居环境优良,森林覆盖率85%以上,有路灯95盏,垃圾转运车1部,垃圾分类工程已完成。

特色地情 圳上村有蓝昌桃、陈长发、邹德厚、陈文启等革命烈士9名,参加过抗美援朝战争志愿军战士2名。

鸡冠村

村情概况 鸡冠村以境内有一个山岭形似"鸡冠"而得名。鸡冠村位于上栗县东部,东邻宜春市水江镇上洞村,南接桐木镇胜利村,西连桐木镇洪东村,北至鸡冠山乡庙背村,总面积约4平方千米,为南北走向,呈长方形。全村有14个自然村,分别是樟树街、长龙口、冷水坑、炉下、夏家庄、中德土、解放湾、黄家湾、土古岭、石洞口、新屋

鸡冠小学

场、老庙场、安置区、城坪。有614户2860人，其中常住人口2650人，流动人口210人。居住人口以汉族为主。村民姓氏有50余个，人数以夏、黄两姓为多。

鸡冠村革命烈士纪念碑

自然环境与资源 鸡冠村地属半丘陵半山地地形，地势北低南高，村庄地势坡度变化大，平坦用地较少，呈现纵向狭长态势。气候温和，村内有多条小溪支流自西向东穿村而过。村域内石灰矿资源较为丰富。村境内有罗家寨森林公园，森林覆盖率达70%，林地面积为172.19公顷，占比59.11%，主要为油茶林、松树林、杉树林和樟树林等。

经济概况 农业以种植水稻、油茶、油菜、红薯，以及养殖土蚕虫、鸡、鸭、羊、鸽子、蜜蜂等为主，有水稻种植面积280亩，种植户约420户；油菜种植面积190亩，种植户约300户；土鸡、鸽子、羊、蜜蜂等皆为家庭散养。村内有1家养殖场，为鸡冠山蚕虫养殖场，成立于2017年，位于鸡冠村黄家湾，有固定工人15人，年产值约2000万元。工业以劳动密集型的轻工业为主，有1家玩具厂，成立于2020年，位于鸡冠村城坪，主营业务为玩具，有固定工人50人左右。2022年集体经济收入为20万元。

基础设施 鸡冠村对外道路574乡道，均为沥青路面，村内道路宽3.5~5.5米，主要为水泥路面，生产道路约8.2千米，路况良好。村内有移动、电信、联通营业厅和邮政物流配送点。村民日常做饭烧水使用的能源主要为电能和液化气，少数家庭使用蜂窝煤、木柴。村民生活用水主要来源于深井水，有3个集中供水点，分别位于黄家湾、城坪、夏家庄；有自来水储池3座，可蓄水200吨，铺设自来水管道约1.2万米，基本满足了全村村民日常生活用水需求。

社会发展 村内有小学1所、足球场1个、健身场1个、卫生所(室)2家。其中，鸡冠小学可容纳学生500人，可满足鸡冠村及周边村庄小学教育阶段的就学需求。足球场占地面积约500平方米，城坪活动健身场占地面积约120平方米。村卫生所(室)接诊率较高，服务范围辐射到夏家庄、黄家湾、城坪等周边村庄。全村有42人享受了农村低保。村内人居环境较为良好,村庄道路网基本形成,有太阳能路灯310盏,建有垃圾集中处理中心1个。

特色地情 村境内有上栗县不可移动文物一处,为鸡冠村革命烈士墓。1964年,经上级批准,鸡冠村将烈士遗骸用陶缸盛殓,迁葬于鸡冠村土古岭上。鸡冠村革命烈士墓现为鸡冠山乡红色教育基地。

横下村

村情概况 据《刘氏续修族谱》载,刘氏于明末由萍东摩高岭迁入,以村间东西横亘的小山下得名"横下"。横下村位于鸡冠山乡的北面,距上栗县城3千米,距鸡冠山乡政府3千米,处南(昌)东(风界)公路和鸡冠山公路交叉口,也是栗水与秋江的汇合处,东邻本乡豆田村,南与高田村隔河相邻,西与上栗镇绿塘村接壤,北与金山镇丰龙村相邻,栗水河依村流淌而过,新上万线贯穿而过。

横下村下辖13个自然村,分别是刘家上屋场、刘家祠、山枣冲、夏石上、老鸭塘、井湾、下井冲、上井冲、狮形石、狮形岭、木沙塘、柏叶塘、潘美塘,有19个村民小组,有795户2863人,其中男性1374人,女性1489人;常住人口2423人,流动人口440人。居住人口以汉族为主。全村共有81个姓氏,其中柳、刘、易、戴、陈、崔、何、周姓村民人数

横下村水稻基地

横下小学

较多。

自然环境与资源 横下村地属半丘陵半山地地形,地势南低北高,四季雨水充沛,土壤肥沃,排灌方便,村内有栗水河自东向西傍村而过。全村面积5.6平方千米,其中水田840亩、旱地330亩、山林1800亩。全村绿化率达78%,主要为油茶、竹树、杉树和其他物种。

经济概况 村内农业主要种植水稻、油茶、油菜、柚子、橘子、黄瓜、甜瓜,养殖土鸡等。2022年有水稻种植面积约400亩,种植户约280户。另有黄瓜、甜瓜为特色产业,种植户越来越多,形成了线上销售。规模较大的合作社有上栗县鸡冠山乡横下村股份经济合作社。该合作社成立于2021年,以村集体形式经营,发展壮大产业。全村立足农业、发展工业,有花炮厂2家、引线厂1家、物流企业1家、水泥制品厂1家,共带动当地就业420人。村内商贸繁荣,集镇全长160余米,有商铺10余户,其中大型商超2家、小卖部4家、餐饮2家、电器店1家、诊所3家、美容美发店2家、五金店1家、水电安装1家、汽车修理1家、建材店1家。2022年集体经济收入为25万元。

基础设施 横下村交通方便,路况良好,与省道相连,村内道路宽3.5~5.5米,主要为沥青路面,建有桥梁1座,村庄道路网基本形成。横下村有变电器11台,总功率3800千瓦。村民日常做饭烧水使用的能源主要为电能和液化气,少数家庭使用蜂窝煤。村民生活用水主要来源于秋江水厂,有4个集中供水点,分别位于上井冲、何家冲、狮形岭、柏叶塘,铺设自来水管道约9200米,基本满足了全村村民日常生活用水需求。横下村有栗水河道、农田水渠3100米,有2个大型抽水机、400米水管,灌溉耕地550余亩,有效保障了村民的生活用水和农业用水安全。

社会发展 横下村建有集幼儿园和小学于一体的横下小学,可满足本村幼儿和小学阶段的就学需求。村文化活动场所占地面积约3600平方米,包括村委会、党群服务中心约800平方米,新时代文明实践站约300平方米,文化健身广场约2500平方米。其中横下村新时代文明实践站设立4个集中活动室,包含图书馆、四点半课堂、市民宣讲室等10个功能区域。村内建有3个卫生所(室),接诊率较高。村委会为村民提供代缴医保服务,2022年度农村医保参保率达98%。全村有156户546人享受了失地农民保险,有55户89人享受了农村低保。全村人居环境较为良好,有路灯165盏,建有污水集中处理池3个,投入3.2万余元完成"厕所革命"整治厕所13个。

特色地情 村境内有何大仙庙一座。何大仙,名锡真字余潢,长平乡石鼓岭人氏,清同治五年(1866)生,光绪二十年(1894)得道。相传真人行善积德,以裁缝营生,手艺超群,收费低廉,常济贫穷于水火,消灾厄于濒危,后于杨岐山云龙岩坐化。

砖岭村

村情概况 相传西汉时期,此地居民用瓷泥做砖用柴火烧制,凭借吴楚古道和驿马古道交通优势,又因依杨岐岭而居,故名砖街岭。砖岭村位于鸡冠山乡的东南部,距上栗县城6千米,距乡政府2.5千米,辖域面积7.6平方千米,东邻宜春市水江镇,南邻杨岐林场,西与杨岐乡保护村和大平村、鸡冠山乡恢柳村相连,北与流源村隔河相邻。全村下辖11个自然村,分别是砖街岭、小水龙、榨门口、灯笼窝、龙潭窝、大石下、后古塘、猪芽塘、上画眉岭、下画眉岭、湖咀冲,有14个村民小组,有354户1786人,其中男性954人,女性832人;常住人口1082人。居住人口以汉族为主。全村共有22个姓氏,其中钟、朱、谢、肖、郭姓村民人数较多。

自然环境与资源 砖岭村位于杨岐山的北面大山腰,地势南高北低,平均海拔262米,其中后古塘自然村海拔632米,山多地少,耕地均为梯田,完全依赖杨岐水库以寒婆石渠道、煤炭呗渠道、朱圳坝渠道等引水灌溉。气候温和。寒婆石河、湖咀冲河由南至北绕村而过。村域煤炭资源较为丰富,森林茂盛,森林覆盖率达80%,有林地面积857公顷,竹林面积8000余亩。

经济概况 村内无工业,产业全部集中在农业上。农业以种植水稻、油茶、红薯、果树、药材和养殖黑山羊、蜜蜂、牛为主。2022年种植水稻120亩、果树152亩、油茶树128亩、红薯92亩,存栏黑山羊2000余头、牛200余头。规模较大的有砖岭村股份经济合作社、健蓝种养合作社。其中砖岭村股份经济合作社以村集体形式经营,发展壮大产业。健蓝种养合作社种植安福橘150余亩、沃柑15亩、中药材45亩,有长期从事管护工作的村民4人,季节性临时用工40~50人。

基础设施 村内乡村道路以水泥硬化路为主,村内道路宽3.5~5.5米,所有居民入户道路已完成水泥路面硬化建设,建有民桥4座、涵洞型桥6座,交通设施较为完备。砖岭村有变压器4台,有邮政物流配送点1个。村民日常做饭烧水使用的能源主要是电能、液化气,少数家庭使用蜂窝煤。村民生活用水主要来源为山泉水,有4个集中供水点,分别位于龙潭峡、下画眉岭、湖咀冲、洪泥田,合计蓄水1800吨,铺设自来水管8200米,完全可以满足村民日常用水需求。村内有小(2)型水库1座、山塘15座,引水主要采用水渠引水,有寒婆石至湖咀冲水渠道、朱圳坝至砖街岭渠道,有效保障了村民的生产生活用水。

社会发展 砖岭村、流源村和石上村3个村共建共用流源小学,可以满足三个村学龄前和九年义务教育阶段的教育需求。砖岭村有活动场所占地面积600平方米,包括村委会党群服务中心约300平方米、新时代文明实践站约100平方米、文化健身广场2处约1000平方米。村内建有一个卫生所,接诊率较高,坐诊医师医术高,特别是治疗湿疹远近闻名,外乡镇的患者都慕名前来就医。2022年度农村医保参保率达96.8%。全村有31户48人享受农村低保,有1人享受城镇低保。村内人居环境较好,

砖岭村合作社示范基地

砖岭村水稻梯田

空气新鲜,村庄道路网完善,村内有路灯92盏,建有垃圾分拣房1个,聘请保洁人员3人,投资10.6万元完成"厕所革命"整治厕所120个。

特色地情　土地革命时期,砖岭村是苏区。1929年,苏区遭到国民党的"围剿",砖岭村的赤卫队员钟绪成、谢爱富、谢爱桂、董恒友、林仕文、朱永享、朱本郁、董根元等同志于1930年在上栗石板滩英勇就义,就义时他们高呼口号:"红军是马根草,斩不尽杀不绝。"村内古迹有唐朝开元年间修建的石拱桥——新安桥,还有何大仙庙、寒婆庙、杨湖大仙庙、杨岐寺朝拜古道、吴楚古道、张口狮子岭重阳古道。

庙背村

村情概况　庙背村曾名秋江兰家坊,解放以后叫作泉民社,泉民社经历了从互助组到初级社,到高级社再到人民公社,最后为行政村的演变,因背靠王二仙庙才得如今庙背之名。庙背村位于鸡冠山乡北部,东靠鸡冠岭,西邻豆田村,南至三垅村,北接鸡冠村,全村面积约4平方千米,其中耕地面积940.18亩、林地面积约1800亩。全村有21个村民小组,有632户3376人,其中常住人口2590人、流动人口786人。居住人口以汉族为主。主要姓氏有黄、朱、蓝、陈、刘、柳、沈、易等。

自然环境与资源　庙背村地属半丘陵半山地地形,地势起伏较大,最高海拔609.8米,最低海拔110米,山体坡度变化较大,山地较多,优质石灰石粘力强,很有名气。气候温和,村内有一条秋江河自南向西绕村而过。庙背村靠近罗家寨森林公园,主要林木为竹林、松树林、杉树林和樟树林,水质和空气质量优良,森林覆盖率高,是纯天然"氧吧"。牛鼻子洞常年有清澈泉水流出,每逢夏季人们来此避暑。

经济概况　庙背村农业以种植水稻、油茶、油菜、红薯,养殖土鸡、羊、鸽子等为主,2022年水稻种植面积约620亩,种植户423户;油菜种植面积约280亩,种植户约32户;土鸡、羊、鸽子、蜜蜂等皆为家庭散养。规模较大的合作社有炎贯冲农业种植专业合作社。该合作社成立于2018年3月,位于上栗县鸡冠山乡庙背村21组,有种植地38亩,种植品种有李树(黑布丁、红宝石、早禾李),桃树(日夜红、红福软、景秀、黄桃、蟠玖)等2个大品种、8个小品种,有社员32人,解决附近30人就业问题,2020年全面挂果收入达30万元,实现净利润8万元。村内工业以花炮企业为主,有花炮厂2家、筒子厂5家。2022年集体经济收入超10万元。

基础设施　主干道是黄鸡公路,为沥青路面,路况良好;自实施美丽乡村建设以来,庙背村在村庄硬化、绿化、亮化、美化、净化上下足功夫,对黄鸡公路庙背路段进行了刷白和填缝,村内其他道路大部分都由水泥路面改造为沥青路面。2022年,庙背村对冷水坑路段的道路进行了加宽,极大地方便了村民的出行。村民日常做饭烧水使用的能源主要为电能和液化气,少数家庭使用蜂窝煤、木柴,村民生活用水主要来源于井水和山泉水,自来水来自鸡冠山乡秋江水厂,基本满足了全村村民日常生活用水

庙背村黄鸡公路

庙背村村委会

需求。引水主要采用沟渠引水和秋江河引水，解决部分耕地灌溉。

社会发展 建有公立幼儿园1所和小学1所，可满足庙背村及周边村庄学龄前小学阶段的就学需求。庙背小学创办于1915年，校址敷潭龙王庙，有学生216人，教师12人。村新时代文明实践站采取"一室多区"形式建设，包含图书馆、四点半课堂、市民宣讲室等多个功能区域，为群众提供一个良好的学习娱乐场所。村内建有1个卫生所（室），接诊率较高，服务范围辐射到周边村庄。村委会为村民提供代缴医保服务，农村医保参保率位居全乡前列。全村有64户123人享受了失地农民保险；有46户65人享受了农村低保。村内人居环境良好，有太阳能路灯，修缮了水圳，修建了入户路，对破旧围墙进行了拆除，村容村貌焕然一新。

特色地情 庙背村有一个烈士陵园，碑文上记载着秋收起义以来当地人民在中国共产党的领导下进行了革命战争，为争取民族解放之自由幸福，为建立和保卫区、乡苏维埃政权，打倒土豪劣绅，推翻封建专制和国民党反动派统治，有38位烈士献出了宝贵生命，现成为当地中小学生接受爱国主义教育的基地。

境内有王二仙寺，始建于500余年前，相传明英宗正统年间（1436—1449），有一真人系湖南省浏阳市东乡王石洞人氏，来此地居于山洞。其人聪颖慈善，精通医术，为民治病，不取酬金，遇困难解囊相助。后当地群众感其恩德建庙。

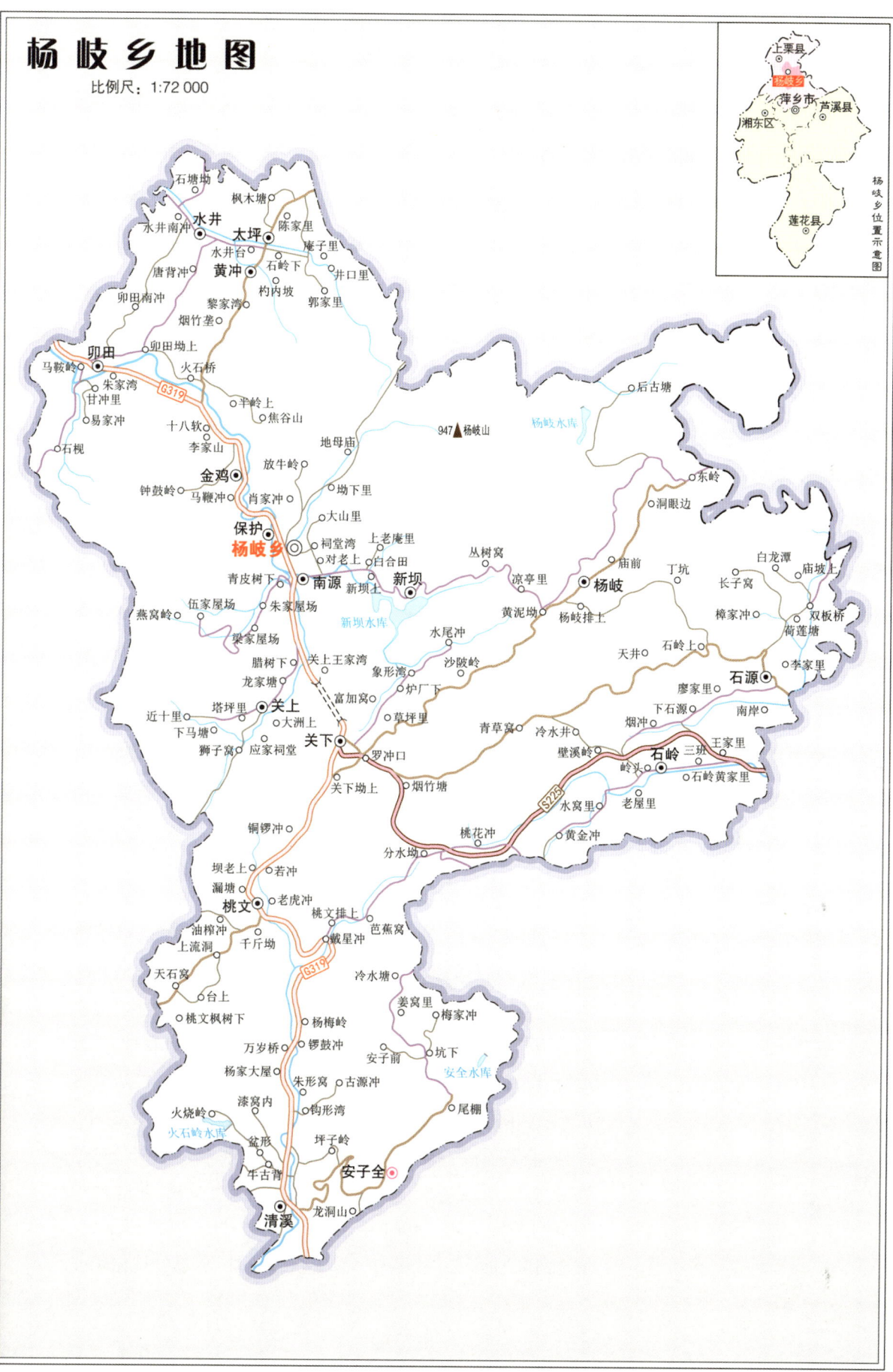

杨岐乡（垦殖场）

杨岐乡（垦殖场）位于萍乡市正北，上栗县中部，东邻袁州区水江镇快荣村，东源乡田心村、小枧村、桃源村；北靠上栗镇四海村、石洋村，鸡冠山乡砖岭村、恢柳村；南接彭高镇马棚村，福田镇跃星村、大宇村，西邻长平乡佛溪村、塘上村，上栗镇斑竹村、万石村；距萍乡市政府20余千米，距县城7千米。2021年，辖区面积69.45平方千米，80%为山地，有林地面积6322.6公顷，耕地面积749.14公顷，其中旱地160.8公顷，水田588.34公顷。乡政府（垦殖场）驻地南源村。

杨岐乡（垦殖场）因地处杨岐山麓而得名，曾属南源乡、南源公社、上栗公社、福田公社、清溪林场、鸡冠山垦殖场、上栗镇管辖，归鸡冠山垦殖场管辖时间较长。垦殖场创办于1956年春，由江西省林业厅派来林业技术员进行指导，培育杉、马尾松、油茶、油桐、柑橘、板栗、银杏等多种苗木。场部位于鸡冠山乡芦下村（当时名秋江乡联民高级农业生产合作社）的早禾岸上。1956年8月，改名为"江西省鸡冠山林场"。从1957年开始，连续3个冬春垦荒整地造林，至1960年底已拥有国有山林2201公顷。1959年12月改称"萍乡（县）国营鸡冠山综合垦殖场"，属萍乡县人民政府管辖，下设鸡冠、棕树坡、罗家寨、杨岐4个国有林场。有煤矿1家，农具厂1家和陶瓷厂1家。1960年1月，上栗公社的秋江、芦下、驿马、庙背、流源和宣德（即东源）公社的杨岐及桐木公社的鸡冠等7个农业生产大队划入垦殖场，实行全民、集体两种所有制经济结构。1961年冬，将上栗公社的高田、横下、三境、豆田、仙州5个大队划入。1966年4月，南源公社撤销并入鸡冠山垦殖场。1968年福田公社的关下、中塅大队划归鸡冠山垦殖场管辖。1971年,改称上栗区鸡冠山国营垦殖场,属市、区双重领导。1984年11月实行乡场分设,原垦殖场的21个村、4个场办企业和事业单位划归鸡冠山乡人民政府管辖,垦殖场管辖2个林场、10个全民工业企业以及农垦职工及家属。1986年6月,黄冲煤矿重新划归鸡冠山垦殖场管辖。1985年,经场乡分设和乡乡分设后,报省人民政府批准成为老区乡。1988年10月,垦殖场划归区人民政府管辖。1997年12月改称上栗县国营垦殖场,下辖南源煤矿、黄冲煤矿、鸡冠山垦殖场煤矿、杨岐山煤矿、萍乡市阳萍出口花炮厂、鸡冠山陶瓷厂等企业,固定资产896万元。垦殖场经营山林面积1866.67公顷,从1979年开始人工林砍伐,上交国家规格杉条木3万多立方米。1985年11月,经省政府批准设立杨岐乡。鸡冠山乡的黄冲、太平、水井、卯田、南源、金鸡、保护、千丘、西安、关上、关下、新坝、中塅、杨岐等村析出,成立杨岐乡。2001年被省政府定为重点扶持乡,2003年8月,根据农村税费改革的需要,杨岐乡成建制地并入上栗镇。2012年10月,经省政府批准恢复设立杨岐乡(国营鸡冠山垦殖场并入杨岐乡)。县委、县政府为便于杨岐山风景名胜区的管理,还将东源乡的石岭村、石源村,福田镇的桃文村、清溪村、安子全社区划归杨岐乡管辖。

境内因杨岐山独特的天然山脉,形成地势险峻的易守难攻天然屏障,自古以来是兵家必争之地,是一块富有革命斗争传统的红色沃土。大革命时期,杨岐山成为农民运动的活跃地区。1924年夏天,南源肖永蔚、肖炳实兄弟组织南源一带的贫苦农民,进行了一次减租减息斗争。

1927年5月,中共安源地委在南源建立上栗第一个党支部,肖永蔚任支部书记;是年8月,中共上栗区委成立,肖永蔚兼任区委委员,负责工农运动。南源党支部成立后的一年内,先后参加了上栗秋收暴动和斑竹山起义,成为萍北工农武装割据的中坚力量。是年9月下旬,秋收起义部队在进军井冈山途中,经过杨岐山的南源、新坝、暗田、小枧等地,播下革命的火种。

1949年4月,在杨岐山区成立中共萍宜边总支,迎接解放。是年6月23日晚,中共萍宜边总支在杨岐山发动武装起义,在杨岐千丘田组建了120多人、60多支枪的"中国人民解放军湘赣边区第二挺进纵队"。打击了萍乡、宜春两地的国民党反动派,为迎接解放做出了贡献。是年5月,中共上栗党总支成立,下辖5个党支部,其中有杨岐南源和卯田两个党支部。是年6月初,中共醴陵县湘赣边区工委成立,肖炳实任书记,上栗总支归属中共醴陵县湘赣边区工委直接领导,改称中共湘赣边上栗总支,梁耀芝、梁辉栋、肖永芳、肖年鹏分别担任党总支书记、委员和支部书记。

杨岐境内地势东南高,西北低,属山区地形。最高点为杨岐主峰为海拔948.8米,最低点为鸡冠山垦殖场场部,海拔110米。林业资源丰富,有林场2个,森林覆盖率

82%。自然资源主要有石灰石、煤炭、大理石等。主要河流为杨岐河,流经新坝、南源、金鸡、卯田汇入上栗镇栗水河。水库2座,为新坝水库、火石岭水库。境内旅游资源丰富,风景秀丽,有杨岐山国家级风景名胜区。位于杨岐村的杨岐山普通寺是声名远播的千年古刹,属省重点文物保护单位,普通寺唐碑、唐塔为国家重点文物保护单位。杨岐山以"倒栽柏""子午泉""方竹林""铁笼关虎"等24景,成为赣西边陲著名旅游景区。凤鸣湖地处新坝与中嘏的交界处,以优美的环境,宜人的气候,温柔明净的湖水,吸引了大批的游客。AAAA级景区孽龙洞坐落在杨岐境内,素称"地下艺术长廊""天下第一奇洞"。位于鸡冠林场的罗家寨省级国家森林公园,是湘赣边界户外徒步爱好者的网红打卡地;关下村竹塘烟的七五营地,是集露营、餐饮、休闲、娱乐为一体的露营基地。

2021年,境内辖15个村,1个社区,分别是杨岐村、关下村、石源村、石岭村、清溪村、桃文村、关上村、南源村、新坝村、保护村、金鸡村、卯田村、黄冲村、水井村、太坪村和安子全社区。有247个村民小组,9852户3.4万人(农村户籍人口30759人,非农户籍人口3284人)。境内人口大多数为汉族。有党组织25个,党员1118人。

境内交通便利,通信网络齐备,新319国道、杨岐旅游公路从南北方向穿境而过,杨岐至宜风公路贯通境内东西各村。2003至2021年,新塘坝—丁坑路、319国道—钟古岭路、谢家坊—双桥路、宜春交界处—新屋里、双板桥路口—庙坡上、曾家里—谢家坊路、新屋里—潘家里、杨岐黄泥坳—关下龙洞口、关下岭叽上—新坝大王庙、东岭—猪斗岭、坳嘴台—黄泥坳、319国道—杨梅岭、清溪屋场—清溪上街、桃花冲口—石岭水窝里、坳下里—杨梅塘、黄冲十字路—胜利绕城路等道路相继建成通车,沥青路总里程达188千米。改造南源村部—保护村天宝窝道路、凤鸣湖水库坝—库尾、铁炉下—石源小学、县煤矿—彭家里、罗家里—曾家里、杨梅塘—萍矿、黄冲大屋—构料坡、暗田教学点—快荣、关下—石源、关下—水尾冲、九龙洞—石源、小枧—石岭、南源—关上、万石—卯田、X153道路、X159道路、Y018道路、X155道路、黄冲十字路—胜利绕城路等境内公路,提升了全乡交通基础设施建设水平。2016年,境内实现村村通水泥路,2021年,境内实现村村通沥青路。自2013年至2021年,共建设新农村建设点176个,其中省级点132个,自建点44个,建设各类健身运动器材近200套,各类功能型广场近40座,铺设草皮绿化5000余平方米,入户路近20千米,房相改造3万余平方米,种植各类树木近万余棵,修建水塘近20座,游步道3000米,各类凉亭20余座,各类宣传栏3000平方米,修护坡30000平方米等。

2003—2012年,境内主要以煤炭、爆竹、建材为支柱产业。杨岐煤炭久负盛名,储量丰富,最鼎盛时全乡共有有证煤矿11家,年产量在100万吨以上。从2013年3月起,煤炭行业实行关停退出,只剩下2家煤矿。2012年全乡(场)有花炮厂38家。2021

年实行转型升级,全乡有花炮厂和引线厂7家,保留花炮企业1家。2013年以来,通过招商引资进驻工业园,全乡工业逐步壮大做强,至2021年,全乡(场)有实体企业102家,规模较大的有萍乡市联锦成科技有限公司、上栗县财源花炮有限公司、上栗县良益出口花炮厂、江西盛鼎花炮制造有限公司、上栗县鼎泰烟花材料制造有限公司(九玖分公司)、国营萍乡市鸡冠山垦殖场煤矿、上栗县迎福农业发展有限公司、上栗县富繁种养专业合作社、上栗县惠比贸易有限公司、萍乡市杨岐山旅游发展有限公司等22家企业。全乡农业基础薄弱,农田以岸田和旱田为主,不平整,耕作工序多,以水稻为主,兼产红薯、玉米、大豆等农作物的农田较多。2015年,在脱贫攻坚产业扶贫的统一部署下,全乡各个村不断发展果蔬种植、畜牧养殖等产业,在新坝、保护、关下等村分别创办了山羊养殖基地、烟竹塘种养基地、康佑果业基地、三木农业基地、富繁蛋鸡养殖基地、金鸡蛋鸡养殖基地、安子全黑山羊基地、黄冲山草药种植基地、卯田养猪基地等一批种养示范基地,2021年,粮食总产量为8481吨,果蔬等产量达1282吨,生猪出栏7974头,黑山羊出栏26217只。

境内人杰地灵,才俊辈出。历史上走出了音乐家喻宜萱,地质学家喻德渊,医学博士刘祖霞,清代进士、祖孙翰林喻增高和喻兆藩,明代举人刘定登,清代举人喻增仁、喻增伟、喻恭瑾、喻恭愉、喻磐、杨荣荫,清代知县梁凤辉和甘宝贤,清代诗人杨柄中和梁柄魁,民国抗日将军林中逸等名人,走出了萍浏醴起义志士沈益古、隐蔽战线之星肖炳实、老红军肖纯(副军级)、开国大校(正军级待遇)梁竹吉、老八路梁希智(正师级),涌现出肖永蔚、刘绍珍(女)、沈相才、沈萍和等一批革命烈士。

全乡教育、卫生、科学、体育、精神文明建设等事业稳健发展。2021年,有敬老院1家,杨岐中学1所,杨岐中心小学等8所小学(包括1所九年一贯制学校),杨岐中心幼儿园等11所幼儿园(其中附属幼儿园9所),教学点3个,在校学生2389人,教职工232人。有卫生院1个,防保站1个,村卫生室22所,有医务人员55人,病床50张。

全乡按照中央和上级指示要求,聚焦"两不愁三保障",通过产业扶贫、就业扶贫、教育扶贫、政策兜底等方式,扎实有效做好脱贫攻坚工作。全乡建档立卡贫困户291户1034人,"十三五"省级贫困村3个(关下村、新坝村、黄冲村),"十四五"省定重点村2个(卯田村、桃文村)。脱贫攻坚工作开展以来,共计脱贫303户1091人(含边缘户、监测户16户66人),新坝村、关下村、黄冲村整村脱贫,与市、县同步完成脱贫攻坚任务,同步全面建成小康社会。同时,积极做好巩固拓展脱贫攻坚成果同乡村振兴有效衔接工作,全力推进农业农村现代化建设。

2021年,全乡(场)财政收入达到0.94亿元,完成固定资产投资10.8亿元,完成规模以上工业总产值12.2亿元,农业总产值2.91亿元,商贸流通行业限额以上消费品零售额总产值达到0.34亿元。农村居民人均可支配收入22564元。2020年获"江西魅力乡镇十强"荣誉称号。

南源村

村情概况 南源村古称下南源,南源河流经全境,古有吴楚咽喉之说,是经过案山关的唯一交通要道。南源村解放前隶属安乐乡萍实里下四保二图四甲,解放初为上栗区南源乡南源村,1958年为上栗公社南源大队。1961年南源大队划归南源公社,1966年南源公社改属鸡冠山综合垦殖场。1984年3月改为鸡冠山乡南源村。1985年杨岐乡从鸡冠山乡析出,南源村隶属杨岐乡南源村。2003年,杨岐乡与上栗镇合并,南源村隶属上栗镇。2012年,重新恢复成立杨岐乡,南源村隶属杨岐乡,为杨岐乡政府驻地。

南源村位于杨岐乡中部杨岐山麓,凤鸣湖水库下游,新319国道穿境而过,交通便利,四面环山,中为盆地。全村辖区面积4.2平方千米,其中山林面积7500亩、耕地面积2120亩(水田192亩)。全村下辖16个村民小组,有483户2257人,有17个自然村,分别是大山里、祠堂湾、对老上、老厅屋、杉山下、青皮树下、老街、新街、肖家屋场、新屋里、泉井坡、朱家屋场、龙家屋场、谢家湾、大屋里、燕窝岭、老店。全村共有姓氏33个,其中梁、肖、龙、张、朱姓村民人数较多。

自然环境与资源 南源村属丘陵地形,四面环山,东西地势较高,南北地势平缓,中间成小盆地,东西山地陡峭,平地可用量少,整个村庄呈花朵形状。气候温和。村内有3条小河流由南向北流向栗水河。煤炭资源和石灰石资源较丰富,绿化率达85%,主要林木为竹、油茶、杉树。

经济概况 村内以种植水稻、油茶、油菜、红薯,养殖生猪、土鸡、土鸭、鹅、牛、羊、蜜蜂等为主。2022年,水稻种植面积约200亩,种植户约180户;油菜种植面积约300

南源村杨岐文体广场

亩,种植户约120户;生猪养殖户1户,年存栏300余头,出栏量200余头;本地黄牛养殖户3户,存栏20余头;黑山羊养殖户6户,年末存栏140头;土鸡养殖户4户,养殖量达2000余只;土鸭、蜜蜂等皆为家庭散户养殖。规模较大的有

南源村村委会

上栗县三木农业有限公司、上栗县西安岭农民专业合作社、上栗县山水洲种植养殖专业合作社。其中上栗县三木农业有限公司主要经营范围为草花种植出售等。其他农民合作社均以果树种植和土鸡、黑山羊养殖为主,果树以安福柚子、冰糖柚、砂糖橘为主。村内工业以资源型和劳动密集型工业为主。南源村商贸繁荣,为集镇所在地,农历每月逢三有大型赶集,有南源新街、南源老街等两条街道,商户达70余户,其中大型超市1家、小卖部13家、餐饮16家、衣帽服饰店8家、水电五金店4家、母婴用品店3家、汽车修理店2家、诊所2家、美容美发店7家、建材店2家、其他商户12家。

基础设施 南源村对外道路有319国道,南通萍乡市,北通上栗县、湖南浏阳等;村内主干道有4条均为6米宽,沥青路面,其中旅游道路2千米,生产道路约10.2千米,生活道路超12千米均为沥青路面,全村近500户入户路面全部硬化。此外,建设桥梁6座,均为小型桥梁。村庄道路网完善,交通便利。南源村有变电器12台,总功率4000千瓦。村民日常做饭烧水使用的能源主要为电能和液化气,少数家庭使用蜂窝煤、木柴。村民生活用水主要来源于深井水,有2个集中供水点,分别位于西安冲水厂、冷桥水厂;有自来水储池7座,可蓄水300余吨,铺设自来水管道约1.7万米,部分村民自行打井使用井水,基本满足了全村村民日常生活用水需求。南源村地处凤鸣湖下游,基本农业灌溉主要依靠凤鸣湖水进行灌溉,其他地势较高区域有燕窝岭大塘、冷水塘、龙家大塘等6口山塘进行储水进行日常的农业灌溉,主要采用沟渠引水。村内所有房屋均为现代砖混结构,其中老街为徽派亭廊式建筑,新街为徽派建筑街道。

社会发展 村辖区内有杨岐乡中心幼儿园、杨岐乡中心小学、杨岐中学等,教育

设施完备。可满足南源及周边村庄学龄前和九年义务教育的就学需求。村文化活动场所占地面积约6300平方米,包括村委会、党群服务中心、新时代文明实践站、杨岐文化广场、磐石大王庙、杨岐乡篮球馆、杨岐乡智慧书吧等,为群众提供良好的学习娱乐健身场所。杨岐乡卫生院坐落在南源村辖区内,为乡镇综合性医院,还有南源村卫生一所、南源村卫生二所等。村内医疗设施齐备,辐射范围覆盖全乡各村。村委会为村民提供了代缴医保服务,2022年度农村医保参保率达95%。全村有27户124人享受了失地农民保险;有52户83人享受了农村低保。村内人居环境较为良好,有太阳能路灯176盏;建有垃圾集中处理中心1个,投入0.9万余元完成"厕所革命"整治厕所6个。

特色地情 南源村有历史记载以来将近800年的历史,人文荟萃,有海丰县令梁凤辉;有1927年成立的中共上栗第一个农村党支部——南源党支部;有海军舟山基地副司令员、正军级待遇梁竹吉;有海军榆林基地作战参谋梁耀春;有斑竹山起义队长梁炳赵;有红军革命烈士肖福初、朱照隆等。梁氏宗谱完整,是地情的重要补充。

杨岐村

村情概况 杨岐村原为杨岐大队,1985年杨岐乡从鸡冠山乡场析出,成立杨岐村,杨岐大队改属杨岐乡管辖。2003年撤乡并镇,改属上栗镇管辖。2003年9月16日千圫村并入杨岐村。2012年杨岐乡重新设立,隶属杨岐乡管辖。杨岐村位于杨岐乡的东部,与关下村、新坝村、石岭村、袁州区快荣村相邻,距上栗县城10千米。辖区总面积6平方千米,其中山林面积6000余亩、国有林场森林面积4500余亩、耕地面积420余亩。

杨岐村村委会

杨岐山风景名胜区正门

全村下辖11个自然村组,分别是黄泥坳、排上、箭背、新屋坪、安置区、魏家井、庙前、洞口边、东岭、上千垴、下千垴。全村共有316户1186人,共有33个姓氏,其中张、戴、陈姓居民占大多数。

自然环境与资源 村域地处丘陵高山地带,平均海拔312米,其中千拉山主顶寿桃峰海拔900余米。气候温和。境内有国家AAAA级杨岐山普通寺景区,种有香樟树、松树、杉树、杨梅、板栗、毛竹等林木。

经济概况 村内农业以种植水稻、油茶、油菜、红薯、果木,养殖土鸡、鸭、牛、羊、蜜蜂等为主,其中果木是村的龙头产业。2023年水稻种植面积约120余亩,种植户约35户;油菜种植面积约50余亩,种植户约8户;土鸡、鸭、牛、蜜蜂等皆为家庭散养,有专业种植养殖合作社2家,农家乐7家,小卖部4家。

基础设施 杨岐村对外道路为X154县道,连接319国道,均为沥青路面,路况良好;村内道路宽3~5米,主要为水泥路面,生产、生活道路约8.3千米,道路网较为完善,交通较为便利。杨岐村有变电器4台,总功率2000千瓦。居民日常做饭烧水使用的能源主要为电能和液化气,少数家庭使用蜂窝煤、木柴。居民生活用水主要来源于山泉水,有1个集中供水点,位于东岭自然村;有自来水储池1座,可蓄水20吨,铺设自来水管道约2000米,基本满足了全村居民日常生活用水需求。黄泥坳至庙前等具有水利灌溉功能的水渠1200余米,主要用于农田灌溉,可灌溉耕地113亩。

社会发展 杨岐村拆旧建新小学1所,花费260余万元,占地面积600余平方米,基本满足本村的小学教育需求。村文化活动场所占地面积约4700平方米,包括村委会、党群服务中心、新时代文明实践站约900平方米,文化健身广场约800平方米,庙宇约3000平方米。其中杨岐村新时代文明实践站采取"一室多区"形式建设,共设立多个集中活动室,包含图书馆、四点半课堂、市民宣讲室等10个功能区域,为群众提供一个良好的学习娱乐场所。村部设立村卫生所。杨岐村约有121户135人享受了失地农民保险;有16户享受了农村低保。村内人居环境良好,村庄道路网基本形成;村内主要干道均安装太阳能路灯。

特色地情　杨岐普通寺,始建于唐天宝十二载(753),有近1300年的历史,素有"杨岐灯盏明千古"之称,是中国禅宗文化的发祥地,其声誉名扬海内外。千坵田风光,素有"世外桃源"之称。杨岐山为国家AAAA级旅游风景名胜区,是杨岐乡对外界的重要展示窗口。

保护村

村情概况　保护村解放前夕属从德乡第二保,解放初隶属上栗区南源乡南源村,1958年隶属上栗公社南源大队,1961年划归南源公社南源大队,1966年改属鸡冠山综合垦殖场南源大队,1984年3月改属鸡冠山乡南源村。1985年杨岐乡从鸡冠山乡析出,隶属杨岐乡南源村,乡政府设在保护桥油榨冲。1989年成立杨岐乡保护村。2003年,杨岐乡与上栗镇合并,保护村隶属上栗镇。2012年,重新设立杨岐乡,保护村隶属杨岐乡。保护村位于杨岐乡西北部,地处杨岐山西麓,山岭重叠,属丘陵地带,面积4.9平方千米,有耕地264亩,林地7500亩,耕地以种水稻为主。全村辖10个村民小组,有10个自然村,分别是保护桥、学堂山、大和塘、肖家冲、棉花坪、看牛岭、坳下里、大山里、地母庙、泉山下。有264户1296人。村民姓氏18个,人口较多的姓氏有梁、郑、程、薛、曾、苏等。

自然环境与资源　保护村属丘陵地形,村庄地势坡度变化大,平坦用地少,呈现纵向狭长态势。气候温和。煤炭和林地资源丰富,有毛竹、杉树、樟树、松树、椆树、野栗树、七叶一枝花等特色植物,另有红薯酒、酸枣糕、冬笋、春笋等特色农产品。

经济概况　全村以第一产业为主,按季种植水稻和油菜花,发展了一部分种植与养殖产业,主要种植新造油茶林,养殖有肉猪、牛、羊和蛋鸡、鸭、鹅。2022年,保护村水稻种植面积约60亩。村内商贸繁荣,每月有三次逢三大型赶集,大型商超有杨岐乡保护村万家优选超市、惠比超市,主营食品、果蔬、日化、服饰等。

基础设施　319国道穿村而过,大道扩宽"白改黑"贯通村组道路,"白改黑"入户道路硬化全覆盖,交通便利。全村供电用户324户。村内有移动、电信、营业厅和快递物流配送点。村内饮用水多为山泉水,水质优良。

社会发展　村级组织活动场所建于2010年,为单独建设,建筑面积812平方米,室内室外卫生环境好,配有新时代文明实践站、图书室、卫生服务室、便民服务室。全村共有坳下里、泉山下及村部共3个新时代文明实践站点,文体广场2个,篮球场1个。村内有卫生所(室)1家。村委会为村民提供代缴医保服务,2022年度农村参保率达99.88%。全村有低保户53户79人,残疾人38人,脱贫户11户37人,脱贫户全部解决"两不愁三保障",没有出现返贫现象。

特色地情　保护村是以保护桥而得名。保护桥横跨泉山下和学堂山自然村之间的南源河上,又是湘赣两省萍乡、浏阳、醴陵、宜春、万载等地经过案山关的唯一交通要道。由于岸陡水急,洪涝不断,人们往杨岐山卖煤炭必须赤脚涉水而过,肩挑背负,倍感辛劳。清代本地富绅梁禄魁与嫡孙梁炳正乐善好施,祖孙几代人自1816年至1946年,历时130年,不惜斥巨资修桥,从木桥、木板桥到石墩桥、石条桥,终于在1946年建成了坚固宏伟的石拱桥。桥头的磐石庙,始建于楚汉相争的战争年代,迄今有2000多年历史。桥头的千年古樟,苍翠挺拔。

保护村依托本村浓厚的禅宗文化优势,顺利引进一方杨岐禅宗文化创意项目。该项目总投资1.2亿元,规划面积13亩,规划建设禅宗展览馆、孵化园、漫行带等文化旅游项目,已竣工。该项目毗邻南源河,依托周边秀美宜人的景色,功能定位为杨岐普通寺的配套工程,集中展示禅宗文化博大精深、文化旅游创意、禅意博物院、休闲三产服务等。

保护村

关上村

村情概况 关上村古名为上南源。清康熙三十六年(1697),福建上杭王氏迁案山关下王家湾里,得名"关下",驻地塔坪。解放前夕关下属宣德乡第一保,解放初为宣德区文岐乡关下村,1958年属上栗公社南源大队;1960年从南源大队析出,名关下大队;1961年改属南源公社;1966年改属鸡冠山综合垦殖场。1972年9月为避福田公社的关下同名,改为关上大队,在此期间,曾设立清溪林场,驻地关上村塔坪。1984年3月改为鸡冠山乡关上村;1985年杨岐乡从鸡冠山乡析出,关上村改属杨岐乡。2003年,杨岐乡成建制并入上栗镇,关上村随杨岐乡改属上栗镇。2012年杨岐乡从上栗镇分出,关上村改属杨岐乡。

关上村位于杨岐乡中部,总面积5平方千米,其中耕地730亩、林地7000亩。全村有17个村民小组,有18个自然村,分别是王家湾、腊树下、许家湾、龙虾塘、沈家店、大洲上、圆株树下、应家祠、狮子窝、下马塘、金刚坝、近十里、石卜老上、塔坪里、紫金塘、梅心湾、指南桥、案山关。有608户2768人,其中常住人口1231人。居住人口中以汉族为主。村民姓氏29个,人口较多的姓氏有应、王、伍、沈、梁、陈、肖。

自然环境与资源 关上村四面环山,中为狭长田段,村庄地势坡度变化大,平坦田块较少,整体海拔289米,大岭最高峰海拔835米。气候温和,村内多溪流泉水。林地资源丰富,有毛竹、杉树、樟树、松树、桐树、野栗树、七叶一枝花等特色植物,合作社种养有"八月瓜"50亩,另有红薯酒、酸枣糕、冬笋、春笋、杨岐烟笋等特色农产品。

关上村

经济概况 全村农业以按季种植水稻和油菜花为主,种植水稻200亩。农田灌溉主要方式为农户从山塘、水库中放水灌溉,受季节和天气影响较大。农户家中主要生产设施为小型耕田机、日常农具等。有10家农业合作社,主要生产草莓、葡萄、八月瓜、皇菊、竹笋、笋干、孔雀蛋、红薯酒、蜂蜜等农产品。

关上村竹林资源丰富,在解放以前是竹产区,7000亩森林中有5000亩优质竹山,立竹量150万根。中华人民共和国成立后,生产队也是以竹(造纸)为组上集体收入。2022年,关上村大力开展土地整理,充分利用丰富的竹林资源,发展竹笋加工产业,可为村集体经济增收10万元,解决本地劳动力就业100人。

基础设施 村境内交通便利,新319国道沿村而过,距昌金高速10千米,距上瑞高速23千米,距萍乡北站高铁站22千米。村内饮用水多为山泉水,无工业污染,水质优良。

社会发展 关上小学位于塔平里自然村,于2017年重建,2018年完工投入使用,在村部后面,有100多名学生就读。村级组织活动场所为单独建设,建于2009年,建筑面积536平方米,室内室外卫生环境好,配有新时代文明实践站、图书室、卫生服务室、便民服务室等多种功能室,主要用于开展党员学习教育、村民代表大会议事、便民服务、重大节日活动等。2021年关上村建成了村史馆,为新时代文明实践提供坚实阵地,丰富关上村乡风文明载体。村内有3个卫生所(室)。村委会为村民提供代缴医保服务,2021年度农村医保参保率达100%。全村有低保户39户66人,残疾人56人,脱贫户20户65人。脱贫户全部解决"两不愁三保障",没有出现返贫现象。关上村整体

关上村村史馆

地理位置四面环山,风景优美。2020年获江西省省级森林乡村荣誉称号。

特色地情　案山关,位于杨岐乡关上村与关下村交界处,是旧时萍乡六关之一,古时杨岐三关之一,也是杨岐"二十四景"之一。其貌两峰高耸,左右并峙,中平如案,故名案山关。案山关在春秋战国时期是吴楚两国交界之处,是历代兵家必争之地,是上栗通往萍乡必经之道。明末清初朱益吾领导的赣西棚民起义军在案山关修筑工事,年久失修,清同治九年(1870)委用训导渝恭义修葺案山关。土地革命战争年代,先后有18位革命烈士被敌人杀害在案山关下。1927年毛泽东率秋收起义部队到案山关脚下,后转新坝、中瑕、千丈路深入杨岐山到小枧宿营。1928年1月15日中国共产党领导的上栗斑竹山起义爆发后,起义军在案山关设立哨卡,与敌对峙近一个月。1944年6月22日,国民党第五十八军曾与日军在此激战一整天。1949年7月20日,解放军一三五师与国民党四十六军一七五师亦在此激战。如今319国道在案山关下隧道中穿山而过,成为连接赣西和湘东的交通要道。案山关及千年古道早已废弃,古时过山亭、石碑均被破坏,村内还留下了很多案山关的诗词故事。

境内泰岭广利寺始建于唐大历八年(773)前后。江西禅宗祖师马祖道一弟子道明禅师在南源山建广利寺,为袁州三大坛场之一。唐乾符四年(877),在南源山大岭重建,名广利禅寺。1022—1024年,宋代临济宗著名禅师慈明楚圆住持南源山广利禅寺,杨岐禅宗祖师方会禅师亦跟随慈明楚圆在此求学。1123—1125年间,萍乡知县郑强重建南源寺。1668—1671年,僧具准重修南源山广利禅寺佛殿。

2017年8月,千年古寺——南源寺(又名万安寺)残碑在本村泰岭净实里出土。

关下村

村情概况　南宋末年,江西建昌张氏迁居水尾冲,明末清初迁走。清顺治九年(1652)醴陵北乡王仕韬兄弟迁此,位于案山关下,故名关下,关下村以驻地关下王家湾得名。解放前夕属清明乡第十三保,解放初为宣德区文岐乡关下村,1958年为福田公社文岐大队,1962年改为清溪公社关下大队,1965年属福田公社,1969年改属鸡冠山垦殖场,1984年3月改为鸡冠山乡关下村。1985年,杨岐乡从鸡冠山乡析出,关下村改属杨岐乡。2003年,杨岐乡并入上栗镇,关下村改属上栗镇。2012年,恢复设立杨岐乡,关下村改属杨岐乡。

关下村位于杨岐乡南部,总面积4平方千米,其中耕地面积495亩、林地面积7764

亩。境内风景秀丽，是通往禅宗发源地杨岐普通寺的入口，也是杨岐山国家级风景名胜区的副游客中心及山门，吴楚第一关案山关雄踞山头。全村有19个村民小组，有14个自然村，分别是烟竹塘、坳上李家屋场、刘家屋场、钟家屋场、王家湾、林家里、草坪里、富家窝、水口里、芦厂下、岭叽上、大树湾、龙家里、水尾冲。有544户2322人，其中常住人口1139人，流动人口1183人，居住人口以汉族为主。村民姓氏有23个，人口较多的姓氏有刘、李、王、林、陈等。

关下村村委会

自然环境与资源 关下村四面环山，中为垅塅，村庄地势坡度变化大，整体海拔281米，大岭最高峰海拔835米。气候温和，村里一处溪流泉水。林地资源丰富，有毛竹、杉树、樟树、松树、椆树、野栗树、樱花等特色植物，合作社种养有"吊瓜"50亩，另有梨、柚子、猕猴桃、南方蜜橘等特色农产品。

经济概况 全村农业以按季种植水稻和油菜花为主，水稻种植面积120亩。发展了一部分种植与养殖产业，主要种植吊瓜和梨，养殖有肉猪和牛羊。农田灌溉方式主要为山塘水，受季节和天气影响较大。农户家中主要生产设施为小型耕田机、日常农具等。有6家农业合作社，主要生产梨、柚子、猕猴桃、南方蜜橘、吊瓜等农产品。

基础设施 全村交通便利，新319国道穿境而过，距县城10千米，距市区20千米，杨宣旅游公路在此入城，距武功山景区50千米。全村实现组组通水泥路，主干道通沥青路2.6千米。全村有供电用户544户。村内饮用水多为地下水，水质优良。

社会发展 关下小学位于林家里自然村，在村部后面，于2016年重建，2018年完工投入使用，有100多名学生就读。村级组织活动场所为单独建设，建于2008年，建筑面积500平方米，室内室外卫生环境好，配有新时代文明实践站、图书室、卫生服务室、便民服务室等多种功能室，主要用于开展党员学习教育、村民代表大会议事、便民服务、重大节日活动等。村内有2个卫生所(室)，村委会为村民提供代缴医保服务，2021年度农村医保参保率达95%。全村有低保户73户103人，残疾人78人，脱贫户

关下村智慧农业生态园

27户86人。脱贫户全部解决"两不愁三保障",没有出现返贫现象。关下村整体地理位置四面环山,风景优美,绿化情况优秀。

特色地情 案山关位于杨岐乡关下村与关上村交界处,是旧时萍乡六关之一,古时杨岐三关之一,是杨岐"二十四景"之一,也是历代兵家必争之地。

黄冲村

村情概况 明朝嘉靖年间,黄冲刘氏族谱记载有黄冲、太坪、水井三地,直至中华人民共和国成立,建立互助组、初级社,人民公社的行政区划均管辖黄冲。1964年社教工作组进入黄冲,因大队人口较多,不便于管理,便划分为三个大队,即黄冲大队、太坪大队、水井大队。1958年三个大队合并为黄冲大队,先后隶属鸡冠山垦殖场、鸡冠山乡管辖。1985年杨岐乡从鸡冠山乡析出,黄冲、太坪、水井3个村划归杨岐乡管辖。黄冲村位于上栗县城东部,距县城6千米,距杨岐乡政府6千米,总面积3.2平方千米。全村有8个村民小组,有5个自然村,分别是黄冲大屋场、烟竹垅、杓内坡、黎家湾、狗眠土，有321户1615人。人口较多的姓氏有刘姓、黎姓。

自然环境与资源 黄冲村地处丘陵地带，平均海拔高度312米，其中郭家岭上海拔高度为402米。气候温和，村内多溪流泉水。林地资源丰富，有毛竹、杉树、樟树、松树、椆树、野栗树、七叶一枝花等特色植物，另有红薯酒、酸枣糕、冬笋、春笋等特色农产品。有山地面积5000余亩（其中国家生态保护林2100余亩），森林覆盖率86%，其中杉、松、杂用材林3200亩，经济林800亩，竹林1100亩。

经济概况 全村农业以按季种植水稻和油菜花为主，有水稻种植300亩、新造油茶林种植1200亩。有各类农业合作社及种养场7家，主要种植新造油茶林、白芍等，养殖有肉猪、牛、羊和蛋鸡、鸭、鹅等。农田灌溉主要方式为农户从山塘、水库中放水灌溉，受季节和天气影响较大。农户家中主要生产设施为小型耕田机、日常农具等。传统鞭炮烟花是本地主要产业，产品畅销国内外。农民主要收入来源于花炮手工制作、五金加工业和自由就业，有民营花炮企业2家、五金加工厂1家。

基础设施 村境内交通便利，乡村主干道S577通城大道扩宽"白改黑"贯通率达80%，村组道路实现"白改黑"，入户道路硬化全覆盖。全村有供电用户321户。村内饮用水多为山泉水，无工业污染，水质优良。

社会发展 黄冲小学位于三村交界处，于2017年重建，2018年完工投入使用，为黄冲、太坪、水井3个村共有，黄冲小学6个班有231名学生就读，幼儿园有3个班65人，教职员工23人。

村级组织活动场所为单独建设，建于2010年，建筑面积812平方米，室内室外卫生环境好，配有新时代文明实践站、图书室、卫生服务室、便民服务室等多种功能室。全村共有文体广场7个、篮球场2个、卫生所（室）1家。村委会为村民提供代缴医保服

黄冲村水田

黄冲村

务,2020年度农村医保参保率达100%。

特色地情 特色景点有关门石、白芍种植基地等。

新坝村

村情概况 新坝原名新坝上,由发源于杨岐山的水尾冲,中塅到新坝上建了一座河坝。唐朝杨岐建寺时,由僧人沿山涧、沟底溪流边修建了一条通往杨岐寺的千丈路,全部用石板铺砌而成,古时从新坝河的冷桥处竖有一块两米余高的指路碑,千丈石板古道由此起步,深入百米就到新坝上山关要塞河坝。唐朝时新坝上地名沿用至今。1927年毛泽东带领的湘赣边界秋收起义部队沿千丈路深入杨岐山腹地,沿东南山区到东源小枧夜宿。解放后,新坝属上栗区南源乡管辖,中塅属福田区清溪乡管辖。1958年11月,修建新坝"三八水库",也称新坝水库(后叫凤鸣湖)。1968年至1970年,水库坝再次加高扩容,因新坝先后隶属南源公社、上栗公社、鸡冠山垦殖场管辖,而水库淹没区中塅先后隶属清溪公社、福田公社、清溪林场管辖,为方便行政管理,新坝、中塅合并为永中大队,隶属鸡冠山垦殖场管辖。1984年1月,鸡冠山垦殖场析出鸡冠山乡，新坝、中堀村属鸡冠山乡管辖。1985年从鸡冠山乡析出杨岐乡时，分为中堀村、新坝村。2003年撤杨岐乡并入上栗镇时，合并为新坝村。2012年恢复杨岐乡时，新坝村回归杨岐乡管辖。

新坝村毗邻319国道，距乡政府1.5千米，距上栗县城10.5千米，距萍乡城35千米。东邻杨岐村，南邻关下村，西邻南源村，纯属山区村，是景区范围内省级生态村。全村共有6个自然村，分别是老庵里、刘家大屋、梁家大屋、戴家湾屋场、上枞树窝屋场、下枞树窝屋场，有10个村民小组，有292户1332人。人口较多的姓氏有梁姓、王姓、邱姓、刘姓等。

自然环境与资源　新坝村地处高山地带，平均海拔高度为700米，最高海拔900余米。境内有小（1）型新坝水库（凤鸣湖水库）1座，集雨面积6.1平方千米，总库容347万方，有效库容280万方，水面面积300余亩；有山塘18口；有自东向西走向河流2条。境内矿产主要有煤炭、石灰石等，主要植物有杉树、松树、毛竹、油茶等，主要动物有香猪、山羊等。

经济概况　村内农业以种植水稻为主，有水稻种植面积100余亩，亩产达1000斤以上。境内有上栗县子午山泉水厂1个，种养合作社3个，家庭农场2个。村级集体经济有光伏发电，每年有25000元收入。

新坝村村委会

基础设施 境内有579乡干道1条,路宽5米、长3500米,村组路长3000米、宽3米,为沥青路面,交通便利。全村292户全部通电通水,有水渠6条,长4000米。

社会发展 村内有文体广场2个、卫生所1家。森林覆盖面积6000亩,环境卫生整治到位。商贸便利,有村民小商店4家,电商购物,邮政物流配送到居民家。

特色地情 梁希智,1926年4月出生,毕业于江西第四中学袁州中学,1945年3月参加八路军,1946年加入中国共产党,历任八路军三五九旅十二营文书,山东渤海教导团参谋,西北野战军二军团团长,中国人民解放军后勤部皮革厂厂长,新疆生产建设兵团司令部工交局长,正厅级高级经济师。在各姓氏中,梁氏、邱氏有完整的宗族家谱,是村域地情的重要补充。

太坪村

村情概况 明朝嘉靖年间,黄冲刘氏族谱记载有黄冲、太坪、水井,直至中华人民共和国成立,建立互助组、初级社,人民公社的行政区域叫黄冲大队。1964年社教工作组进入黄冲,因大队人口较多,不便于管理,便划分为三个大队,即黄冲大队、太坪大队、水井大队。1958年三个大队合并为黄冲大队,先后隶属鸡冠山垦殖场、鸡冠山

太坪村

乡管辖。1985年杨岐乡从鸡冠山乡析出,黄冲、太坪、水井3个村划归杨岐乡管辖。

太坪村地处杨岐乡脚下,位于乡政府西北部,属丘陵地带,全村辖4.6平方千米。全村共有9个村民小组,共有17个自然村,分别是十字路、狗眠土、石岭下、柳易屋场、郭家岭上、井口老上、安子立、杨梅塘、张家里、枫梓庙、丛山岭上、五古塘、粮管所坳上、新村岭上、枫木塘、柳家里、陈家里,有人口429户2029人,其中男性1148人,女性881人。有常住人口1872人,流动人口157人。人口较多的姓氏有刘、柳、陈、喻、郭、邹等。

太坪村村委会

自然环境与资源 村域地处丘陵地带,平均海拔312米,其中郭家岭上海拔402米。气候温和,村内多溪流泉水。林地资源丰富,有毛竹、杉树、樟树、松树、椆树、野栗树、七叶一枝花等特色植物,另有红薯酒、酸枣糕、冬笋、春笋等特色农产品。有山地面积5000余亩(其中国家生态保护林2100余亩),森林覆盖率86%,其中杉、松、杂用材林3200亩,经济林800亩,竹林1100亩。境内有"二十四景"关门石、天子窝、铁龙关虎等景点。

经济概况 全村农业以按季种植水稻和油菜花为主,有水稻种植465亩、新造油茶林种植1500亩。农田灌溉主要方式为农户从山塘、水库中放水灌溉,受季节和天气影响较大。农户家中主要生产设施为小型耕田机、日常农具等。有专业合作社、农场5家,主要种植新造油茶林、柚子、葡萄、梨子、桃子等,养殖有肉猪、牛、羊和蛋鸡、鸭、鹅等。村内有花炮厂1家、煤矿1家(黄冲煤矿)。太坪村商贸繁荣,农历每月逢一有大型赶集。

基础设施 村境内交通便利,乡村主干道S577通城大道扩宽"白改黑"贯通率达80%,村组道路实现"白改黑",入户道路硬化全覆盖。全村供电用户429户。村内有移动、电信、联通营业厅和邮政物流配送点。村内饮用水多为山泉水,无工业污染,水质优良。

社会发展 黄冲小学位于三村交界处,于2017年重建,2018年完工投入使用,为太坪、黄冲、水井3个村共有,黄冲小学6个班有231名学生就读,幼儿园有3个班65人,教职员工23人。村级组织活动场所为单独建设,建于2010年,建筑面积1000平方米,室内室外卫生环境好,配有新时代文明实践站、图书室、便民服务室等多种功能室。全村共有文体广场3个、篮球场1个。村内有卫生所(室)1家,接诊率较高,位于太坪村农贸市场内,交通方便,人口集中。村民医保参保率达98%以上。

特色地情 村内有枫梓庙、灵宫庙、白马庙等人文景观,枫梓庙、灵宫庙有500多年的历史,白马庙有2000多年历史,天子窝为吴楚通道。

水井村

村情概况 水井村以境内水井台自然村而得名,驻地戴几里。原隶属黄冲大队,1985年杨岐乡从鸡冠山乡析出,水井村改属杨岐乡管辖,2003年杨岐乡并入上栗镇,水井村改属上栗镇管辖。2013年2月杨岐乡重新设立,水井村属杨岐乡管辖。

水井村位于杨岐乡西北部,地处杨岐山西麓,山岭重叠,属丘陵地带,总面积2.72平方千米,其中林地面积2400亩、耕地面积435.32亩,耕地以种水稻为主。全村有10个村民小组,有14个自然村,分别是上南冲、下南冲、戴几里、石塘坳、鲤鱼台、曾家屋

水井村村委会

水井村墙绘

场、罗家湾、水井台、高椅坡、对门土、陈家屋场、柳家屋场、唐家屋场、刘家屋场。有414户1566人。居民姓氏有18个,人口较多的姓氏有刘、柳、唐、陈等。

自然环境与资源 水井村四面环山,村庄地势坡度变化大,平坦用地较少,整体海拔288米,大岭最高峰海拔835米。气候温和,村内多溪流泉水。林地资源丰富,有毛竹、杉树、樟树、松树、椆树、野栗树、七叶一枝花等特色植物,另有红薯酒、酸枣糕、冬笋、春笋等特色农产品。

经济概况 全村农业以按季种植水稻和油菜为主,有水稻种植360亩、新造油茶林种植1200亩。农田灌溉主要方式为农户从山塘、水库中放水灌溉,受季节和天气影响较大。农户家中主要生产设施为小型耕田机、日常农具等。水井村主要种植新造油茶林,养殖有肉猪、牛、羊和蛋鸡、鸭、鹅。2022年,水井村大力开展土地整理,充分利用本村丰富的荒林地资源发展油茶林。村内工业以花炮企业为主,有上栗县财源花炮厂、上栗县良益花炮厂等2家花炮厂。

基础设施 村境内交通便利,乡村主干道S577通城大道扩宽"白改黑"贯通率达80%,村组道路实现"白改黑",入户道路硬化全覆盖。

全村供电用户414户。村内饮用水多为山泉水,无工业污染,水质优良,饮水问题每户都得到了解决。村内排污主要排入下水管道、排入自家化粪池化掉等。

社会发展 黄冲小学位于三村交界处,于2017年重建,2018年完工投入使用,为水井、黄冲、新坝3个村共有,黄冲小学6个班有231名学生就读,幼儿园有3个班65人,教职员工23人。村级组织活动场所为单独建设,建于2010年,建筑面积812平方米,室内室外卫生环境好,配有新时代文明实践站、图书室、卫生服务室、便民服务室等多种功能室。全村共有南冲、石塘坳、塘背冲、水井台及村部等5个新时代文明实践站点。全村共有文体广场7个、篮球场2个、卫生所(室)2家、上栗县综合福利院1家。村委会为村民提供代缴医保服务,2021年度农村医保参保率达100%。全村有低保户53户79人,残疾人38人,脱贫户20户80人。脱贫户全部解决"两不愁三保障",没有出现返贫现象。

特色地情　水井村以水井台得名。据考证,水井台的水源是流源冲至鸡冠山芦下地下河经大冲廖家塘到水井台。村内有南冲口、石塘坳、塘背冲、水井台等泉水井4口,其中最大的水井台泉井占地面积30平方米,深5米,一年四季清泉涌流不断,山洪暴发时也不会浑浊。三九严寒水温在14℃以上,三伏酷暑水温在6℃以内,冰凉可口,泉井地势不佳,水量却极大,在2009年改用自来水井,可供超过1000人的生活及饮用水。

水井村有柳沁泮、刘祖南、刘祖腾、刘德贵等4名革命烈士。

金鸡村

村情概况　金鸡村以境内金鸡石自然村而得名,驻地为火石桥。解放前夕属从德乡第二保,解放初属上栗区南源乡和自卫乡,1958年改为上栗公社金鸡大队,1961年属南源公社,1966年改属鸡冠山综合垦殖场,1984年3月改为鸡冠山乡金鸡村,1985年杨岐乡从鸡冠山乡析出,金鸡村改属杨岐乡,2003年7月撤乡并镇,金鸡村改属上栗镇。2012年重新设立杨岐乡,金鸡村属杨岐乡管辖。

金鸡村位于上栗县东南部,距乡政府驻地2千米,距上栗县城5千米,总面积约4.1平方千米,其中林地面积4631亩、耕地面积427.2亩。全村有10个村民小组,有11个自然村,分别是火石桥、张家大屋、石牛栏、十八软、陈家田、李家山、柳树塘、东古岭、马鞭冲、王家湾、焦谷山,有411户1712人,其中常住人口906人,流动人口806人。居住人口为汉族。村民姓氏有26个,人口较多的有梁、张、肖、王、黄、何等姓。

自然环境与资源　金鸡村属丘陵地带,村庄地势坡度变化大,平坦用地极少,整体海拔271米,最高海拔573米。气候温和,村内多溪流泉水,全村共有水塘11口,水域面积约5000平方米,主要分布在五、六、九、十组。村内有丰富的煤炭资源和石灰石等矿藏资源,林地资源丰富,有毛竹、杉树、樟树、松树、板栗树、七叶一枝花等特色植物,合作社种养有枇杷、梨树等40余亩。

经济概况　村内农业以种植玉米、大豆、水稻为主,有水稻种植面积60多亩。村境内主要有国营鸡冠山垦殖场煤矿、迎福农业发展有限公司、杨岐酒坊3家企业,年产值达到2600万元以上,税收300万元,解决劳动力就业140人。村内还有运输行业,有运输车辆13辆,均以运输煤炭为主,产生效益160万元,解决劳动力就业15人。村集体经济以土地流转、场地出租、合作社分红等为主,2022年村集体经济收入达到了20万元。

基础设施　村境内交通便利,新319国道穿村而过,距沪昆高速16千米,距昌栗高速10千米,距萍乡北站高铁站17千米。全村实现组组通水泥路,主干道全部为沥青路。全村有供电用户380户。村内饮用水多为山泉水,水质较好。

社会发展　村级组织活动场所为单独建设,建于2017年,建筑面积为557平方米,配有新时代文明实践站、图书室、卫生服务室、便民服务室等多种功能室。村内有一家卫生所。村委会为村民提供代缴医保服务,2022年度农村医保参保率达到99%。全村有低保户59户86人,残疾人64人,脱贫户14户56人。脱贫户全部解决"两不愁三保障",没有出现返贫现象。林地植物以毛竹、杉木为主,森林覆盖率85%。2021年金鸡村获得江西省"绿色社区、美丽家园"示范区荣誉称号。

特色地情　境内涌现出不少知名人士。肖菁莪,1905年到日本东京振武学校留学,其间参加孙中山领导的同盟会,同年末参加了姚洪业、陈天华领导的反日运动,之后愤然回国,在上海与其他爱国志士创办了中国公学。1906年12月4日,同盟会领导的第一次武装起义——萍浏醴起义在上栗爆发,肖菁莪奉起义领导人蔡绍南之命回乡领导起义,回到家乡时起义已经失败,即尽力保释被捕农民,受到农民爱戴。

肖炳裕(1896—1930),1927年初任中共上栗地区第一个农村党支部——南源党支部书记。同年8月中共上栗区委成立,肖炳裕同志任区委委员,负责工农运动。

金鸡村火石桥文体广场

金鸡村村委会

1928年1月16日晚,中共上栗区委组织暴动队在上栗市万寿宫夺枪成功后在陈家田观音庙召开区委扩大会议,决定到斑竹山建立革命根据地,成立"工农革命军直辖第二团",肖炳裕同志任副团长兼财政委员会委员长。斑竹山武装割据失利后,他带领30余人撤至萍乡、宜春交界地坚持斗争,1929年冬不幸被捕,1930年1月牺牲。

肖炳实(1900—1970),1926年参加中国共产党,1928年任原中共北平市委秘书长。1930年任厦门大学教授,任中共福建省委委员。1931年夏,中共福建省委被破坏,肖炳实被组织派往第三国际工作。后来由第三国际介绍参加苏联红军参谋部做情报工作。其间,他担任过南方片、大西北片的领导工作,担任过远东情报局副局长,参加过营救美国著名革命活动家牛兰夫妇及刘仁、宋侃夫等共产党人的行动。1943年因他与苏联红军参谋部发生分歧,即脱离了在苏联远东的情报工作,经缅甸归国。因与组织失去联系,返乡执教。1949年3月找到党组织,重新入党。新中国成立后,曾任全国教育总工会副主席、中华书局副总编辑等职。

境内特色古迹甚多。上栗县第一个农村党支部——中共南源支部历史陈列馆,位于金鸡村李家山自然村,占地面积约1100平方米,是带领党员进行学习红色文化、传承红色基因的红色教育基地。栗江书院分院,成立于1892年,位于金鸡村蕉谷山,梁柄魁著诗:"名并蕉山颇不虚,寺门修竹半扶疏。钟声烟雨回双鹤,镜影池塘养数鱼。礼佛客呈诗稿后,悟禅香送木犀余。纸窗灯火红于茜,记得当年此读书。"福闽越山老禅师墓,位于金鸡村杨岐山,修于乾隆三年(1738),距今有200多年历史,墓主为曹洞宗正宗第七代宗师——福闽禅师。曹洞宗为中国禅宗南宗五家之一,禅风以回互细密见称。此次古墓的发现,不仅为佛教禅宗文化研究提供了实物见证,也反映出当时江西萍乡地区佛教文化昌盛,具有重要的历史文化价值。南源寺,2013年在金鸡村下焦谷山自然村重建竣工,该寺是唐代袁州三大佛寺之一。

卯田村

村情概况 清乾隆四十六年(1781),梁氏族人由南源迁此,垦荒耕地,故名"茅田",后演变为"卯田",卯田村以驻地卯田得名。卯田村解放前夕属崇德乡第三保,解放初期为上栗区自卫乡卯田村,1958年改为上栗公社卯田大队,1961年改属南源公社,1966年属鸡冠山综合垦殖场,1984年3月改为鸡冠山乡卯田村。1985年杨岐乡从鸡冠山乡析出,卯田村改属杨岐乡。2003年撤乡并镇,卯田村改属上栗镇。2012年杨岐乡重新设立,卯田村属杨岐乡管辖。

卯田村位于杨岐乡西部,辖区面积为14平方千米,其中耕地面积803亩,林地面积430亩。全村有13个村民小组,有16个自然村,分别是上马岭、二组里、卯田店里、下南冲、坳上、老山上、枫树下、朱家湾、甘冲口、易家冲、孔家湾、黄家屋、沙岭下(白露桥)、上南冲、石枧、下马岭。有652户2896人,其中常住人口1690人,流动人口1206人。居住人口以汉族为主。全村姓氏有41个,其中梁、张、黄、李、王、林、刘、陈姓村民人数均超过100人。

自然环境与资源 卯田村四面环山,中为盆地田垄,村庄地势坡度变化大,整体海拔289米,大岭最高峰海拔835米。气候温和,村内多溪流泉水。林地资源丰富,有毛竹、杉树、樟树、松树、桐树、野栗树等,合作社种养有丝瓜、芋头,另有红薯酒、酸枣糕、冬笋、春笋、杨岐烟笋等特色农产品。

经济概况 全村农业以按季种植水稻和油菜为主,有水稻种植面积430亩。农田

秀美卯田村

卯田村村委会

灌溉主要方式为农户用山塘、山泉水灌溉,受季节和天气影响较大。农户家中主要生产设施为小型耕田机、日常农具等。村内有上栗县友好种植合作社、上栗县卯田生态种养专业合作社、上栗县上栗镇卯田金福养殖专业合作社、上栗勇源达园林苗木专业合作社、上栗县申龙综合种养专业合作社、上栗县多惠养殖专业合作社、上栗县国永土元养殖专业合作社等7家农业合作社在运营农产品,有丝瓜、芋头、甘蔗、竹笋、笋干、红薯酒、蜂蜜等。卯田村竹林资源丰富,在解放以前就是竹产区,4300亩森林中有3000亩优质竹山,其中1300亩属杉木林。中华人民共和国成立后,生产队也是以竹子(造纸)为组上集体收入。竹林改造后,大约能增收10万元,解决本地劳动力100人,转移因花炮行业关闭的剩余劳动力。

基础设施 村境内交通便利,新319国道沿村而过,距萍洪高速5千米,距萍乡北站高铁站29千米。全村实现组组通水泥路,主干道通沥青路7.9千米。全村供电用户625户。村内有移动、电信、联通营业厅和邮政物流配送点。村内饮用水多为山泉水,无工业污染,水质优良。

社会发展 卯田小学位于塔平里自然村,在村部后面,于2003年重建,2018年完工投入使用,有150多名学生就读。村级组织活动场所有门球场、篮球场,建于2009年,钢棚和场地建筑面积436平方米,配有新时代文明实践站、图书室、卫生服务室、便民服务室等多种功能室,重大活动主要有一年一度男子篮球赛、老年门球、成人二胡表演等。2021年打造建成了村史馆。村内有卫生所(室)二家。村委会为村民提供代缴医保服务,2021年度农村医保参保率达100%。全村有低保户60户105人,五保户4户15人,残疾人92人,脱贫户26户97人。脱贫户全部解决"两不愁三保障",没有出现返贫现象。2020年卯田村荣获"江西省森林乡村"荣誉称号。2021年卯田村被设为杨岐乡美丽乡村建设点,打造了"一河两岸"风景带。

特色地情 境内人文荟萃,涌现出不少知名人士。

林中幹(1889—1918),谱名义门,字忠轩,杨岐乡卯田(今杨岐乡金鸡村)人。父亲林仁瑞是清末萍乡县衙书吏,受家学熏陶,林中幹少年时期聪敏好学,闻名乡里。1906年受家族资助到日本留学,其间加入孙中山领导的同盟会,1906年冬在日本积极策应蔡绍南领导的萍浏醴起义。学成回国后参加辛亥革命,1912年11月进入保定陆军军官学校第一期学习,1913年7月至1914年3月跟随孙中山参加讨袁护法战争,军校肄业后任广东护国第一军总司令部少校副官。1918年6月因积劳过甚在湖南郴州病逝,时年29岁。1947年林氏后人将其遗骸迁葬于杨岐乡金鸡村焦谷山。

清溪村

村情概况 清溪村解放前夕属清明乡十一保,解放初期为宣德区清溪乡清溪村,1958年改为福田公社清溪大队,1962年改属清溪公社,1966年归福田公社,1984年3月改称福田乡清溪村,2003年安全村并入清溪村,2012年安子全从清溪村拆出,设立安子全社区,2013年2月清溪村从福田镇拆出,归属杨岐乡管辖。

清溪村地处孽龙洞景区,距萍乡市城区11千米,距上栗县城18千米,全村总面积6.5平方千米,其中耕地面积1304亩、水田面积1010亩、山林面积4102亩。全村共有27个村民小组,有15个自然村,分别是西家岭、皂冲、街儿上、牛古背、胡家山下、火烧岭、水口山、大屋场、坪子岭、上屋场、刘家屋场、杨家屋场、曾家壁上、万岁桥、沟形湾。有870户3998人,其中常住人口2123人,流动人口1875人。居住人口以汉族为主。人口较多的姓氏有喻、曾、杨、刘、张、甘等。

自然环境与资源 清溪村四面环山,气候温和,村内清溪河流是萍水河的源头。林地资源丰富,有毛竹、杉树、樟树、松树、野栗树等特色植物,合作社种养有草莓和西瓜100亩、蔬菜种植120亩,另有红薯酒、清溪手工豆腐等特色农产品。

经济概况 清溪村充分利用孽龙洞景区优势,引导村民发展餐饮业、民宿,年收入利润可观;发展种植大户,以土地流转的形式,利用荒田山头发展种植业,种植葡萄、草莓、西瓜、无花果等,前来采摘游玩的游客络绎不绝;每逢水上乐园夏季开园,可为村民解决100多人就业。清溪村发展清溪老字号手工豆腐作坊,手工制作,柴火熬浆,部分餐饮、酒店需求旺盛,当地部分村民走上了富裕之路。党员示范户发挥"示范+帮带"作用,大力发展檀香制作,带动农户发展。引来微型企业,如电子加工厂、鞋厂、假发套厂、门窗配件厂,为当地解决数百人就业问题,构建"支部+项目+示范+帮带"的模式,促进产业发展,农民收入稳定增长。村级集体经济收入将近15万元,全村

清溪村村委会

已完成5个自然村的文化娱乐广场建设。清溪村商贸繁荣,农历每月逢七有大型赶集。

基础设施 村境内交通便利,新319国道沿村而过,全村实现组组通水泥路,60%以上的自然村道路已铺设沥青路。全村供电用户890户。村内有移动、电信、联通营业厅和邮政物流配送点。村内饮用水为山泉水和自来水,无工业污染源,水质优良。

社会发展 2017年投资1000万元新建清溪学校,2019年9月投入使用。2019年投资300多万元建设幼儿园,2020年投入使用。中小学校有400多名学生就读。幼儿园有100多名学生就读。2005年新建村部和活动中心,村部广场占地面积1000平方米,室内室外卫生环境好,配有新时代文明实践站、党员活动室、农家书屋、便民服务室等多种功能室。村内有2个卫生所(室)、1个杨岐卫生院清溪分院,村委会为村民提供代缴医保服务,2022年度农村医保参保率达96%。全村有低保户86户117人,残疾人111人,脱贫户30户109人,监测户2户。脱贫户全部解决"两不愁三保障",没有出现返贫现象。2022年清溪村获"江西省森林乡村"荣誉称号。

特色地情 境内特色古迹甚多。天下第一洞——孽龙洞,位于杨岐乡清溪村,是国家AAAA级旅游景区。溶洞形成于1.8亿年前的海相石灰岩层,洞长4200米,常年恒温18℃,冬暖夏凉,蜿蜒曲折,溪水相伴,水随洞转,洞因水活,平坦处溪水静如玉带飘荡,断层处跌落成瀑,飞瀑声如春雷滚滚,岩缝中不时有清泉涌出,其声如铃似琴,洞中岩景乳石仍在发育,有的如玉雕,有的像刺绣,似人似兽,若物若影,惟妙惟肖。洞内庭廊相连,石笋、石花、石幔玲珑剔透,闪光发亮。万寿宫,萍北清溪万寿宫亦称天柱宫,道教观名,建于东晋,奉祀许真君,宫左有井,井中有铁柱,唐咸通中称作铁柱观,宋曾改名景德观及延真观,明嘉靖间始称万寿宫。白马将军庙,相传是喻兆藩在宁波任职知府期间,为保家乡平安而建,现白马庙为2006年重修。"三宝树"的柏树和樟树的树龄都在1000年以上,黄连木树也有600多年的树龄。

境内人文荟萃,涌现出不少知名人士。喻增高(1803—1840),字清一,杨岐乡清溪村人。17岁参加县试入邑庠(秀才),19岁参加省试取为廪生,岁科试获一甲第三名,丙戌年(1826)朝考第二名,被录任教谕。丁亥年(1827)借补丰城训导,道光十五年(1835)钦取进士,后任翰林院编修及国史馆协修,道光二十年(1840)病故于北京。主要著作有《大道不器论》《州县官有勤恤民隐者责成督抚严查参疏》《澹香斋》等。

喻兆藩(1862—1920),谱名宽植,字庶三,杨岐乡清溪村人。光绪六年(1880)在萍乡县参加童试,三场考试均名列前茅,被选为县学生员。光绪十年(1884)参加科试选为拔贡。光绪十一年(1885)参加乡试,考取为举人。光绪十五年(1889)参加殿试,中为进士,钦点为翰林院庶吉士。光绪十八年(1892)授工部主事,光绪二十九年至光绪三十一年(1903—1905)历任浙江宁波知府、盐运使(授二品顶戴)、宁绍台道。光绪三十二年(1906)历任杭州知府、宁绍台海防兵备道。光绪三十三年(1907)任浙江布政使。光绪三十四年(1908)调回宁绍台道本任,诰授荣禄大夫(从一品衔)。宣统元年(1909)任萍乡教育会首任会长。民国期间曾出任江西省谘议局副议长、上海文管会顾问。

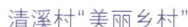

清溪村"美丽乡村"

喻宜萱(1909—2008)，杨岐乡清溪村人，女高音歌唱家、声乐教育家、中央音乐学院教授，新中国声乐事业的主要开拓者和奠基者之一。曾任中央音乐学院副院长并创建中央音乐学院声乐系，将民歌《康定情歌》唱红。全国政协第二、三、四、五、六届委员。20世纪50年代，喻宜萱为建立和完善中国民族音乐教育体系做出了重要贡献，为中国的声乐界培养了众多人才。著有《我与音乐》《中国歌曲独唱歌曲集》等作品。

喻德渊(1904—1971)，杨岐乡清溪村人，区域地质学家、岩石学家、地质教育家。在我国许多省区从事过最早的区域地质矿产调查研究工作，尤其是对南京镇江间火成岩地质、庐山—淮阳山脉地质和湘西—黔东金矿地质的调查研究具有开创性意义。新中国地质教育事业的主要开拓者之一，领导并建立了加强基础理论，吸收现代先进技术方法，为国民经济服务的教学体制和教学基地，培养了大批优秀人才，为我国地质教育事业作出了杰出的贡献。1962年被任命为长春地质学院院长。1963年当选民盟长春市第五届委员会委员、常委、主任委员。1964年当选第三届全国人大代表。

甘宝贤(1815—1866)，谱名华庄，字桂术，号立卿，杨岐乡清溪村人。道光二十一年(1841)首倡重修杨岐山普通寺，历时七年，于道光三十年(1850)竣工，并作文《重修普通寺记》。1843年考取优贡，1847年朝考二等钦取八旗官学汉教习，1849年任正蓝旗官学汉教习，1852年期满后以广西候补知县加三级分发广西；1861年清廷同意广西补行己未恩科并壬子正科文武乡试，任同考官；之后任同知衔广西融县知县；1864年任甲子正科并补行辛酉两科广西乡试同考官；1865年任知府衔广西阳朔县知县，因清剿太平天国石达开余部叛乱有功，1866年八月清廷任命其为花翎知府衔加一级广西北流县知县，还未就任，因积劳成疾，不幸于九月初九日在官寓病逝，去世后晋赠中宪大夫，后人奉旨将其灵柩运回老家安葬。著有《映雪斋诗稿》，不传。

桃文村

村情概况 桃文村古名袁家陂，解放前夕属宣德乡第一保；解放初为宣德区文岐乡。先后由福田区清溪公社、福田公社所辖，分别设立文岐大队、桃花冲大队，1984年改为行政村。1997年两村合并为桃文村，隶属福田镇管辖。2013年随杨岐山风景区扩村，桃文村划入杨岐乡管辖。桃文村位于杨岐山中部，辖区面积5平方千米，其中耕地面积726亩、林地面积6300亩。全村有26个村民小组，有21个自然村，分别是天石窝、下流洞、上流洞、油榨冲、文甲坡、千斤坳、苏家湾、漏塘、略冲、坝老上、铜锣冲、老虎

桃文村乡俗广场

冲、戴星冲、排上、下芭蕉窝、枫树下、台上、上芭蕉窝、分水坳、桃花冲、新屋立。有646户2580人，其中常住人口1243人，流动人口1337人。居住人口以汉族为主。村民姓氏有24个，人口较多的有杨、刘、李、张等。

自然环境与资源 桃文村四面环山，村庄地势坡度变化大，平坦用地较少，整体海拔289米，大岭最高峰海拔835米。气候温和，村内多溪流泉水。林地资源丰富，有毛竹、杉树、樟树、松树、椆树、野栗树等特色植物，合作社种养有百香果10亩，另有红薯酒、冬笋、春笋、杨岐烟笋等特色农产品。

经济概况 全村农业以按季种植水稻和油菜为主，有水稻种植面积100亩。村内有2家农业合作社，主要种植百香果和安福蚕子，养殖有肉猪和白兔，有蔬菜、白兔、竹笋、笋干、红薯酒、蜂蜜等农产品。2022年，桃文村大力开展土地整理，充分利用本村丰富的竹林资源，发展竹笋加工产业。桃文村从解放以来就是生态林，之后生产队也是以茶油为组上集体收入，7000亩森林中有6000余亩优质茶山。油茶改造后大约能增收10万元，可解决本地劳动力100人，转移因花炮行业关闭的剩余劳动力。

基础设施 村境内交通便利，新319国道沿村而过，距昌金高速10千米，距沪昆高速23千米，距萍乡北站高铁站22千米。全村实现组组通水泥路，主干道通沥青路1.5千米。全村供电用户608户。村内有移动、电信、联通营业厅和邮政物流配送点。村内饮用水多为山泉水，无工业污染，水质优良。

社会发展 文岐小学位于新屋里自然村，在村部后面，于1997年重建，1999年完

桃文村村委会

工投入使用,有100多名学生就读。村级组织活动场所为单独建设,建于2006年,建筑面积170平方米,配有新时代文明实践站、图书室、卫生服务室、便民服务室等多种功能室。村内有1个卫生所(室)。村委会为村民提供代缴医保服务,2022年度农村医保参保率达100%。全村有低保户77户106人,残疾人83人,脱贫户28户107人。脱贫户全部解决"两不愁三保障",没有出现返贫现象。

石岭村

村情概况 石岭村境内多石山,以境内石子岭得名。解放前夕属宣德乡第八保,解放初属宣德区桃源乡,1958年为宣德公社石岭大队,1962年划归东源公社管辖。1968年石岭与民主、小枧合并称小枧大队,1972年分开,复名石岭大队。1984年3月改为东源乡石岭村,驻地黄家里。2013年2月改属杨岐乡。石岭村位于杨岐乡东南部,东与东源乡小枧村相邻,南接东源乡桃源村,西邻杨岐乡桃文村,北与杨岐乡石源村相邻,距县政府20千米,距乡政府10千米。全村总面积约7.5平方千米,其中农田面积530多亩、林地面积约8500亩。全村有18个村民小组,有13个自然村,分别是周家里、店下湾、黄家

石岭村村委会

杨宣公路石岭段风光

里、岭下窝、老屋里、新屋里、水窝里、山涧冲、岭头、黄金冲、桃花冲、王家里、三班。有602户2200多人，居住人口以汉族为主。全村姓氏有12个，人口较多的有沈、黄、周、王、张、李等。

自然环境与资源 石岭村四面环山，中为狭长小盆地，村庄地势坡度变化大，平坦用地较少。气候温和，村内多溪流泉水。动植物资源丰富，有毛竹、杉树、樟树、松树、野栗树、油茶、猕猴桃、野葡萄等植物，有野猪、麂、野鸡等野生动物，合作社饲养山羊、牛、猪、鸡等家畜，另有红薯酒、茶油、酸枣糕、冬笋、春笋等特色农产品。

经济概况 全村农业以按季种植油茶、毛竹林和水稻为主，有油茶种植2600多亩、毛竹林种植2300亩、水稻种植500多亩。农田灌溉主要方式为农户从山塘、水库中放水灌溉，受季节和天气影响较大。农户家中主要生产设施为小型耕田机、日常农具等。石岭村成立了金红果业合作社、黄晋谷生态合作社、上栗县实在人家种养专业合作社、祥兴综合种养合作社等11家农业合作社，主要生产冰糖柚、橘子、油茶、皇菊、竹笋、笋干、孔雀蛋、红薯酒、蜂蜜等农产品。石岭村竹林资源丰富，在解放以前就是竹木产区，8500亩森林中有3000亩优质竹山，立竹量100万根，中华人民共和国成立后生产队也是以竹子(造纸)为组上集体收入。2022年，全村大力开展土地整理，充分利用本村丰富的竹林资源发展竹笋加工产业。竹林改造后，大约能增收8万元，解决本地劳动力100多人。

基础设施 村境内交通便利，杨宣公路由东向西横穿村境，石岭村距319国道5千米，主干道沥青路面长3.5千米，占地面积21000平方米，村组公路水泥硬化路面长11.5千米，占地面积34500平方米。全村供电用户608户。村内有移动、电信、联通营业厅和邮政物流配送点。村内饮用水多为山泉水，无工业污染，水质优良。村内打造了"杨宣公路风景带"，2020年获"江西省森林乡村"荣誉称号。

社会发展 村内有小学1所、村级组织活动场所1个、卫生所(室)2家。其中，石岭小学位于岭下窝自然村，在村部后面，于2014年重建，2016年完工投入使用，有100

多名学生就读。村级组织活动场所为单独建设,2020年改造旧小学而成,建筑面积556平方米,室内室外卫生环境好,配有新时代文明实践站、图书室、卫生服务室、便民服务室等多种功能室。村委会为村民提供代缴医保服务,2021年度农村医保参保率达100%。全村有低保户78户110人,残疾人72人,脱贫户20户54人,脱贫户全部解决"两不愁三保障",没有出现返贫现象。

特色地情 沈益古(1881—1906),谱名训彝,杨岐乡石岭村人。从小学拳,22岁武功大成,名噪一时。光绪三十二年(1906),受同盟会影响,与邓琨等在蕉源参加洪江会,进行推翻清政府的义举。同年12月1日,萍浏醴起义爆发,在麻石起事,被推为后营统带。7日,起义军大举进攻浏阳城,和龙人杰、王霭亭等众五六百人留守上栗,截袭清军。在普安山与乘虚来袭的胡应龙部清军展开肉搏,中弹负伤,败走泉江堰被捕,在萍乡城被害,时年25岁,后人葬其于石子岭。

石源村

村情概况 石源村在解放初原属宣德公社,1958年成立石源大队,1962年更改为东源公社石源大队。1984年改为东源乡石源村。2012年杨岐山风景区扩村,石源村划入杨岐乡(垦殖场)管辖。石源村位于杨岐山腰,东邻宜春市水江镇,南邻东源乡小枧村,西邻关下村,北邻杨岐山。全村总面积13.8平方千米,其中水田面积1812亩、林地面积12580亩。全村有38个村民小组,有22个自然村,分别是九龙洞、烟冲、李氏祠堂、下石源、廖家屋场、黄家里、南岸、罗家里、暗田李家里、铁炉下、谢家坊、荷莲塘、张家冲、双板桥、朝鲜屋场、丁坑、天井、青草窝、石岭上、曾家里、庙坡上、冷水

石源村村委会

石源村暗田博爱广场

井。全村有1126户5186人。全村共有79个姓氏,其中李、罗、黄、曾姓村民人数均超过400人。

自然环境与资源 石源村地属半丘陵半山地地形,地势北低南高,村庄地势坡度变化大,呈现纵向开阔态势。气候温和。村内有两条萍水河支流自西向东穿村而过。村域石灰石矿产较为丰富,生态保护良好,森林覆盖率达83%。上石源有个九龙洞,洞长十多公里,洞内石笋、石柱、石钟乳形态各异。

经济概况 村内农业以种植水稻、油茶、油菜、红薯和养殖土鸡、羊、鸽子、蜜蜂为主,其中茶油、土鸡、番薯酒是家喻户晓的石源三宝。2022年,石源村有水稻种植户约607户,种植面积约1812亩;油菜种植户约500户,种植面积约642亩;黑山羊养殖户12户,年末存栏180头,全年出栏150头。村两委鼓励村民采取资金资产、土地、劳动力等灵活多样的入社或入股方式成立农业发展专业种养合作社,有合作社58家。村内工业以小型电子厂、小型制衣厂、筒子厂等劳动密集的手工加工为主,容纳劳动力数量均在10人以下。石源村商贸繁荣,罗家里每月有三次赶集,有小超市约20家,主营食品、日化。

基础设施 石源村对外道路包括杨宣公路和X151,均为沥青路面,路况良好。村内道路宽3.5~5.5米,主要为沥青路面,生产道路13.5千米,生活道路16.2千米,兼具生产生活功能的集镇路段约6.7千米,建有小型桥梁6座、涵洞型桥梁6座,村庄道路网基本形成,交通较为便利。小枧村有变电器10台,总功率4000千瓦。村民日常做饭烧水使用的能源主要为电能和液化气,少数家庭使用蜂窝煤、木柴。村民生活用水主要来源于九龙洞自来水厂和深井水,有1个集中供水点,位于上石源九龙洞;有自来水储池2座,可蓄水10000吨,铺设自来水管道约2.5万米,基本满足了全村村民日常生活用水需求。

社会发展 石源村建有1所石源武冠希望小学,可满足全村小学生就学需求,小学毕业后,学生主要前往小枧中学就读初中。村文化活动场所占地面积约5450平方米,包括村委会和党群服务中心约600平方米、新时代文明实践站约300平方米、文化健身广场约1500平方米。村新时代文明实践站采取"一室多区"形式建设,共设立4个集中活动室,包含图书馆、四点半课堂、市民宣讲室等10个功能区域。村内有卫生所(室)3家,接诊率较高,服务范围辐射到田心、石岭等周边村庄。村委会为村民提供代缴医保服务,2021年度农村医保参保率达100%。全村有31户126人享受了失地农民保险,有110户136人享受了农村低保。村内人居环境较为良好,有太阳能路灯120盏,建有垃圾集中处理中心1个,完成"厕所革命"整治厕所163个。

安子全社区

社区概况 安子全社区在解放前夕属遵化乡一保,解放初期为宣德区文岐乡安全互联社。1958年改为福田公社安全大队,冷水塘李家湾并入安全大队。1961年冷水塘李家湾从安全大队拆出,并入连溪大队。1961年密水岩修建安全水库,下坑下和密水岩的水淹户移民到清溪大队落户定居。1969年安全大队并入清溪大队,1972年

孽龙洞景区停车场

安子全社区居委会

安全大队从清溪大队拆出。1984年3月改称福田乡安全村。2003年安全村并入清溪村,2012年5月30日从清溪村拆出,设立安子全社区。2013年2月,安子全社区从福田镇拆出属杨岐乡管辖。

安子全社区位于杨岐乡的南部,距上栗县城20千米,与清溪村、桃文村、东源乡桃源村相邻。社区下辖6个自然村组,头棚、中棚、尾棚、梅家冲、庵子前、冷水塘,有325户1072人,其中常住人口511人,外出人口561人。居住人口中以汉族为主。全社区共有33个姓氏,其中张、邱、曾姓居民占大多数。

自然环境与资源 社区地处丘陵地带,平均海拔312米,其中郭家岭上海拔402米。气候温和。土地总面积4.5平方千米,其中耕地298.7亩、人均耕地0.235亩、山地面积6500余亩(其中国家生态保护林4000余亩),森林覆盖率85%,有杉、松、杂用材林3600亩,经济林2000亩,竹林900亩。境内有国家AAAA级孽龙洞景区。

经济概况 社区内农业主要种植水稻、油茶、油菜、红薯,养殖土鸡、鸭、牛、羊、蜜蜂等,其中黑山羊是社区的龙头产业。2023年水稻种植面积约70亩,种植户约47户;油菜种植面积约10亩,种植户约6户;黑山羊养殖户5户,年末存栏486头,全年出栏1610头;土鸡、鸭、牛、蜜蜂等皆为家庭散养。规模较大的有萍乡市孽龙洞种养专业合作社和安子全种植专业合作社。萍乡市孽龙洞种养专业合作社成立于2016年,占地面积6亩,以黑山羊、蛋鸭等养殖为主,有长期从事管护工作居民5人,临时雇用居民6~8人。安子全种植专业合作社带动10户45人种植板栗、药材、油茶等。另有杨岐人家、乐福酒家、孽龙洞土菜馆3家农家乐。

基础设施 2013年9月新建居委会办公楼,建筑面积750平方米。廉政广场占地面积2000余平方米。2015年投资200余万元新建自来水厂并开工建设,2019年投入使用,解决全社区历史缺水问题。2019年完成冷水塘水井提升改造,完善公益性公墓山建设。道路为X159县道,连接319国道,均为沥青路面,路况良好,社区内道路宽3.5～5.5米,主要为水泥和沥青路面,生产、生活道路约7.2千米,道路网完善,交通较为便利。全社区有变电器4台,总功率2000千瓦。居民日常做饭烧水使用的能源主要为电能和液化气,少数家庭使用蜂窝煤、木柴。居民生活用水主要来源于山泉水,有1个集中供水点,位于冷水塘自然村;有自来水储池1座,可蓄水500吨,铺设自来水管道约8000米,基本满足了全社区居民日常生活用水需求。有梅家冲至羊角尖等具有水利灌溉功能的水渠900米,主要用于农田灌溉,可灌溉耕地20亩。

社会发展 安子全社区文化活动场所占地面积约1960平方米,包括居委会、党群服务中心、新时代文明实践站约1260平方米,文化健身广场约600平方米,庙宇约100平方米。其中安子全社区新时代文明实践站采取"一室多区"形式建设,共设立4个集中活动室,包含图书馆、四点半课堂、市民宣讲室等10个功能区域,为群众提供一个良好的学习娱乐场所。全社区有325户157人享受了失地农民保险;有29户38人享受了农村低保,3人享受了城镇低保。社区内人居环境良好,村庄道路网基本形成;有太阳能路灯147盏;建有垃圾集中处理中心1个。

特色地情 社区头棚、中棚、尾棚自然村是康熙十三年(1674)和雍正元年(1723)棚民起义根据地,先后参加起义的安子全农民达1000多人,坚持斗争70多年。村内孽龙洞形成于1.8亿年前,相传古代鄱阳湖有条孽龙企图把江西变成泽国,到处兴风作浪残害百姓,后被许真君制伏于杨岐山下安子全的一个山洞里,孽龙洞故而得名。

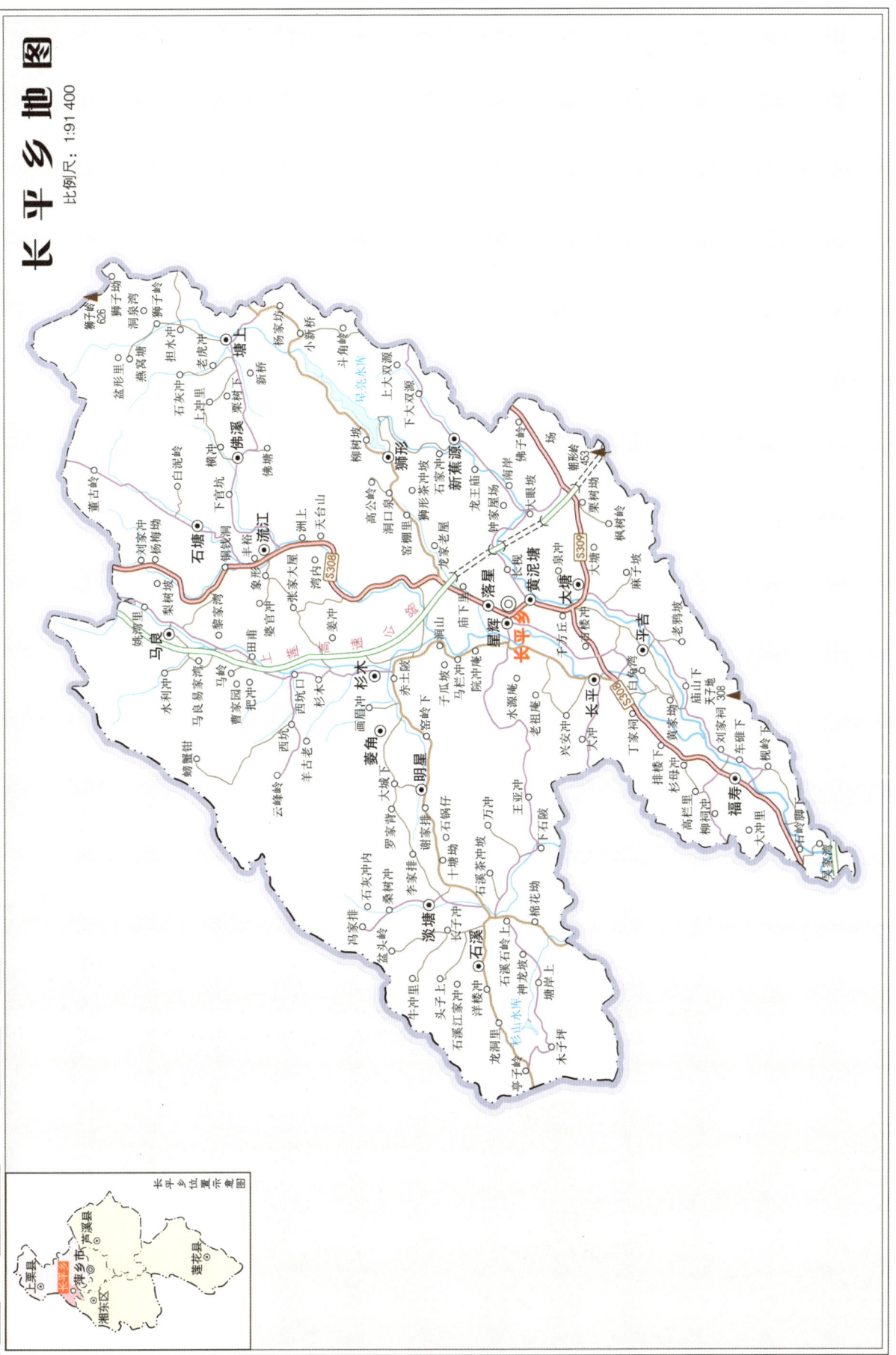

长平乡

长平乡位于萍乡市北面,上栗县南面,北邻上栗镇斑竹村,南接湘东区荷尧镇石岭村,东依福田镇战山村、大宇村,西连湖南省醴陵市浦口镇泮川村。全乡区域面积96平方千米,其中耕地面积1106.67公顷,森林面积6560公顷,森林覆盖率达70%。乡政府驻地星辉村,距萍乡市区、上栗县城区各20千米。

长平乡因境内长平里而得名。原名长坪里,清光绪二年(1876)改名唐公乡。民国时期为萍乡县长平区。1950年为萍乡县长平区,辖福寿、长平、蕉源、流江、狮岭、落星、石城7个乡。1952年为萍乡县第十一区,辖区范围未变。1956年为湘东区长平乡,1958年改长平公社。1962年分为长平、流江两个公社,归属福田区。1965年合并为萍乡县长平公社,辖12个大队。1971年称上栗区长平公社。1983年春撤社建乡,称上栗区长平乡,辖24个行政村。1997年上栗撤区建县,称上栗县长平乡至今。2003年8月,调整村组规模,辖19个行政村。乡治所1971年前驻长平里,解放前,只有一条狭长小街,200余人,店面6个,较大的建筑有万寿宫、小学、医院各一所。中华人民共和国成立后至1971年,长平街先后建起了供销社、粮管所、卫生院、长平完全小学、长平中学、银行等社会服务机构。1971年治所迁至星辉村石屋坳摇篮坡。现今的石屋坳新街沿319国道两旁延伸逾2千米,10米宽的沥青公路横贯街道,300余栋集居住和商贸于一体的楼房鳞次栉比。至2021年,长平新街已成为长达3.4千米、聚集300余商户、1000余住户的繁华商贸街。与上栗镇斑竹山相连的石塘村董古岭,曾是红军浴血奋战的根据地,1927年建立的狮岭、石塘、佛溪三个乡农民协会和赤卫队八大队,是斑竹山湘赣苏维埃政权的重要组成部分。1980年狮岭、佛溪、石塘、狮形大队被萍乡市民政局列为革命老根据地大队。在大革命和土地革命战争时期有革命烈士73人,抗日战争时期有革命烈士1人,社会主义革命和建设时期有革命烈士20人,合计94人。

长平属典型的山区丘陵地形,素有"七山一水一分田,一分道路和庄园"之称。地势北高西低,农田大部分分布在西部和南部,山岭起伏,纵横走向,山体多呈尖峰状,最高点位于杉木村云峰岭,海拔692米,最低点位于福寿村境内,海拔76.6米。长平属亚热带季风性湿润气候,境内四季分明,雨量充沛,霜期较短,春季温和易变,夏季酷暑较长,秋季天高气爽,冬季寒冷少雪。年均气温17.2℃,年均降水量1570毫米,无霜期270天左右(约自2月下旬至11月下旬)。主要河流有狮形河和马良河,源于马良和狮形的两条小溪,由北向南流经全乡10个行政村,至荷尧注入萍水河,另有石溪河、福寿河等中小河流(段)22条。有小(1)、小(2)型水库共2座,分别为星亮水库、杉山水库。有大小山塘290余口,其中省级重点监测山塘6口。矿产资源以煤炭、石灰石、辉绿岩、方解石、粉石英为主,其特点是分布广、品质高,淡塘等村还有尚未开采的锑等稀有金属资源。境内山峦俊秀,怪石林立,风光旖旎,古迹众多,董古岭棋盘石、狮形洞口泉溶洞、燕窝塘森林公园、福寿文笔塔、石溪周氏宗祠门廊刘凤诰对联、平基村占地4000余平方米的牛皇宫等等,共计有市级文物保护景观2处、寺庙18所。

截至2021年末,辖19个行政村,分别为福寿、长平、平吉、新蕉源、大塘、黄泥塘、星辉、落星、狮形、流江、塘上、佛溪、石塘、马良、杉木、菱角、明星、淡塘、石溪,300个村民小组,14473户,常住人口48669人,境内人口大多数为汉族,其中有壮族、土家族、苗族等22个少数民族计126人。

交通网络更趋完善。初步形成了"三纵三横"的交通网络,S308、S309公路贯穿境内,萍洪高速公路在长平设立出入口。2003至2021年,S308长平段、S309长平段、石屋坳至长平里、长平至石溪、大岭上至杉山水库、赤土陂至庙岭、流江至石塘、流江至塘上、大塘至蕉源、塘上至大宇、落星至文岐、黄泥塘至蕉源、S308挂线等公路相继建成通车,总里程达74千米,建有佛子岭、太吉公路驿站2个,改造白兔湾、黄家湾等危桥5座,完成村组公路建设40千米,2007年境内实现村村通水泥路,2021年境内实现村村通沥青路。农业基础全面夯实,近年来,先后完成星辉、长平、福寿、平吉、石溪、黄泥塘、星平渠道等中小河流修缮治理2600千米,完成星亮水库、杉山水库除险加固,治理病险山塘140余口,实施小农水、高标准农田建设,兴修水渠水圳15000余米;大力推进农村安全饮水工程,新建千吨万人饮水工程一座(星亮水厂),受益人口1.2万余人,全乡建设集中供水水塔83座,机井15口,铺设主管道5000千米,解决饮水困难人员50余人。美丽长平全面推进,2003年至2021年共建设新农村点4个,打造了长平村长平里、石溪村佰信、石塘村螺丝峰、佛溪村佛塘等一批新农村示范点,新建石溪、大塘、蕉源、塘上等新时代文明实践站所20个,全乡100户家庭获评县"美丽庭院",平吉村获"全市环境综合整治先进村",2021年石塘村获评"省级森林乡村"称号,长平生态硒锌小镇纳入全省特色小镇培育名单。网络通信发达,金融机构健全,有驻乡单位农商银行、邮政所、供电所、卫生院、防疫站、派出所、移动公司、电信所、市场监督管理局长平分局等机构。2021年,有移动、电信、联通手机用户38020户,互联网用户10869户,固定电话用户3198户。城镇品质全面提升,先后完成集镇提升改造、便民服务中心、智慧书吧、污水处理站、垃圾中转站、智能安防小区、商业广场、文体广场等建设,完成天然气管道铺设12千米。聚焦教育扩容提质,新建福寿小学、塘上小学、千方小学、石溪幼儿园等5所学校,改扩建长平中学、杉木小学、明星小学等6所学校,完成实验幼儿园"民转公",托育机构顺利竣工,新建长平人民教育基金会传承基地,教育事业长足发展。长平敬老院、社会足球场、烈士陵园改扩建、村级卫生服务室、公墓山等一批重大民生项目建成投入使用,乡村振兴基础不断夯实。

长平乡以农业和工业为主导产业,农业以种植业和养殖业为主,主要农产品有水稻、油茶、毛竹、生姜、板栗、百合、挂面、生猪、黑山羊等。建有康鑫、佰信、燕窝塘、长福等黑山羊、兔业养殖基地,创办了佰信、嘉禾、国春等果树、药材、蔬菜等种植基地。全乡有农民种植养殖专业合作社101家,食品手工作坊64家,家庭农场48家。初具规模的有康鑫、佰信、长福等企业。石溪佰信生态种养专业合作社尤为突出,获评中华全国供销合作总社颁发的"2019年度农民合作社示范社"称号。工业以花炮、建材产业为主导,第五轮安全许可证换发证后,有花炮、引线企业9家,花炮集团2家,采石场2家,加油站3家,液化气站1家,环保油经营站1家,制衣厂1家,包装厂1家,冷链包装箱厂1家;落户工业园区企业11家,其中规模以上企业6家。先后引进了江西省仁富电子科技有限公司、萍乡市泰博昌科技发展有限公司、长平制衣有限公司、江西福润达实业有限责任公司、萍乡市琪龙新材料科技有限公司等工业企业14家,其中江西仁富电子、长平制衣厂为年纳税200万元以上规模企业。2014年左右,花炮产业发展较快,呈现逐年增长的好势头。从2020年2月起,花炮企业因环保要求提高,全国禁燃禁放城市逐步增多,部分中小花炮企业主动退出,产业出现了下滑的趋势;2020年以来,黑山羊、养猪、果蔬等农业产业发展较好。

长平人文荟萃,自唐宋后,进士举人代不乏人,有进士2人,举人10人,其中唐代进士唐虞开邑进士之先河,明代的黄敏、唐琼、清代的黄绍薪、黄光试、黄启宗、黄达璋、黄绍藩、周绍濂、黄升国、刘涌澜、周泽南等等,均名冠一时。此外,涌现出黄道腴、黄世准、黄云生、黄向资、黄其庄等名人,走出了黄宗育、龙德、杨杰、杨景堂等98位革命先驱和烈士等等。乡人民教育奖励基金会创始人、名誉理事长李维正先后获得全国脱贫攻坚先进个人、全国脱贫攻坚奉献奖、全省模范退役军人、省道德模范、省优秀共产党员等称号。

民生事业全面发展。近年来,长平乡的教育、卫生、科学、体育、精神文明建设等事业稳健发展。2003年有中学3所,小学27所,有中小学生6540人,中小学教师318人。有乡卫生院一所,下设4个分所,1个中心门诊部,从业人员48人,中级技术人员6人,有防保站1所,从业人员7人。村卫生所54个,从业人员86人,病床87张。2021年,全乡有中学3所,完小10所,教学点2个,有中小学生5118人,中小学教师374人（含代课教师17人）。有乡镇卫生院、防保站各1所,拥有病床90张。长平卫生院2016年度获国家卫计委、省卫计委颁发的"群众满意基层卫生院"称号,同时获得2016年度"江西省基层卫生院管理示范单位",2017年获得"全国百佳乡镇卫生院"称号。有乡综合文化站1个,村级综合文化服务中心19个,综合文化示范点17个,95%以上的村成立了腰鼓队、军鼓队、舞龙舞狮队、锣鼓队、广场舞队等文化团体。有敬老院1所,设置床位180张,在院老人123人,先后获得省民政厅"赣鄱孺子牛奖先进集体""三星级敬老院"等称号。

全乡聚焦"两不愁三保障",通过产业帮扶、就业帮扶、教育帮扶、综合保障等方式,扎实有效做好脱贫攻坚同乡村振兴有效衔接工作。全乡有建档立卡贫困户362户、1228人,十二五脱贫村3个,十三五脱贫村3个,省定十四五重点村2个,均已全部脱贫。其中:2015年脱贫62户219人,2016年脱贫41户135人,2017年脱贫119户446人,2018年脱贫52户189人,2019年脱贫60户224人,2020年脱贫34户123人,与市、县同步完成脱贫攻坚任务,同步全面建成小康社会。至2021年年底,建立并完善防返贫动态监测和精准帮扶机制,脱贫户、监测对象"两不愁三保障一饮水"全部达标,无反弹。发放各类补助等资金250余万元,消费帮扶销售总额达960.5万元。累计开发公益性岗位123个,发放岗位补贴74万元,就业比例达93.72%,未发生规模性返贫现象。以产业振兴为引擎,争取产业项目资金309万元,支持发展合作社16个,带动就业38人,产业分红覆盖139人。全年召开"三讲一评"颂党恩活动38次。扎实做好"六稳""六保",举办招聘会7次,介绍就业岗位2000余个。深入推进"厕所革命",完成问题厕所整改535户。高效推进服务保障,发放优抚金、抚恤金、解"三难"等资金236.4万元,提升打造了杉木、石溪、塘上等3个"兵支书"村级退役军人事务服务站。精准落实惠民政策,发放城乡低保、临时救助等1154万元。

2012年以来,该乡先后获"国家级生态乡镇""省级生态旅游示范乡镇""全省政府系统'五型'政府建设先进集体""全市旅游产业发展先进乡镇""全市农村人居环境整治工作先进单位""全县大变样优秀乡镇"等多项荣誉称号。

星辉村

村情概况　星辉村位于长平乡中部，S231、长石公路贯穿全村，离萍洪高速仅1千米，距离上栗县城19千米、萍乡市区20千米。星辉村东与黄泥塘村相接，北靠落星、杉木、菱角3村，西邻明星村，南与长平村接壤。全村面积2.1平方千米。长平乡人民政府、卫生院、防疫站、农商银行、邮政储蓄银行、电信公司等均坐落在村中心。全村下辖15个村民小组，有夏家岭、子瓜坡、李家老屋、院冲庵、芭蕉塘、刘家屋场、水源庵、余家山下、炉下、石王凹等10个自然村。有674户2347人，其中男性1178人，女性1169人；常住人口911户3017人。居住人口以汉族为主，有两位少数民族人员。全村共有87个姓氏，其中黄、李、刘、余4个姓氏的村民人数均超过100人。

自然资源与环境　星辉村地属典型的丘陵地形。农业立体气候明显，水资源相对丰富，有机肥充足，土地较为肥沃，农业生产条件较好，第一产业是本村的主导产业。星辉村气候温和，四季分明，光照充足，山清水秀，雨量充沛，霜期较短，春季温和

长平乡卫生院

天气易变,夏季炎热期较长,秋季天高气爽,冬季寒冷少雪;长平河自北向南穿村而过。村内煤炭资源较为丰富。全村林地面积3000余亩,主要为毛竹林、杉树林、油茶林、松树林、樟树林和板栗林,森林覆盖率达65%。主要产业是黑山羊养殖和长平手工挂面。受地形和水文条件影响,星辉村历史上洪灾频发,在1994年和1999年分别暴发过两次大型山洪。随着水利设施的逐渐完善,洪水暴发频次和严重程度逐渐降低,2012年以来未出现造成人员伤亡和严重财产损失的洪水。

星辉村院冲庵新农村点

经济概况 星辉村主要种植水稻、油茶、油菜、红薯、玉米等,主要养殖黑山羊、生猪、土鸡、土鸭、蜜蜂等。2022年,星辉村水稻种植面积605亩,种植农户193户;油菜种植面积约350亩,种植户约400户;蔬菜种植60亩,种植户约250户;红薯种植40亩,种植户47户;黑山羊养殖户6户,年末存栏350头,全年出栏260头;土猪养殖户3户,年末存栏70头,全年出栏80头。土鸡、土鸭、蜜蜂等皆为家庭散养,未形成规模。星辉村工业以小型筒子厂和鞋面厂为主。星辉村地处长平乡中心地带,商贸繁荣,农贸市场、超市、服饰、餐饮、零食、电器、家具、药房、杂货等商铺林立,农历每月逢四有大型赶集。2022年集体经济收入为16万余元。

基础设施 村主干道均为沥青路面,路况良好,长约3.5千米;生产生活道路约5千米,主要为水泥路面。建设有桥梁3座,村庄道路网四通八达,交通较为便利。村民日常使用的能源主要为电能和液化气,极少数家庭使用蜂窝煤。村民主要生活用水来源于自来水与深井水,有3个农饮工程,分别位于芭蕉塘、院冲庵、水源庵,基本满足了全村村民日常生活用水需求。星辉村有院冲庵、水源庵、余家山下、枫树塘等具有水利灌溉功能的山塘6座,主要采用沟渠引水,可灌溉耕地500余亩。由于年久失修和洪涝汛情的影响,部分水利设施被山洪冲垮,星辉村村支两委陆续对李家老屋坝、炉下坝、院冲庵山塘、余家山下山塘开展维修加固,有效保障了村民群众的生产生活用水安全。2021年,星辉村成功完成院冲庵新农村点建设,修建芭蕉塘至石溪村王亚冲道路2.5千米;完成了水源庵、芭蕉塘水渠的清淤修缮;院冲庵河堤、河坝的水毁修复;芭蕉塘至金鸡桥全长1千米的道路拓宽以及全村路灯的安装、检修工作等。

社会发展　星辉村文化活动场所占地面积约3260平方米,其中村委会(包括党群服务中心)约200平方米、新时代文明实践站约200平方米、文化健身广场约1500平方米。长平乡卫生院位于星辉村芭蕉塘,村内还有2个村卫生所,接诊率较高,极大地方便了村民的医疗需求。卫生院还定期为在村的65岁以上的老人、三高人员及妇女免费体检。村委会为村民提供代缴医保服务,2022年度农村医保参保率达100%。全村有50户76人享受了农村低保,特困分散供养2户2人。

长平村

村情概况　长平村地处长平乡西南部,距乡政府所在地1.5千米,S308公路贯穿境内,村组公路实现水泥硬化全覆盖,交通十分便利。东部与本乡黄泥塘村、大塘村接壤,南部紧靠本乡福寿村、平吉村,西部与本乡石溪村以及湘东区荷尧镇泉陂村毗邻,北部交界本乡星辉村。全村下辖21个村民小组,有老祖庵、炭山坡、灌坝上、大冲里、长平里、丁家祠、排楼下、白兔湾、中屋场、古楼冲、夏家湾11个自然村。现有1608户,人口5566人;其中男性2897人,女性2669人;常住人口1366户5452人。居住人口以汉族为主,有3名少数民族人员。全村共有121个姓氏,其中黄、李、刘、周等4姓人数均超过500人。

自然环境与资源　长平村属典型的丘陵地形,水资源相对丰富,土地较为肥沃,农业生产条件较好。长平村四季分明,光照充足,山清水秀,气候宜人,雨量充沛,霜期较短,春季温和天气易变,夏季炎热期较长,秋季天高气爽,冬季寒冷少雪;长平河自北向南穿村而过。境内煤炭资源较为丰富。全村森林覆盖率达75%,森林面积6800亩,主要为毛竹林、杉树林、油茶林、松树林、樟树林和板栗林。

经济概况　境内有耕地面积1706.87亩,有果林场2个,每年油菜、早稻、再生稻、晚稻轮番种植。主要产业是种植养殖、花炮、筒子加工、长平老月饼、特色小食品加工坊和长平手工挂面。长平村工业以筒子厂和花炮厂为主,有花炮引线企业11家、养殖业5家、已注册特色小食品加工坊55家。长平村商贸繁荣,农历每月逢一有三次大型赶集。村内集镇全长1000余米,有商铺65余户,集镇长期从业人员约100人,临时性从业人员80余人。服饰、餐饮、零食、杂货等商铺林立。2022年村集体经济收入约为15.5万元。

基础设施　村主干道均为沥青路面,路况良好,长约4.5千米;生产生活道路约25千米,主要为水泥路面。建设有桥梁6座,村庄道路网完善,交通较为便利。村民日常使用的能源主要为电能和液化气,极少数家庭使用蜂窝煤。村民生活用水来源于自来水与深井水,有10个农饮工程,基本满足了全村村民日常生活用水需求。长平村有具有水利灌溉功能的山塘10座。主要采用长平河坝及沟渠引水,可灌溉耕地1700余亩。2021年以来,长平村成功完成美食街、足球场、排楼下、长平里、兴安冲等5处新农村点建设,完成了白兔湾、泥坝桥、中屋场、兴安冲、大冲里、苏家湾等道路加宽以及全村路灯的安装、检修等工作。

社会发展　长平中心幼儿园位于长平村长平里,2013年开园,现有学生281人。长平中心小学位于长平村长平里,始建于1927年,有学生1819人。长平村文化活动场所占地面积约11400平方米,包括村委会(党群服务中心)约1000平方米、新时代文明实践站约400平方米、文化健身广场7处约10000平方米。村内有3个卫生所,接诊率较高,满足了村民的医疗需求。卫生院还定期为在村的65岁以上的老人、三高人员及妇女免费体检。村委会为村民提供代缴医保服务,2022年度农村医保参保率达

长平村社会足球场

长平中学

100%。全村有脱贫户27户114人、边缘户2户10人、监测对象4户18人;农村低保户117户202人,城镇低保户18户24人;分散五保14户21人;有残疾人175人。村内人居环境较为良好,绿化率高,和谐秀美。

特色地情 唐廪,长平乡长平村人,乾宁元年(894),登进士第,官秘书正字,据史料记载,萍乡第一个取为进士的是唐宝历元年(825)的易之武,接踵者为乾宁元年取为进士的唐廪。唐廪被誉为萍乡人文之祖、上栗第一进士,主要代表作为《杨岐山》,其墓地位于长平乡星辉村境内。

大塘村

村情概况 大塘村村名来源于上太塘自然村,因村北有大泉水塘,故名。据《黄氏族谱》记载:黄氏于清雍正年间自万邑徙此。1958年属长平公社称大塘大队,1984年改为大塘村民委员会,2003年和新华村合并,统称大塘村。后因工作人员误写,渐变成了"太塘村",一直沿用,标准地名应为"大塘村"。

大塘村交通区位优越,地处上栗县中部,距离萍乡市区、上栗县城均为18千米。南邻平吉村,西接长平村、黄泥塘村,北部为新蕉源村,东部和南部分别与福田镇、安源区青山镇交界。大塘村下辖8个自然村组,分别为平吉岭、泉冲、上大塘、下大塘、枫树岭、栗树坳、老屋场、佛子岭。全村共有888户3068人,其中男性1786人,女性1282人;常住人口2639人,流动人口429人。居住人口以汉族为主。大塘村共有29个姓氏,其中李、周、陈、江、荣、易等6个姓氏的村民人数均超过100人。

自然环境与资源　大塘村属半丘陵半山地地形,地势北低南高,村庄地势坡度变化大,平坦用地少,呈现纵向狭长态势。村内有S309省道自东向西穿村而过。境内石灰石矿产资源较为丰富。林地资源丰富,森林覆盖率达70%;林地面积为5900余亩,占比59.11%;主要为油茶林、杉树林、毛竹林和樟树林。受地形和水文条件影响,大塘村历史上有过洪灾,2008年6月24日在平吉岭地区冲倒横堤,冲毁水田几十余亩,于当年已全部修复。随着水利设施的逐渐完善,洪水暴发频次和严重程度逐渐降低,近十年内未出现造成人员伤亡和严重财产损失的洪水。

经济概况　大塘村主要种植水稻、油茶、油菜、红薯,养殖土鸡、羊等。2022年,水稻种植面积约200亩,种植户115户;油菜种植面积150亩,种植户122户。另外,新引进水稻制种项目,种植面积150亩,从业人员15人。工业以劳动密集型的筒子加工为主。有20余家筒子加工厂,安排劳动力近1000人,收入可观,是长平乡内的"一村一品"特色村庄项目。农历每月逢九有大型赶集,有商铺33户,其中大型商超4家,小卖部10家,餐饮6家,家具店2家,诊所2家,五金店1家,水电安装2家,汽车修理1家,建材店3家,石材店2家。2022年集体经济收入约为20万元。

基础设施　大塘村对外道路主要有309省道,为沥青路面,路况良好;村内道路宽

大塘村水稻制种项目

大塘村村委会

3.5~5.5米,均为水泥路面或者沥青路面。建设有桥梁3座,村庄道路网基本形成,交通较为便利。村内有移动、电信、联通营业厅和邮政物流配送点。大塘村有变电器11台,总功率4000千瓦。村民日常使用的能源主要为电能和液化气,少数家庭使用蜂窝煤、木柴。村民主要生活用水来源于深井水,有6个集中供水点,分别位于佛子岭、老屋场、枫树岭、罗家湾、黄家湾、麻子坡;有自来水储池5座,可蓄水200吨,铺设自来水管道约1.2万米,基本满足了全村村民日常生活用水需求。大塘村有水井冲、泉冲、平吉岭、刘家湾等具有水利灌溉功能的山塘7座,主要采用沟渠引水,可灌溉耕地400余亩。2022年,大塘村成功申报新农村建设点1个,获批30万元项目资金用于枫树岭新农村建设改造,有效提升了大塘的村容村貌。

社会发展 大塘村原本建有新华小学、太塘小学,由于生源减少,两所小学先后撤并,目前全村适龄儿童基本前往邻村黄泥塘千方小学就学。村文化活动场所占地面积约2000平方米,包括村委会(党群服务中心)约300平方米、文化健身广场约1500平方米。村新时代文明实践站采取"一室多区"形式建设,共设立4个集中活动室,包含图书馆、四点半课堂、市民宣讲室等10个功能区域。村内建有2个卫生所(室),接诊率较高,服务范围辐射到平吉岭、大塘口上、洞泉、佛子岭等周边区域。另外长平乡卫生院定期为在村的60岁以上的老人和妇女免费体检。村委会为村民提供代缴医保服务,2021年度农村医保参保率达100%。全村有47户189人享受了失地农民保险,有28户56人享受了农村低保。村内有路灯150盏,均为太阳能路灯;建有垃圾集中处理中心1个,聘请保洁人员4名。

淡塘村

村情概况 淡塘村地形呈一个水塘形状,自古水源丰富,水质较好,故名淡塘。淡塘村位于长平乡西部,距乡政府所在地8千米,东连本乡明星村,南部为本乡石溪村,西部为湖南省株洲市白兔潭镇,北与本乡菱角、杉木两村相连。淡塘村共有12个自然村,分别为瓦屋里、南岭下、张家里、猴角塘、铁水塘、陈家祠、古冲、贯冲坪、桑树冲、淡塘口、叶家坡、长冲,村中心在铁水塘自然村。有12个村民小组,460户2123人,其中男性1114人,女性1009人。外出居住有310人,流动人口715人,占全村人口37%,主要流向广东省、浙江省、本省萍乡市等。全村共有55个姓氏,其中周、陈、易、张等姓人口均超过100人。

自然环境与资源 淡塘村地处高山地带,平均海拔402米,其中古冲自然村海拔580米。村内有2条支流自北向南穿村而过。境内302县道长石公路穿境而过,距离萍洪高速长平乡互通口6千米。土地总面积9.87平方千米,其中耕地685.2亩(水田389亩),人均耕地0.32亩,实际耕种680亩。森林覆盖率80%。有杉树、板栗、油茶树等,杂用材林3100亩,经济林700亩,竹林100亩(人均1.7亩),是县级生态村。

经济概况 淡塘村主要种植水稻、油茶、油菜、红薯,养殖土鸡、羊、鸽子、蜜蜂等。2022年,淡塘村水稻种植面积约500亩,种植户约260户;油菜种植面积约200亩,种植户约60户,黑山羊、牛、猪养殖户15户,年末存栏400余头,全年出栏生猪600余头,出栏本地黑山羊200余头,出栏肉牛80多头。土鸡、土鸭、皆为家庭散养,未形成规模。全村有注册营业执照32家,其中养殖、种植各15家,其他2家。百货、南杂、餐饮、理发、诊所、修理、水电安装等个体经营户共计15家。规模较大的有上栗张辉种养专业合作社和恩卓种养专业合作社,这两家合作社成立于2020

淡塘村党群服务中心

淡塘村云集庵

年,注册资金均为60万元。2022年新增冯家排种养养殖占地面积200亩。恩卓种养专业合作社扩展种植环保净水植物"水草",销往广州、深圳等地,发展势头良好。淡塘村商贸繁荣,延续传统习惯,农历每月逢七有大型赶集,为村民农产品交换和采购提供方便,促进了村级经济和市场繁荣。2022年村集体经济收入为10余万元。

基础设施　淡塘村境内主干道为长石公路,沥青路面,路况良好;村内道路宽3.5~5.5米,主要为沥青路和水泥路面,交通较为便利。2021年以来,先后完成了长冲道路长700米"白改黑"新农村点建设、长石公路两旁水沟和护栏建设2个项目点改造,长冲口危桥重建,极大改善了淡塘村道路面貌。村内有移动、电信、联通营业厅和邮政物流配送点。淡塘村有变电器3台,总功率4000千瓦。村民日常使用的能源主要为电能和液化气,少数家庭使用蜂窝煤、木柴。村民主要生活用水来源于深井水,有2个集中供水点,分别位于长冲尾和铁水塘,有自来水储池2座,可蓄水200吨,铺设自来水管道约1.1万米,基本满足了全村村民日常生活用水需求。淡塘村有水利灌溉功能河道2条、水坝3座、水塘5座,主要采用沟渠引水,可灌溉耕地500余亩。自2021年以来,由于年久失修和夏季汛情的影响,部分水利设施被山洪冲垮,淡塘村两委陆续申请实施了桑树冲、叶家坡水渠水塘维修加固,张家里水渠修缮,铁水塘深井打探,铁水塘等水池建设,黎家里水坝维修等农饮工程维修项目,有效保障了村民的生活用水和农业用水安全。

社会发展　淡塘村建有淡塘教学点和淡塘幼儿园,可满足淡塘村及周边村庄学龄前和九年义务教育小学阶段的就学需求,义务教育小学阶段覆盖率100%。村文化活动场所占地面积约3000平方米,其中党群服务中心约400平方米、新时代文明实践站约200平方米、文化健身广场约2000平方米、文化长廊200平方米。村新时代文明实践站采取"一室多区"形式建设,共设立4个集中活动室,包含图书馆、娱乐室、理论宣讲室、市民教育室、科普室等6个功能区域。村内建有卫生所1个,卫生所定期为在村的60岁以上老人和妇女免费体检。村委会为村民提供代缴医保服务,2022年度农村医保参保率达100%。淡塘村有52户73人享受了农村低保。村内人居环境较为良好,村庄道路网基本形成;村内有路灯208盏,分别为太阳能路灯、用电路灯;建有垃圾集中收集点1个,聘请保洁人员4名。

特色地情 境内有观音庙、龙王庙、老虎洞等人文景观,铁水塘自然村路边的小山丘上有2棵古樟,号称千年古樟。村内有一座云集庵,庙内墙壁青石上刻有乾隆年代的字迹。

佛溪村

村情概况 佛溪村在明代称"甘溪社",意为溪中之水有甜味。村内有一口1000平方米的泉塘,传说在古时泉水翻滚沸腾,取名为"沸塘"。1956年一名女干部来此驻队,为求得地名的广泛性,将"甘溪社""沸塘"两个地名各取一字——名为"沸溪大队",20世纪80年代,"大队"改成"村"。电脑刻公章时将"沸"字刊刻成"佛"字,故流传至今为"佛溪村"。佛溪村位于长平乡东北部,东靠塘上村,北接石塘村,西邻流江村,南与狮形村接壤,距离乡政府4千米左右,距S231公路1千米。全村区域面积为4平方千米,其中耕地面积为770.01亩,山地面积为6300亩。村级有7个村民小组,分别为下官坑一组、上官坑二组、七组、上横冲四组、下横冲三组、佛塘五组、佛塘六组。共282户1168人,其中常住人口605人,流动人口563人,居住人口以汉族为主。有15个姓氏,其中易、龙、杨3个姓氏村民人数均超过100人。

自然环境与资源 佛溪村属半丘陵半山地地形,地势西低南高。村内有两条萍水河支流自东向西流过。境内石矿产较为丰富。靠近杨岐山风景名胜区、狮形村星亮水库。村内山地面积为6300亩。主要为油茶林、竹林、杉树林。受地形和水文条件影响,佛溪村历史上旱灾频发,在2020年由于缺水干旱无法种植水稻,村民严重受灾。随着水利设施的逐渐完善,2021年以来未出现饮水安全问题。

经济概况 佛溪村主要种植水稻、油茶、油菜、红薯,养殖土鸡、羊、蜜蜂等。2022年,水稻种植面积约70亩、种植户约130户;油菜种植面积约400亩,种植户约200户。另外,2022年新引进水稻制种项目,种植面积15亩,从业人员约10人。黑山羊养殖户5户,年末存栏120头,全年出栏170头。土鸡、羊、蜜蜂等皆为家庭散养,未形成规模。规模较大的合作社有:上栗县荟丰种植专业合作社,成立于2022年,注册资金90万元,占地面积100亩,长期雇用村民10人,解决脱贫劳动力20人就业问题。佛溪村商贸活跃,商铺有5家、诊所1家,在村长期从业人员约120人,临时性从业人员105人,其他以外出务工为主。2022年村集体经济收入为15万元。

基础设施 佛溪村流狮公路均为沥青路面,路况良好;村内道路宽3.5~5米,主要为沥青路面,生产、生活道路约3千米,为水泥路面。建设有桥梁3座,村庄道路网基本形成,交通较为便利。佛溪村有变电器6台,家庭通电率100%。村民日常使用的能源主要为电能和液化气,少数家庭使用蜂窝煤、木柴。村民主要生活用水来源于深井水,有5个集中供水点,基本满足了全村村民日常生活用水需求。2022年,佛溪村申报了1个乡村振兴基础设施项目,获批10万元,项目资金用于七组卫生所后砌石岸,有效解决了塌方安全隐患,受益群众120余人。

社会发展 佛溪小学虽然可满足全村及周边村庄学龄前和九年义务教育阶段的就学需求,义务教育覆盖率100%。但由于出生人口下降,生源少,绝大多数适龄儿童都前往邻村流江小学就读。村文化活动场所占地面积约3500平方米,包括村委会(党群服务中心)约350平方米、新时代文明实践站约200平方米、文化健身广场约2450平方米。村内有1个卫生所,接诊率较高,服务范围辐射到周边村庄。长平乡卫生院定期来村为60岁以上的老人和妇女免费体检。村委会为村民提供代缴医保服务,2022年度农村医保参保率达99%。全村有37户54人享受了农村低保。

佛溪村有路灯100余盏,均为太阳能路灯;建有垃圾集中处理中心1个,聘请保洁

佛溪村

佛溪村村委会

人员3名。

特色地情 1927年建立的狮岭、石塘、佛溪三个乡农民协会,是斑竹山武装割据的重要组成部分,土地革命时期曾成立赤卫队八大队。1980年佛溪大队被萍乡市民政局列为革命老区大队。

福寿村

村情概况 长平乡福寿村,与湘东区荷尧镇交界,位于上栗最南端。面积7平方千米,交通便利,S308公路穿村而过,距离萍乡市区20千米,距离上栗县城25千米,东邻本乡平吉村,南接荷尧镇横江村,西与荷尧镇青云村交界,北与本乡长平村接壤。全村有22个自然村组,刘家祠、车碓下、雷公台、枧岭下、邬家山下、宝塔上、宝塔下、李家湾、石岭脚下、打田湾、大冲里、石围子、宜章祠、坡里、杨家屋场、杉母冲、枣木冲、河大冲、老虎冲、柳丝冲、邬家山下、枣木冲。全村共有1112户4179人,其中男性2214人,女性1965人;常住人口2861人,流动人口1318人。居住人口以汉族为主。全村共有102个姓氏,其中文、刘、苏、黎、周、黄、李、邬、曾、杨、彭、吴12个姓氏的村民人数均超过100人。

自然环境与资源 福寿村地属丘陵,地势东高西低。村内有一条福寿河支流自东北穿村而过。福寿村林地面积为3000多亩,占全村面积的60%,主要为毛竹、杉树林、油茶林、松树林、樟树林和板栗。主要产业以稻谷、蔬菜种植为主。受地形和水文条件影响,福寿村历史上洪灾频发,在1994和1999年分别暴发过两次大型山洪,2008年暴发雪灾造成财产严重损失。进入新世纪后,随着水利设施的逐渐完善,减少了很多农作物受损。

经济概况 福寿村主要种植水稻、油茶、油菜、红薯,养殖黑山羊、生猪、土鸡、土鸭、蜜蜂等,其中黑山羊、月亮粑粑、红薯片、挂面是家喻户晓的主体产业。2022年,福寿村水稻种植面积约1000亩,种植户约866户;油菜种植面积约400亩,种植户约200户;蔬菜种植面积200亩,种植户约300户;红薯种植面积60亩、种植户约36户。黑山羊养殖户13户,年末存栏390头,全年出栏760头。蜜蜂等皆为家庭散养,未形成规模。规模较大的合作社有:上栗县佳福农场合作社,成立于2018年,有股东5名,注册资金50万元,占地面积120平方米。福寿村商贸繁荣,农历每月逢五有三次大型赶集。福寿村内集镇全长500余米,有商铺29户,其中中小型超市4家,小卖部5家,餐饮2家,移动1家,诊所2家,美容美发店3家,五金店1家,水电安装2家,摩托修理3家,水果店1家。年营业额达120万元以上1家,年营业额达20万元以上商家2家,集镇长期从业人员约120人,临时性从业人员90余人。2022年村集体经济收入为12万余元。

基础设施 福寿村对外道路S308道路,均为沥青路面,路况良好;村内道路宽3.5~5.5米,主要为水泥路面,生产生活道路约14千米,兼具生产生活功能的集镇段约1千米,为沥青路面。建设有桥梁4座,其中小型桥梁2座、涵洞型桥梁2座。村庄道路网基本形成,交通较为便利。福寿村有变压器16台,总功率3200千瓦。村民日常使用的能源主要为电能和液化气,少数家庭使用蜂窝煤。村民主要生活用水来源于露

福寿村文笔塔

福寿村福寿小学

天井、深井水,有2个集中供水点,分别位于高栏里、大冲里;有自来水储池2座,可蓄水60吨,铺设自来水管道约2千米,基本满足了全村的日常生活用水需求。全村有陈家坡、雷公台、枧岭下、邬家山下、宝塔上、宝塔下、李家湾、石岭脚下、大冲里、钱塘、柳丝冲、枣木冲、杉母冲、河大冲等具有水利灌溉功能的小型山塘27座,主要采用沟渠引水,可灌溉耕地1400余亩。2022年以来,部分水利设施被山洪冲垮,福寿村两委陆续申请实施了高栏里、大冲里饮水提升工程,有效保障了村民的生活用水和农业用水安全。2021年以来,福寿村在S308省道沿路打造了新农村建设点和1个垃圾分类建设点,2个饮水工程,打造了中田社沿河两路景观带,有效提升了福寿村的村容村貌。

社会发展 福寿村建有福寿小学,可满足福寿村及周边村庄学龄前和义务教育阶段的就学需求,义务教育覆盖率100%。村文化活动场所占地面积约6000平方米,其中村委会(党群服务中心)约240平方米、新时代文明实践站约50平方米、文化健身广场约1200平方米、庙宇约3000平方米、宗祠约1300平方米。新时代文明实践站共设立7个集中活动室。村内建有1个卫生所(室),接诊率较高,服务范围辐射到青云村、长平村等周边村庄。村委会为村民提供代缴医保服务,2022年度农村医保参保率达100%。全村有100户148人享受了农村低保。村内有路灯220多盏,均为太阳能路灯;垃圾分类建设已落实,聘请保洁人员6名。

福寿村军鼓队成立于2012年6月20日,由16人组成,是利用老人协会活动广场场所开办的一支专门队伍,开展集健身、艺术、娱乐等功能为一体的文化体育活动。福寿村志愿者联合会是由福寿村公益事业的社会各界人士自愿组成的,以提供社会公益服务为主的地方非营利性社会组织,于2013年5月13日成立,由共青团上栗县委主管,是正式注册的民间纯公益组织。

特色地情　文笔塔坐落在福寿村,离上栗城区26千米,为清代所建的七级八面塔。此塔为青麻石砌成,建在上栗县与湘东区的交界线上。据传说原有狮子下山来吃禾苗。老百姓就请风水先生选址造了这座塔压在狮头上,从此就镇住了狮子。

黄泥塘村

村情概况　黄泥塘村原名千方村,据传是由千方良田而来。解放时属蕉源大队,20世纪90年代改制后,村委所在地搬迁至村属黄泥塘自然村小组,随后也正式改名为黄泥塘村。黄泥塘村地处长平乡集镇区域,与长平乡人民政府距离300米左右,总面积3.2平方千米。东邻新蕉源村,西接星辉村,南与长平村、大塘村交界,北与落星村、狮形村接壤。全村有8个自然村民小组,为陈善堂、千方丘、黄泥塘、杨树塘、长枧、邱家屋场、上井栏冲、下井栏冲。全村共有448户1786人,其中男性936人,女性850人,居住人口以汉族为主。主要姓氏有刘、苏、周、荣、李、邱、谢、张、钟、黄、陆、罗、肖、杨、黎、樊、何等。

自然环境与资源　黄泥塘村属半丘陵山地地形,从南到北宛如一条蛟龙,东西长3千米。从北到南平坦用地少,呈纵向狭长态势。村内河流发源于狮形村星亮水库,自北向南穿村而过。村内自然资源较为丰富,林地面积为523亩,其中油茶林为265亩,松树林为108亩,杉树林为112亩,樟树林为54亩,绿化率达62%。受地形和水文条件影响,黄泥塘村历史上洪灾频发,随着水利设施的不断完善,山洪暴发的频率越来越低,近年来未曾出现造成人员死亡和严重财产损失的事件。

经济概况　黄泥塘村主要种植水稻、油菜、玉米、红薯、莲藕,养殖黑山羊、土猪、菜牛、土鸡、水产等。2022年黄泥塘村水稻种植面积270余亩,种植户约110户;油菜种植面积150余亩,种植户47户;黑山羊养殖户17户,年存栏80余只;菜牛养殖户2户,全年出栏30余头;水产养殖年产1.5万余公斤,土鸡、土鸭、土鹅等皆为家庭散养未形成规模。2022年成立了集体经济发展合作社,鼓励村民创业增收,充分调动村民的劳动积极性。工业以劳动密集型工业为主,比较大的企业有兴丰包装厂,该厂于2021

年投产,注册资金7000万,主要经营礼品包装,有固定工人150余人,年产值约1000万元。鞭炮厂、鞋面加工厂等效益较好,为当地老百姓解决就业和创造了经济收入。村内有商铺50余户、超市(小卖部)15户、文化用品店6户、美容美发8户、餐馆7户、钢筋加工厂1户、摩托车行2户、五金修理2户、诊所1户、五金店3户、家具店1户、水电安装3户、液化气站1户、快递点2个等等,从业人员120余人。2022年1—7月村集体经济收入约10万元。

基础设施 对外道路主要有S308,萍洪高速横穿全村,县道和乡道均为沥青路面,路况良好,道路宽5~8米,黄泥塘村村庄道路网基本形成,交通状况较为顺畅。村内有韵达、申通、极兔等快递物流配送点,接收和发送快递极为方便。农商银行、邮政银行、上栗富民银行等在长平集镇有分行。全村有变压器9台,总功率4000千瓦。村民日常使用的能源主要为电能和液化气,极少数使用蜂窝煤。村民主要生产生活用水来源于自来水、深井水,有6个集中供水点,可蓄水300余吨,铺设自来水管1万余米,基本满足村民日常用水需求。全村有水利灌溉功能的小型水坝3座,主要采用沟渠引水,可灌溉农田300余亩。2021年以来有部分水利设施因年久失修损坏被冲垮,黄泥塘村两委陆续申请了长枧河岸修复和3个村民小组农饮工程维修项目,有效保障了生活用水和农业用水安全。

社会发展 黄泥塘村建有设备完善的中心幼儿园、托育中心和千方小学教学楼,可容纳200至1200名学生就读,可满足本村及周边村庄学龄前和九年义务教育小学阶

黄泥塘村

黄泥塘村千方小学

段的就学需求,义务教育阶段覆盖率100%。村文化活动场所面积约2400平方米,其中村委会(党群服务中心)800余平方米、新时代文明实践站约600平方米、文化健身广场约800余平方米、庙宇约160平方米。新时代文明实践站采用"一室多室"形式建设,为群众提供一个良好的学习和休闲娱乐场所。村内有村级卫生室1所,接诊率较高,辐射到大塘、星辉、落星等周边村庄。2022年度农村医疗保险缴纳率达100%。全村有8户16人享受了失地农民保险,有26户41人享受了农村低保。全村有林地面积约1267亩,森林覆盖率达58%。村容村貌整洁有序,人居环境优美宜居,地理位置优越,交通便利。村内有电路灯50余盏,太阳能路灯200余盏。日常保洁人员2名,整治厕所9户。

黄泥塘村现有军鼓队1支、腰鼓队1支、篮球队1支,参加了县乡组织的文艺演出活动,多次得到上级主管部门的高度表扬和奖励。

菱角村

村情概况 菱角村原位于菱角塘境内,塘内早先自然生长大量菱角,故而得此名称。20世纪80年代初,菱角村隶属于上栗区长平公社管辖,与现明星村一起称为集中大队。1984年拆队建村,当时考虑以地理性标志产物命名成立"菱角村村民委员会",沿用至今。菱角村地处长平乡西北部,与云峰岭山水相连,东与杉木村为邻,西与明星村相伴。长石公路贯穿东西,离萍洪高速出口1千米。交通较为便利,环境优美。全村下辖6个自然村组,分别为瑶南塘、南山下、画眉冲、邱家湾、谢家湾、小冲。全村共有456户1721人,男性926人,女性795人。常住人口1226人,流动人口495人。居住人口以汉族为主。全村共有19个姓氏,其中陈、黄两姓人口较多。

自然环境与资源 菱角村地属半丘陵半山地地形,地势北高南低,村庄地势坡度变化较大,山高平地少,呈现纵向狭长态势。境内瑶南塘河道上接明星村,下连杉木河道,属主干河系,贯流湘东河道。境内灰岩矿产资源较为丰富。辖区总面积约3.35平方千米。耕地总面积820亩,农田565亩,其中水田面积约445亩,旱地面积约120亩,旱土地255亩,人均总耕地面积0.46亩。林地面积约3050亩,森林覆盖率80%。树木以杉、松、毛竹、板栗等为主,约有2650亩(人均1.56亩),其中油茶树林400亩。

经济概况 菱角村主要种植水稻、油茶、油菜、菱角、红薯,养殖土鸡、黑山羊等。2022年,水稻种植面积300余亩,种植户约145户;油菜种植面积约200亩,种植户约122户。村里有养殖专业合作社3家、矿山企业(婉玲矿业)1家、个体商户7家、鞭炮筒子加工厂4家、谷酒酿造作坊3家、个体印刷厂3家。工业以矿业开采为主,安排劳动力200余人,收入非常可观。菱角村商贸繁荣,有商铺10户,其中小卖部8家,诊所1家,水电安装1家。2022年村集体经济收入28.5万元。

基础设施 菱角村对外道路包括309国道,均为水泥路面,路况良好;村内道路宽3.5~5.5米,其中有水泥路面,也有沥青路面。建设有桥梁3座,村庄道路网基本形成,交通较为便利。全村有变电器6台,总功率4000千瓦。村民日常使用的能源主要为电能和液化气,少数家庭使用蜂窝煤。村民主要生活用水来源于深井水,有2个集中

菱角村

菱角村村委会

供水点,分别位于小冲、画眉冲;有自来水储池1座,可蓄水100吨,铺设自来水管道约3000米,基本满足了全村村民日常生活用水需求。全村有陈家湾、谢家湾、邱家湾、画眉冲等具有水利灌溉功能的山塘4座,主要采用沟渠引水,可灌溉耕地460余亩。2022年底,菱角村打造了1个乡村振兴建设点,获批20万元项目资金用于通往明星小学道路拓宽建设改造,有效解决了两村之间的交通压力和安全隐患。

社会发展 菱角村文化活动场所占地面积约800平方米,其中村委会(党群服务中心)约300平方米、庙宇约150平方米。村新时代文明实践站采取"一室多区"形式建设,共设立5个集中活动室。村内建有1个卫生所(室),接诊率较高,服务范围辐射到大城下、画眉冲、赤土陂等周边村庄。长平乡卫生院定期为在村的60岁以上的老人和妇女免费体检,做到无病早预防,有病早发现早治疗。村委会为村民提供代缴医保服务,2021年度农村医保参保率达100%。菱角村有17户54人享受了失地农民保险;有49户72人享受了农村低保。村内有路灯97盏,其中21盏为太阳能路灯,76盏为电力灯;建有垃圾分拣站1个,聘请保洁人员4名。

特色地情 村内有古傩神庙一座,庙内生长着一棵千年栀柴树。

流江村

村情概况 流江不是江,只是一条小河。当年清军入关后,在这里进行了屠村,村人"十丧八九",血流成江,故称流江。清代时属袁州府萍乡县安乐乡长平里上四保二图,今属萍乡市上栗县长平乡。流江村交通便利,S308公路穿村而过,距离萍乡市区27千米,距离上栗县城14千米,东邻佛溪村、石塘村,北接上栗镇斑竹村,西与杉木村、马良村交界,南与落星村接壤。下辖10个自然村组,分别为万漏里、新屋里、洲上、象形、新村、亭子下、铜钱洞、谭家冲、蜂子园、江家冲。全村共有666户2273人,其中男性1220人,女性1053人;常住人口1174人,流动人口1099人。居住人口以汉族为主。全村共有78个姓氏,其中黄、张、李3个姓氏的村民人数均超过100人。

自然资源与环境 流江村地属半丘陵半山地地形,地势北高南低,村庄地势坡度变化大,山多田少,形成流江十八湾。村内有一条流江河支流自北向南穿村而过。辖区内煤炭资源较为丰富。流江村靠近上栗斑竹山,林地面积为12180亩,占比80%,主要为毛竹、杉树、油茶、松树、樟树和板栗,森林覆盖率达70%。主要产业是长平黑山羊养殖和鞭炮制造。

经济概况 流江村主要种植水稻、油茶、油菜、红薯,养殖黑山羊、生猪、土鸡、土鸭、蜜蜂等,其中黑山羊、生猪是家喻户晓的长平主体产业。2022年,流江村水稻种植面积约100亩,种植户约50户;油菜种植面积约80亩,种植户约400户;蔬菜种植60亩,种植户约250户;红薯种植40亩,种植户约50户;黑山羊养殖户5户,年末存栏180头,全年出栏150头;土猪养殖户2户,年末存栏70头,全年出栏80头;土鸡、土鸭、蜜蜂等皆为家庭散养,未形成规模。规模较大的合作社有:上栗县敬安种植专业合作社,成立于2016年,位于流江村三组大安堂,有股东6名,注册资金40万元,占地面积800平方米。村里脱贫户入股合作社,以养殖长平黑山羊为主;另生态林有松、杉、樟、竹等10万余株,每年新造林木1万余株。每年产值10万余元,有长期从事管护工作村民1人,临时雇用村民3~4人。工业以鞭炮、引线为主,比较大的企业有:上栗县安桢引线厂,成立于2014年,注册资金60万元,主营业务为引线加工,有固定工人10人,临时用工60余人,年产值400余万元;上栗吉旺花炮厂,成立于2012年9月,主营业务为鞭炮加工,有固定工人10人,临时用工90余人,年产值200余万元。流江村商贸繁荣,农历每月逢八有三次大型赶集。流江村内集镇全长400余米,有商铺40余户,其中中小型超市5家,小卖部10家,餐饮4家,衣帽服饰店1家,电器店2家,家具店1家,移动电信2家,诊所4家,美容美发店4家,五金店2家,水电安装3家,摩托修理2家,床上用品店1家,木材店1家,水果店2家。年营业额120万元以上商家2家,年营业额80万元以上商家2家,集镇长期从业人员100余人,临时性从业人员150余人。2022年村集体经济收入为18万元。

基础设施 流江村对外道路S308道路,均为水泥路面,路况良好;村内道路宽3.5~5.5米,主要为水泥路面;生产生活道路约4.2千米,兼具生产生活功能的集镇段约1.4千米,为沥青路面。建设有小型桥梁10座、涵洞型桥梁12座,交通较为便利。村内有移动、电信、联通营业厅和邮政物流配送点。流江村有变电器8台,总功率4000

千瓦。村民日常使用的能源主要为电能和液化气,少数家庭使用蜂窝煤、木柴。村民主要生活用水来源于深井水,有8个集中供水点,分别位于万漏里、新屋里、洲上、象形、新村、亭子下、铜钱洞、蜂子园;有自来水储池5座,可蓄水200吨,铺设自来水管道约1.1万米,基本满足了全村村民日常生活用水需求。流江村有刘家冲、铜钱洞、象形等具有水利灌溉功能的小型山塘19座,主要采用沟渠引水,可灌溉耕地400余亩。自2022年以来,由于年久失修和夏季汛情的影响,部分水利设施被山洪冲垮,村两委陆续申请实施了万漏里饮水工程、甘家冲饮水工程提升,有效保障了村民的生活用水和农业用水安全。2021年,流江村打造了1个新农村建设点和1个垃圾分类建设点,获批50万元项目资金用于铜钱洞新农村建设改造和垃圾分类建设,有效提升了流江村的村容村貌。

社会发展 流江村建有流江学校,可满足流江村及周边村庄学龄前和九年义务教育阶段的就学需求,九年义务教育覆盖率100%。流江村文化活动场所占地面积约6650平方米,其中村委会(党群服务中心)约200平方米、新时代文明实践站约100平方米、文化健身广场约1500平方米、宗教和老年活动场所约3050平方米、宗祠约1800平方米。村新时代文明实践站共设立4个集中活动室,包含图书馆、党员活动室、青年民兵活动室、老人活动室等10个功能区域。

村内建有4个卫生所(室),接诊率较高,服务范围辐射到石塘、杉木、佛溪等周边村庄。长平乡卫生院定期为在村的65岁以上的老人、三高人员及妇女免费体检。村委会为村民提供代缴医保服务,2022年度农村医保参保率达100%。流江村有14户46人享受了失地农民保险;有65户110人享受了农村低保,有特困分散供养17户。村内有路灯200多盏,均为太阳能路灯;垃圾分类建设已落实,聘请保洁人员4名。

流江村流江学校

流江村有女子腰鼓队一支,曾多次参与养老志愿活动及大地红演出,并获得县文广新旅局的多次奖励。流江村志愿者联合会由热心公益事业的社会各界人士自愿组成,是以提供社会公益服务为主的地方非营利性社会组织,于2013年5月13日成立,由共青团上栗县委主管,是正式注册的民间纯公益组织。

流江村村委会

特色地情 黄氏宗祠,始建于清朝雍正十年(1732),又叫"垂裕堂",垂裕即传留后世,造福后辈的意思,于2008年修缮,是流江保存最为完整的一座宗祠。下流江龙王宫、上流江龙王庙、蜂子园四圣宫、天台山观音阁四座庙宇保存完整。

马良村

村情概况 马良村位于上栗县西南部,长平乡西北部,距县城11千米,距乡政府所在地8千米,萍洪高速公路穿境而过,距萍洪高速长平出口5千米。辖区总面积9.6平方千米,其中耕地528.25亩,山林面积6400多亩。马良村东邻本乡流江村,北接上栗镇斑竹村,西连湖南省醴陵市白兔潭镇横山村,南与本乡杉木村接壤。共有15个村民小组,分别为一组姚家湾、二组张家冲、三组龙家冲、四组会冲口、五组黎家湾、六组黎家湾、七组易家湾、八组易家湾、九组水利冲口、十组水利冲、十一组水利冲、十二组龙家排、十三组黄家大屋、十四组黄家大屋、十五组黄家大屋。全村共有561户1913人,男性1057人,女性856人。常住人口891人,流动人口1022人。居住人口以汉族为主。马良村共有13个姓氏,其中黄、易、黎姓均超过300人。

自然资源与环境 马良村属半丘陵地形,村庄坡度变化不大,田地相对本乡其他村组较多。村内有一条流江河支流自北向南穿村而过。村域内不论高山冲尾,路边屋前四处清泉冒出,清水长流,既无水灾,更无旱灾。据老人流传,早两甲之前的乙未年,很多地方大旱颗粒无收,但这里处于正常年景。1953年大旱多地歉收,这里丰收;1954年洪灾多地受灾,这里无大灾。境内森林茂盛,繁花品种多,林地面积6400多亩,主要为竹、杉、樟、桑、枫、果、茶等40余种。马良村属山区,山体滑坡较为严重,2012年以来比较平稳,没有较大的山体滑坡。

经济概况　农业以种植水稻、油菜为主。辖区内有烟花厂1家(上栗县朝阳出口花炮厂)、建设公司1家(萍乡鲁班建设有限公司长平分公司)、蛋鸡养殖2家(江西省常兴农业开发有限公司、江西省宏鑫农业发展有限公司)、种养专业合作社3家(上栗县科大畜牧养殖专业合作社、上栗县宏顺养殖专业合作社、上栗县一口鲜种养农民专业合作社)。马良村商贸繁荣,农历每月逢七有大型赶集。2022年村集体经济收入为103万元。

基础设施　马良村境内主干道为沥青路面,路况良好;村内道路宽3.5~5.5米,主要为沥青路和水泥路面,交通较为便利。2021年,全村流转土地200余亩、山岭6400亩,村集体与江西德商汇建筑工程有限公司合营承接公益项目6个,组织劳务派遣11次300余人次,村级集体经济经营性收入由2020年的5.64万元增长到2021年的18.1万元,其中承接公益项目收入10.1万元,集体土地租赁收入8万元。2021年获评上栗县"乡村振兴红旗党组织"。2022年,马良村全面理顺村级集体经济财务管理制度,注册成立了具有市政三级和劳务派遣等资质的萍乡鲁班建设有限公司,引领村民共同致富。全村528亩耕地已经全部流转,由制种公司承包经营,预计可创收2万元;山岭流转预计可创收8万元;加大对外承接公益项目力度,全年预计可创收29万元以上,努力实现"村里有产业、村民有事业、村庄有看头"的目标。

马良村

马良村村委会

社会发展 村内建有1所马良小学,可满足本村及周边村庄学龄前和九年义务教育小学阶段的就学需求,九年义务教育小学阶段覆盖率100%。设有广场及篮球场,为村民提供健身场所。设有卫生室1所,方便村民就医。农村低保、社保等各种社会保障政策落实到位。配备多名环境卫生员,对环境卫生进行清扫和管理。在多处地方摆放了垃圾分类投放亭,便于村民更好地对垃圾进行分类摆放处理。

特色地情 马良村历史文化悠久,名胜古迹多处,有石拱古桥一座,名胜山桥。易姓祥可公和夫人教育后代子孙慈善修桥,在胜山桥至水利冲道路中,以最大的决心修筑一座石拱桥,乾隆五年吉月一夜之间修筑了一座石墩桥架,用麻石制造,长12米宽3米,弧形形状,桥边立了桥碑刻有花纹,注明"乾隆伍年庚申戊季冬月竣工"。历经近300年历史,桥还异常坚固。祥可公起名叫"胜山桥"。

落星村

村情概况 自古以来,村内流传着星星陨落于此的传说,故名之"落星"。落星村交通区位优越,地处长平乡政府东北面,位于乡集镇中心,距离上栗县城16千米,距离萍乡市区22千米。东邻狮形村,南接黄泥塘村、星辉村,西与杉木村交界,北与流江村接壤。全村下辖24个自然村组,分别为龙家老屋、院冲坡、黄家大屋、李家老屋、落星坳脚下、落星坳背、庙下里、祥家排上、罗家湾、谢家屋厂、马鞍岭、虎形山下、阴家冲、孔梅上、涧山、赤土陂下、王家大屋、肖家大屋、灰冲坡、杨家山下、灰冲坡口、天井湾、张家冲、飞咬树下。全村共有1043户3312人，其中男性1699人，女性1613人；常住人口2102人。居住人口中以汉族为主。全村共有87个姓氏，其中黄、钟、谢、李、刘、张、周、杨姓村民人数均超过100人。

自然环境与资源 落星村地属半丘陵半山地地形，地势北低南高，村庄地势坡度变化大，平坦用地少，呈现纵向狭长态势。村内有三条河水支流自东向西穿村而过。村域内煤矿产较为丰富。落星村林地面积为202.31公顷，占比65.85%，主要为油茶林、松树林、杉树林和樟树林，绿化率达80%。受地形和水文条件影响，落星村历史上洪灾频发。进入新世纪后，随着水利设施的逐渐完善，洪水暴发频次和严重程度逐渐降低，近十年内未出现造成人员伤亡和严重财产损失的洪水。

经济概况 落星村主要种植水稻、油茶、油菜、红薯，养殖土鸡、羊、鸽子、蜜蜂等。2022年，水稻种植面积约300亩，种植户122户；油菜种植面积约120亩，种植户42户；黑山羊养殖户21户，年末存栏60头，全年出栏80头。土鸡、土鸭、羊、兔子等皆为家庭散养，未形成规模。规模较大的合作社有：上栗县田园兔业养殖基地，成立于2019年，注册资金30万元，占地面积30亩，现有种兔2000余只。工业以劳动密集型的轻工业为主。比较大的企业有：长平乡制衣厂，2019年4月正式投产，位于落星村商业广场，注册资金5000万元，主营业务为服饰加工，为国内外多家服装品牌提供服饰代加工服务，有固定工人200人，年产值600余万元。落星村商贸繁荣，农历每月逢六、逢十有六次大型赶集。集镇全长800余米，有商铺50余户，其中大型商超5家，小卖部17家，餐饮10家，衣帽服饰店4家，电器店3家，家具店2家，移动电信1家，诊所2家，美容美发店2家，五金店1家，水电安装2家，汽车修理1家，建材店4家，石材店1家。年营业额100万元以上商家2家，年营业额200万元以上商家1家，集镇长期从业人员240余人，临时性从业人员280余人。

落星村新时代文明实践站

落星村

大型商超有：上栗县长平乡中兴超市，成立于2022年，位于落星村商业广场，注册资金100万元，主营食品、果蔬、日化、服饰等，年营业额达200万余元，长期雇用村民52人；上栗县鹏泰超市（鹏泰购物中心），成立于2016年，位于落星村马鞍岭，注册资金80万元，主营电器、服饰、日化用品等，年营业额100万余元，长期雇用村民12人。2022年1—7月村集体经济收入为109915元。

基础设施 落星村对外道路包括S231省道和X155，均为沥青路面，路况良好；村内道路宽3.5~5.5米，主要为水泥路面，生产道路约9.6千米，生活道路约12.5千米，兼具生产生活功能的集镇段约1.1千米，为沥青路面。建设有桥梁12座，其中小型桥梁7座、涵洞型桥梁5座。村庄道路网基本形成，交通较为便利。落星村有变电器12台，总功率4000千瓦。村民日常使用的能源主要为电能和液化气，少数家庭使用蜂窝煤、木柴。村民主要生活用水来源于深井水，有3个集中供水点，分别位于龙家老屋、黄家大屋、祥家排上，有自来水储池3座，可蓄水200吨，铺设自来水管道约1.2万米，基本满足了全村村民日常生活用水需求。全村有水利灌溉功能的水坝3座，主要采用沟渠引水，可灌溉耕地400余亩。自2021年以来，由于年久失修和夏季汛情的影响，部分水利设施被山洪冲垮，落星村两委陆续申请实施了赤土陂下桥水坝和十二村民小组农饮工程维修项目，有效保障了村民的生活用水和农业用水安全。

2022年，落星村打造了1个新农村建设点，获批30万元项目资金用于张家冲新农村建设改造，有效提升了落星的村容村貌。

社会发展 落星村建有长平乡金太阳幼儿园和落星小学，可满足落星村及周边村庄学龄前和九年义务教育小学阶段的就学需求，九年义务教育小学阶段覆盖率100%。村文化活动场所占地面积约4200平方米，其中村委会（包括党群服务中心）约300平方米、新时代文明实践站约220平方米、文化健身广场约1000平方米、庙宇约2600平方米。村新时代文明实践站采取"一室多区"形式建设，共设立5个集中活动室，包含图书馆、四点半课堂、市民宣讲室等8个功能区域。村内建有长平乡卫生分院一个、两个卫生所（室），接诊率较高，卫生分院服务范围辐射到星辉、杉木、流江、狮形等周边村庄。村委会为村民提供代缴医保服务，2022年度农村医保参保率达100%。全村有178户632人享受了失地农民保险；有83户123人享受了农村低保。村内人居环境较为良好，有路灯502盏，分别为太阳能路灯、用电路灯；建有垃圾集中处理中转站1个，聘请保洁人员4名；"厕所革命"整治厕所44个，投入5.8万余元。

落星村有舞龙舞狮队一支，多次参加县乡组织的文化文艺演出活动。

特色地情 老红军龙德，家住落星村龙家大屋。1930年5月，天蒙蒙亮他就在湘东老街卖香，撞见一些打飞脚的后生，说是萍乡来了红军，报名去当红军。当兵有饱饭吃，龙德寄下香担，跟着跑到了萍乡，果然是招兵。"小鬼叫什么名字？"一张旧桌子边坐着数名挎枪的军人。"龙任田"龙德回答。"还是一个孩子，等你长大点再来报名吧。"军人们都这么说。龙德低下头，急得泪夺眶而出。台阶上走来一位军人，大家叫他田医官。发现龙德后向他招招手，"来，小鬼，这里有副担子，你试试。"龙德抹了一把眼泪，走上台阶，弯腰挑担，这不比香担轻得多么，立即转了一圈，田医官笑了，"小鬼，收了，你就跟随我挑这药担子当红军"。后来，红军第三军军长黄公略来到萍乡扩军，招了数百人，龙德被分配到第九司令部卫生队任战士，1931年调七师担任通讯兵，参加了井冈山五次反"围剿"战斗。1934年从于都出发随一方面军二万五千里长征胜利到达陕北。抗战时期，在八路军115师任话务兵、班长、连长，两次光荣负重伤。1955年经批准复员回到老家，享受副地级政治生活待遇，终年95岁。

明星村

村情概况 20世纪80年代初，与邻村合并为一体，称为集中大队，1984年拆队建村设立明星村。位于长平乡西部，距县城21千米，距长平乡政府6千米，长石公路穿境而过，距萍洪高速长平出入口3千米。地理位置较偏僻，面积3平方千米。东邻星辉村，北接菱角村，西与淡塘村交界，南与石溪村接壤。明星村下辖16个村民小组，分别为大城口、周家湾、胡冲坳、南源山、小城下、谢家排、石锅嘴、石塘坳、李家排、分水坳、彭家湾、庙背湾、大城下(十三、十四组)、窑岭下、新屋里，主村在小城下自然村。全村共有505户1989人，其中男性1036人，女性953人；常住人口950人。居住人口以汉族为主。明星村共有74个姓氏，其中吴、周、彭、陈、钟、张、谢姓人口均超过100人。

自然环境与资源 明星村地处高山地带，平坦用地相对较少。境内辉绿岩储量丰富。有山林面积3200亩(其中村级集体管理50亩)，森林覆盖率80%。有水田590亩，旱地210亩。主要产出有长平黑山羊、土鸡土鸭、紫珠药草、油茶树、毛竹等。

经济概况 明星村主要种植水稻、油茶、油菜、红薯，养殖土鸡、土鸭、黑山羊等。2022年，水稻种植面积约350亩，种植户约130户；油菜种植面积约100亩，种植户约40户。2022年黑山羊、牛、猪养殖户12户，年末存栏250余头，全年出栏生猪400余头，出栏本地黑山羊160余头，出栏肉牛50多头。土鸡、土鸭皆为家庭散养，未形成规模。全村有注册营业执照8家，其中养殖、种植各3家，其他2家。百货、修理等个体经营户共计9家。规模较大的合作社有上栗县田园兔子养殖专业合作社、上栗县辉楠养殖专业合作社。境内有民营花炮企业1家、矿业公司2家。明星村商贸繁荣，农历每月逢九按期举办明星农贸集市，为村民农产品交换和采购提供方便，促进了村级经济和市场繁荣。2022年集体经济收入23.75万元。

基础设施 明星村境内主干道为长石公路，沥青路面，路况良好；村内道路部分宽3.5～5.5米，主要为沥青路和水泥路面，交通较为便利。有通客运班车(过路客车)，每半小时一趟。全村有变电器3台，总功率4000千瓦。村民日常使用的能源主要为

长石公路明星村路段

明星村卫生计生服务室

电能和液化气,少数家庭使用蜂窝煤、木柴。村民主要生活用水来源于深井水,有4个集中供水点,分别位于大城下、南源山、石锅嘴和小城下。有自来水储池4座,可蓄水400吨,铺设自来水管道约1.1万米,基本满足了全村村民日常生活用水需求。明星村有水利灌溉功能河道6条,水塘26口,主要采用沟渠引水,可灌溉耕地500余亩。自2021年以来,由于年久失修和夏季汛情的影响,部分水利设施被山洪冲垮。明星村两委陆续申请实施了分水坳、南源冲水库修缮、小城下、石塘坳、石锅嘴河坝维修加固,有效保障了村民的生活用水和农业用水安全。

2019年,明星村打造了1个新农村建设点,获批15万元项目资金用于南源冲新农村建设改造,有效提升了村容村貌。

社会发展 村内有明星小学,距离长平乡政府约6千米。始建于1963年,原老校园为土木结构建筑,于1992年重新修建校园,改为砖瓦结构;2008年,在德仁集团的资助下,投资43万元,拆除旧楼,在原址上重新修建成砖混结构建筑。现有教学楼一栋,共三层,有普通教室9间,多媒体教室1间,教师办公室1间。附属幼儿园于2020年9月启用招生。学校现有占地面积约4700平方米,建筑面积1800平方米,体育运动场地面积1500平方米。可满足明星村及周边村庄学龄前和九年义务教育小学阶段的就学需求,义务教育小学阶段覆盖率达100%。

明星村文化活动场所占地面积约2000平方米,其中党群服务中心约300平方米、新时代文明实践站约200平方米、文化健身广场约1500平方米。新时代文明实践站采取"一室多区"形式建设,共设立5个集中活动室,包含理论宣讲室、市民教育室、文化活动室、科普宣传室、健身活动点等5个功能区域。

村内建有计生卫生服务室一栋,定期为在村的60岁以上的老人和妇女免费体检。村委会为村民提供代缴医保服务,2022年度农村医保参保率达98%。全村有40户58人享受了农村低保。

明星村人居环境较为良好,有路灯180盏,均为太阳能路灯;"厕所革命"整治普及全村,加强厕所提升改造,提高了整体环境卫生质量。

明星村有一支龙灯队,成立于20世纪90年代。龙灯队主要是开展祈福消灾活动,是一种本土民俗文化。目前有民乐爱好者10余人。

平吉村

村情概况 解放前夕属安唐乡第八保。解放初属长平区福寿乡,1958年为长平公社平基大队,1968年并入长平大队,1972年从长平析出,仍称平基大队,1984年3月改为长平乡平基村。以境内平基岭自然村得名,驻地彭家冲。因"基"和"吉"两字同音,后村委会因手工书写简化误写,逐渐将平基村改为平吉村,并使用至今。平吉村位于长平乡南部,东与湘东区荷尧镇上云村相邻,北接大塘村、长平村,南部紧挨本乡福寿村以及湘东区荷尧镇上云村。全村区域面积为4.5平方千米,平吉村委会建立在村内中心区谢家湾自然村境内,区位优越,交通便捷,距老319国道约500米,距昌金高速、萍洪高速均不到2千米,整个村庄依山傍水,平吉河自北向南流经全境。全村下辖16个自然村组,分别为:松山下、易家湾、谢家湾、黄家湾、彭家湾、黄家坳、枧坝上、庙山下、周家湾、土口冲、坝咀上、黄丝冲、罗家湾、卜家冲、平基岭、宋家湾。全村共有622户2208人,其中男性1127人,女性1081人。常住人口1331人,流动人口877人,居住人口以汉族为主。全村共有81个姓氏,其中黄、彭、李、谢、宋姓村民人数均超过100人。

自然环境与资源 平吉村地属丘陵地形,地势东西低南北高,村庄地势坡度变化大,平坦用地少,呈现纵向狭长盆地垄段。平吉村极端最高气温达41摄氏度,极端最低气温为零下9.3摄氏度,年平均气温为17.3摄氏度,全年平均降水量为1603毫米,日照数约1600小时,无霜期270天,气候适宜,物种丰富,地势平稳,适宜种植优质水稻、油料、生姜、百合等作物,为发展药材、板栗等特色产业提供了得天独厚的条件。平吉村林地面积为1643亩,占比53%,绿化率达70%,主要为杉树林、松树林、油茶林和樟树林。

经济概况 平吉村主要种植水稻、油茶、油菜、红薯、板栗、枇杷、生姜、百合,养殖猪、牛、鱼、土鸡、羊、蜜蜂等。2022年,平吉村水稻种植面积约330亩,种植户49户;油菜种植面积150亩,种植户45户。黑山羊养殖户8户,年末存栏152头,全年出栏52头。土鸡、蜜蜂等皆为家庭散养,未形成规模。规模较大的合作社有:上栗黄丝冲生态农业科技专业合作社、上栗县常达种养专业合作社。平吉村工业以筒子加工厂为主。现有鞭炮筒子加工厂4家,做鞭炮扯条、分纸等加工产业,增加了就业岗位,为群众增加了收入。平吉村商贸繁荣,农历每月逢七有大型赶集。

基础设施 平吉村辖区内环村主干路均为沥青路面,道路宽3.5~6米,路况良好;村辖区公路四通八达,纵横交错,交通十分便利,基本上实现户户通水泥路。此外,建设有桥梁5座,其中小型桥梁1座。村庄道路网基本形成,交通较为便利。全村有变压器9台,总功率1800千瓦。村民日常使用的能源主要为电能和液化气,少数家庭使用蜂窝煤。村民主要生活用水来源于深井水,有5个集中供水点,分别位于村委会农饮工程、黄丝冲农饮工程、庵子冲农饮工程、宋家湾农饮工程、学校井农饮工程,基本满足了全村村民日常生活用水需求。平吉村以平吉岭山脉而得名,静源冲、庵子冲、黄丝冲从上而下,汇集于黄丝冲口中,形成一条长达3千米的小河道,水资源丰富。

社会发展 平吉村建有教学点,创建于2007年,占地面积2000平方米,建筑面积750平方米,设有一、二、三年级三个教学班,拥有计算机室、图书室、音乐室、音、体、美、科学器材室等4间多功能教室,食堂面积70平方米,并于2019年按照上级"明厨亮灶"标准进行了改造,确保师生在校用餐,食品安全。学校体育活动场地1200平方米,铺设了塑胶操场,校园实现了全封闭化管理。村文化活动场所占地面积约2900平方米,其中村委会(包括党群服务中心)约1000平方米、新时代文明实践站约300平方米、文化健身广场约700平方米、庙宇约900平方米。村新时代文明实践站采取"一室

平吉村

多区"形式建设,共设立4个集中活动室,包含图书馆、家长课堂、市民宣讲室等10个功能区域。村内建有2个卫生所(室),接诊率较高,服务范围辐射到整个村庄。长平乡卫生院定期为在村的60岁以上的老人和妇女免费体检。村委会为村民提供代缴医保服务,2022年度农村医保参保率达100%。村内有

平吉村村委会

46户56人享受了农村低保。村内有路灯70余盏,均为太阳能路灯;聘请保洁人员4名。

群众自发组建广场舞舞蹈队1支、军鼓队1支。开展了"身边好人""最美家庭""最美萍乡人"等一些各具特色的群众性文明创建活动。2013年,平吉村2户入选上栗县"最美家庭",1户入选萍乡市"最美婆媳",1人入围"最美萍乡人"评选。设立在村委会的农家书屋,藏书3000余册。

杉木村

村情概况 据易氏家谱记载,于清嘉庆四年(1799),萍北甘溪易氏的一支系从佛溪迁居于杉木(今店湾里一带),靠山筑居于一巨型杉树下,自此始繁衍生息,并将这一带冠以杉木之名。原杉木一带因民居靠山依湾就势而建,居民多从商,有多处店铺,兴旺时有仁和盛南货、回生堂药铺、广昌泰日杂、义生和南货等铺号,这一带就叫"店湾里"。

杉木村位于长平乡政府北偏西4千米,2003年由原杉木村和云峰村合并。杉木村离萍洪高速长平出口不到1千米,东面紧挨本乡落星、流江两村,经赤土坡路口东可往萍乡、荷尧,西邻湖南醴陵浦口镇,北靠本乡马良村,南部接壤本乡淡塘、菱角、星辉三村。辖区面积为8.6平方千米,耕地面积1100亩,山林面积8800余亩,森林覆盖率达70%。下辖19个自然村组,为婆公冲、台老上、杉岭脚下、板栗山、虎塘、赤土坡、刘家

湾、松山下、店湾、肖家湾、红仕湾、下西坑口、上西坑口、下田甫、上田甫、下西坑、上西坑、羊古老、云峰岭。全村共有1371户4559人,男性2445人,女性2114人。其中常住人口2462人,流动人口2097人。居住人口中以汉族为主。杉木村共有104个姓氏,其中黄、易、张、胡、姚、肖、姚、冷、邱、谢姓村民人数均超过100人。

自然资源与环境 杉木村四面环山,道路弯曲,山林居多。

经济概况 杉木村主要种植水稻、油茶、油菜、生姜、板栗、中药材,以养殖生猪、黑山羊等为主。2022年,杉木村水稻种植面积约620亩,种植户212户;油菜种植面积约132亩,种植户78户。2022年黑山羊养殖户27户,年末存栏6000余头,全年出栏8000余头。土鸡、土鸭、羊、兔子等皆为家庭散养,未形成规模。规模较大的合作社有:上栗县康鑫农业养殖基地,成立于2021年,占地面积30亩,有种羊700余只。村内有农牧企业1家,竹制品加工企业1家,药材种植基地1个,肉牛养殖场2家。杉木村工业以劳动密集型的轻工业为主,竹制品、五金加工厂、爆竹筒加工等为主。杉木村商贸繁荣,农历每月逢三有三次赶集。集镇全长200余米,有少量商铺,其中小卖部3家,餐饮2家,诊所1家,五金店1家,水电安装1家,摩托小店及修理1家。

基础设施 杉木村对外道路均为沥青路面,路况良好;村内道路宽3.5~5.5米,主要为水泥路面,生产道路约9.6千米,生活道路约12.5千米,兼具生产生活功能的集镇段约1.1千米,为沥青路面。建设小型桥梁5座、涵洞型桥梁2座。村庄道路网完善,交通较为便利。全村有变电器12台,总功率4000千瓦。村民日常使用的能源主要为电能和液化气,少数家庭使用蜂窝煤、木柴。村民主要生活用水来源于地下水。全村有水利灌溉功能的水坝3座,主要采用沟渠引水,可灌溉耕地400余亩。由于年久失修和夏季汛情的影响,部分水利设施被山洪冲垮,农业用水设施有待完善;自2021年以来,杉木村两委陆续申请实施婆光部农饮工程、杉岭下农饮工程、肖家湾泉塘安全饮水改造提升等项目,有效保障了村民的生活用水。

社会发展 杉木村建有杉木小学及附属幼儿园,可满足杉木村及周边村庄学龄前和九年义务教育小学阶段的就学需求。村文化活动场所占地面积约1460平方米,

杉木村村委会

其中村委会（包括党群服务中心）约300平方米、新时代文明实践站约220平方米、文化健身广场约180平方米、庙宇约760平方米。村新时代文明实践站采取"一室多区"形式建设，共设立5个集中活动室，包含图书馆、书法创作室、市民宣讲室等8个功能区域。村内建有卫生所1个，接诊率较高，另外签订家庭医生协议，做到无病早预防，有病早发现早治疗。村委会为村民提供代缴医保服务，2022年度农村医保参保率达100%。全村有178户632人享受了失地农民保险；有83户196人享受了农村低保。村内有路灯86盏，分别为太阳能路灯、用电路灯；建有垃圾集中处理站1个，聘请保洁人员4名；"厕所革命"工程整治厕所44个，投入5.8万余元。

杉木村现有"牛带茶"民间艺术团一个，多次参加县乡组织的文化文艺演出活动。

特色地情　辛亥烈士易曰履，辛亥革命爆发后投笔从戎，至援鄂军排长，于援鄂军与北军之战中血战九昼夜，身中数弹牺牲。

狮形村

村情概况　狮形村原名狮形大队，于1969年与毗邻村落星、繁荣、星辉、狮形四村扩社并队合并成立，后因不便于管理，长平人民公社于1973年下达文件分队管辖，1984年狮形大队更名为狮形村，因后山大岭呈狮子形状，故名狮形村。狮形村位于长平乡政府东北面，地域面积为3.9平方千米，水田面积158.3亩，旱地298亩，山岭面积6000亩（其中村级集体林场2250亩）。竹林茂盛、灌木成荫，森林覆盖率78.6%。村级在分水塘设办公大楼，公共活动场所约2300平方米，租赁老年活动场所一栋，大约220平方米。县级公路贯穿狮形村，上接319新线，下接萍洪高速长平出口和319老线（即308线），距市、县城均为20千米，距乡政府5千米。东部紧挨塘上村，北部为佛溪村，西部与落星村交界，南部与黄泥塘、新蕉源两村接壤。全村下辖10个自然村组，株树岭、柳树坡、分水塘、黄土凹、茶冲坡、土棚里、洞口泉、窑上、窑中、窑下。全村有307户1155人，男性638人，女性517人。其中常住人口509人，流动人口646人，居住人口以汉族为主。全村共有47个姓氏，其中人数较多的有刘姓、黄姓。

自然环境与资源　狮形村地属丘陵地形，地势北高南低，平坦用地少，呈现纵向狭长态势。在洞口泉处有个2000余米天然溶洞，洞内景观奇特，且常年流水潺潺、炎热天气可供数百人旅游休闲娱乐，同时解决了全村70%以上村民饮水和农田灌溉。由于所在地区干旱缺水，为解决生计发展农业生产向上级申请解决水源，长平人民公社于1958年在狮形一组二组区域新建星亮水库,修筑水塘,全村共计有水塘31口。星亮水库是一座库容近675万立方米的小(1)型水库,也是全乡千吨万人饮水工程供水点。狮形星亮水库水源直接流入蕉源水厂。曾获江西省造林绿化最佳村,2013年获得江西省生态村,2022年获得省级森林乡村荣誉称号。村内石料资源比较丰富。狮形村靠近杨岐山风景名胜区,林业资源丰富,主要以杉树、松树林、樟树林、竹林为主。

经济概况 狮形村主要种植水稻、油茶、黄桃、蚕子、油菜、红薯,养殖黑山羊、土鸡、土鸭、鱼、蜜蜂等。2022年,狮形村水稻种植面积约120亩,种植户27户;油菜种植面积60亩,种植户11户。另外,黑山羊养殖户1户,散养户5户,年末存栏165头,全年出栏310头。土鸡、鸭、鱼等皆为家庭散养,未形成规模。狮形村有小卖部3家,诊所1所,石灰石加工厂2家。2022年集体经济收入为19万余元。

基础设施 X155县道贯穿全村,均为沥青路面,路况良好;村内大部分村组路均为水泥路面或沥青路面贯通。全村有变电器4台,总功率约2200千瓦。村民日常使用的能源主要为电能、液化气,少数家庭使用蜂窝煤、木柴。村民主要生活用水来源于分散供水,部分村民用的是地下水,有6个供水点,分别位于柳树坡、分水塘、黄土凹、窑中、窑下、土棚里,有自来水储池6个,可蓄水180吨,铺设自来水管道约1万米,基本满足了全村村民日常生活用水需求。全村主要采用沟渠引水,可灌溉耕地150余亩。2021年以来,由于年久失修和夏季汛情的影响,部分水利设施被山洪冲垮,狮形村陆续实施了分水塘、吊金坡、三眼塘3处山塘维修项目,有效保障了村民的生活用水和农业用水。2022年狮形村打造了1个新农村建设点,获批30万元项目资金用于土棚里村组路面"白改黑"、路边砌围栏以及绿化等建设改造。

狮形村土棚里幸福屋场

狮形村村委会

社会发展 狮形村教学点于2021年与落星小学合并。狮形村文化活动场所占地面积约2300平方米,主要布局村委会、党群服务中心、新时代文明实践站、文化健身广场、廉洁广场、篮球场。其中狮形村新时代文明实践站采取"一室多区"形式建设,共设立3个集中活动室,包含图书馆、四点半课堂、市民宣讲室、未成年活动室等4个功能区域。村内建有1个卫生所(室),接诊率较高,服务范围辐射到落星等周边村庄。长平乡卫生院定期为在村的60岁以上的老人和妇女免费体检。村委会为村民提供代缴医保服务,2023年度农村医保参保率达99.9%。全村有脱贫户11户34人,低保户25户37人,特困老人12人。村内有路灯117盏,均为太阳能路灯和用电路灯;设有垃圾收集点3个,聘请保洁人员3名。

狮形村有女子腰鼓队1支,广场舞队1支,牛灯队伍1支,村民文化生活丰富。

特色地情 狮形村有宗教点龙王庙1栋、千年古树1棵、洞口泉后山有一处数千年溶洞。

石塘村

村情概况 石塘村由于历年来泉塘的水是从石头缝里面出来的,故名为石塘。石塘村位于长平乡北面,北邻上栗镇斑竹村,南接长平乡佛溪村,东邻长平乡塘上村,西连长平乡流江村,距县城16千米,距萍乡市区29千米,距乡政府7千米,地域面积约

3.8平方千米。全村下辖5个自然村组,董古岭、陈家屋场、易家祠堂、水口山、白泥岭,全村有261户901人。其中常住人口435人,流动人口466人。居住人口以汉族为主。全村共有12个姓氏,其中易、陈、张、黄姓村民人数均超过100人。

自然环境与资源 石塘村属丘陵地形,地势两边高中间低,村庄地势坡度变化大,平坦用地少,呈现纵向狭长态势。村内有一条支流自北向南穿过。村内煤炭、瓦泥矿产较为丰富。石塘村靠近斑竹山红色旅游景区,林地面积为3.8公顷,主要为毛竹林、油茶林、棕树、桂花树、杉树林和樟树林。

受地形和水文条件影响,石塘村有两处地质灾害点,2012年以来未出现造成人员伤亡和严重财产损失的情况。

经济概况 石塘村主要种植水稻、油茶、油菜、红薯,养殖土鸡、羊、蜜蜂等,其中长平黑山羊发源之地就是在石塘村。2022年,石塘村水稻种植面积约40多亩,种植户32户;油菜种植面积约70亩,种植户约65户;冰糖柚果树200多亩。黑山羊养殖户56户,年末存栏360头,全年出栏345头。土鸡、羊、蜜蜂等皆为家庭散养,未形成规模养殖。石塘村引进了萍乡市棋盘石生态旅游发展有限公司,该公司成立于2018年5月,注册资金2000万元,公司地址为石塘村委会。公司将项目场地规划为民宿度假、休闲娱乐、观光采摘、会务接待、户外拓展、绿色生态种养六大板块,有租赁土地近200亩,已建设成冰糖柚果园130亩,桃园近60亩,可支配原生态竹林山岭300亩。2021年产值达100余万元,长期雇用村民8人。石塘由于受地理条件的限制,村里的劳动力都是外出务工。村内有一个花炮企业,用工人员在35人左右。石塘村每月逢八赶集三次。村内有商铺1户,餐饮加民宿2家,移动电信1家,诊所1家。

基础设施 石塘村连接S231县道,均为水泥路面,路况良好;从流江村龙王庙进口为村内主干道,路宽3.5~6米,主要为沥青路面,生产道路约2千米,生活道路约23千米,兼具生产生活功能的集镇段约1千米,为沥青路面。此外,还建设有桥梁3座,石塘村村庄道路网基本形

石塘村游步道

石塘游客中心

成,交通较为便利。全村有变电器5台。村民日常使用的能源主要为电能和液化气,少数家庭使用蜂窝煤。村民主要生活用水来源于集中供养山泉水,有4个集中供水点,分别位于董古岭、文子坡、白泥岭、西冲坡,可蓄水200吨,铺设自来水管道约8000米,基本满足了全村村民日常生活用水需求。石塘村有泉塘、窝子塘、老木山、老文子坡等具有水利灌溉功能的山塘4座,主要采用沟渠引水,可灌溉耕地180余亩。自2020年以来,由于年久失修和夏季汛情的影响,部分水利设施被山洪冲垮,石塘村两委陆续申请实施了老文子坡饮水工程、泉家坡山塘维修项目有效保障了村民的生活用水和农业用水安全。2020年,石塘村打造了1个新农村建设点,获批30万元项目资金用于董古岭螺丝峰新农村建设改造。

社会发展 石塘村的适龄学龄前儿童有校车接送,适龄九年义务教育阶段的儿童就学在流江中学,义务教育覆盖率100%。村文化活动场所占地面积约3000平方米,其中村委会(包括党群服务中心、新时代文明实践站)约800平方米、文化健身广场约1200平方米,庙宇约800平方米。村新时代文明实践站采取"一室多区"形式建设,共设立4个集中活动室,包含图书馆、老人学校、市民宣讲室等10个功能区域。村内建有一个卫生所(室),接诊率较高。村委会为村民提供代缴医保服务,2021年度农村医保参保率达100%。石塘村有26户37人享受了农村低保。村内有路灯180盏,均为太阳能路灯;建有垃圾集中处理中心1个,聘请保洁人员2名;"厕所革命"整治厕所3个,投入4000余元。

石塘村有女子气功队1支,军鼓队2支,多次参加县文广旅新局组织的广场舞比赛。

特色地情 石塘村董古岭,曾是红军浴血奋战的地方,1927年建立的狮岭、石塘、佛溪三个乡农民协会和赤卫队八大队,是斑竹山武装割据的重要组成部分。1980年石塘大队被萍乡市民政局列为革命老根据地大队。有小型古庙一座,为水口山大王庙;有千年古桥一座,名水口山石拱桥;有古树一棵,为郭家坡古香樟。

石溪村

村情概况 石溪村地处上栗县南部,面积13.7平方千米,距离上栗县城25千米,距离萍乡市区35千米,东邻本乡明星村,南接湘东荷尧镇石岭村,西接湖南省醴陵市王坊镇泮川村,北接醴陵市白兔潭镇峤岭村及本乡淡塘村。全村下辖25个自然村组,分别为王亚冲、水库尾、火烧屋场、万冲、茶冲坡、祠堂坪、兰家湾、石岭上、棉花凹、张家屋场、三口塘、塘岸上、木子坪、亭子岭、邬家湾、洋楼冲、虎形湾、甘家冲、头子上、牛冲里、盆头岭、长子冲、茶子山、猫面前、石溪街。全村有1207户5018人,男性2693人,女性2325人。其中常住人口2547人,流动人口2471人,居住人口中以汉族为主。全村有65个姓氏,其中周、刘、李、张、黄、陈、易、林、彭姓村民人数均超过100人。

自然环境与资源 石溪村地属半丘陵半山地地形,地势北高南低,村庄地势坡度变化大,平坦用地少。村内有两条萍水河支流自北向南穿村而过。村内灰绿岩较为丰富。石溪村林地面积为12890亩,占比59.11%,主要为油茶林、松树林、杉树林和樟树林,森林覆盖率70%。

经济概况 石溪村主要种植水稻、油茶、油菜、红薯,养殖土鸡、鸭、鱼、黑山羊、蜜蜂等,其中茶油、本地草鱼、黑山羊是家喻户晓的石溪三宝。2022年,石溪村水稻种植面积约2200亩,种植户约1100户;油菜种植面积约300亩,种植户约300户;黑山羊养殖户46户,年末存栏960头,全年出栏870头。土鸡、鸭、蜜蜂等皆为家庭散养,未形成规模。规模较大的合作社有:佰信种养专业合作社,2009年成立,有股东5名,注册资金200万元,2015年升级为有限公司,计划投资1.028亿元,占地面积达5000余亩,含国家小(2)型水库1座,总体规划分工期建设实施,7年内完成,走"蔬果+休闲农业+乡村旅游"的经营发展路线;萍乡市上栗县金犇溪水产有限责任公司,成立于2022年1月,公司占地面积700亩,其中水域面积300亩,有2条高密度循环水生态养殖生产线;天华生态种养合作社,成立于2014年,种植油茶4000亩,2022年产值200万余元,同时解决当地30多户农民的就业问题。

石溪村商贸繁荣,农历每月逢二有三次大型赶集。集镇全长500余米,有商铺35余户,其中小型商超3家,小卖部1家,餐饮3家,衣帽服饰店2家,电器店1家,家具店1家,移动电信2家,诊所5家,美容美发店3家,五金店1家,水电安装1家,汽车修理2家。年营业额达20万元以上商家4家,集镇长期从业人员100余人,临时性从业人员80余人。2022年村级集体经济收入为16万余元。

基础设施 石溪村对外道路有长石公路,均为沥青路面,路况良好;村内道路宽3.5~6.5米,主要为水泥路面,生产道路约16.6千米,生活道路约19.3千米,兼具生产生活功能的集镇段约500米,为沥青路面。建设有桥梁11座,其中小型桥梁7座、涵洞型桥梁4座。村内有移动、电信、联通营业厅和邮政物流配送点。全村有变电器20台,总功率3000千瓦。村民日常使用的能源主要为电能和液化气,少数家庭使用蜂窝煤。村民主要生活用水来源于深井水,有8个集中供水点,分别位于下石溪、南家湾、神龙坡、塘岸上、木子坪、石陂;有自来水储池8座,可蓄水320吨,铺设自来水管道约3.2万米,基本满足了全村村民日常生活用水需求。全村有三星片、辉星片、凤山片、新民片等具有水利灌溉功能的山塘26座,主要采用沟渠引水,可灌溉耕地600余亩。

社会发展 石溪村建有两所学校,分别是石溪公立幼儿园,可满足石溪村及周边村庄学龄前儿童的教育;石溪学校,可满足村内适龄儿童九年义务教育阶段的就学需求,九年义务教育覆盖率100%。村文化活动场所占地面积约1000平方米,其中村委会(包括党群服务中心)约200平方米、新时代文明实践站约200平方米、文化健身广场约600平方米,庙宇约1440平方米。村新时代文明实践站采取"一室多区"形式建设,共设立4个集中活动室,包含图书馆、四点半课堂、市民宣讲室等10个功能区域。村内建有5个卫生所(室),接诊率较高,服务范围辐射到淡塘、荷尧等周边村庄。长平

石溪村黑山羊养殖

石溪村村委会

乡卫生院定期为在村的60岁以上的老人和妇女免费体检。村委会为村民提供代缴医保服务，2022年度农村医保参保率达98%。全村有140户233人享受了农村低保。村内有路灯200盏，均为太阳能路灯；建有垃圾集中处理中心1个，聘请保洁人员10名；"厕所革命"工程整治厕所48个，投入6.6万余元。

石溪村广场舞队和军鼓队是由村嫂组成的队伍，属于无经济支持的文化队伍，也代表村级组织参加比赛活动。

特色地情 刘凤诰对联，刘凤诰，字丞牧，号金门，上栗县赤山镇石观泉人，清乾隆御点探花郎，曾到长平乡石溪周氏外祖家探亲并为其宗祠题联："溪水长流万派千支归一本；榜山高挂云龙风虎兆鳌头"。

回龙桥，石溪祠堂坪，始建于乾隆时期，最初由当地3名工匠用石板建造。数百年间历经多次修缮，目前桥身依然完好，长约6米，宽4.5米，单个石拱桥，桥身由126块石头构成，重达12吨，为便于当地村民出行，已对桥进行水泥硬化，但未破坏古桥整体风貌，被列为当地特色文化遗产。

石岭上宗濂第石槽门，位于石岭上自然村（是当地知名古村落之一），为一个具有长期研究以及重要保护意义的农村文化融合核心载体，彰显着中国传统文化的博大精深。原民居以平房居多，充满古朴之美。

长寿桥，位于石溪村老街，始建于乾隆时期，数百年间历经多次修缮。目前的桥身依然完好，长约6米，宽7米，单个石拱桥，桥身由212块石头构成，重达16多吨，为便于当地村民出行，已对桥改建进行水泥硬化，桥的两侧安装了护栏，但未破坏长寿桥整体风貌，为当地特色文化遗产。

塘上村

村情概况 塘上村由原塘上和狮岭合并成立。由于当地干旱缺水,村民为解决生计大力修筑水塘36口,狮岭杨家在狮子岭山下有龙洞出水点和张口狮子岭传说,恰逢第二年油榨冲山体滑坡,塘上龙洞出水,水位在塘之上,故名为"塘上"。

塘上村位于长平乡北部,四面环山,地处偏僻,距离萍洪高速路口长平出口5千米,距离上栗县城约15千米,距离萍乡高铁站约15千米,X155县道经过。东南接杨岐乡桃文村、开发区大宇村,南与新蕉源村交界,西与石塘、佛溪、狮形三村交界,北与上栗镇斑竹村、杨岐乡关上村接壤。

塘上村下辖19个自然村组,斗家岭、小辛桥、杨家坊、塘上、陈家田、老虎冲、石灰冲、新桥、栗树下、谢里塘、上冲里、狮子岭、野猪窝、担水冲、洞泉湾、燕窝塘、盆形里、梅花洞、炭盆岭。全村有711户2232人,男性1306人,女性926人。其中常住人口1190人,流动人口1042人,居住人口以汉族为主。塘上村共有49个姓氏,其中杨、易、熊姓人数较多。

自然环境与资源 塘上村属半丘陵半山地地形,地势北高南低,村庄地势坡度变化大,平坦用地少,呈现纵向狭长态势。狮岭、石灰冲河流自北向南到陈家田汇合,途经塘上、杨家坊、小辛桥流入星亮水库。村内有少量煤炭。塘上村靠近杨岐山风景名胜区、斑竹山红色教育基地,林地面积为11200亩,主要为油茶林、松树林、杉树林、樟树林和竹林,森林覆盖率达90%。受地形和非法开采小煤窑影响,塘上村发生了多处山体滑坡,随着矿山治理逐渐完善,山体滑坡频次和严重程度逐渐降低,2012年以来未造成人员伤亡和严重财产损失。

经济概况 塘上村主要种植水稻、油茶、油菜、红薯,养殖黑山羊、土鸡、鸭、蜜蜂等。2022年,水稻种植面积约200亩,种植户约80户;油菜种植面积约350亩,种植户约120户。黑山羊养殖户20户,年末存栏1800头,全年出栏2000头。土鸡、鸭等皆为家庭散养,未形成规模。规模较大的合作社有:上栗县塘吉农业专业合作社,2021年9月成立,主要养殖长平黑山羊,注册资金300万元,占地面积15亩,每年产值35万元,有长期从事管理工作人员3人;上栗县燕窝塘养殖场,成立于2014年,注册资金1000万元,打造旅游观光、生态养殖、果树种植等项目;萍乡市国春发展有限公司,2017年成立,注册资金200万元,是萍乡市认定的三星级信用企业、守合同重信用单位和绿色健康食品企业。工业以劳动密集型的轻工业为主。比较大的企业有:上栗县汇丰花

塘上村燕窝塘乡村森林公园

炮厂,成立于2005年,位于塘上村干塘里,注册资金500万元,主营业务为烟花爆竹生产销售一条龙,现有固定工人200人,临时用工50余人,年产值约2000万元。塘上村商贸繁荣,农历每月逢五有三次大型赶集。陈家田集镇全长300余米,有商铺17户,其中小卖部17家,餐饮1家,衣帽服饰店6家,移动电信2家,银行、物流、快递代办1家,诊所2家,美容美发店2家。年营业额达20万元以上商家3家,年营业额达10万元以上商家2家。2022年集体经济收入为15.5万元。

基础设施 塘上村对外道路X155、清溪至塘上村客运网络线路、581乡道、文岐至狮岭村道均为沥青路面,路况良好;村内道路宽3.5~6米,主要为水泥路面,生产道路约3.2千米。建设有桥梁4座,交通较为便利。通信网络信号覆盖率100%,宽带网络使用率约90%,有线电视使用率100%。村内有移动、电信、联通营业厅和邮政物流配送点。全村有变电器18台,总功率10000千瓦,家庭通电率100%。村民日常使用的能源主要为电能、液化气,少数家庭使用蜂窝煤、木柴。村民主要生活用水来源于集中供水,部分村民用的是地下水,有4个集中供水点,分别位于燕窝塘、洞泉湾、栗树下机井、塘上大王庙,有自来水储池6个,可蓄水200吨,铺设自来水管道约1.5万米,基本满足了全村村民日常生活用水需求。全村有70水库、栗树下水库、杨家坊山塘、狮岭大王庙山塘、叶家屋门口山塘、易家湾山塘、狮岭湾塘等具有水利灌溉功能的山塘7

座,主要采用沟渠引水,可灌溉耕地300余亩。2021年以来,由于年久失修和夏季汛情的影响,部分水利设施被山洪冲垮,塘上村两委实施了野猪窝、栗树下、杨家坊、叶家屋门口、易家湾等5处山塘维修项目,有效保障了村民的生活用水和农业用水。

社会发展 塘上小学于2018年9月正式投入使用,有学生157人,教师队伍中本科学历5人,大专学历7人。村文化活动场所占地面积约3460平方米,主要包括村委会、党群服务中心、新时代文明实践站、文化健身广场、廉洁广场、篮球场。村新时代文明实践站采取"一室多区"形式建设,共设立4个集中活动室,包含图书馆、四点半课堂、市民宣讲室、未成年活动室等10个功能区域,为群众提供一个良好的学习娱乐场所。村内建有2个卫生所(室),接诊率较高,服务范围辐射到佛溪、流江、石塘、狮形、桃文、杨岐等周边村庄。长平乡卫生院定期为在村的60岁以上的老人和妇女免费体检。村委会为村民提供代缴医保服务,2023年度农村医保参保率达99.7%。全村有脱贫户23户80人,低保户81户118人,特困老人17人。村内有路灯71盏,均为太阳能路灯;建有垃圾集中处理中心1个,聘请保洁人员4名,村内环境卫生有了较大的变化。

塘上村有女子军鼓队1支,广场舞队1支,篮球队1支。

特色地情 塘上村是革命老区,1928年,村民在杨锦棠的带领下,在塘上狮岭七子窝成立了上栗赤卫队第八大队,参加斑竹山起义。据统计,塘上村在土地革命时期的烈士有34名,其中无名烈士7名。为了缅怀革命先烈,县乡各级政府于2018年冬至完成了烈士墓的修缮工作,供后人瞻仰。其他文物景观主要有:村傩神庙,国家二级保护树木古黄林树,红军八大队起义会址杨家宗祠,狮岭钟古石,杨家湾古寨的化石洞,燕窝塘梅花洞。

塘上村集体黑山羊养殖场

新蕉源村

村情概况 新蕉源村曾名蕉源村,新中国成立前夕属安塘乡第一保,新中国成立初属长平区蕉源乡。1958年为长平公社蕉源大队,1982年以别于桐木乡的蕉源大队而改为新蕉源大队,1984年3月改为长平乡新蕉源村。但村委会一直未使用"新蕉源"作为村名,2003年蕉源村与双泉村合并,统称蕉源村。按照国务院《地名管理条例》有关规定和上级地名主管部门的相关要求,在尊重历史和现状、地名相对稳定,又不与我县桐木镇"蕉源村"重名的原则下,从2022年5月后使用"新蕉源村"作为标准地名。

新蕉源村地处上栗县南部,距离上栗县城16千米,距离萍乡市区13千米,东邻福田镇大宇村,南接大塘村,西与黄泥塘村交界,北与狮形村、塘上村接壤。全村有10个自然村组,分别是庙下里、钟家屋场、大眼坡、南岸、龙王庙、柳家屋场、李家湾、石家冲、下大双源和上大双源。全村有644户2202人,其中男性1162人,女性1040人,常住人口954人,流动人口1248人,居住人口以汉族为主。全村共有91个姓氏,其中钟、谢、赖、黄、朱、柳、李、文姓村民人数均超过100人。

自然环境与资源 新蕉源村地属典型江南丘陵地形,地势东高西低,村庄地势坡度变化大,平坦用地少,呈现横向盆地状态。村内有一条长平河支流自北向南穿村而过。村庄内矿产资源较为丰富,主要以石灰石为主。新蕉源村靠近星亮水库自然保护区,林地面积为453.3公顷,60%林地属安源森林公园(上栗片区)自然保护区,主要有毛竹林、油茶林、松树林、杉树林和樟树林等,绿化率达80%。

经济概况 新蕉源村主要种植水稻、油茶、油菜、红薯,主要养殖田螺、黑山羊、土鸡、猪、

新蕉源村村委会

新蕉源村

牛、蜜蜂等。2022年,水稻种植面积约530亩,种植户220户;油菜种植面积约200亩,种植户120户;养殖稻螺25亩,年产田螺25000斤;黑山羊养殖户8户,年末存栏280头,全年出栏200头;牛养殖户3户,全年出栏50头。土鸡、猪、蜜蜂等皆为家庭散养,未形成规模。新蕉源村原有烟花鞭炮生产企业5家,由于企业产能落后,地理条件和政策限制已全部退出。新蕉源村商贸繁荣,农历每月逢三有赶集。全村有小型商超1家,小卖部7家。2022年度集体经济收入为15万余元。

基础设施 新蕉源村对外道路主要是586乡道,长约5.4千米,宽4.5~6米,均为沥青路面,路况良好;村道长8.3千米,宽3米~5.5米,主要为沥青路面,生产道路约1千米。建设有小型桥梁6座、涵洞型桥梁2座,交通较为便利。村内有移动、电信、联通营业厅和邮政物流配送点。全村有变电器9台,总功率5000千瓦。村民日常使用的能源主要为电能和液化气,少数家庭使用蜂窝煤、木柴。村民主要生活用水来源于星亮水厂和大双源农饮工程,基本满足了全村村民日常生活用水需求。全村有星平渠道长4200米,具有水利灌溉功能可灌溉耕地400余亩。建有小型水坝4座,田间渠道5680米。有部分渠道由于年久失修和夏季汛情的影响,部分水利设施被山洪冲垮,新蕉源村两委陆续申请实施水渠维修项目,有效保障了村民的生活用水和农业用水安全。

社会发展 新蕉源村原有一所小学,2022年9月合并到长平乡千方小学。村文化活动场所占地面积约2100平方米,其中村委会占地约600平方米,设有综合文化服务中心、新时代文明实践站,有文体广场5个共1500平方米。综合文化服务中心设有图书阅览室、棋牌室、书画室和多功能活动室,很多群众来此学习、娱乐。老年活动中心设在老村部,占地面积120平方米,设有活动室、会议室和休息室。村内建有1个卫生所,占地面积120平方米,设有诊断室、输液室、治疗室、药房。村委会为村民提供代缴医保服务,2022年度农村医保参保率达99%。全村有64户244人享受了失地农民保险;有56户83人享受了农村低保。村内人居环境较为良好,村庄道路网基本形成;村内有路灯210盏,为电路灯和太阳能路灯;聘请保洁人员4名,"厕所革命"工程整治厕所68个,投入9.4万余元。

新蕉源村有腰鼓队、军鼓队和舞蹈队,每逢三八妇女节、九九重阳节会在文化广场表演节目。

特色地情　新蕉源村有两座古庙,分别是位于五组的龙王庙和十二组的泉龙庙。

东源乡地图

比例尺：1:86 800

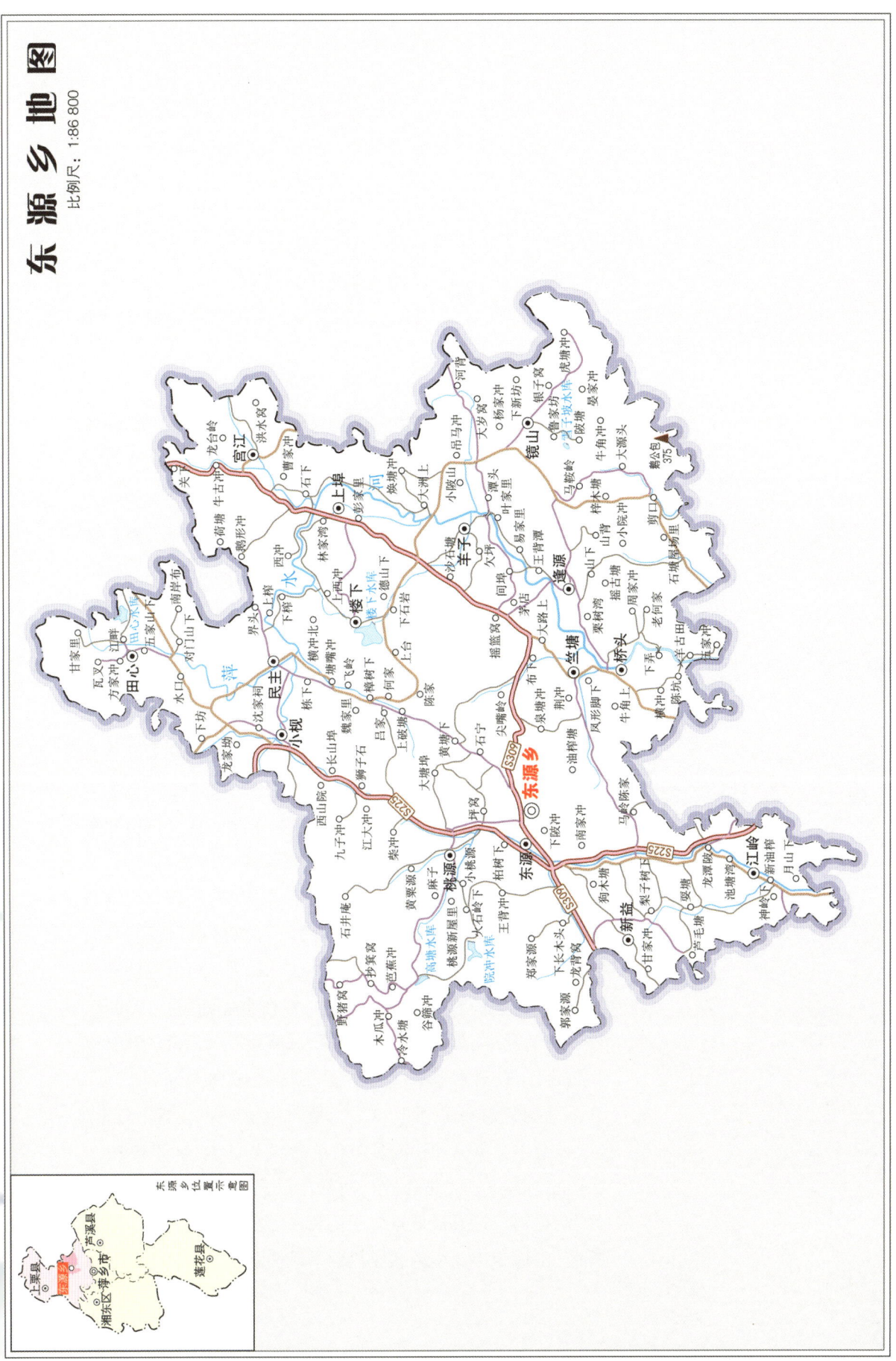

东源乡

东源乡位于上栗县南部,杨岐山东麓。东接赤山,南邻彭高,西连福田,东北连杨岐,北与宜春袁州水江乡、天台镇接壤。境内山清水秀,地饶物丰,素以"茶油库""红薯酒之乡""绿色生态之乡""傩文化之乡"著称。2021年,总面积69.5平方千米,有山林面积4800公顷,耕地面积2008.4公顷,其中旱地902.4公顷,水田1106公顷。乡政府所在地为东源村东源街,距萍乡市区18千米,距上栗县城30千米。东源乡在民国以前称宣德乡,驻地小枧。解放后乡驻地迁至东源村。其名源于该地多生冬芒,于山野间蔓生为原,人称"东芒源冲",后演绎为东源。中华人民共和国成立初期属萍乡县宣德区。1958年为宣德公社,归属福田区。1962年分为宣德、胜天两个公社,1966年两社合并为东源公社。1984年称上栗区东源乡,1997年改称上栗县东源乡。2012年10月,县委、县政府为便于杨岐乡风景名胜区的管理,在恢复设立杨岐乡的基础上,将东源乡的石岭村、石源村划归杨岐乡管辖。东源是一方红色革命热土,1927年9月23日,毛泽东率秋收起义部队转兵上井冈山途中,曾在小枧驻宿。1930年,红军在毛泽东、彭德怀、黄公略等人的带领下,由湘入赣又途经东源小枧,开展基层武装斗争和扩红。在大革命和土地革命战争时期有革命烈士112人,抗日战争时期有革命烈士6人,社会主义革命和建设时期有革命烈士11人,合计129人。

境内地势西、北高,东、南低。最高点位于桃源村内主峰,海拔475.6米,最低点位于桥头村,海拔109.9米。全境以丘陵、山地为主。境内属亚热带季风性湿润气候,雨量充沛,日照充足,四季分明,1月均温5℃,7月均温28.6℃,年均温17℃,年均降水量1533.5毫米,无霜期270天(自3月至11月)。地矿资源丰富,有煤、石灰石、陶土等,储量丰富,遍布全乡,质优品高。境内发源于杨岐山东侧的小枧河经小枧、民主、宫江、上埠、羊子,经桥头村流入赤山沙溪、大院注入萍水河。另还有中小河流4条,分别为萍水河、江岭河、田心河、江北河等河流。境内历来缺水怕旱。解放后兴修了楼下、桃源等6座小型水库,整修水塘685口,修建电力排灌站286个。境内古迹有小枧傩庙、楼下飞锡寺等;乘脱贫攻坚和乡村振兴工作东风,境内打造了桥头农业休闲基地、千亩荷花景观、楼下水库生态垂钓场等全域旅游资源。

2021年,境内有15个行政村,分别是江岭村、新益村、东源村、桃源村、民主村、田心村、竺塘村、小枧村、上埠村、宫江村、桥头村、楼下村、镜山村、羊子村、逢源村,共383个村民小组,14611户,户籍总人口5.4万人(农村户籍人口49703人,非农村户籍人口4379人)。境内人口大多数为汉族,其中有壮族、苗族等7个少数民族计130人。

境内区位优势比较明显,交通发达,道路畅通。2003年时就有县乡以上等级公路47.5千米,乡村公路上百千米,基本实现了组组通公路。经过20年的发展,境内交通更加便捷。S309途经新益、东源、竺塘、羊子、上埠、宫江,S225(杨宣公路)途经小枧、桃源、东源、新益、江岭,X151途经小枧、田心、民主、楼下、羊子、镜山、逢源,连接形成东源环线生态经济圈。2003至2021年,S309、S225、S151公路相继建成通车,改造完成X160、X152等县道公路,提升全乡基础设施建设。2020年,境内实现村村通水泥路,2021年,境内实现村村通沥青路。

该乡产业以农业产业和工业产业为主。农业方面,主要农作物有水稻、红薯、蔬菜等,养殖业以猪、羊、牛、鸡居多。油茶是东源的一大特色产业,素有"百万斤油库"之称。东源乡建立一批种养基地,如竺塘村的油茶示范基地、桥头村的绿色有机蔬菜基地,带动一大批老百姓脱贫致富。2021年,生猪出栏2万余头,牛出栏700余头,羊出栏6000余只。工业方面,从2013年起,花炮企业因"四化两型"发展要求,先后经历第三轮、第四轮换发证许可,2019年开始第五轮换发证许可,全乡保留19家花炮企业,其中烟花类12家、爆竹类6家、引火线类1家;到2021年底,8家完成第五轮换发证整改工作,整顿退出花炮企业24家。建材领域,从2006年起建材行业开始规模化发展,到2016年较大规模建材企业达11家,2021年起建材企业向安全、绿色、环保发展,启动镜山矿区建设。随着招商引资力度加大,逐渐引进金时裕、高恒、睿尚、信永辉、博大致远、胜大、胜溢洋等一批园区企业。2021年,有实体企业131家,较有影响的有:中材萍乡水泥有限公司、东森阳光烟花、萍乡市裕丰花炮、高恒、睿尚等企业。

东源乡人文鼎盛,才俊辈出。历史上走出了竺塘村抗日名将彭战存将军等名人。

该乡的教育、卫生、科学、体育、精神文明建设等事业有序发展。2021年有中小学校18所,其中中学4所,小学14所,教学点18个,公办附属幼儿园10所,民办幼儿园3所,有在校学生7088人,教职工389人。有乡镇卫生院、防保站各1家,村卫生室15所,现有医务人员115人,病床126张。农商银行、邮政银行、供电所、派出所、移动公司、联通公司、电信所、市场监督管理所等企事业单位都在境内设有网点。

全乡现有建档立卡贫困户266户986人。脱贫攻坚工作开展以来,共计脱贫266户986人。其中:2013年建档立卡193户727人;2014年新识别贫困户1户5人,共计建档立卡194户735人;2015年建档立卡216户811人,已脱贫54户222人;2016年建档立卡252户962人,已脱贫99户399人;2017年建档立卡251户959人,已脱贫177户693人;2018年建档立卡261户1008人,已脱贫213户832人;2019年建档立卡267户1033人,已脱贫246户947人;2020年建档立卡267户1026人,已脱贫267户1026人;与市、县同步完成脱贫攻坚任务,同步全面建成小康社会。

东源村

村情概况 东源冲,岐山岭之东,故名东源。解放初期,只有东源大队,包含东源冲、野岭下、东源街、东岭上、坪窝、油榨湾、柏树下、河口泉、丁家庵、长木头等10个村民小组,至20世纪70年代,随着发展需要与当时的大塘大队合并,形成包含17个村民小组的东源村。东源村位于东源乡人民政府所在地,总面积8平方千米,是东源乡政治、经济、文化中心,毗邻竺塘、桃源、小枧、民主村。东源村共有29个村民小组,1个拆迁安置小区。有23个自然村,分别是大塘埠、大塘埠(五六组)、乡政府周边、东源冲、东岭上、坪窝口上、柏树下、河口泉、河口泉黄土社、长木头路边、长木头、野岭下、山塘、古嘴岭、黄塘下、石论八组、油榨湾、丁家庵、东源街、下陂冲、三河口、天龙桥、古嘴岭。有户籍人口4537人,常住人口3211人,其中男性占比56%,女性占比44%,60岁以上人口占比23%。流动人口占比19%。居住人口以汉族为主,全村有两个少数民族人员,分别是土家族和瑶族。全村主要姓氏为李姓,分布在九至二十五组,人口数约1885人;曾姓,分布在一至五组,人口数约450人。

自然环境与资源 地形以低山丘陵为主。土地总面积8平方千米,其中旱地305亩,水田1045亩,人均耕地0.29亩。山林面积4000亩,森林植被率62.4%,主要植物有杉树、茶树、毛竹等。村级境内因山林茂密、植被丰富,很适合野生动物繁衍生息,经常能看到野鸡、野兔等出没山林,家禽家畜养殖也种类繁多,有牛、羊、猪、鸡、鸭、鹅等。

经济概况 2022年,东源村集体经济收入达23.56万元。农业主产水稻、油茶,农副产品茶油、红薯酒,颇具特色,久负盛名,红薯酒有"东源茅台"之称。村境内有花炮企业2家,分别是玖和花炮厂和裕昌花炮厂;屠宰场1家,为上栗县宏恒利屠宰场;液化气站1处,加油站1处,纸箱厂3家,雨衣厂1家,建材加工厂2家,服装、包类加工厂2家。村境内有大型生活超市2家,个体经营商贸店铺近百家。主要分布在东源街街道两侧,农历每月逢六、逢十有大型集市赶场和物资交流,吸引附近数十个村的商贩、村民前来交易,场面热闹非凡。

基础设施 村西南接新319国道,杨宣旅游公路穿村而过,村内主要交通要道全部硬化,完成3千米道路"白改黑"。村内有邮政储蓄银行1所,农商银行1所,电信公司1家。通信网络信号覆盖全村,宽带安装主要以电信和移动为主。全年用电量约180万千瓦时,全年生活用水量约13.5万吨。2017年东源街建成污水处理厂,污水处理面积涵盖东源冲、下陂冲、东源街约300户,2023年底投入使用。村内现有水渠约5千米,水坝4座,山塘60多口,河道1条。集中饮水工程8个,自来水管网已铺设全村约60%。村已完成新农村建设点17个,总投资约500万元,全村约70%的人口受益。

社会发展 村内有小学1所、中学1所、幼儿园2所,分别是:东源乡中心小学,占地面积约50亩,有师生共800余人;东源乡中学,新校区正在建设,总占地面积60余亩,2023年9月份投入使用,共有师生1000余人;东源乡中心幼儿园和新世纪幼儿园共有师生500余人。东源乡中心小学开创的特色足球队,在历届的省市县比赛中都取得了好的成绩。村境内有乡中心卫生院,村级卫生室3所,药房4家,能满足全村百姓的平常就医用药需求。全村共有3107人购买了养老保险,其中城乡居民养老保险参

东源中心小学

东源村村委会

保1743人,已经在领取退休金的442人,参加失地农民社保567人,在外务工购买了职工养老保险797人。低保人员共96户153人,每月领取低保金62130元,六十岁及以上老年人参保率100%。村部设有老年活动中心,包含书法、棋类、阅读等各种适合老年人的活动项目,还有休息室和用餐室,方便老人休闲娱乐,村老协会在每年的重阳节组织慰问活动,让老年人切实感受到大家庭的温暖和关怀。

特色地情 村境内有龙山寺、三侯庙等人文景观,百年老樟树10棵,最大的一棵胸径80厘米左右,高达30米,枝繁叶茂。大塘埠自然村内有一口水塘,面积1000多平方米,可供垂钓,大塘山庄可供餐饮,东源特色菜小炒土鸡、土鸡汤、蒸腊肉等深受大家喜爱。东源冲自然村和大塘埠自然村各有1座福主庙,均有小型庙会活动。

逢源村

村情概况 远在600多年前,元末至正年间,战争不断,民不聊生。周姓始祖从吉安泰和迁徙择居逢源,繁衍生息至今,已有后裔人口多达2000余人;明清时期,有谭、赖、邓、崔、卓、林、陈迁居至此。逢源村各个时期行政隶属建制不同,明清时期为萍乡县遵化乡宣化里三保三图逢源社,民国时期为萍乡县宣德乡第三保,解放初期隶属萍乡县宣德区群益乡。1958年至1961年隶属宣德公社,1962年至1964年隶属胜天公社,1965年至1968年隶属东源公社,1969年至1972年先后并入桥头和竺塘大队,1973年至1981年逢源隶属东源公社,称逢源大队,1982年更名为东源乡逢源村,2004年原石塘村并入逢源村。

逢源村位于上栗县东南部,东源乡南部,距县城23千米,距乡政府所在地3.5千米,东邻镜山村,西连桥头村,北与竺塘村和羊子村相邻,南与赤山镇麻田村相连。村内共有26个自然村：山背、对门山下、庙背下、乌龟塘、王陂潭等，主村在乌龟塘自然村；共有23个村民小组、549户2735人，常住人口1125人，流动人口1610人。居住人口以汉族为主，还有侗族、瑶族、壮族等少数民族。人口较多的姓氏有周姓、邓姓。

自然环境与资源　　逢源村总面积8平方千米，以丘陵地带为主，坡度平缓，起伏不大。全村范围内以萍水河、山塘为主，其中，萍水河流水长度为1.2千米，东靠羊子村，西至竺塘村，有山塘32口，其中泉水塘有8口。境内矿产资源主要有石灰石、煤，树种主要有油茶树、杉树、毛竹，山地面积5300亩，森林覆盖率90%，其中，生态公益林3205亩，杉、杂用材林1261亩。逢源村内主要灾害为洪涝、旱涝、山地灾害，2017年因地质原因，王陂潭自然村发生山体滑坡，无人员伤亡，财产损失约10万元，修复费用近300万元。

经济概况　　种植优质油茶500余亩，种植水稻500亩，种植油菜480亩。境内有花炮企业1家，即鑫盛花炮厂；建材企业1家，即江西联达东源建筑有限公司；个体工商户14家，农副业种养户1家，2022年引进萍乡市博雅家具有限公司，带动逢源村就业人员10余人。2018至2022年逢源村级集体经济年收入均为25万元，2022年约为24.7万元。

逢源村逢源社

基础设施 全村公路硬化已完成约85%，包括县道X151沥青路，过镜山、逢源村石塘片等，逢源村全程2.3千米，路面宽6.5米；桥头至镜山Y599乡道，水泥硬化路面，全长3.8千米，宽6米；另有村道5.5千米，为水泥路面，部分铺设沥青路面。全村用电户数为654户，家家户户装有桶式自来水。全村范围内的水渠、水坝等约有1200米待维修加固。2018年以来，县财政拨款30万元完善了8个新农村建设点。

逢源村村委会

社会发展 逢源小学创办于1958年，校舍新建于2011年2月，占地面积2188平方米，建筑面积1268平方米。现有6个教学班、1个附属幼儿班，现有学生72人、教师11人。逢源村文化组织活动场所为单独建设，2019年完善文化活动中心，建筑面积170平方米，广场面积500平方米，配备图书室、书法室等多功能活动室。有村医务室2所。全村购买养老保险人数868人，其中领取待遇人数441人，购买失地农民保险人数206人，领取待遇人数61人；2022年农村低保户80户103人，城镇低保户7户12人，特困户23户24人。

特色地情 逢源村社庙始建于1370年，村内对古宅等文化资源保护良好，保护了传统建筑的完整性。逢源村小宝塔，坐落在逢源上屋场靠南边的稻田中间，又名熄字亭，建于1479年，一直未修复过，宝塔虽不高大雄伟，但它是古代劳动人民文明的象征，是乡村文化遗产的重要载体。

宫江村

村情概况 史载萍邑东北五十里官化里之宫江市,居三图上游,为宜萍交界之所。宫江村地处东源乡东部,与袁州区水江镇塘下村、天台镇塘溪村接壤,是三乡交界的商贾之地。交通路网四通八达,S309省道由北向西贯穿全境,距萍乡市区28千米,上栗县城32千米,宫江河穿村而过,是萍水河源头。全村土地总面积9平方千米,其中水田面积945亩,旱地面积831亩,山林面积3126亩。下辖14个自然村,分别是荷塘仔、枫树下、冲牯冲、祠堂坪里、刘家里、湾里、中行里、周家里、彭家埠上、龙头岭下、新屋里、田段里、南山园里、曹家冲。宫江村有828户3328人,有28个村民小组。宫江村共有12个姓氏,其中何姓村民人数超过2000人,曹姓村民人数在300左右,刘姓村民人数在300左右。

自然环境与资源 宫江村地属半丘陵半山地地形,地势北低南高,村庄地势坡度变化大,平坦用地少,呈现纵向狭长态势。村内有一条萍水河源头自北向东穿村而过。村域地下蕴藏着煤、铜、铁、石灰石等矿产资源。宫江村靠近杨岐山风景名胜区,森林覆盖率达60%,山林面积3126亩,占比65%,主要为油茶林、松树林、杉树林、樟树林、竹子林。受地形和水文条件影响,宫江村历史上洪灾频发,在1994和1999年分别暴发过两次大型山洪。随着水利设施的逐渐完善,未出现造成人员伤亡和严重财产损失的洪水。

经济概况 宫江村主要种植水稻、油茶、油菜、红薯,养殖鸡、羊、兔子、猪等,其中

宫江村方山水库

宫江村狮子岭

茶油、土鸡、番薯酒是家喻户晓的东源三宝。2022年，全村水稻种植面积约500亩，种植户约250户；2023年新引进水稻制种项目，种植面积300亩，从业人员约14人。兔子养殖户1户，年末存栏4000只，全年出栏12000只，通过县兔协大力发展农村经济，举办了"万兔下千户"活动，有20户为散养；猪养殖户1户，年末存栏1500只，全年出栏1500只。土鸡、羊、鸭、鹅等皆为家庭散养。规模较大的合作社有：上栗县富强美养殖专业合作社。成立于2022年，注册资金100万元，占地面积800平方米，以养殖肉兔为主。每年产值150万余元，有长期从事管护工作村民7人，临时雇用村民1人。2022年有乡村振兴产业项目2个，分别为宫江富强美兔子养殖（25万元）和上栗摇钱养殖场（25万元）。宫江村商贸繁荣，农历每月逢一、逢六有大型赶集。集镇全长400余米，有商铺80余户，其中大型商超3家，小卖部15家，餐饮1家，衣帽服饰店3家，电器店2家，家具店4家，移动电信1家，诊所4家，美容美发店1家，五金店2家，水电安装4家，车辆修理店1家，建材店5家，石材店2家。年营业额达100万元以上商家有3家，集镇长期从业人员1200余人，临时性从业人员200余人。村级集体经济每年大约有2万元光伏发电收入；其他产业项目分红在2万元左右。

基础设施 境内交通便利，一条三级水泥公路越境穿过，在村中呈星形分布，东连天台塘溪村，北接水江塘下村西通萍乡市城区，公路四通八达，实现组组通公路。中国电信、中国移动通信、江西广播电视网络齐全。全村有变电器13台，总功率7000千瓦。村民日常使用的能源主要为电能和液化气，少数家庭使用蜂窝煤、木柴。村民主要生活用水来源于深井水，有5个集中供水点，分别位于曹家冲、刘家里、枫树下、牛古冲、下屋；有自来水储池3座，可蓄水400吨，铺设自来水管道约1.5万米，基本满足了全村村民日常生活用水需求。全村有水利灌排水渠600米；完善萍水河治理1300米；灌溉功能的山塘35座，建设防洪堤坝闸门1处，主要采用沟渠引水，可灌溉耕地

700余亩。自2021年以来,实施了饮水工程5处,有效保障了村民的生活用水和农业用水安全。

社会发展　改水改厕率达90%以上,入户率达到98%。2020年人居环境整治已完成达标创建验收。全村大部分家庭靠外出务工的收入来维持开支。村内有完全小学1所、幼儿园1所、农家书屋1所、文明实践站1所、篮球场3处、夜话广场14处,民间文化源远流长,有中乐、戏曲、歌剧、花鼓戏、剑舞等,是全乡有名的文艺、体育强村。村内建有4个卫生所(室),接诊率较高,服务范围辐射到上埠、楼下、天台边界等周边村庄。东源乡卫生院定期为在村的60岁以上的老人和妇女免费体检,做到无病早预防,有病早发现早治疗。村委会为村民提供代缴医保服务,2021年度农村医保参保率达100%。全村有80户108人享受了农村低保。宫江村人居环境较为良好,村庄道路网基本形成;村内有路灯210盏,均为太阳能路灯;建有垃圾集中存放点2个,第三方聘请保洁人员6名;"厕所革命"整治厕所125个,投入10万余元。

特色地情　宫江村古属楚地。宫江桥,原名为最乐桥,清道光十五年乙未(1835)冬季修建。

江岭村

村情概况　江岭村位于东源乡东南部,东与赤山镇接壤;西、南与彭高镇相邻;北与新益村相邻,距乡政府所在地3.7千米。全村共有13个自然村:龙潭陂、池塘湾、江下岭、六潭、新油榨、长城岸上、月山下、大棚下、神岭下、冷水龙王、耍塘、马岭、柳树塘自然村;共有19个村民小组、860户3418人。常住人口2764人,外出流动人口703人。居住人口以汉族为主。人口较多的姓氏有李姓、何姓。

自然资源与环境　江岭村属丘陵地貌,境内有1条河道由东源乡民主村流入,途经江岭村流入萍韶河。森林资源丰富,森林覆盖率达40%,主要树种有松树、杉树、茶树、毛竹等。

经济概况　林地面积3295亩,耕地面积1322.9亩(水田900亩,旱地315亩)。以种植水稻、油菜为主,油菜种植700亩,水稻种植1100亩。村内有企业3家,带动村民就业增收。江岭香蜡加工厂,就业人数25人,产值500万元;萍乡市烛光制造有限公司,就业人数45人,产值100万元;上栗县振兴鞋业厂,就业人数7人,产值20万元。江岭村商贸繁荣,农历每月逢九有大型赶集。2022年村级集体收入36万元。

江岭村村委会

基础设施 杨宣公路从池塘湾、龙潭陂自然村穿境而过,距离新319国道3.4千米,距离沪昆高速萍乡枢纽交叉口6.8千米。江岭村主干道宽6米,长2千米全部为沥青路面,全村村组路全部完成硬化,道路完成沥青改造6.5千米。村内有邮政代办点1个,位于江岭村新油榨。全村有供电用户792户,年用电量达220万千瓦时;有5个饮水工程,覆盖全村70%的农户。2021年完成较大基础设施和社会事业项目,有村道路"白改黑"项目6.5千米;6个自然村的农网改造;耍塘、神岭下、李同茂新农村点建设项目;江岭小学新建项目于2022年9月投入使用;高标准农田改造400亩;接通杨宣公路的桥梁。

社会发展 江岭村有小学1所,幼儿园2所;其中江岭小学创办于1976年,于2022年新建了教学楼,占地面积1341平方米,有老师12人、学生184人;江岭附属幼儿园创办于2012年,现有老师3人、学生32人;阳光宝贝幼儿园创办于2009年,占地面积800平方米,有老师4人、学生52人。

江岭村有文体广场7个,占地面积5000平方米。江岭村有卫生所3所;村民购买居民养老保险1644人,其中失地农民保险42人;农村低保170人,城镇低保10人,五保户12人。村内配备保洁员7人,负责清理全村范围内的垃圾。

特色地情 江岭村是个革命老区村,为1930年杨岐山苏维埃政权的秘密联络点。境内较出名的祠堂有李氏公祠,有庙宇4座,分别是包公庙、傩神庙、龙王庙、灵泉庙,并有小型庙会活动,傩神庙每年新年会举行傩舞表演。

镜山村

村情概况　镜山村位于萍乡北部，上栗县东南部，东源乡东部，距乡政府所在地7.5千米，东邻天台镇密石村，南界逢源村，西连羊子村，北与天台中泉村相连，县级旅游公路X151道南北穿越本村辖区境内。全村有24个村民小组，20个自然村，分别为：杨家冲、肖家里、贺家里、八里桥、钟家里、院背山、鲁家坊、乌龟塘、马鞍岭、梓木塘、大源头、陂塘、茶冲、虎塘冲、晏家冲、银子窝、黄栗冲、铁水窝、新坊、龙头山，主村在钟家里自然村。全村共有913户3686人，男性1969人，女性1717人，其中常住人口1318人，流动人口2368人，居住人口以汉族为主。主要姓氏有钟、贺、何、易、陈、刘、徐、黄、温、邓、周、林、朱、杜、谭、李、吴、肖等18个姓，其中钟、贺、徐、何、易、黄等姓人口较多。

自然环境与资源　地处丘陵地带，平均海拔130米，其中大源头自然村海拔180米。全村面积8.6平方千米，耕地面积6306亩。其中山地面积4828.1亩，水田面积1109.2亩，旱地面积386.6亩，土地总面积6.73平方千米。林地面积4040亩，森林覆盖率70%。其中，生态公益林1686亩，杉、松、杂用材林1794亩，经济林360亩，竹林200亩，是县级生态村，主要种植松树、樟树、杉树、茶树、毛竹等。土地矿产以石矿建材为主。

经济概况　镜山村主要种植油茶、水稻、油菜、番薯，养殖土鸡、香猪、黑山羊，拥有油茶2560亩、水稻900亩、油菜200亩，番薯年产量约13万斤。镜山村农历每月逢三、逢八赶集，村内集镇长约400米，有商铺20余户，其中小卖部18家，理发店2家，家电2家，水电安装1家，汽车修理1家，五金店2家，诊所3家，本村临时性摊贩10家。村集体经济主要有：小陂塘水库每年1500元租金，桃源冲水库每年2000元租金，2018年—2022年镜山建材厂每年上交村20万元山租租赁费。

基础设施　县级旅游公路X151道南北穿越本村境内，南至萍乡市武功山，北入上栗县杨岐乡，村主干道路均有3.5~4.5米，为沥青路面，自然村道路主要为水泥路面，2023年利用乡村振兴项目已经申请拓宽，此外还有从黄栗冲到虎唐冲约3千米村组路未硬化，其他地段均已浇筑水泥。全村有变电器8台，总功率4000千瓦。村民日常使用的能源主要为电能和液化气。村民主要生活用水来源于井水，有3个集中供水点，分别位于下新坊、贺家里、鲁家坊；有自来水储池1座，可蓄水150吨；在无干旱天灾情况下基本满足了全村村民日常生活用水需求。镜山村有桃源冲、小陂塘、碳塘、茶冲等具有水利灌溉功能的山塘6座，主要采用沟渠引水，可灌溉耕地900余亩。2021年以

镜山村村委会

来,镜山村陆续实施小陂塘水库维修项目和茶冲山塘维修项目,有效保障了村民的生活用水和农业用水安全。

2020年,镜山村打造了1个农村一事一议建设点,2021年实施了下新坊饮水工程和杨家冲水渠维修工程,解决了200余农户的饮用水和农田灌溉问题,2021年至2022年新增两个新农村点,分别在镜山村王爷庙至钟家里路段和黄栗冲小学门口,获得上级拨付资金30万元,有力地提升了镜山村的村容村貌。

社会发展 2020年新建镜山小学以及镜山村附属幼儿园,可满足镜山村及周边村庄学龄前和小学教育阶段的就学需求,2023年幼儿园有60余名学生,小学有130名学生,小学义务教育覆盖率达100%。村文化活动场所占地面积约3650平方米,包括村委会(党群服务中心)约480平方米、新时代文明实践站约240平方米、文化健身广场约1000平方米,宗教庙宇、老协活动场所约1930平方米。村内建有3个卫生所(室),东源乡卫生院定期为在村的60岁以上的老人和妇女免费体检。村委会有力宣传医保收缴政策和为村民提供代缴医保等服务。村有低保户100户(129人)五保户16人;全村脱贫户11户33人均已全部脱贫,人均收入最高有1.7万余元,最低也有9000余元;监测户1户3人已采取兜底帮扶政策,2022年人均收入在8000元以上。

楼下村

村情概况 楼下村以何氏族群为主,其始祖由逢源石塘迁入上埠株模山,再迁入楼下,原名楼溪。1954年成立互助组,属宣德公社,1956年成立初级社,1957年转为福星高级社,1958年成立人民公社(胜天公社),归羊子大队管辖,后转为镜山大队,之后成立楼下大队,与羊子大队分开。东邻羊子村,西南邻民主村,北邻上埠村;面积2.939

平方千米。村级有16个村民小组,有11个自然村,分别是德山下、下石岩、仙山下、井台、台洲上、禁山里、屋场里、水坝上、西冲、西冲北、崔家里。有346户1467人,其中常住人口1428人,流动人口39人。居住人口均为汉族。全村主要姓氏有何、张、钟、刘、彭、黄、崔、林、甘,其中何姓人口较多。村内以农业为主,基本农田432.78亩,水面面积约150亩,成规模的种养合作社4个,主要种植的果树有冰糖柚、安福蚕子、橘子红美人,主要养殖有生猪、黑山羊、兔子、牛、鸡等。

自然环境与资源 全村主要属低山丘陵地带,境内小溪分布较广,便于农田灌溉,河流自民主经楼下西冲流入上埠境内;全村大小水塘67口,小(2)型水库1座,水域面积约180亩。楼下村有煤、石灰石等矿产资源,境内有一天然溶洞名"石虎洞",现为道教活动场所,每年游客量超5万余人次;小(2)型水库以垂钓为主,每年吸引游客超1万余人次。

经济概况 全村有耕地面积430亩,年产量约26万斤,主要农作物为水稻;餐饮服务业有一家"醉美山庄"农家乐;村级集体年收入约11万元。

基础设施 X151县道经过本村境内,村主干道、村组路均已硬化或铺设沥青路。全村有邮政代办点1个,电信、移动、联通用户和宽带已覆盖全村346户,水电已覆盖全村346户。全村水渠修建已完成80%,山塘、水坝修建已完成10%,自来水管网(主管)铺设已基本完成。楼下村历年来建设新农村点13个,共投入500多万元,上级拨款约320万元,农户受益主要有:改房、改厕、改路、改环境、建设健身场所。

社会发展 1946年在楼下何氏祠堂办学,1950年正式建设成立楼下小学,占地面积约1500平方米。文体广场分布情况:西冲、西冲北、柑子园、水坝上两处、下石岩、台洲上,共计7处。村有计生卫生服务室1栋,村民购买养老保险(含失地保险)占65%,

楼下村美丽乡村示范点

楼下村一角

其中失地农民保险人数110余人,已享受社保(含失地保险)约310人,低保人员87人,月发放金额约3.5万元;境内环保名列全乡前列,无工业污染,森林覆盖面积约200万平方米,绿化率达68%。

特色地情 古有楼溪八景:仙人上马、春泉暴涨、狮山晓日、雁塔凌云、鹿洞清风、苍松翠柏、岐山翠景、古寺晨钟等。

民主村

村情概况 民主村地处上栗县东南部,距离上栗县城20千米,距离萍乡市区22千米,东邻宜春市袁州区唐下村,南接本乡楼下村、西与民主村交界,北与田心村接壤。下辖27个自然村组,牛兰冲、陈家里、上破塘、石岩山下、吕家里、魏家里、樟树下、张家湾、塘嘴冲、栋下、石场边、岸上、樟树桥、上大坪祠堂边、上大坪X151路边、集镇边、虎形冲、民主小学门口、院冲、文灿祠堂门口、李家祠、铁台上、界头、佰梁祠、何家宗祠、王家里、下底榨下里。全村有987户4254人,男性2321人,女性1933人。其中:常住人口2018人,流动人口2236人。居住人口以汉族为主。全村共有81个姓氏,其中何、李姓村民人数均超过1000人。

自然环境与资源 民主村地属半丘陵半山地地形,地势东低西高,村庄地势平坦用地多。村内有两条萍水河支流自西向东穿村而过。境内石灰石矿产资源较为丰富。林地面积为210.09公顷,占比60.12%,绿化率达70%,主要为油茶林、松树林、杉树林和樟树林。受地形和水文条件影响,民主村历史上洪灾频发,在1994和1999年分别暴发过两次大型山洪。进入新世纪后,随着水利设施的逐渐完善,未出现造成人员伤亡和严重财产损失的洪水。

经济概况 民主村主要种植水稻、油茶、油菜、红薯,养殖土鸡、羊、牛、猪等,其中茶油、土鸡、番薯酒是家喻户晓的东源三宝。2022年,民主村水稻种植面积约600亩,种植户约310户;油菜种植面积约300亩,种植户约210户。新引进再生稻种植项目,种植面积130亩,从业人员3人。黑山羊养殖户4户,年末存栏180头,全年出栏150头。猪养殖户3户,年末存栏150头,全年出栏120头;牛养殖户3户,年末存栏30头,全年出栏19头;土鸡、羊、鹅、鸭子等皆为家庭散养。规模较大的合作社有:上栗县创瑞花炮制造有限公司,成立于2016年,注册资金120万元,占地面积130亩,以生产烟花爆竹为主,每年产值500万余元,有长期从事管理工作人员5人,长期上班人员120人左右;上栗县东益出口花炮厂,成立于2015年,位于民主村破塘何家里四组,注册资金60万元,占地面积35余亩,以生产边炮为主,2022年产值达100万余元,长期雇用村民15人。民主村工业以劳动密集型的轻工业为主,主要有:上栗县联盛鞋面加工厂,成立于2017年9月,注册资金20万元,主营业务为鞋面加工,为国内外多家运动鞋品牌提供鞋面代加工服务,现有固定工人13人,临时用工5人,年产值50余万元;上栗县简致服装厂,成立于2018年,位于民主村下大坪,主营业务为服饰加工。民主村商贸繁荣,每月有三次逢八小型赶集。村内集镇全长300余米,现有商铺22户,小卖部7家,诊所2家。2022年村集体经济收入为3万余元。

基础设施 民主村对外道路包括X151,均为沥青路面,路况良好;村内道路宽

民主村

民主村村委会

3.5~5.5米,村内入户路主要为水泥路面,村内主干道全部为沥青路面。生产道路约4.2千米,生活道路约12.5千米,兼具生产生活功能的集镇段约2.1千米,为水泥路面。建设有桥梁7座,其中小型桥梁4座、大型桥梁3座。村庄道路网发达,交通较为便利。村内有变电器9台,总功率3500千瓦。村民日常使用的能源主要为电能和液化气。村民主要生活用水来源于深井水,有12个集中供水点,分别位于牛栏冲、上破塘、四组何家里、吕家里、魏家里、张家湾、栋下、上大坪、虎形冲、民主小学、下大坪、界头;有自来水储池5座,可蓄水200吨,铺设自来水管道约1.6万米,基本满足了全村村民日常生活用水需求。民主村具有水利灌溉功能的山塘7座,主要采用沟渠引水,可灌溉耕地500余亩。自2019年以来,村陆续实施了张家湾饮水工程、破塘饮水工程、界头饮水工程和吕家里、界头山塘维修等项目,有效保障了村民的生活用水和农业用水安全。2021年,民主村打造了1个新农村建设点,获批30万元项目资金用于张家湾新农村建设改造,有效提升了民主村张家湾的村容村貌。

社会发展 民主村建有民主小学,可满足民主村及周边村庄六年义务教育阶段的就学需求。民主村文化活动场所占地面积约1100平方米,包括村委会(党群服务中心)约200平方米、宗教场所和老协活动场所约600平方米。村内建有2个卫生所(室),接诊率较高,服务范围辐射到民主、上埠、小枧、楼下等周边村庄。另外东源乡卫生院定期为在村的60岁以上的老人和妇女免费体检。村委会为村民提供代缴医保服务,2022年度农村医保参保率达98.12%。全村有76户260人享受了失地农民保险,有107户168人享受了农村低保。村内人居环境较为良好,有路灯172盏,均为太阳能路灯;建有垃圾集中处理中心1个,聘请保洁人员7名;"厕所革命"整治厕所120个,投入10.5万余元。

民主村有女子龙舞队和中鼓队各1支,村民文化生活丰富多彩。全村四面环山,中为开阔盆形田垄,风景秀丽,民风淳朴,是一个宜业宜居幸福村。

桥头村

村情概况 桥头村位于东源乡南部,距离东源乡集镇约5千米、距上栗县城约46千米,距离萍乡市区20千米,北邻竺塘村,东临逢源村,西南均与赤山镇交界,全村总面积约3.6平方千米。下辖19个自然村组,大冲、曹家里、草坪里、牛角上、横冲、陈坑、伍家冲、樟木田、上下屋场、黄泥塘、下弄、车上、何家屋场、藕塘、潘家园、李子塘、新桥边、返下、周家冲。全村有730户2884人,男性1493人,女性1391人。其中:常住人口1230人,流动人口1654人。居住人口以汉族为主。桥头村共有92个姓氏,其中何、彭、易、邓、钟、周姓村民人数较多。

自然环境与资源 桥头村是东源乡境内相对较平坦的区域,地势整体较低,呈现四周高、中间低的态势,全村海拔介于105~286米之间。其中村西部最高点为286米,东部最高点为253米,村最低处位于南部,海拔为105米,萍水河支流穿村而过。年平均温度17℃,年降水量1550毫米。桥头村四面环山,森林覆盖率达88%,林地面积约300公顷,占比73%,主要为油茶林、杉树林、松树林、竹林和樟树林。受地形和水文条件影响,桥头村洪灾频发,几乎每年汛期都会发生洪灾,对村民的农作物及财产造成一定的损失。

经济概况 桥头村主要种植果树、水稻、油茶、油菜、红薯,养殖土鸡、羊、蜜蜂及水产等,其中茶油、土鸡、番薯酒是家喻户晓的东源三宝。2022年,桥头村水稻种植面积约600亩,种植户约70户;油菜种植面积约120亩,种植户约30户。均为家庭种植户。土鸡、羊、蜜蜂等皆为家庭散养。规模较大的合作社有:上栗县萍水源种养专业合作社,成立于2017年,注册资金2000万元,占地面积400亩,以果树橘子、杨梅、白玉枇杷、猕猴桃、梨子、石榴等为主,每年产值达100万余元,有长期从事管护工作村民2人,临时雇用村民20~50人;上栗县立高种植专业合作社,成立于2015年,位于桥头村下屋场,注册资金120万元,占地面积68余亩,以冰糖柚种植为主,2021年产值达15万余元,长期雇用村民10余人;上栗县东源乡担水埠种养专业合作社,成立于2012年,注册资金150万元,占地面积约30亩,年产值约20万元,长期雇佣村民5名。桥头村工业以家庭作坊型的家具加工业为主,未形成较大工业产业规模。桥头村商贸较为齐全,现有商铺20余户,其中大型商超1家,小卖部7家,餐饮5家,诊所2家,美容美发店1家,五金店1家,水电安装1家,汽车修理2家,建材店2家。

基础设施 X160县道从村西部呈南北向穿越,是桥头村连接外界的重要通道,路面为沥青路面,路况良好;村委会门前至何家屋场道路宽4米,长度约为1千米,为沥青路面;其余生产道路约13千米,生活道路约7千米,兼具生产生活功能的集镇段约1.6千米,为水泥路面。建设有桥梁5座,其中小型桥梁4座,涵洞型桥梁1座。村庄道路网完善,交通较为便利。村内无邮政设施,但可实现网购物流配送。全村有变电器7台,总功率2545千瓦。村民日常使用的能源主要为电能和液化气,少数家庭使用蜂窝煤、木柴。全村已实现集中供水,可蓄水150立方米,铺设自来水管道约1.5万米,满足全村村民日常生活自来水用水需求。桥头村有观音岩、九子冲、西山院等具有水利灌溉功能的大小山塘90余座,主要采用沟渠引水,可灌溉耕地600余亩。2012年以来,由于年久失修和夏季汛情的影响,部分水利设施被山洪冲垮,桥头村两委陆续申请实施了双凤山水库、麻田山水库、横冲山塘等加固维修工程,有效保障了村民的生活用水和农业用水安全。

社会发展 桥头村建有1所中小学于一体的九年一贯制学校——新民学校,可满足桥头村及周边村庄九年义务教育阶段的就学需求,义务教育覆盖率100%。桥头村没有幼儿园,需要到竺塘或新益幼儿园。村文化活动场所建筑面积约7500平方米,其中村委会(党群服务中心、新时代文明实践站)约1500平方米、文化健身广场约3500平方米、庙宇约2500平方米。新时代文明实践站采取"一站多点、一室多区"形式建设,共设立5个文明实践点,3个集中活动室,包含家风家训馆、民俗文化馆、曲江书院、四点半课堂、市民宣讲室等10个功能区域。村内建有2个卫生所(室),占地面积约为380平方米,配备有3名医务工作人员,12张床位。东源乡卫生院定期为在村的60岁

桥头村东源乡民俗文化馆(何氏宗祠)

桥头村家风家训馆、曲江书院(材伟公祠)

以上的老人和妇女免费体检。村委会为村民提供代缴医保服务，2021年度农村医保参保率达100%。全村有60户91人享受了农村低保。桥头村人居环境较为良好，有路灯60盏，均为太阳能路灯；建有垃圾集中收取点6个，聘请保洁人员3名；"厕所革命"整治厕所157个，投入21万余元。

特色地情 桥头村历史悠久，位于萍水河畔的老式水车，年代较为久远，但保存效果较好，仍然处于正常状态。村内保有两处老宗祠，开设有东源乡民俗文化馆、家风家训馆，都是清末年代的建筑。朝阳寺坐落在桥头村双凤山腹地，面朝狮子山，萍水河上游从门前流过，是一个风景优雅的好地方。据查，该寺始建于康熙十七年(1678)，已有300余年历史。桥头村现有家风家训馆、民俗文化馆、特色民俗文化陈列展示馆。

上埠村

村情概况 上埠村位于萍水河源头，上栗县东南部，距上栗25千米，距萍乡26千米，东邻江北村、南接羊子村、西靠楼下村、北和宫江村相邻。下辖18个自然村组，西冲、曹家里、鹅形冲、枧田何家里、枧田黄家里、石下、上埠街嘴上、林家里、上彭家里、井边、谭家里、马路边株木山、田边株木山、上蔡家里、桥边蔡家里、下蔡家里、河家山、泉古塘。全村共有1010户,3956人,其中常住人口2123人,均为汉族。人口以何、蔡、彭、黄、陈、曹、曾、周、谭、李、林、徐等姓氏为主。

自然环境与资源 上埠村以丘陵地形为主,地势以北高南低分布,坡度变化较大,人多地少,平均每人三分地,但农田面积较大,以水稻种植为主。气候温和,四季分明,阳光充足,村内有2条河流交汇穿中而过。境内煤炭和石砂较为丰富。村东北面靠宜春相壤,山多地少,绿化面积85%,林地为2140亩,占比达63.2%,以油茶、杉树为主。受地形和河流交汇影响,上埠村多年被洪水浸没垅里农田,通过河道治理防洪修建和水利设施完善后,基本上无重大水灾情况。

经济情况 上埠村主要种植水稻、油茶、红薯、油菜,养殖以牛、羊、狗、鸡、鸭等为主,大多数青年人以外出务工为主,成立了6个合作社,分别是:祥萍农业发展公司、东茂冲水果种植合作社、日升农场、蚕桑种养合作社、易胜种植合作社和畜牧合作社。工业以劳动密集型工业为主,比较大的工业企业有:曙华烟花制造有限公司,万博建设材料有限公司和立恒雨具厂。村商贸繁荣,每月均有3场赶集,特别是上埠街500多米长,有商铺20多户,主要有电器、餐馆、水暖、五金店铺、移动营业厅、理发店、装潢材料、蔬菜专卖店、食品、玩具店等。村集体经济收入主要来源于土地流转、房屋租赁和其他收入,年均收入10多万元。

基础设施 村内有省道S309、X151县道经过,路宽7~9米,全沥青路面,路况较好。村内主干道有2千米沥青路面,其余10千米水泥硬化面积,硬化率95%,入户路90%,有交通桥1座,村路桥梁4座,一纵一横路网,出入方便。移动、电信实现了全覆盖,各自然村交会都装有监控,有物流配送点1家。有变电器12台,彻底解决烧煤情况,基本上采用液化气;自来水覆盖率70%,能满足生产生活用水,水源充足,新建泉古塘饮水工程一处,彻底解决相邻村用水困难。上埠村有西冲河水坝和萍水河水坝及泉古塘山塘水量充足,能解决农村农田用水量,但各水沟排灌水渠有待完善,农田用水还存在短板。自2015年以来,上埠村新建7个新农村建设点,其中蔡家里桥和谭家里新农村建设点是县乡中心点打造,为县委、县政府观摩点。

上埠村村委会

上埠村谭家里

社会发展 2019年新建上埠中学,有上埠小学、上埠中心幼儿园。上埠村有文化活动场所5个,分别为上埠村文体活动场、蔡家里桥边活动场和谭家里夜话场、株木山活动场、枧田活动场、西冲活动场,其中村里文明实践站为多功能室,配备有"四屋一窗"、老年人活动场所、居家老人活动场所、配餐室等设施。村内设1个卫生所,设备人员配备齐全,东源卫生院定期为60岁以上老人和妇女免费健康检查。村委为村民提供医保缴费服务,全村医保参保率达100%,城乡居民社会保险比例不断增加达50%。上埠村人居环境日益提升,幸福指数增加,村内装有路灯150盏,方便群众出行。

上埠宣三傩神庙傩舞队于2005年农历五月初四,由22人组成,曾出席在江西省南昌市举行的中国国际傩文化艺术周的汇报演出,获得了金奖。

特色地情 村内有古迹文物一处,为宣三傩庙,始建于唐朝开元元年(713)。萍北上埠宣三傩神庙,俗称萍北傩庙发源地,有傩庙第一尊之称。元朝顺帝年间,傩庙所用傩面具均由铜料铸制,相传傩舞人戴上将无法取下。后在明洪武五年(1372),傩面具就改用樟木雕刻。清道光十六年(1836),随着傩文化的鼎盛及地方经济的发展,且傩庙因年久失修、木料溃烂,对傩庙进行了维修扩建,改建成前后两栋,中间4根石柱子支撑现罩厅,雄伟壮丽、雕龙绘画、气势宏伟的土瓦结构的新庙宇,在庙门对面新建了一座古装戏台,庙宇前栋与戏台之间留有空间可容纳6000余人看戏,还恭请了绣神像师傅添绣了三堂傩神面具。"文化大革命"时期,庙宇被毁,傩庙前栋、戏台、罩厅被拆除,后栋削矮给学校使用。1996年,为传承弘扬傩文化,政府批示同意学校将后栋归还傩神庙,后傩神庙将其加高恢复原貌。

桃源村

村情概况 桃源村位于东源乡西北部,杨岐山脚下,交通区位优越,距上栗县城25千米,距离萍乡市区21千米,距乡政府1.8千米。东与东源村相连,南接新益、福田,西至杨岐乡桃文村,北与小枧村、石岭村相邻,总面积6平方千米。全村总人口4605人,包括连溪片1219人。35个村民小组(桃源村23个组:一至二十三组,连溪片12个组:二十四至三十五组),全村分为23个自然村:干大冲、柴冲、富家冲、黄栗树下、黄粟院、枫树下、杨家里、小桃源、吕家里、金钩山下、大桃源、院冲、冷水塘、火石岭下、麻子窝、周家老屋场、李家山、石井庵、野猪窝、瓦子坪、新屋里、抄萁窝、谷筛冲。有常住人口2111人,流动人口2494人。居住人口以汉族为主。全村共有25个姓氏,以周、李、曾、吕等姓为主。

自然环境与资源 全村地形以丘陵为主,地势西高东低,山岭面积较大。桃源村小型水库有2座分别是院冲水库、高塘水库,水流覆盖19个小组;全村水塘22个,自来水井20口,桃源村水渠维修1.2万米,河道维修1000米左右,山塘维修15口,修缮2座水库,自来水管网铺设到23个小组。全村石灰石矿较为丰富。境内野生动物有松鼠、野猪、野兔等。有1处天然溶洞,位于桃源村大桃源;有1处山洞,位于连溪片冷水塘。全村靠近杨岐山风景名胜区,杨岐旅游公路横穿而过,森林覆盖率达70%,山林主要为油茶林、松树林、杉树林和樟树林。受地形和水文条件影响,桃源村历史上洪灾频发,1994年和1999年分别暴发过两次大型山洪。进入新世纪后,随着水利设施的逐渐完善,未出现造成人员伤亡和严重财产损失的洪水。

经济概况 全村主要种植水稻、油茶、油菜、红薯,稻田面积约1200亩,其中实际种植面积约900亩,全村稻谷产量63万斤左右。全村主要经济来源为年轻人外出务工。全村有耕地面积1800亩(其中水田1200亩,旱地600亩),农田灌溉覆盖率100%,林地面积约3200亩(包括油茶林面积约1500亩)。羊、牛养殖户7户,年末存栏35头,全年出栏80头。土鸡、鸽子等皆为家庭散养。桃源村有绿色种植合作社4家,分别是:天利种植合作社,成立于2021年,注册资金10万元,占地面积30余亩,以冰糖柚为主,长期雇用村民3人;红阳猕猴桃种植基地,成立于2019年,占地面积20余亩,以种植葡萄、柑橘、冰糖柚、猕猴桃为主,2022年产值7万余元;亚旺种植合作社,成立于2021年,位于桃源村二组,注册资金10万元,占地面积19余亩,主要种植火龙果、樱桃,2022年产值3万余元;小桃源周建果园种植基地,成立于2019年,占地面积35余亩,以种植葡萄、柑橘、冰糖柚、火龙果为主,2022年产值20万余元。全村境内有花炮厂2家,分别为:天福花炮厂,成立于2009年,占地面积50余亩,注册资金100余万元,年产值250万元,共解决全村就业约55人;兴泉花炮厂,成立于2011年,占地面积45余亩,注册资金45万元,年产值110万元,共解决全村就业约35人;建材厂1家,即柴冲干太冲石场,成立于2005年,注册资金3000余万元,年产值500万余元;老扁担粉丝厂一个,成立于2020年,占地面积30余亩,注册资金35万元,年产值150万元,共解决全村就业约25人,增加村民年人均收益达50%。全村小型超市有16家,实现了村民生活购物便利。

基础设施 县杨宣旅游公路途经桃源村境内,全长1.6千米,宽9米,通铺沥青,路况良好,风景优美,途经两个村部果园。全村主干道已经通铺沥青,宽度6米左右,长约2千米,途经三组至二十三组。全村累计投资500万元实施村组道路硬化,实现了村组硬化道路户户通,交通较为便利。全村3家邮政物流配送点,大大提高了村民生活质量。全村有变电器10台,总功率4000千瓦。村民日常使用的能源主要为电能和液化气。村民主要生活用水来源于深井水,有10个集中供水点,分别位于枫树下、柴冲、富家冲、小桃源、大桃源、周家老屋场、新屋里、冷水塘、李家山、瓦子坪;有自来水储池6座,可蓄水200吨,铺设自来水管道约1.5万米,基本保障了全村村民日常生活用水需求。桃源村有干大冲2个、院冲3个、火石岭下2个、大桃源、麻子窝、新屋里等具有水利灌溉功能的山塘10个,主要采用沟渠引水,可灌溉耕地1000余亩。2021年以来,由于年久失修和夏季汛情的影响,部分水利设施被山洪冲垮,桃源村两委陆续申请实施了黄粟院、院冲、黄栗树下、连溪片木瓜冲山塘等维修项目,有效保障了村民的生活用水和农业用水安全。全村历年来共3个新农村点建设,分别是:小桃源新农村点、周家老屋场新农村点、大桃源新农村点建设。小桃源新农村点建设共投入30万元,受益群众分别是十一至十二组村民。周家老屋场新农村建设投入30万元,受益群众分别是十八至十九组村民。大桃源新农村建设投入30万元,受益群众分别是二十至二十三组村民。3个新农村建设均建设了绿化、亮化、文化墙、文娱广场、入户路灯等,村级新村建设有富家冲、黄栗树下,富家冲投入12万,受益群众4组村民;黄栗树下投入15万,受益群众3组村民。

社会发展 境内有1所小学,即桃源小学,创办于1912年,于2015年开始新建,2017年春季交付使用,总投资267万元,学校为砖混结构,地上层数3层,建筑总高度11.25米,建筑面积1400平方米,占地面积3466平方米,绿化用地面积200平方米,运

桃源村

动场地面积1243平方米,学校建有配套的厨房、厕所、塑胶跑道,2017年秋季完成了围墙文化建设,学校面貌焕然一新。现有附属幼儿园1所。学校现有在校生77人,附属幼儿园在园人数11人,共88人。全村有9个文化广场,均投入了健身器材,为村民提供了休闲、娱乐、文化活动的场所,营造了和谐的社会风气。全村有2所卫生所:桃源卫生所和连溪片卫生所。按照以"五统一"管理为核心的农村卫生一体化管理模式,参照甲级村卫生室标准实施管理,完善了村卫生所基础医疗器材,全面落实了医保扶贫政策,确保村民各项医疗保障。全村低保人员有175人,城镇低保人员20人,享受党组织关爱的老党员14人,80~89岁享受补贴58人,90岁以上享受老人长寿补贴12人,持有残疾证人员142人,其中重度残疾25人,五保户23人,脱贫户19户72人,监测户2户7人。村内人居环境较为良好,村庄道路网发达;村内有路灯110盏,均为太阳能路灯;建有集中垃圾站1个,聘请保洁人员6名;"厕所革命"整治厕所65个,投入8.8万余元。

特色地情　全村有寺庙3座(院冲白衣寺、连溪永兴寺、华光寺),保留了古代风俗和正月初二至正月十三的"耍牛灯"仪式。

田心村

村情概况　田心村因站在高山上眺望整村,四面环山,中间"心脏"全部是田,故名田心。1982年以前为东源乡田心大队,后田心大队改为田心村。田心村位于上栗县东部,东源乡北部,距乡政府所在地8千米,东邻宜春市水江镇畔龙村,南接民主村,西连石源村,北至宜春市水江镇快荣村。有村民917户,23个村民小组,有19个自然村,分别是水口、刘家里、池下、五家山下、瓦叉、江畔、南岸埠上、田心山下、对门山下、蜈蚣形、方家冲、窝子塘、虎塘、田楼里、田心街、甘家里、榨下、夏家里、江万。共有3956人，其中常住人口1650人，流动人口2306人，居住人口以汉族为主，有个别是壮族、瑶族、侗族等少数民族。人口较多的姓氏为李姓、易姓、甘姓。

自然环境与资源 村域地处丘陵地带，平均海拔高度100米左右。萍水河的源头支流由东至西北向贯穿整个田心村，江畔自然村上游有一座小（2）型水库，用于江畔、池下、南岸、田心山下、对门山下等自然村的农田灌溉，其余农田都是引河水灌溉。田心村内有小型石灰石石山一座。林地面积有6630亩，森林覆盖率80%。其中，生态公益林2184亩，杉、松、杂用材林600亩，经济林1846亩，竹林2000亩（人均1.62亩），是县级生态村。受地形和水文条件影响，田心村有一条3000多米的河流贯穿过整个田心村，历史上洪灾频发，造成河岸到处崩塌。新世纪以来未发生重大水灾。

经济概况 田心村主要种植水稻、油茶、油菜、红薯，养殖土鸡、羊、鸭等，其中茶油、土鸡、番薯酒是家喻户晓的东源三宝。2022年，田心村水稻种植面积约900亩，种植户约500户；油菜种植面积约400亩，种植户约300户。新福牧业有限公司生猪存栏613头，能繁母猪27头，家禽存栏110只，年末生猪存栏110头，家禽存栏35只，其余土鸡、羊、鸭等皆为家庭散养。工业以劳动密集型的轻工业为主。主要有：康泽医用手套加工厂，成立于2020年，位于田心村水口，注册资金60万元，主营业务为医用手套加工，为国内外多家医用手套企业提供手套代加工服务，现有固定工人30人，临时用工10余人，年产值约600万元；萍乡百盈体育用品有限公司，成立于2018年，主营业务为体育用品加工。村商贸繁荣，农历每月逢七有三次大型赶集。村内田心集镇全长500余米，现有商铺20余户，其中大型商超1家，小卖部12家，餐饮1家，诊所2家，美容美发店1家，水电安装1家。大型商超有：田心慧众超市，成立于2017年，位于田心村集镇，注册资金50万元，主营食品、果蔬、日化、服饰，年营业额达200万余元，长期雇用村民4人。2022年集体经济收入为68.7万元。

基础设施 有县道X151在田心村经过，连通宜春水江、天台，公路均为沥青路面，本村道路四通八达，80%为沥青路面，交通便捷。村内配

田心村村委会

田心村油菜种植基地

有邮政物流配送点。有变电器14台,总功率4000千瓦。村民日常使用的能源主要为电能和液化气,少数家庭使用蜂窝煤、木柴。村民主要生活用水来源于深井水、地表水,有7个集中供水点,分别位于榨下里、夏家里、池下、田心山下、对门山下、刘家里、王家冲等;有自来水储池6座,分别可蓄水200吨,铺设自来水管道约2.6万米,基本满足了全村村民日常生活用水需求。村级水渠硬化率达90%,有水坝3座、300米河道未修缮,自来水管网铺设等未全覆盖。

社会发展　境内有一所田心小学,新校区创建于2020年,2021年9月投入使用,占地面积12亩,现有老师18人、学生195人。境内文体广场投入20多万元,主要集中在新农村布点上。境内有村卫生所1所、诊所4所,药品和医疗都基本有保障。境内村民大部分都购买了新农保,60岁以上的人都享受了新农保,其中151县道失地农民,不足三分地的农户都购买了失地农民保险;低保人员做到应保尽保,按时发放到位;老年活动中心场所暂未修建,属临时租用。境内环境卫生有专人打扫,安排了道路保洁员,专人收集转运。

特色地情　田心村为革命老区村,境内有龙王庙、何太仙庙等人文景观,每年都会有庙会活动,其中龙王庙始建于清朝年间,庙内有古树槐花树两棵。每年有三月做艾米古、豆腐角,过年打糍粑等活动,每月逢七赶集,村民在场上进行交易。

小枧村

村情概况 小枧村曾名"小枧市",在明代到清光绪二十四年(1898)间划为二乡七里,杨岐乡、上栗镇、鸡冠山乡、桐木镇等靠近杨岐山北麓的山区地带,叫安乐乡萍实里,杨岐山南麓的山区地带叫遵化乡宣化里,小枧村便属于杨岐山南麓的"遵化乡宣化里"。《昭萍志略》中记载道:"小枧市在县北宣化里,距城五十里,街半里,商民八十余家"。"枧"字通"笕",寓意"露天而建的引水木(竹)管"。据村里老人讲述"萍水河的两条支流沿杨岐山而下,在小枧村汇合后流入主干,由于河道狭窄,水流湍急,在两边的山脉的映衬下好似一根盛水的碧绿竹管,因而取名"小枧"。小枧村交通区位优越,地处上栗县东南部,距离上栗县城20千米,距离萍乡市区21千米,东邻民主村,南接桃源村,西与杨岐乡交界,北与田心村接壤。下辖14个自然村组,分别为九子冲、狮子石、长山埠、观音岩、上街、新街、下街、张家湾、龙家坳、茅屋里、下坊、张家七八组、晏家里、西山院。全村有612户2383人,男性1225人,女性1158人。其中常住人口1161人,流动人口1225人。居住人口中以汉族为主。共有81个姓氏,其中何、李、沈、黄、张、晏姓村民人数均超过100人。

自然环境与资源 小枧村属半丘陵半山地地形,地势北低南高,村庄地势坡度变化大,平坦用地少,呈现纵向盆地形状。村内有两条萍水河支流自西向东穿村而过。境内石灰石矿产较为丰富,靠近杨岐山风景名胜区,森林覆盖率达70%,林地面积为172.19公顷,占比59.11%,主要为油茶林、松树林、杉树林和樟树林。受地形和水文条件影响,小枧村历史上洪灾频发,在1994和1999年分别暴发过两次大型山洪。进入新世纪后,随着水利设施的逐渐完善,未出现造成人员伤亡和严重财产损失的洪水。

经济概况 小枧村主要种植水稻、油茶、油菜、红薯,养殖土鸡、羊、鸽子、蜜蜂等,其中茶油、土鸡、番薯酒是家喻户晓的东源三宝。2022年,小枧村水稻种植面积约500亩,种植户约250户;油菜种植面积约400亩,种植户约300户。2022年新引进水稻制种项目,种植面积228亩,从业人员15人。黑山羊养殖户12户,年末存栏180头,全年出栏150头。土鸡、羊、鸽子、蜜蜂等皆为家庭散养。规模较大的合作社有:上栗县地绿林业专业合作社,成立于2016年,注册资金80万元,占地面积1200亩,以次生生态林为主,有松、杉、樟等各种树木12万余株,每年新造林木1万余株,年产值15万余元,有长期从事管护工作村民2人,临时雇用村民6~8人;上栗县下坊种植专业合作社,成立于2020年,位于小枧村下坊十一组,注册资金60万元,占地面积20余亩,以种植火

小枧村沈华公祠

龙果、冰糖柚、砂糖橘为主,2021年产值超20万元,2022年产值超30万元,长期雇用村民4人。工业以劳动密集型的轻工业为主。主要企业有:上栗县博雅服饰加工厂,成立于2020年,位于小枧村小枧街,注册资金60万元,主营业务为服饰加工,为国内外多家服装品牌提供服饰代加工服务,现有固定工人10人,临时用工30余人,年产值400余万元。小枧村商贸繁荣,农历每月逢二有三次大型赶集。小枧集镇全长600余米,现有商铺80余户,其中大型商超5家,小卖部17家,餐饮11家,衣帽服饰店6家,电器店5家,家具店3家,移动电信4家,诊所3家,美容美发店9家,五金店1家,水电安装4家,汽车修理1家,建材店5家,石材店2家。年营业额达100万元以上商家4家,年营业额达300万元以上商家1家,集镇长期从业人员200余人,临时性从业人员300余人。大型商超有小枧家惠超市,成立于2016年,位于小枧村集镇,注册资金60万元,主营食品、果蔬、日化、服饰,年营业额达300万余元,长期雇用村民10人;金辉购物中心成立于2013年,位于小枧村集镇,注册资金50万元,主营电器、服饰、日化用品,年营业额200万余元,长期雇用村民6人。2022年,村级集体经济收入约20万元。

基础设施 小枧村对外道路包括杨宣公路和X151,均为沥青路面,路况良好;村内道路宽3.5~5.5米,主要为水泥路面,生产道路约8.2千米,生活道路约9.1千米,兼具生产生活功能的集镇段约1.8千米,为沥青路面。建设有桥梁9座,其中小型桥梁6座、涵洞型桥梁3座。小枧村有变电器10台,总功率4000千瓦。村民日常使用的能源主要为电能和液化气,少数家庭使用蜂窝煤、木柴。村民主要生活用水来源于深井水,有3个集中供水点,分别位于狮子石、张家湾、下坊;有自来水储池5座,可蓄水200

吨,铺设自来水管道约1.2万米,基本满足了全村村民日常生活用水需求。小枧村有观音岩、九子冲、西山院等具有水利灌溉功能的山塘7座,主要采用沟渠引水,可灌溉耕地600余亩。2021年以来,由于年久失修和夏季汛情的影响,部分水利设施被山洪冲垮,村两委陆续申请实施了张家湾饮水工程、船化冲山塘维修项目和观音岩山塘维修项目,有效保障了村民的生活用水和农业用水安全。

社会发展 小枧村建有东源乡第二幼儿园和集中小学于一体的小枧中学,可满足小枧村及周边村庄学龄前和九年义务教育阶段的就学需求,义务教育覆盖率100%。村文化活动场所占地面积约5450平方米,其中村委会(党群服务中心)约600平方米、新时代文明实践站约300平方米、文化健身广场约1500平方米、庙宇约3050平方米。村新时代文明实践站采取"一室多区"形式建设,共设立4个集中活动室,包含图书馆、四点半课堂、市民宣讲室等10个功能区域。村内建有3个卫生所(室),接诊率较高,服务范围辐射到民主、田心、石岭等周边村庄。东源乡卫生院定期为在村的60岁以上的老人和妇女免费体检。村委会为村民提供代缴医保服务,2021年度农村医保参保率达100%。小枧村有215户818人享受了失地农民保险,有76户114人享受了农村低保,有5户8人享受了城镇低保,有9人享受了五保户。村内有路灯210盏,均为太阳能路灯;建有垃圾集中处理中心1个,聘请保洁人员4名;"厕所革命"工程整治厕所95个,投入8.8万余元。

小枧村有女子傩舞队一支,保留了古代"逐疫于衙署及各民户"的"沿门舞"风俗和正月初二至正月十三的"耍傩神"活动。

小枧村水稻制种项目

特色地情 1927年秋收起义后,毛泽东带领部队从文家市进入上栗,9月23日,起义部队途经小枧并夜宿沈华公祠和小枧傩庙。

小枧村古属楚地,具有浓厚的古傩遗风。集镇里的小枧傩庙始建于明英宗正统七年(1442),重修于清同治五年(1866),是目前萍乡地区面积最大、保存最为完整的一座古傩庙。《昭萍志略》载:"傩神庙在西区者五、在北区者二:一,石洞口;一,小枧。均庙貌崇隆。"

新益村

村情概况 新益村位于萍乡市北部,上栗县南部,是进驻东源乡的第一大门,东与本乡竺塘村相邻,南与江岭村接壤,西与彭高镇马棚村相毗邻,北与东源村相接。下辖17个自然村组,芦毛塘、甘家冲、摇篮塘、梨子树下、大垄塘、郭家源、龙背窝、上长木头、下长木头、郑家源、狗毛塘、老肖屋场、石马陂、马岭上屋、马岭下屋、马岭陈家、梓家坳。全村有693户3080人,男性1631人,女性1449人。其中常住人口2976人。居住人口以汉族为主。共有100个姓氏,其中黄、李、刘、甘、陈、张姓村民人数均超过100人。

自然环境与资源 村土地总面积8平方千米,是个典型的丘陵山村。全村山地面积6780亩,生态公益林面积943亩,耕地面积2439亩,含水田面积1140亩。村内有一条河流(马岭河)穿村而过。境内石灰石矿产资源较为丰富。新益村靠近杨岐山风景名胜区,森林覆盖率达90%,主要有松树、杉树、板栗、毛竹等。

经济概况 新益村主要种植水稻、油茶、油菜、红薯,养殖土鸡、羊、兔子、蜜蜂等,其中茶油、土鸡、番薯酒是家喻户晓的东源三宝。2022年,新益村水稻种植面积约270亩,种植户约120户;油菜种植面积约210亩,种植户约100户。规模较大的合作社有:上栗县腾乐专业合作社,成立于2021年,注册资金100万元,占地面积1400平方米,以兔子养殖为主,有种兔400余只,每年产值30余万元,有长期从事管护工作人员3人,临时雇用10人左右;上栗县蚕丝宝新益蚕桑专业合作社,成立于2020年,位于新益村一组,注册资金60万元,占地面积100余亩,以桑蚕养殖为主,2022年产值达10万余元,2023年产值达20余万元,长期雇用村民3人,临时雇用村民10人以上。村工业以劳动密集型的花炮行业为主。规模较大的有:上栗县飞鸿出口花炮厂,成立于2006年,位于新益村马岭陈家,注册资金200万元,主营业务为焰火、鞭炮产品制造,有固定工人80余人，年产值约1200万元；上栗县新源花炮制造有限公司，成立于2015年3月，主营业务为爆竹生产，有固定工人80余人，年产值约2000万元，产品主要销往国外。2022年村集体收入39.8万元。

基础设施　境内福东公路、杨宣公路分别从长木头、马岭自然村穿境而过，距萍乡市城区15千米，距上栗县城20千米，距319国道3千米，距离昌金高速12千米。村内有邮政代办点1个（新益村电商服务站），供电用户数量747户。村民日常使用的能源主要为电能和液化气，少数家庭使用蜂窝煤、木柴。村民主要生活用水来源于深井水，有1个集中供水点，位于摇篮塘；有自来水储池1座，可蓄水70余吨，铺设自来水管道约2.6千米，满足了一、二、三、四、五、十八组村民日常生活用水需求。村内有摇篮塘、上石冲、芦毛塘等具有水利灌溉功能的山塘5座，主要采用沟渠引水，可灌溉耕地300余亩。2021年以来，由于年久失修和夏季汛情的影响，部分水利设施被山洪冲垮，村两委陆续申请实施了上石冲水库维修项目和摇篮塘山塘维修项目，有效保障了村民的生活用水和农业用水安全。

社会发展　新益村现有小学一所，即新益小学，创办于1919年，校舍改建于2002年，2007年被鉴定为D级危房，2015年新建校园占地面积6150平方米，校舍面积1600平方米，是一所村级完全小学。村文化活动场所占地面积约1650平方米，其中村委会（党群服务中心）占地约200平方米、新时代文明实践站占地约300平方米、文化健身广场占地约1000平方米、庙宇占地约120平方米。新时代文明实践站采取"一室多区"形式建设，共设立4个集中活动室，包含图书馆、四点半课堂、市民宣讲室等10个功能区域。新益村卫计室新建于2017年，占地120平方米。村委会为村民提供代缴医保服务，2022年度农村医保参保率达100%。新益村购买养老保险1413人（其中购

新益村

新益村矿坑公园

买失地农民保险324人),享受养老保险440人,农村低保94户130人,城镇低保5户8人。老年活动中心、娱乐室、图书室、文体广场、食堂均正常开放。村内有太阳能路灯450盏,建有垃圾集中处理中心1个,聘请保洁人员8名。

特色地情 新益村"矿坑公园",是一个惠及长久的生态修复点,成为村民休闲健身的活动基地;新益村"乡村森林公园",成为全县乡村亮点,把绿水青山打造成金山银山,村美水美环境美,有效提升了村容村貌。

羊子村

村情概况 羊子村在新中国成立初期隶属胜天公社,后胜天公社与宣德公社合并为东源公社。据村里老人讲述,此地处于萍乡与宜春交界处,从宜春至赤山自东向西连绵的山脉走势犹如汇入山谷的羊群,而羊子村所处位置如随行的羔羊,故名羊子,有繁衍生息之意。羊子村地处萍乡北部,杨岐山南部,距县城40千米,离乡政府5千米,处于萍水河上游,羊子河流经本村境内3.5千米,总面积10平方千米。东连本乡镜山村,南与逢源村,西与竺塘村,北与上埠、楼下村相邻。羊子村共有28个自然村:潭头、小陂山、牛头岭、马家湾、上间埠、下间埠、易家里、茅店、摇篮窝、沙口塘、欠坪、严家湾、大洲上、柳树塘、焕塘冲、羊子山、吊马冲、瑶厂下、瓦下、长冲、悟堂里、屋场里、春台、新屋里、台州上、洪桥、河背、太细窝；共有42个村民小组，1562户5768人，其中常住人口2782人，居住人口以汉族为主。全村共有76个姓氏，其中钟、何、刘、谢、柳、彭、黄、马、严、蔡、叶、易、曾姓村民人数均超过100人。

自然环境与资源 境内以丘陵、山地为主，约占总面积70%，平均海拔233.7米，地势北高南低，村庄地势坡度平缓，境内丘陵分布较为密集，平坦用地少。村内有萍水河支流交汇自北向南穿境而过。境内石灰石储备较为丰富。林地面积6825亩，森林覆盖率75%。其中，生态公益林1088亩，杉、松、杂用材林4088亩，经济林1245亩。主要经济林木为樟树、杉树、油茶等，农户及专业合作社以种植水稻、油菜、蜜橘、葡萄与养殖牛、羊、鸡、鸭、鹅为主。受地形和水文条件影响，羊子村历史上洪灾较为频发，其中在1995—1996年暴发过数次大型山洪。随着水利设施的逐渐完善，洪水暴发频次和严重程度逐渐降低，近十年内未出现造成人员伤亡和重大财产损失的洪水。

经济概况 羊子村以种植水稻、油茶、油菜、葡萄、砂糖橘，养殖牛、羊、鸡、鸭、鹅等为主，全村水田面积约1680亩，实际种植面积约1400亩，稻谷产量100万公斤。规模较大的合作社有：上栗县俊海种养专业合作社，水稻种植面积约1180余亩，主要分布在萍水河沿河两侧；上栗县永发农业畜牧有限公司占地面积60亩，养鸡6万余只。其余牛、羊、鸭、鹅等皆为家庭散养，未形成规模。工业以劳动密集型的制造业为主，比较大型的企业有：上栗县东森阳光烟花制造有限公司，成立于2015年，注册资金2000万元，位于羊子村摇篮窝自然村，主营业务为烟花、烟火药生产与自销，有固定工人30人，临时用工80余人，年产值500余万元；上栗县华洲花炮制造有限公司，成立于2006年，注册资金50万元，从事化学原料和化学制品制造，现有固定工人20人，临时

羊子村村委会

羊子村

用工60余人,年产值350余万元。羊子村商贸繁荣,农历每月逢九有大型赶集,有大小商铺61余户,其中小型商超5家,小卖部24家,餐饮1家,衣帽服饰店4家,电器店6家,家具店2家,移动电信3家,诊所4家,美容美发店2家,五金店4家,水电安装2家,汽车修理2家,建材店2家。年营业额达50万元以上商家16家,年营业额达100万元以上商家2家,主营食品、果蔬、日常用品等。2022年村集体经济收入为12.5万元。

基础设施 羊子村对外道路包括省道309公路和县道X151,均为沥青路面;村内主次干道"白改黑"改造,铺设沥青路面2.5万余平方米,道路宽约3.5至5.5米,总计投入资金400余万元,羊子村生产生活便道、组组通道路水泥硬化基本完成,与村内大小12座桥梁共同构建羊子村基本交通网络,村民生活出行、生产运输水平已极大提高。全村有变电器16台。村民日常做饭烧水使用的能源主要为电能和液化气,少数家庭使用蜂窝煤。村民主要生活用水来源于深井水,有4个集中供水点,分别位于马家湾、江北春台、小陂山、泉古塘;有自来水储池3座,储水桶1个,可蓄水330吨,基本满足了全村村民日常生活用水需求。羊子村有泉古塘、大塘等具有水利灌溉功能的山塘2座,可灌溉耕地300余亩,主要用于旱季农田供水保障,村内农田日常灌溉主要采用水圳、沟渠引用萍水河大小支流河水,基本农业生产用水可以得到保障。全村8个新农村建设点,分别是潭头新农村点、间埠新农村点、马家里新农村点、茅店新农村点、摇篮窝新农村点、欠坪新农村点、羊子山新农村点、严家湾新农村点,新农村建设点共投入200万元,受益群众约240户。8个新农村建设点均建设了绿化工程、亮化工程、道路硬化、休闲广场等,有效提升村容村貌。

社会发展　村内建有2所小学,分别为羊子小学和江北小学。羊子小学创办于1962年,于2001年开始新建改造,2003年春季交付使用,总投资50万元,占地面积1万平方米,有附属幼儿园1所。现共有教师24名,学生261人,学校建有配套的食堂、塑胶跑道、美术教室、音乐教室、图书阅览室、微机室各1间。江北小学新建于2007年,总投资100万元,占地面积约1.3万平方米,现有教师12人,学生118人。全村共有3个文化健身广场,总面积约2000平方米,均投入了健身器材,新时代文明实践站约300平方米,包含集中活动室、图书馆、四点半课堂、市民宣讲室等10个功能区域。村内建有3个卫生所:羊子村卫生所、江北片卫生所、潭头卫生所,卫生所接诊率较高,服务范围辐射到上埠、镜山等周边村庄。东源乡卫生院定期为在村的60岁以上的老人和妇女免费体检。羊子村有32户145人享受了失地农民保险;全村农村低保人员155人,城镇低保人员20人,五保户23人。村部设有居家养老活动中心,拥有配套的娱乐活动室、休息室、图书阅览室及配餐室等。家家户户门前均配置有垃圾箱,由第三方清洁公司负责日常转运处理。

羊子村有傩舞队一支,沿袭古代"沿门舞"风俗在正月开展"耍傩神"活动;威风腰鼓队一支,在传统佳节之际开展腰鼓表演。

特色地情　村内有古迹寺庙2座(金台庵、傩神庙),特产有羊子山腊肉、油茶、红薯酒、盐果子、糍粑等。

竺塘村

村情概况　竺塘原名白竹塘,以古七井旁边盛产白色方竹而闻名,俗称"白竺塘"。竺塘村位于东源乡东南部,距市区14千米,离杨宣公路1.2千米,距乡政府所在地3.5千米,东邻本乡羊子、逢源两村,南邻桥头村,西连新益村,北与民主、东源两村相连。地处丘陵地带,平均海拔125米,其中兰花岭自然村海拔140米。309省道和121省道交叉于本村大路上自然村,距沪昆高速彭高互通口约10千米。竺塘村共有23个自然村:屋场里、圳背、大山院、七井边、五家塘坝上、河背、油榨下、凤形窝、新屋里、荆城、大窝里、易家窝、油榨塘、栗山埠、棉花冲、泉塘冲、尖岭邓家里、尖岭彭家里、大路上、步下、黄家祠、清泥塘、兰花岭自然村;共有34个村民小组、886户3976人,其中男性2220人,女性1756人。常住人口1998人,流动人口1976人。人口较多的姓氏有彭、邓、黄、何、李等。

自然环境与资源 全村土地总面积6.5平方千米,其中耕地1230亩(水田930亩),人均耕地0.31亩,实际耕种1200亩,流转耕地15亩。山地面积5700亩,森林覆盖率90%。其中,生态公益林900亩,杉、松、杂用材林1500亩,经济林3200亩,竹林100亩(人均1.46亩)。境内有尖岭福寿庙、屋场里贞惠宫、棉花冲清泉寺,栗山埠自然村有古柏树,外形清奇秀丽。有东圣农庄一家,集餐饮、娱乐、垂钓、住宿于一体。养殖动物主要有牛、羊、猪、狗、鸡、鸭等。植物主要有油茶林、松树、香樟、杉树、毛竹等。自然灾害受地形和萍水河源头条件影响,竺塘村历史上洪灾频发,每年在五六月份都会发生洪水,尖岭彭家里村山体滑坡时有发生。

经济概况 境内油茶有3400亩,水稻930亩,冬笋、春笋年产量约1万斤。特色养殖有100多亩,每年需用工10余人;有专业合作社、家庭农庄等3家,分别是:好一点专业养殖合作社、荆冲种植合作社、东圣农庄。2022年度农民人均可支配收入8200元,较2021年度增长13%;农民收入主要来源是外出务工。竺塘村商贸繁荣,农历每月逢四有大型赶集。

基础设施 竺塘村对外道路包括杨宣公路、X121和S309均为沥青路面,路况良好;村内道路宽3.5~6.5米,主要为水泥路面、沥青路面各半,生产道路约3.2千米,生活道路约8.3千米,兼具生产生活功能的集镇段约1.5千米,为沥青路面。建设有桥梁15座,其中小型桥梁2座、涵洞型桥梁13座,交通较为便利。全村有变压器台局16座,总功率4800千瓦。村民日常使用的能源主要为电能和液化气,少数家庭使用蜂窝煤。村民主要生活用水来源于地表泉水、深井水,有16个集中供水点,分别位于各自然村;有自来水储池10座,可蓄水260吨,铺设自来水管道约2.2万米,基本满足了全村村民日常生活用水需求。全村有棉花冲、栗山埠、泉塘冲、尖岭邓家里、兰花岭等具有水利灌溉功能的山塘5座,主要采用沟渠引水,可灌溉耕地800余亩。2021年以来,由于年久失修和夏季汛情的影响,部分水利设施被山洪冲垮,竺塘村两委陆续申请实施了大窝里、荆城、尖岭邓家里、彭家里、兰花岭的饮水工程,棉花冲山塘、尖岭邓家里山塘、兰花岭山塘的维修项目,有效保障了村民的生活用水和农业用水安全。

竺塘村村委会

社会发展 竺塘村建有小学1所,可满足竺塘村小学义务教育阶段的就学需求,义务教育覆盖率100%。村文化活动场所占地面积约6650平方米,包括村委会(党群服务中心)约800平方米、新时代文明实践站约200平方米、文化健身广场约4900平方米、庙宇约750平方米。村新时代文明实践站采取"一室多区"形式建设,共设立4个集中活动室,包含图书馆、市民宣讲室等8个功能区域。村内建有一个东源乡中心卫生院综合科(室),设施齐全,接诊率较高,服务范围辐射到宫江、上埠、羊子、镜山、逢源、新益、桥头、江岭、民主等周边村庄,并定期为在村的60岁以上的老人和妇女免费体检。村委会为村民提供代缴医保服务,2023年度农村医保参保率达99.8%。全村有96户138人享受了农村低保,村内有路灯110盏,均为太阳能路灯或电灯;建有东源乡垃圾压缩中转站1个;"厕所革命"整治厕所145个,投入20余万元。

特色地情 1927年9月下旬,毛泽东率秋收起义部队夜宿小枧,第二天经竺塘往芦溪行进。

竺塘村革命烈士有彭象长、何烈丙。

竺塘村千年老牌坊,坐落于竺塘村五家塘坝旁,是竺塘何氏宗祠的老牌坊,据宗谱记载,竺塘何氏一脉在竺塘已生活1200多年,唯一留下可考证的就是牌坊,是最早生活在竺塘的姓氏。

竺塘村天井庵和尚石塔,位于竺塘村棉花冲。当地原先有两栋寺庙,前栋叫天井庵,后栋叫清泉寺,寺庙已毁,后山存留有一座和尚塔和几座和尚墓。和尚塔为仿木结构石塔,坐西朝东,塔后有麻石罗围。该塔平面呈六边形,台式基座,六面体塔身,六边形屋面,葫芦形宝顶。塔身正面竖刻"示寂大公上如下峰法名从道老和尚位"。塔前原

竺塘村乡村森林公园

有墓碑和望柱，修水库时被拆除，砌入拦水坝中。该塔坐向右边有一座清乾隆丙午年（1786）和尚照贤续明的土堆墓，碑文中记载了续明和尚是广慈和尚的徒弟、是石塔墓主从道和尚的徒孙，该墓由续明和尚的徒弟佛佑、徒孙慧参立碑建造。天井庵和尚石塔和墓地为研究萍乡佛教传播情况提供了实物参考资料，尤其是碑文中记载了以石塔墓主为首的五代和尚法名，为研究清代乾隆、嘉庆时期天井庵的师承关系提供了确凿证据。

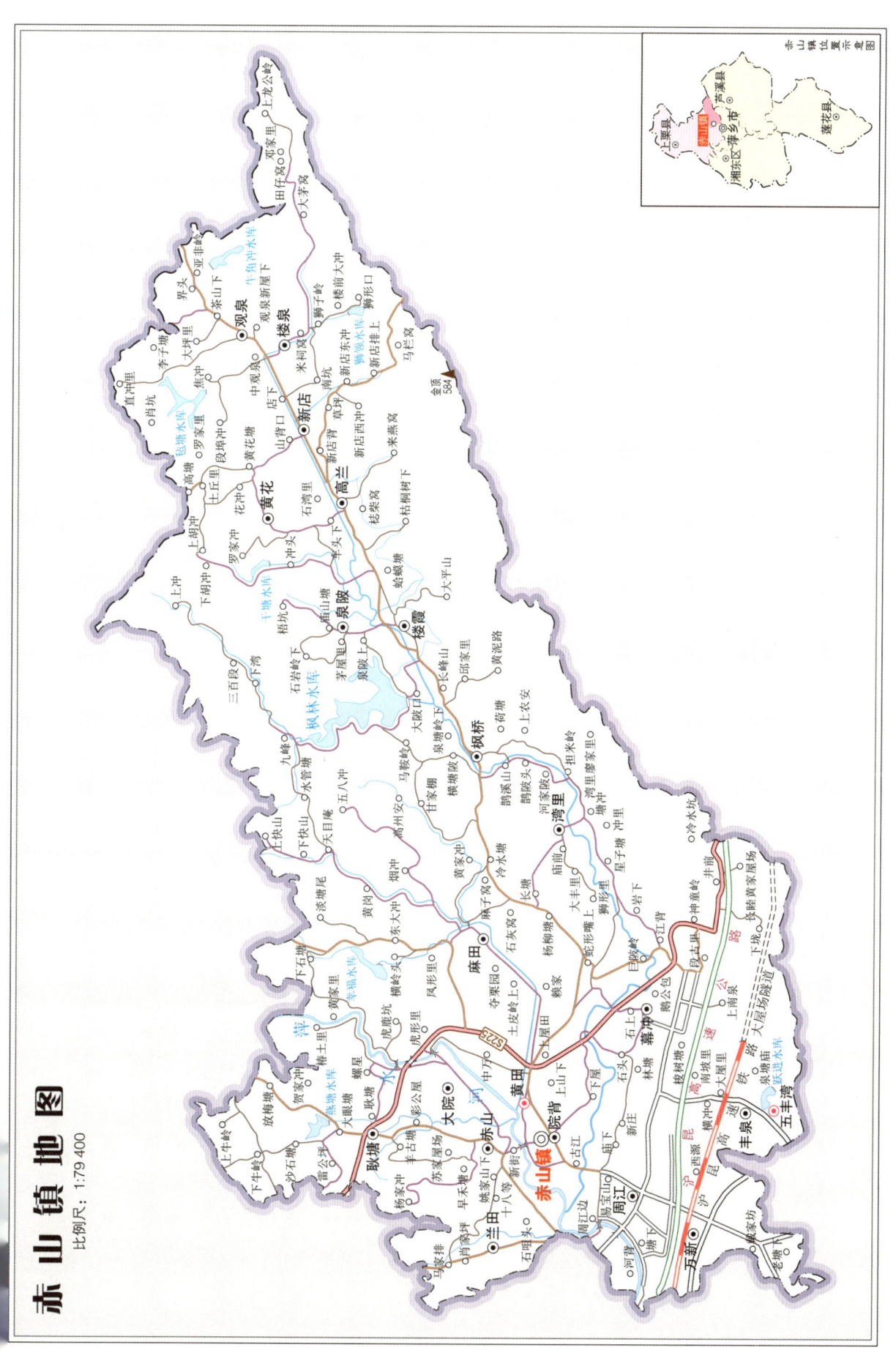

赤山镇

赤山镇位于萍乡市东北部,上栗县最南端,距萍乡市政府8千米,距县城45千米。东邻宜春市袁州区竹亭镇、天台镇,南毗芦溪县银河镇、源南乡,安源区白源街、高坑镇,西连彭高镇泉溪村、韶陂村,东源乡江岭村,北邻东源乡桥头村,总面积85.4平方千米,有山林面积5200公顷,耕地面积1539.5公顷,其中旱地153公顷,水田1386.5公顷。镇政府驻地院背村宝塔岭。

赤山镇历史悠久,源远流长,因境内赤山桥而得名。1977年,省、市考古队在赤山镇宝塔岭挖掘到9万平方米的古城遗址,由此论证早在4000多年前的新石器晚期,人类就开始在这里劳动、繁衍生息。中华人民共和国成立前,为萍乡县三善、楼霞、遵化3乡。中华人民共和国成立初分设积善、赤山2区。1958年赤山公社成立,1961年归属福田区管辖。1962年为赤山、楼霞2社,1966年合并为赤山公社。1971年改属上栗区管辖,1984年改称上栗区赤山乡,1998年撤乡建镇改为赤山镇。

赤山镇是一方红色革命热土。1927年9月底,毛泽东率领秋收起义部队从文家市出发,经东源、赤山,进入芦溪,播下了革命火种。1930年工农红军在赤山两次打败当地的地方武装。抗日战争时期,赤山人民配合抗日部队在姚家山下激战一天一夜,消灭500余名日本兵,取得了赤山抗日战斗的胜利。有大革命和土地革命战争时期革命烈士26人,抗日战争时期革命烈士3人,社会主义革命和建设时期革命烈士10人,合计39人。

境内地形以丘陵、山地为主。地势东北高、西南低,东北群山横亘,西南丘垅相间,中间为狭长垅段。最高点为东部楼泉村龙古峰,海拔为598.5米,其次是新店村主峰,海拔585米,最低点位于兰田村境内,海拔100米。土壤以红壤、紫泥为主。气候宜人,属亚热带季风性湿润气候。四季分明,雨量充沛,年均降水量1533.5毫米。日照充足,全年无霜期270天(自2月下旬至11月下旬),年平均气温在17℃,1月份均温4.9℃,7月份均温28.7℃,全年日照时数约为1800小时,森林覆盖率44.5%。境内以水稻、小麦、油茶、茶叶、毛竹、针叶林等经济作物栽培为主。自然资源有煤炭、石灰石等。境内水利资源丰富,有中小河流4条,分别为发源于杨岐山东侧的赤山河、江岭至兰田河、院背河、麻田河,几条河流水系汇集至周江村,经彭高镇注入萍水河。中华人民共和国成立后,兴建了黄土开中型水库(现为枫林水库)1座,毯塘、牛角冲等7个小(1)、(2)型水库,总库容2053.6立方米,可灌溉面积为23600亩。境内的古建筑有"赤山(尺三)桥""车水桥"和建于清初的"拱辰塔"、乐英堂等。全镇大小寺庙28座。丰泉村石洞口的"傩自周朝始,而盛于明",由杜传芳于明洪武十一年(1378)捐资倡建石洞口傩神庙,被誉为中国傩文化的"三宝"(傩庙、傩舞、傩石具)圣地,至今已600多年。2002年秋,石洞口傩神庙被中共萍乡市委、市政府定为"中国傩文化园"的唯一选址。境内新店村的龙溪洞以其独特的洞内景观而闻名,由"江西才子"刘凤诰手书的"龙溪"二字至今清晰可见。洞内石床、石椅、石桌、石柜一应俱全,石乳、石笋、石人、石狮更是千姿百态,惟妙惟肖。2003年至2021年,又先后打造了幕冲、龙溪、楼泉、麻田等乡村旅游生态休闲地。2017年,赤山街建成集居住、休闲、购物、美食等于一体的拱辰小镇。

2021年,境内辖16个村和1个社区,分别是院背村、赤山村、大院村、耿塘村、麻田村、幕冲村、兰田村、楼霞村、湾里村、枫桥村、泉陂村、高兰村、黄花村、新店村、观泉村、楼泉村和黄田社区。有298个村民小组,1.3万户,总人口5.6万人。境内人口大多数为汉族。集镇面积1.5平方千米。

境内交通发达,沪昆高速公路、杭南长高速客运铁路、西气东输二线在境内穿过。二级沥青路东西向穿行,西接市区,东至宜春市的竹亭乡,北有赤东公路,至东源乡;南有12米宽的水泥公路,直通"傩文化园"。高速、国道和县乡公路构成了境内四通八达的交通网络。沪昆高速、沪昆高铁、迎宾路、丰泉大道、县道X151、杨宣公路、相继建成通车,境内总里程达23千米。多次改造县道X160、X802、X801、X152、X942,乡道Y029、Y095、Y027、Y059、Y062、Y061、Y047、Y090,提升全镇基础设施建设。2017年,境内实现村村通水泥路。2022年,境内实现村村通沥青路。

赤山镇的产业以农业、工业和服务业为主。农业以水稻种植为主,2021年,粮食总产量达16489.8吨。全镇农业产业结构优化,特色农业产业突显,农业基地和品牌逐步打造，涌现出金泰现代农业、龙溪林场、四季果业及丰创等规模化果木种植基地，创建推出金泰冰糖蜜柚、龙溪猕猴桃、丰创翠玉梨、金丝皇菊、四季果业油桃、雨笠金沙柚、裕和西瓜及阳艳天蔬菜等系列果蔬品牌。2020年，在湾里村还成功引进发展了航天大豆制种业。从2017年起，田园综合体等农林生态项目兴起，全镇重点建设了幕冲田园综合体、龙溪省级森林体验康养基地及龙舞岭乡村森林公园等农林生态园区。至2021年，果蔬等产量达20002吨，生猪出栏17921头，活家畜出栏22.7万只。2018年起，房地产行业兴起，境内有萍乡市嘉宇置业有限公司开发的拱辰小镇。2021年，有实体企业131家，规模较大的有：2013年引进华健电力、富益特电子；2017年引进的投资5亿元，年纳税额700万元的江西昀联科技；2019年引进的全县首个投资20亿元以上的丰达兴；2020年引进投资30亿元的江西宇柏林，投资6亿元的江西瀚鼎电路电子、江西超联半导体、华立丰、鑫睿科技、宏章电子；2021年引进的江西鑫满达、江西鹏耀酒店、江西绿网环保科技等企业。

境内人杰地灵，自古以来人文鼎盛，才俊辈出。自北宋至清末，境内进士举人代不乏人，尤以清乾隆间的"江西才子"刘凤诰和清代著名史学家李有棠最负盛名。1918年春，青黄不接，3000多农民在农民首领何冬古的倡导下，自发到土豪财主家吃"磨饭"。1955年，该镇罗桂华被授予少将军衔，获二级八一勋章、二级独立自由勋章、二级解放勋章，成为上栗县走出的四位开国将军之一。

赤山镇的教育、卫生、科学、体育、精神文明建设等事业发达。2003年有中学3所，小学16所，在校中学生3168人，小学生4753人，教职工415人，学龄儿童入学率99.5%。有镇中心卫生院1所，卫生防疫站1个，病床50张，从医人员57人；村级卫生所19家，医务人员75人；敬老院1个，收养老人45人。村村通程控电话。家庭电视普及率达95%。2021年有初级中学1所，九年一贯制学校2所，小学11所，公办幼儿园3所，民办幼儿园3所，在校学生5069人，教职工384人。有公立卫生院1所，村卫生室37所，有医务人员159人，病床222张，乡村医生48人。

境内民间文化底蕴深厚，有"赤山十七子"之称，分别是观泉村的"才子"、楼泉村的"戏班子"、新店村的"毛竹子"、黄花村的"红薯丸子"、高兰村的"酒坛子"、楼下村的"戏台子"、枫桥村的"碳粑子"、泉陂村的"料石子"、湾里村的"土车子"、麻田村的"石磨子"、幕冲村的"唱客子"、黄田村的"菜篮子"、院背村的"糖窖子"、赤山村的"葡萄子"、大院村的"鱼箩子"、兰田村的"黄栀子"、耿塘村螺星上的"小娘子"。

全镇按照中央和上级指示要求，聚焦"两不愁三保障"，通过产业扶贫、就业扶贫、教育扶贫、政策兜底等方式，扎实有效做好脱贫攻坚工作。全镇有建档立卡贫困户375户1345人，省级贫困村1个。脱贫攻坚以来，共计脱贫户356户，1244人，监测对象24户88人。其中：2015年脱贫62户235人；2016年脱贫69户259人；2017年脱贫

93户338人；2018年脱贫62户216人；2019年脱贫57户195人；2020年脱贫32户102人，与市、县同步完成脱贫攻坚任务，同步全面建成小康社会。

2021年，全镇实现财政收入1.45亿元，完成固定资产投资19.05亿元，完成规模以上工业总产值12.77亿元，先后获国家卫生乡镇、全省基层武装部先进单位、全市创建全国文明城市工作集体嘉奖、全市高危行业安全生产先进乡镇、全市计划生育工作先进单位、全市农村清洁工程工作先进单位、全市安全生产和应急管理工作先进单位、全市农业农村工作先进集体、连续四年获全县"六个一"优秀乡镇和县高质量发展考核一等奖等多项荣誉。

院背村

村情概况 院背村由原圳前村、院背村合并而成，20世纪70年代初原属周江大队。村域位于赤山镇西南，是萍城进入赤山的南大门，东与黄田村、幕冲村相邻，南与萍乡经开区丰泉村、万新村接壤，西接萍乡经开区周江村，北隔赤水河与赤山村相邻，辖区面积约4.3平方千米，其中耕地面积2550亩（水田面积1466亩），山林地面积1480亩。赤山镇政府机关、赤山集镇、派出所、法庭、税务分局、工商分局、国土资源所等均设在院背村境内，是赤山镇镇村联动中心村。

全村共有18个村民小组，有14个自然村，分别是船形（一组）、新庄（二组）、将军庙（三组）、锡陂头（四、十七、十八组）、下围子（五组）、上围子（六组）、潘家山下（七、十六组）、枥树塘（八组）、古江（九组）、圳前（十、十二组）、车公塘（十二组）、长沙口（十三组）、庙下（十四组）、山下（十五组）。截至2022年，全村有815户3595人，其中常住人口2794人、流动人口801人。居住人口以汉族为主。全村人口较多的姓氏有李、钟、刘、潘等。

自然环境与资源 院背村地属丘陵地形。全村共有12口水塘，水域面积约110亩，院背河自东而西贯通全村，途中建有陂坝4座。境内深层煤藏量大。林地资源丰富，有毛竹、杉树、樟树、松树、红枣树、野栗树等特色植物，现合作社种养有麒麟西瓜70亩、优质水稻1000亩、柚子树13亩。

经济概况 村内农业以种植水稻、油菜、红薯、玉米和养殖土鸡、鸭、鹅、鸽子为主。2022年，有早稻种植户23户，种植面积约150亩；油菜种植户约180户，种植面积约500亩。2022年新引进水稻制种项目，种植面积350亩，带动弱劳动力就业80人。

村辖区内有赤山工业园,该工业园成立于2017年,为村解决劳动力约320人。赤观公路途经院背,小商贸经济繁荣,营业执照注册有180人。村级集体经济主要来源于上级增资和村委会店铺出租,共36万元。

基础设施　村境内交通便捷,新老萍赤公路呈"Y"形贯通村中、北部,123县道沿村而过,水泥路实现组组通、户户通。院背村距319国道、320国道、沪昆高速公路仅3千米,距萍乡北站高铁站8千米,两条村组主路于2023年完成沥青改造。村内有移动、电信、联通营业厅和邮政物流配送点。村内引进了600吨污水处理项目,村组污水管网铺设在2023年底全部到户。全村水利设施较为完备,有大小陂坝5座、渠道6600米,贯通村东西的院背河已完成中小河流综合治理,全村自来水安饮工程全面覆盖。

社会发展　院背村原有圳前小学、院背小学等2所小学。为提高教学质量,赤山镇政府将院背、黄田、赤山的学校合并为赤山镇中心小学、赤山镇中学。村内文化综合服务中心位于锡陂头,篮球场有4个,位于枥树塘、新庄、车公塘和长沙口,配套了健身器材,另打造有沿河休闲广场,群众使用率及满意度高。村内建有4个卫生所(室),接诊率较高。2022年度农村医保参保率达98%。全村约有850人享受失地农民保险,有低保人员43户50人,分散供养10人(其中城镇3人)。村内人居环境较好,有太阳能路灯360盏。

特色地情　院背村地处乡镇政府驻地,商贸发达。村民有制作米糖的传统,被民间称为"糖窖子"。村内文物点有同治九年(1870)建的九层八面拱辰塔,元代建的枫子庙、将军庙2处社庙,为村老年协会活动场地。

赤山村

村情概况　赤山村村名取自于赤山桥,赤山桥始建于明嘉靖十六年(1537),迄今已有480余年。据说,赤山桥是当地一位叫欧阳德春的乡绅出资主持建造的。当临近收尾,还差约三尺宽的桥面合龙时,建桥所需材料耗尽,费用不足,陷入窘境,难以竣工通行。当地村民得知后,纷纷慷慨解囊,捐款凑钱,最后如期建成了这座赤山桥,因此又叫"尺三桥"。桥建成后,桥的两岸,往来频繁,商贸活跃,市场交易日益繁荣,于是诸多民众傍桥筑宅,渐渐形成了一个自然村落,这就是现在的赤山村,欧阳氏依然是这里的大姓家族,赤山桥也因此遐迩闻名,成为赤山镇赤山村的代名词。村区域面积3.6平方千米。位于上栗县城最南端,距上栗县城45千米,距萍乡城区5千米,是赤山镇政治、经济、文化中心。全村有21个村民小组,有11个自然村,分别是大洲上、姚家山下、十八等、同谭嘴、新老街、何家屋场、谢家湾、牛角上、早禾塘、排上、苏家屋场。有人口585户3017人,其中常住人口2367人、流动人口650人。居住人口以汉族为主。村民姓氏有19个,人口以钟、肖、黄、李、苏、姚、欧阳、谢、杜等9个姓氏为主。

自然环境与资源 赤山村地属半丘陵半山地地形,地势东高西低,气候温和,四季分明。境内煤炭资源、瓷泥丰富。林地资源丰富,有毛竹、杉树、樟树、栀子树(药业基地)等特色植物,合作社种植葡萄200余亩,另有葡萄酒、鹌鹑蛋、大龙虾、黑山羊及丰富的鱼类等特色农产品。

经济概况 村内工业以种植水稻、油菜、油茶、葡萄和养殖鱼、牛、羊、鸡为主。2022年,有水稻种植户约500户,种植面积约800亩;油菜种植户约260户,种植面积约300亩。2022年新引进鹌鹑蛋基地养殖项目,面积约1100平方米,从业人员约10人。规模较大的合作社有上栗县绿洲农业种植专业合作社、萍乡市廪实农业综合开发有限公司、上栗县献农农业服务专业合作社。其中,上栗县绿洲农业种植专业合作社成立于2012年,注册资金150万元,占地面积200余亩,以种植葡萄为主,年产值达20万元;萍乡市廪实农业综合开发有限公司成立于2020年,注册资金150万元,占地面积约100亩,以养殖龙虾为主,年产值20余万元;上栗县献农农业服务专业合作社成立于2018年,注册资金20万元,占地面积约300余亩,以种植水稻为主,年产值15万元。全村工业以劳动密集型的轻工业为主,包括鞋业加工厂、金鑫制衣加工厂。其中,鞋业加工厂位于赤山村枫林小区,主营业务为鞋面加工,有工人20余人;金鑫制衣

赤山桥

赤山村综合文化服务中心

加工厂主要为国内外多家服装品牌提供服饰代加工服务,有工人30余人。村内商贸较繁荣,集镇全长500余米,有商铺90余户,其中大型商超2家、国税所1家、邮政1家、快递投递点1家、小卖部20余家、餐饮10家、衣帽服饰店1家、电器店4家、移动电信2家、美容美发店1家、五金店1家、水电安装3家、摩托车修理2家、石材店2家。2022年村级集体经济收入15万元以上,主要来源于八组、九组山岭租金及其他转移性收入。农历每月逢五有三次大型赶集,商贸十分繁荣。

基础设施 全村境内有3条主干道,萍乡城区到宜春市的赤东公路穿村而过,还有萍乡市区到赤山的萍韶公路,沿河路延至杨宣公路,有直达萍乡金三角车站和萍乡火车站及上栗县城的客运车队,到达萍乡城仅需8分钟车程。全村实现组组通水泥路,主干道通沥青路3千米。全村供电用户585户。村内饮用水多为自来水,水质优良。村内有污水处理设施1处,位于赤山村姚家山下。村内水利灌溉主要采用沟渠引水,有藕塘水库、直冲、横冲、下泉塘、夜干塘、早禾塘、上塘、张家坊等具有水利灌溉功能的山塘12座,可灌溉耕地600余亩。乡村建设不断完善,2022年完善姚家山下双车道拓宽改造,启动了姚家山下污水净化项目;协助政府完善萍水河沿线提升改造(新老街—大洲上路面硬化、活动场所打造等项目);完善牛角上、早禾塘活动场所基础建设。

社会发展 赤山村建有赤山镇中学,可满足赤山镇所有村中学阶段就学需求。村内原本设有一所小学,名为赤山中心小学。因资源整合,将赤山村、黄田村、院背村合并为一所小学,地址位于黄田村。村文化活动场所占地面积3000余平方米,包括村委会(党群服务中心)约500平方米、新时代文明实践站约100平方米、文化健身广场2000余平方米,配有新时代文明实践站、图书室、青少年活动室、科普室、健身室、宣讲室、便民服务室等多种功能室。村境内有诊所4家,还有县第二人民医院(赤山镇卫生院),接诊率较高,服务范围赤山镇17个村及周边镇村。村委会为村民提供代缴医保服务,2022年度农村医保参保率达100%。全村有69户253人享受失地农民保险;有

18户24人享受了农村低保。绿化总面积1448亩,森林覆盖率达70%,富含负氧离子。

特色地情 赤山村大力发展生态农业,葡萄种植产业形成优势,故被称为"葡萄子",为"赤山十七子"之一。

村内古迹甚多。据史料记载,辖区宝塔岭至赤山古桥至炮台岭至姚家坳等区域,抗日战争时期曾是抵御日寇的战场。拱辰塔在抗日战争期间饱经战火,塔身弹痕累累,塔顶也被抗战的炮火摧毁了几层,炮台岭和姚家坳也满是弹孔。史料记载李培玉等革命先烈在赤山战场中英勇牺牲。

天符寺原名为天符庙,自古为萍北名胜之一,坐落于赤山桥老街,前朝九狮山,后倚象形,古称九狮拜象,为赤山八景之一,历史悠久。清道光六年(1826)始建斯庙于今址,庙宇为二进深,并建有戏台,建筑宏伟,蔚为壮观。1949年后,古庙改为民居。庙内有宗教文物。1992年秋寺宇、古戏台维新重建。2003年购得原天符庙旧址之民宅两栋重建天符庙,仿宋建筑恢复原貌。

大院村

村情概况 大院村村域原先是沙溪村、大院村、螺星村、耿塘村、牛岭村5个村,后将5个村合并为永忠大队,后又分为大院村和耿塘村。大院村区域面积3.9平方千米,位于上栗县城最南端,距县城45千米,距萍乡市政府6千米。全村有19个村民小组,

大院村农旅休闲产业园区(葵花基地)

有19个自然村,分别是塘背岭、钟家上屋、钟家下屋、钟家台上、李家塘、间子塘、樟树下、祠堂背、石板路上、号园里、黄莲树下、虎形里、瓦子坪、沙溪、沙陂下、沙溪西岸、沙溪东岸、虎鹿坑、花园坪。有人口586户2986人,其中常住人口1895人、流动人口1001人。居住人口中以汉族为主。村民姓氏以钟、欧阳、李等3个姓氏为主。

自然环境与资源　大院村地属半丘陵半山地地形,地势东高西低,有毛竹、杉树、樟树等特色植物,有黑山羊及丰富的鱼类等特色农产品。

经济概况　村内农业以种植水稻、油桃、水蜜桃、柿子和养殖鱼、牛、羊、鸡为主。2022年,有水稻种植户约200户,种植面积约500亩。规模较大的有江西佰溢梦农业发展有限公司、萍乡市阳艳田农业发展有限公司、上栗县柿子专业合作社。其中,江西佰溢梦农业发展有限公司成立于2019年,注册资金200万元,占地面积150余亩,以种植桃子、砂糖橘为主,年产值达20万元;萍乡市阳艳田农业发展有限公司成立于2012年,注册资金150万元,占地面积约120亩,以种植蔬菜为主,年产值150余万元;上栗县柿子专业合作社成立于2015年,注册资金20万元,占地面积约100余亩,以种植柿子为主,年产值约15万元。2022年村级集体经济收入为38.85万元以上,主要来源于合作社及其他转移性收入。

基础设施　全村境内有2条主干道,分别是萍乡市区到大院的萍韶公路、村内至上栗的杨宣公路。全村实现组组通水泥路,主干道通沥青路6千米,交通便利。全村供电用户586户。村内邮政物流配送点。村内饮用水多为自来水,水质优良。村内水利灌溉主要采用沟渠引水,有燕塘水库、三眼塘、钟家上塘、塘背岭山塘、塘背岭中塘、大水塘、庙前塘等具有水利灌溉功能的山塘11座,可灌溉耕地600余亩。

社会发展　村内有小学1所、村文化活动场所1个、卫生室1个。大院小学可满足

大院村综合文化服务中心(大院鱼文化广场)

村内所有小学阶段就学需求。村文化活动场所占地面积3000余平方米,包括村委会(党群服务中心)约1000平方米、新时代文明实践站约100平方米、文化健身广场800余平方米、居家养老服务中心150平方米,配有新时代文明实践站、图书室、青少年活动室、科普室、健身室、宣讲室、便民服务室等多种功能室。村卫生室有医生长期坐诊,接诊率较高。村委会为村民提供代缴医保服务,2022年度农村医保参保率达100%。全村有75户317人享受失地农民保险;有49户64人享受了农村低保。绿化总面积1088亩,森林覆盖率达70%,2018年获国家森林公园称号。

特色地情　大院村民以放养鱼苗为生,担着鱼箩奔走乡村,被称为"鱼箩子",为"赤山十七子"之一。大院村鱼文化产业广场承载鱼米之乡历史盛景,以示一方水土之灵气。大院村农旅休闲产业园区、葵花基地、四季果园、柿子合作社体现了大院村特色面貌。

耿塘村

村情概况　据《谢氏族谱》载,谢一禹于清康熙壬辰年(1712)来此,拣水塘较多之地奠基,故名拣塘,后演变成耿塘。由耿塘、上牛岭、下牛岭、椿土里、贺家冲、雷公坪、黄家里、桎木冲、螺星栈塘、东冲、陈家冲等自然村组成。耿塘村在解放后有牛岭、螺星、耿塘3个高级合作社,1960年3个高级合作社合并为赤山公社耿塘大队,原牛岭高级社管辖只有现在的六、七组,现在的八、九、十八组均为东源乡桥头村划入耿塘大队。1968年扩社并队,耿塘大队与大院大队合并为永忠大队。1970年队组规模调整,永忠大队分为耿塘、大院两个大队。1998年赤山撤乡建镇,耿塘设为耿塘村。村区域面积8平方千米,位于县城最南端,距县城45千米,距萍乡市政府8千米。全村有20个村民小组,有923户3668人,其中常住人口2968人、流动人口700人。居住人口以汉族为主,村民姓氏有刘、钟、肖、黄、李、陈、周、欧阳、谢、饶、彭、何、曾、芦、杨等15个,其中刘、肖、谢、钟等姓人数较多。

自然环境与资源　耿塘村地属半丘陵半山地地形,地势东高西低。境内林地资源丰富,牛岭林场有杉树、枞树、樟树等植物。

经济概况　村内农业以种植水稻、油菜、油茶和养殖鱼、牛、羊、鸡为主。2022年,有水稻种植户约750户,种植面积约1800亩;油菜种植户约460户,种植面积约1200亩。2022年新引进天涯制种有限公司项目,面积约1100平方米,从业人员约16人。

规模较大的合作社有上栗县顺物生态种养专业合作社、萍乡市归燕种养专业合作社。上栗县顺物生态种养专业合作社成立于2020年,注册资金300万元,占地面积200余亩,以养猪、牛、羊为主;萍乡市归燕种养专业合作社成立于2020年,注册资金150万元,占地面积约80亩,以种植冰糖柚为主。耿塘村引进了萍乡市水生宝科技有限公司,主要生产净化水质环保产品,年产值1000万元,年税收50万元,解决当地30余名村民就业,产品出口沿海城市和周边国家。2022年村级集体经济收入在12万元以上,主要来自投资收入及其他转移性收入。

基础设施 村境内有2条主干道,一条是萍乡城区出发到宜春市的赤东公路,另一条是杨岐到武功山旅游公路(杨宣公路),全村主干道沥青路4千米,交通十分便利。全村已完成农网改造,供电用户720户。村民生活用能主要依靠煤气、煤炭、木柴、电能。村内饮用水为自来水,水质优良。农田灌溉主要采用沟渠引水,有小(2)型燕塘水库,有大小山塘76口,可灌溉耕地700余亩。2022年完善耿塘屋场至螺星上道路拓宽改造;启动了彩公屋场、东冲2组安装市自来水项目;完善沥青路,美化耿塘小学出入路;拓宽硬化雷公坪到杨宣公路项目;安装亮化了蛇形冲、雷公坪、春土里。

社会发展 村内有小学1所、村文化活动场所1个、村卫生所1家。其中,耿塘小学建于1968年,2015年新建一栋教学楼,完善教学设施,建成标准足球场和1所附属幼儿园。2022年投资约80万元完成入校路拓宽、硬化、沥青和绿化。全校师生最多的时候约300人(其中老师13人左右)。村文化活动场所占地面积1600余平方米,包括村委会(党群服务中心)约550平方米、新时代文明实践站约80平方米、文化健身广场

耿塘村美丽屋场

耿塘村综合文化服务中心

1000余平方米,配有新时代文明实践站、图书室、青少年活动室、科普室、健身室、宣讲室、便民服务室等多个功能室。村委会为村民提供代缴医保服务,2022年度农村医保参保率达100%。全村有26户123人享受失地农民保险,有68户103人享受了农村低保。耿塘村素有森林氧吧之称,牛形岭被列入美丽乡村建设项目,打造了众多农家乐、民宿等。境内燕塘水库峰峦叠翠、云涛波涌、四季景色迷人。

特色地情 耿塘村螺星上紧邻沙陂下河边,有螺星上的"小娘子"之美誉,构成"赤山十七子"的人文特色。

萧卫国,字民隽,耿塘村螺星上人。1922年,毕业于北京交通大学,有英译中文著作:《地球的构造》和《云的分类》两书。1944年,被派赴美国、澳洲等地考察路政。曾任交通部专员,东北交通职业学校铁路管理主任兼教授,京沪、沪杭甬铁路局车务处处长、副局长,湖南省公路局局长等职。1949年7月,上海解放后,先后任上海铁路管理局车务处处长、专员、副局长兼局总工程师。1959年8月调任上海铁道学院副院长。

民间传说有七鲤斗水,连有七座像鲤鱼形的山岭,朝萍水河而上;燕塘水库有大涌泉,传说是用七口大锅和糯饭才塞住涌泉。境内古迹有华山寺,该寺始建于清道光九年(1829),坐落于杨宣公路旁边,自古为萍北名胜之一。1949年古庙改为民居,后被毁。2001年在古庙前面河畔戏台遗址上新建华山寺。

幕冲村

村情概况 幕冲村古属袁州府遵化乡东乡里。据族谱记载,黄氏由长睦岭黄家屋场迁至幕冲塘,是一个美丽的鱼米之乡,后演变为幕冲乡幕冲村。解放前夕属三善乡四保，解放初期属赤山区院背乡幕冲村，1958年属赤山公社分为幕冲、石上、巨溪3个大队，1965年石上、巨溪并入幕冲大队，1968年长睦岭并入，1978年长睦岭拆出，仍叫幕冲大队，1983年3月改为赤山乡幕冲村。2003年长睦村并入幕冲村。

幕冲村位于上栗县的西南部，赤山镇的东南部，东邻湾里村，南靠安源区，西接院背村，北至麻田村，距上栗县城30千米，萍乡城区6千米。全村总面积10.05平方千米，其中耕地面积3118亩（水稻田2613亩）、林地面积12500亩。全村共有29个自然村，分别是江背、罗贯前、岩下、巨溪、黄泥坑、冲里、石上、荷叶塘、林塘、石头、戴家岭、王家里、招祥屋里、幕冲屋场、何家里、杨柳塘、上门前、杉窝里、芋仔窝、亭子下、长睦屋场、井前、下垅、株木塘、阳家里、神童岭、段古里、冷水坑、上垅等，村部设在老桥背自然村。全村共有31个村民小组，有1485户5487人，其中男性2898人、女性2589人，常住人口3352人、流动人口2135人。全村共有39个姓氏，其中人数较多的有黄、何、王、林、曾等姓。

自然环境与资源 幕冲村地属半丘陵半山地地形，地势北低南高，村庄地势坡度变化大，平坦用地少，呈现纵向狭长态势。村内有一条萍水河支流自东向西穿村而过。村内有瓷泥等资源。树木茂盛，有快山林场、大岭上林场、冷水坑林场、长青林场等4个村办林场，主要为油茶林、杉树林、毛竹林、杂林，森林覆盖率达70%。

经济概况 幕冲村农业以种植水稻、油茶、油菜、红薯，养殖土牛、猪、鸡、羊、鱼为主，2022年有水稻种植户5户，种植面积约2600亩；油菜种植户178户，种植面积约2000亩；山羊养殖户4户，年末存栏312头，全年出栏300头；养猪大户2户，年末存栏980头，全年出栏920头。幕冲村在乡村振兴中走合作化的发展道路，全民参与，实现农业精细化、专业化、现代化、绿色化的发展。2017年2月成立了幕冲村金丝皇菊种植专业合作社，利用流转土地，发展"特色农业+乡村旅游"打造近2000亩的绿色有机生态基地。工业以劳动密集型的轻工业为主，有包装厂、花炮厂等企业。其中，明亮包装厂成立于2007年，位于幕冲村戴家岭，注册资金500万元，主营业务为各种纸盒包装，有固定工人10人，临时用工30余人，年产值500余万元；幕冲环宇花炮厂成立于1996年，位于幕冲村萍赤公路旁，注册资金1000万元，主营业务为鞭炮加工，产品销售国内外，有固定工人80人，临时用工20余人，年产值2000余万元。村内商超有幕冲生活超市，成立于1990年，位于幕冲村屋场，注册资金200万元，主营食品、果蔬、日化。年营业额300万余元，长期雇用村民6人。2022年村集体经济收入为15万元。

基础设施 村境内交通便利，杨武旅游公路、昌金高速公路、萍赤公路、沪昆高铁贯穿全境，西气东输二线在境内穿插而过。村庄道路网基本形成，村内道路宽2.5~3.5米，主要为水泥路面，建有桥梁7座，其中小型桥梁4座、涵洞型桥梁2座。全村有变电器20台，总功率7500千瓦。村民日常做饭烧水使用的能源主要为电能和液化气，少数家庭使用蜂窝煤、木柴。村民生活用水主要来源于自来水、深井水和山泉水,有9个集中供水点,分别位于冷水坑、株木塘、神童岭、岩下、江背、罗贯前、黄泥坑、杨柳塘、巨溪;有自来水储池11座,可蓄水500吨,铺设自来水管道约36000米,基本满足了全村村民日常生活用水需求。水利灌溉主要采用沟渠引水,有冷水坑、印心塘、荷叶塘、牛形塘、三眼塘、鹅公塘、墨鱼塘、车水塘、长睦大塘等具有水利灌溉功能的山塘9座,可灌溉耕地1000余亩。

幕冲村村委会

社会发展 村内有小学1所、幼儿园1所、村文化活动场所1个、村卫生所(室)3个。其中,幕冲小学为一所完全学校,有学生318人。幕冲幼儿园为公办幼儿园,有学生46人。村文化活动场所占地面积约15000平方米,包括村委会(党群服务中心)约300平方米、新时代文明实践站约300平方米、居家养老服务中心约400平方米、文化健身广场约10000平方米、庙祠约4000平方米。村新时代文明实践站采取"一室多区"形式建设,共设立4个集中活动室,包含图书馆、四点半课堂、市民宣讲室等10个功能区域。村卫生所(室)接诊率较高,服务范围辐射到全村29个自然村。村委会为村民提供代缴医保服务,2022年度农村医保参保率达99%。全村有560户1335人享受失地农民保险,有58户85人享受农村低保,有五保户10户10人,有脱贫户30户107人,有非农低保户3户3人。村内有太阳能路灯200盏,村内卫生垃圾集中转运到赤山镇处理。

幕冲村建设了2000平方米的水上乐园、4000平方米的农产品加工展示中心、800平方米的土楼休闲茶吧及农家书屋,有600平方米的烧烤场、15000平方米的免费停车场、30000平方米的户外拓展基地,利用合作社闲置住房改造民宿20户,在巨溪河两旁建有千米休闲步道和268米长的观光长廊,种植有植树15000棵,铺设草皮18000平方米和彩虹道3000米,打造独具山水田园特色的乡村旅游休闲度假胜地,构筑集党建科普、循环农业、创意农业、乡村游赏、森林休闲、农事体验、花卉观光、艺术文化、户外拓展、研学实践、田园度假、养老养生于一体的现代农业特色田园乡村综合体。

幕冲村

特色地情 幕冲村因肖氏皮影（乐伢舌舌）在当地很有名气，被称为"唱客子"，为"赤山十七子"之一。

幕冲村是开国少将罗桂华的故里。罗桂华（1907—1984）原名何招甫，赤山镇幕冲村人。1930年在安源参加红军，是年加入中国共产党。土地革命战争时期，罗桂华任红一军团二军七师二十一团排长、机炮连指导员、福建军区独立九团营长、团政委，参加了中央苏区反"围剿"和闽西三年游击战争。1933年冬担任福建军区独立九团政治委员。抗日战争时期，罗桂华任新四军第二支队政治部组织科科长、四团政治处主任、一师三旅八团政委、南通警卫团副团长、东南警卫团团长兼政委、三旅参谋长。解放战争时期，任华东野战军六纵十八师副师长、第三野战军卫生部副部长。中华人民共和国成立后，历任东北军区后勤部第一医院管理局局长、油料部部长，总军械部驻沈阳代表、总后勤部西安办事处政委。1950年底参加抗美援朝战争。抗美援朝结束后，任东北军区后勤部油料部长，后调入总军械部任驻沈阳地区总代表。1960年军队体系改革，总军械部并入总后勤部，罗桂华任总后勤部西安办事处政委。1955年被授予少将军衔。获二级八一勋章、二级独立自由勋章、二级解放勋章。1984年去世，享年77岁。

观泉村

村情概况　观泉村地处赤山最东边,毗邻宜春市天台镇和竹亭乡,距城区33千米,全村总面积3.14平方千米,其中水田面积938亩、山林面积4836亩,有小型水库2座,大小山塘68口。全村共有12个自然村,分别是当面窝、界头、藕塘、新屋下、中观泉、池塘园、焦冲、段埠、大坪里、雅居塘、元吉里、李子塘,有20个村民小组。至2021年,全村有606户2986人,其中男性1506人,女性1480人;常住人口1500人,流动人口1486人。居住人口以汉族为主。全村姓氏以刘、张、廖、易、欧阳、彭、黄等7个姓氏为主。

自然环境与资源　观泉村地属丘陵地形,四面环山,气候温和,四季分明。村内居民住宅较集中,土地利用率高。村辖区内有毡塘水库、牛角冲水库2座小(2)型水库。农业灌溉用水主要从山塘、水库中放水灌溉,山塘、水库靠天降雨和山水储水,受季节和天气影响较大。村境内有着丰富的煤炭和石灰石资源,煤矿开采曾一度是附近一带经济发展的支柱产业,为保护生态环境,位于界头煤矿和大沙窝煤矿已于2012年废弃。

经济概况　全村主要以第一产业为主,按季种植水稻、油菜,种植八月瓜、西瓜、冰糖柚、菊花,养殖生猪、兔子、蛋鸡等。农户家中主要生产设施为小型耕田机、日常农具等。村内引进农业大户种植后,实现了大型机械耕作。村内工业企业有1家花炮企业和1个小型制衣厂,花炮企业占地50余亩,有工人100余人,制衣厂有工人20多

观泉村村委会

人。观泉村饮水工程供全村606户村民生活用水,每年收益2万元左右,村内有公益林368.2亩,年收益6627.6元。观泉村商贸繁荣,农历每月逢四、逢九有大型赶集。

基础设施 全村境内有1条主干道,长3.3千米,X123县道穿村而过至宜春竹亭乡,全村实现组组通水泥路,主干道沥青路3.3千米,村距赤山镇15千米,距萍乡市区33千米,距萍乡北站高铁站36千米。全村供电用户606户。全村已完成农网改造。村民生活用能主要依靠煤气、木柴、电能。村内饮用水有水量充沛水质优良的集中山泉水池,主要以集中供水为主和自打井分散为辅,农户安全饮水问题都得到了解决。

社会发展 村内有小学1所,可供村民休闲娱乐的场所4处、卫生所(室)3个。其中,观泉小学师生约有120人(其中老师12人左右)。村级组织活动场所为单独建设,建于2008年,建筑面积760平方米,配备新时代文明实践站、农家书屋等。村卫生所(室)接诊率较高。村委会为村民提供代缴医保服务,2022年度农村医保参保率达96%以上。全村有低保户52户69人,五保户14户(分散供养7户,集中供养7户),残疾人58人,脱贫户28户95人,边缘户1户5人,突发严重困难户1户6人。脱贫户、边缘户、全部解决"两不愁三保障",没有出现返贫现象,突发严重困难户已纳入监测对象,已全部落实具体帮扶政策。绿化总面积近5000亩,森林覆盖率达80%。村内卫生打扫和垃圾处理主要采取户收集、村拖运、镇处理的方式,在各村民聚居点均配备有垃圾收集设施。

特色地情 观泉村是清代才子刘凤诰的故乡,故被称为"才子之乡",为"赤山十七子"之一。村内古迹甚多,有一座明清时代建的古庙——帝钟寺,因清代才子刘凤诰又得名探花庙;观泉村毡塘水库内的肖坑、雅居塘自然村是1927年9月24日毛泽东率秋收起义部队经过的红色路线;元吉里现存刘凤诰故居遗址近1000平方米;张家冲自然村完好保存着距今100多年的人参果树;茶山下自然村有一棵上百年的枫树。

观泉村境内百年枫树

麻田村

村情概况 麻田村古属袁州府萍乡县遵化乡东乡里,以著产麻石而得名,麻石广泛用于百姓生产、生活,如石磨子、猪斗、冲构等,还可用于桥梁、建筑等行业,颇负盛名,远销日本,麻石生产解决了当地百姓基本生活问题。解放后,麻田村经过多次村级区域重组,有贯溪大队、麻田大队、黄岗大队等大队,1968年扩并在一起,1983年黄岗大队分出,2003年又重新合并。麻田村地处赤山镇东南部,距离镇政府2.5千米,距离萍乡市政府10千米,东邻湾里村,南接幕冲村、黄田村,西与大院村交界,北与东源乡逢源村接壤。全村下辖29个村组,分别是新屋下、黄陂上、小冲、贯树下、土坡岭、岭仔上、台陂上、中麻田、庐山坳上、曾家里、新屋里、石灰窝、麻子窝、西冲、湾里头、石塘、风形里、东太冲、淡塘尾、烟冲、五坝冲、黄岗、滴水石、快山、大窝里、梅家里、楠荔园、义床里、杨家窝。全村有1056户4666人,其中男性2452人,女性2214人。居住人口以汉族为主。全村共有29个姓氏,其中肖、曾、李、陈等姓人口较多。

自然环境与资源 麻田村贯溪片区、麻田片区属半丘陵地形,黄岗片区、下石塘属山地地形,整个村庄呈"Y"形。村内有一条萍水河支流自北向南穿村而过。境内麻

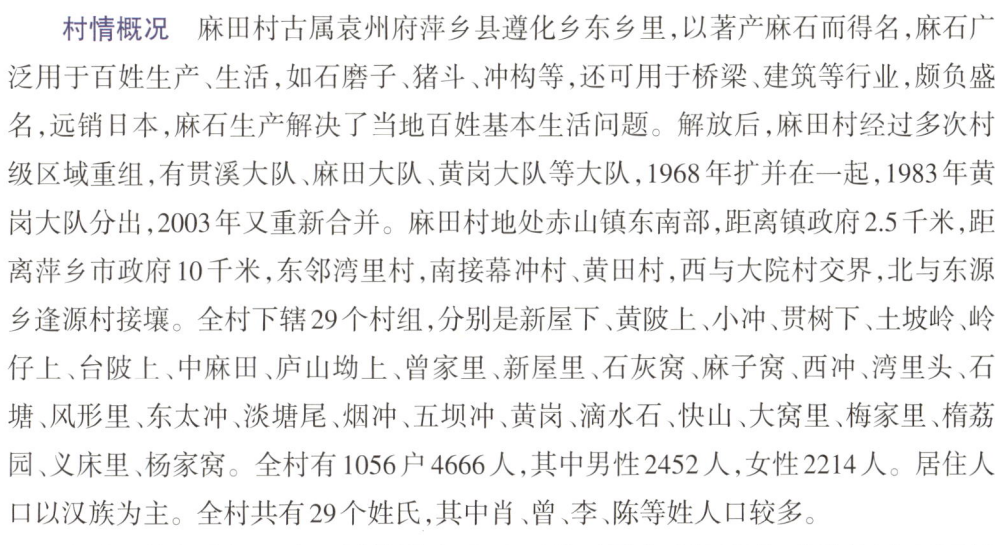

麻田村幸福水库

麻田村进村路口

石资源较为丰富,有部分烟煤矿藏。有林地6800亩,主要为油茶林、松树林、杉树林以及杂树林。

经济概况 村内农业耕种主要为水稻,有水稻种植面积约900亩,2022年安排建设高标准农田500亩。规模较大的合作社有金泰生态农业有限公司、丰创果园、鑫鑫爱心农场、三友荷花园。其中,金泰农业属省级农业龙头企业,也是AAAA级景区,主要种植冰糖柚、葡萄、桑葚、黄桃、草莓、葡萄柚、杨梅,赤山郎冰糖柚获2018年全国第八批"一村一品"荣誉称号;鑫鑫爱心农场养殖黑山羊约380头,全年出栏约250头,养有土鸡、鸭、狗、鸽子、蜜蜂等。工业企业有联利塑业、鸿志石材工艺有限公司,其中鸿志石材公司是县招商引资企业,注册资金超过1000万元,主营石材加工、工艺品等,可解决劳动力50余人。2022年集体经济收入超过130万元。

基础设施 村境内X151县道从村中横穿而过,与村主干道相互交叉,沥青路贯穿全村,与萍赤公路、杨宣公路相接,形成了四通八达的交通路网。全村有变电器13台,总功率5200千瓦。村民日常做饭烧水使用的能源主要为电能和液化气,少数家庭使用蜂窝煤、木柴。村民生活用水主要来源于自来水,有3个农饮水工程,分别是西冲、黄岗、五坝冲,可蓄水80吨,铺设自来水管道约6000米,基本满足全村村民日常生活用水需求。水利建设较为完备,有石灰窝(大塘)、荷家塘、洋沙塘(大塘)、烟冲塘、三眼塘、小冲塘等7口塘;有幸福水库小(1)型水库,库容10万立方米,可灌溉农田2100亩;有黄岗天目庵水库,可灌溉农田260亩,有效保障了农业用水安全。

社会发展 村内有小学1所、幼儿园1所、村文化活动场所1个、卫生所(室)2个。其中,村文化活动场所占地面积约6000平方米,包括村委会(党群服务中心)约800平方米、新时代文明实践站约600平方米、文化健身广场约2580平方米、庙宇约2020平方米。村新时代文明实践站共设立4个集中活动室,包含图书阅览室、科普宣传室、理论宣讲室、市民宣讲室等10个功能区域。村卫生所(室)接诊率较高,服务范围辐射到周边多个村庄。2022年度农村医保参保率达99.8%。全村有289户868人享受失地农民保险,有66户105人享受农村低保。村内人居环境较为良好,有太阳能路灯300盏;投入13万余元完成"厕所革命",整治厕所98个。

特色地情 麻田村因有丰富的麻石资源,盛产麻石制品,故被称为"石磨子",是"赤山十七子"之一。村内古迹有惜字亭,该亭坐落在村办公楼后面,距村主干道约40米。惜字亭于清代道光十八年(1838)士绅根据麻田地理环境、山脉水系等集资兴建,亭有五层六面,角檐四伸,结构严谨,颇具特色,工艺精湛,挺秀壮观,是麻田一道风景。

楼霞村

村情概况 楼霞村解放前夕属楼霞乡,解放初为赤山区霞溪乡,1958年为赤山公社楼下大队,1963年改属楼霞公社,1966年改属赤山公社。1968年天堂大队并入楼下大队,1970年天堂大队分出,仍叫楼下大队。1982年改为楼霞大队,1984年3月改为

楼霞村党建+居家养老服务中心

楼霞村村貌

乡楼霞村。楼霞村位于赤山乡东北部,楼霞村东邻高兰村、西南邻枫桥村、北邻泉陂村,辖区面积3.62平方千米。全村辖12个村民小组,有14个自然村,分别是窝炉下、大福地、城山下、老街上、沙子塘、窝里塘、街北、黄泥岭、街南、蛇形岭、新塘窝、新屋里、大平山、婆官山,有508户2260余人,其中男性1174人、女性1086人;常住人口1200人、外出流动人口1060人。全村人口数多的姓氏为许姓。

自然环境与资源　楼霞村地处山区,南北是山,山势陡峭,中为东西向田垄,平均海拔高度200米。境内有山林面积2800余亩,其中生态公益林400亩、杉、松、杂用材1600亩,竹林800亩,是市级生态村。

经济概况　全村以第一产业为主,按季种植水稻和油菜花,发展了一部分种植与养殖产业,养殖有肉猪和蛋鸡。农田灌溉主要方式为农户从山塘中放水灌溉,受季节和天气影响较大。农户家中主要生产设施为小型耕田机、日常农具等。村内工业企业有鞋业加工厂1个,规模在30人左右,年产值30万左右。楼霞村商贸繁荣,农历每月逢三、逢八有大型赶集。

基础设施　村境内交通便利,X801和X123县道穿境而过,全村实现组组通水泥路,主干道通沥青路1千米。楼霞村距沪昆高速芦溪县互通口11千米,距萍乡市区19千米,距萍乡北站高铁站20千米。全村供电用户508户。2013年设立了楼霞农商分行,方便村民及周边民众。村内饮用水有集中供水、机井供水、自打井分散供水三种方式,水质优良。

社会发展 村内有小学1所、村文化广场活动场所1个、镇级卫生院1个、卫生所(室)4个、连锁大药房1个。其中,楼霞小学校有师生80余人,主要生源为本村的学生。村文化广场活动场所为单独建设,建于2016年,建筑面积1000平方米,室内室外卫生环境好,配有新时代文明实践站、农家书屋、居家养老活动室、党员活动室、卫生服务室、便民服务中心等。村委会为村民提供代缴医保服务,2022年度农村医保参保率达96%以上。全村有低保户38户51人,五保户6户,残疾人36人,脱贫户32户88人,脱贫户全部解决"两不愁三保障",没有出现返贫现象。

特色地情 楼霞村曾是当地较集中的商贸集市和文化中心,有电影院、大戏台等设施,文化生活丰富多彩,故被老一辈人称为"戏台子",是"赤山十七子"之一。

兰田村

村情概况 族谱记载,大约五百年前,杜姓家族从安徽繁昌县到萍乡任知县,战乱时从北桥迁徙到兰田村塘坝上、塘坝下;肖姓家族从吉安泰和到浏阳做小卖生意迁徙到兰田村肖家坪。兰田村位于赤山镇与彭高镇交界之地,总面积约3平方千米,其中水田面积1166亩。全村共8个自然村,分别是石嘴头、塘坝下、塘坝上、培基岭、肖

兰田村村委会

家坪、月山下、桃树下、炎炎冲,有13个村民小组,至2022年底,有456户2048人,其中常住人口1358人、流动人口690人。全村主要姓氏有杜、肖、周、李、彭、王等。

自然环境与资源 兰田村地属半丘陵半山地地形,地势东高西低。境内林地资源丰富,有毛竹、杉树、枞树、樟树、桂花树等植物。

经济概况 全村主要以第一产业为主,按季种植水稻和油菜。2022年,有水稻种植户258户,种植面积约720亩;油菜种植户约150户,种植面积约350亩。另引进5家鸡、鸭、鹅、狗等基地养殖项目5个,占地面积约2320平方米。规模较大的合作社有上栗县宏信种植专业合作社、萍乡市红阳新能源科技有限公司、上栗县恒聚综合种植有限公司、上栗县炎炎冲种养专业合作社、上栗县启强种养合作社。村境内商贸流通企业有家庭型经营的小卖部4家、小型超市2家。2022年村级集体经济收入15.07万元,主要来源于生态补偿性收入和政策奖励收入。

基础设施 全村境内有1条主干道,长1.98千米,属柏油路面,道路沿线途经象塘坝下、塘坝上、培基岭、肖家坪等5个自然村。水泥路基本上实现了组组通,交通较为便利。全村456户家庭均实现供电,已完成农网改造。村内有2家商店可接收社区团购平台的商品,最近的银行服务点在距离村庄1.5千米的集镇农商银行、邮政银行、农业银行等3家银行。村民生活用火主要依靠煤气、煤炭、木柴、电磁炉。村内水利建设较为完备,农田主要依靠山塘和河流引水灌溉,2021年修建了炎炎冲虎形塘水渠,2022年对塘坝下水渠进行修缮,利用高标准农田改造的机会将全村约2100米的水渠进行修缮,自来水通入所有村民家中。

社会发展 村内有小学1所、可供村民休闲娱乐的场所4处、卫生室2家。其中,兰田小学于2015年修建了新校,全校师生最多的时候约100人(其中老师11人左

兰田村

右）。桃树下、肖家坪和塘坝上广场配备了健身器材,可供附近村民运动健身。村卫生室设在村委会旁和肖家坪,村医每天进行坐诊。村委会为村民提供代缴医保服务,2023年度农村医保参保率达100%。全村有脱贫户7户22人,低保户31户44人,五保户13人(集中供养7人,分散供养6人),残疾人54人,其中残疾人中享受政策补助的26人。绿化总面积2160亩,森林覆盖率达85%,种植杉树、枞树、油茶树等林木1850亩。卫生打扫和垃圾处理主要采取户收集、村拖运、镇处理的模式,在各村民聚居点均配备有垃圾收集设施。

特色地情 兰田村因地制宜,走出种植药材的特色之路,尤其是辖区内大面积种植黄栀子,受到医药业的大量采购,为"赤山十七子"之一。傩舞是兰田村乡村文化的一个亮点,每年从农历正月初一至正月十五,傩舞团队在全村及邻村范围内进行傩舞表演。

新店村

村情概况 新店村是一个具有500年历史的古老村落,最先到此居住的先民居住在新店村店下组,开有商铺,后发展到新店街一组,村民把店下组叫成"老店",新店街一组叫成"新店"。随着"新店"居住的人员越来越多,商铺众多、门店林立,故而村庄取名为"新店"。新店村位于上栗县东南部、赤山镇东部,距县城49千米,距镇政府所在地10千米,距市区16千米,距萍乡北高铁站22千米,东邻观泉村,南毗芦溪县源南乡新下村,西连高兰村,北隔黄花村。全村辖14个村民小组,有19个自然村,分别是新店里、新店背、新店街、枫树下、马栏窝、南坑、田心、山奎口、店下、草坪里、西冲、杨子庙、横冲里、狗冲、郭家里、排上、山背口、东冲、花桥,有人口667户2702人,其中男性1426人、女性1276人;常住人口2130人。村民姓氏有18个,人口较多的有易、刘、曾、许、张、杨等姓。

自然环境与资源 新店村地处偏远山区,山势陡峭,平均海拔202米,其中龙溪林场海拔510米。新店村总面积2.68平方千米,其中耕地面积960亩(水田面积860亩)、山地面积8266亩,有生态公益林2686亩、杉、松、杂用材1795亩,经济林1360亩,竹林2425亩,种植有人参果树、茶叶、松树、杉树、油茶、猕猴桃、翠冠梨、毛竹等特色植物,是市级生态村。村内有200多年的人参果树,位于新店中学校园内,龙溪林场被评为省级森林公园、市十佳乡村旅游景点,新店村成功创建了县级文明村和市级文明村。

经济概况　全村主要以第一产业为主,按季种植水稻和油菜花。农田灌溉主要方式为农户从山塘、水库中放水灌溉,受季节和天气影响较大。农户家中主要生产设施为小型耕田机、日常农具等。成立了数家农业合作社,主营猕猴桃、翠冠梨、冬笋、春笋等农产品。村有工业企业有制衣厂2个、鞋子加工厂1个、玩具厂1个,规模都在40人左右。新店村商贸繁荣,农历每月逢一、逢六有大型赶集。

基础设施　村境内交通便利,X801、X527和X123县道穿境而过,全村实现组组通水泥路,主干道沥青路3.3千米。全村供电用户608户。村内有移动、电信、联通营业厅和邮政物流配送点。村内饮用水有集中供水和自打井分散供水2种方式。

社会发展　村内有中学1所、幼儿园1所、村级组织活动场所1个、卫生所(室)4个。原新店小学和原新店中学为两个学校,2017年对中学部进行重建,2019年新店小学搬迁至新店中学合并成现新店学校,原来的新店小学改造成新店幼儿园。新店学校有师生400多人,主要生源是新店、黄花、高兰、观泉、楼泉这几个村的学生。村级组织活动场所为单独建设,建于2009年,建筑面积720平方米,室内室外卫生环境好,配有新时代文明实践站、农家书屋、居家养老活动室、党员活动室、卫生服务室、便民服务中心等。村委会还为村民提供代缴医保服务,2022年度农村医保参保率达99%以上。全村有低保户43户63人,五保户5户,残疾人40人,脱贫户19户70人,脱贫户全部解决"两不愁三保障",没有出现返贫现象。新店村整体地理位置四面环山,绿化情况优秀,风景优美,2019年被萍乡市委、市政府授予"市级文明村"荣誉称号。

新店村

龙溪乡村森林公园入口

特色地情 新店村生态环境极佳,龙溪林场万亩竹林成为风光带,有"毛竹子"之美誉,为"赤山十七子"之一。村境内有一个天然形成的溶洞"龙溪洞",其出口直至芦溪县内,目前尚未开发。

泉陂村

村情概况 泉陂的前身为泉溪,因一条溪水而得名,后经过多次村级区域演变或重组,逐渐将附近的山田、梧坑、泉溪等村落合并在一起。20世纪80年代,三个大队合并成泉陂大队,1982年改名为泉陂村。泉陂村位于萍城北段、赤山镇东部,东邻高兰村,南接楼霞村,西面毗邻枫桥村天堂院,北面与黄花村接壤,距赤山镇政府12千米,距上栗县城42千米,距离萍乡市区20千米,村区域面积5平方千米。全村共有14个自然村,分别是下塘、泉陂上、茶园里、壶嘴岭、老虎塘、黎泉塘、料冲、牛角上、苟里塘、梧坑、下山田、中山田、上山田、冲头。全村有14个村民小组,至2021年,有756户3821人,其中男性2016人、女性1805人;常住人口2756人、流动人口1065人。居住人口以汉族为主。全村人口以曾、谭、钟、吴、刘、许、张、李、邱、廖、徐、黄等12姓为主。

自然环境与资源 泉陂村地属半丘陵半山地地形,地势东高西低,村庄地势坡度变化大,呈西部高、东部低的态势,最高海拔393.6米,位于村域西北侧与枫桥村交界处;最低海拔147.3米,位于村域南侧与楼下村交界处。村庄在空间上分布较为紧密,人口密度相对均衡。气候温和,四季分明。每逢发洪水时,泉陂桥至楼霞的路面就会被淹没。村辖区内有院背河上游河流流经,村民用水主要依靠本地天然的山泉水和地下水,已建成完善的自来水管道和蓄水池,饮用水符合《生活饮用水卫生标准》标准限值。泉陂村共有山塘28口,可满足水稻田的灌溉。村境内有丰富的石灰石资源,由于岩石资源有限,再加上枫林湖蓄水固坝的需要,采石场于2022年6月停止开采。村境内植被茂盛,有秀丽的枫林湖风景区、甘塘水库等生态资源。

经济概况　泉陂村是乡村振兴重点村。2018年3月成立泉陂村农业合作社,承包全村水稻800余亩,安排本地劳动力120余人,为百姓增收近36万余元。村境内有养猪散户3家,每年出栏600余头,每头可达200~240余斤,年销售量达140万元左右。村境内商贸流通较为单一,有家庭型经营的小卖部3家,给附近居民带来便利。

基础设施　全村境内有2条主干道,长3.92千米,从123县道分岔路口起至与楼下村交界处属柏油路面;有水泥路3条,共计2.2千米。2022年5月投资175万元建设山田示范点柏油路及其沿途景观美化亮化工程。全村756户家庭均实现供电。全村依托赤山镇菜鸟驿站快递集散点接收和发送快递,村委会附近的小商店可接收邮政快递。村民生活用火主要依靠罐装液化气、煤炭、木柴、电磁炉。水利建设较为完备,农田灌溉主要依靠枫林湖、甘塘水库及山塘引水。2008年投入15万元修建乡村振兴引水工程,建设完成可蓄50吨水量的蓄水池1座。2021年花费76万元修建了山田、泉陂上、梧坑、庙山塘等4处水渠,可满足基本农田灌溉需求。

泉陂小学

社会发展 村内有小学1所、可供村民休闲娱乐的场所8处、卫生室3个。其中，泉陂小学于2021年进行了操场和文化围墙的打造，全校师生最多的时候达450余人（其中老师26人左右）。苟立塘和村委广场配备了健身器材，供村民健身、休闲之用。3个村卫生室分别在村委会办公楼、庙山塘和泉陂上，村医每天会固定坐诊。全村居民医疗保险参保人数有3775人，参保率为98.75%。全村有脱贫户25户89人，监测户1户3人，低保户62户82人，五保户14人（集中供养2人，分散供养12人），残疾人72人，其中残疾人中享受政策补助的24人。绿化总面积7586亩，森林覆盖率达87.8%，种植杉树、油茶树等林木5642亩。村内垃圾采取下户收集、村级拖运、全镇处理的模式，在各村民聚居点均配备有垃圾收集设施。

泉陂村乡村振兴示范点

特色地情 泉陂村石灰石资源丰富，且品质高，在当地有名。泉陂建材厂是当地料石等材料的重要生产基地，产生了较好的经济效益，故被称为"料石子"，为"赤山十七子"之一。

泉陂村山田牌坊建造于20世纪60年代，近10米高、5米宽，两边呈八字，牌坊上面写有"高举毛泽东思想伟大旗帜"等文字，当时的字体均为立体工艺，一字一句用乳白色的石膏独立制作。一部分文字字体为标宋，一部分文字使用毛主席手写体，均用横向或竖向长方形石膏框嵌成。由于年代久远，牌坊墙体斑驳脱落，破旧不堪。村委会为保护这一历史文化遗迹，重新进行了修缮。正面横联书写"永远跟党走"，竖联"不忘初心、牢记使命"；背面横联"为人民服务"，竖联"泉陂村欢迎您，共建美好乡村"。

湾里村

村情概况 湾里村位于赤山中部,是一个四面环山的盆地,居民区比较集中,都依山而建,中间全部是良田,有"水绕湾里谷满仓,千古农耕稻花香"之誉。全村辖区面积4.5平方千米,其中水田面积1100余亩、林地面积5000余亩。全村辖15个自然村,分别是星子塘、花园里、冲里、大屋里、圳贤上、担米岭、鹊陂台、河家陂、马家里、东边山、湾里、庙前、大丰里、长塘、廖家里。至2021年7月有人口615户2786人,其中常住人口2600人、流动人口186人。居住人口以汉族为主。全村人口以黄、朱、刘、杨、康、许、陈、曾、马、吴、何、张、李、王等15个姓氏为主。

自然环境与资源 湾里村地属丘陵地形,地势四面环山,气候温和,四季分明。村内居民住宅集中,土地利用率高。湾里村辖区内有一条河流流经,村民主要用水依靠本地天然的山泉水和地下水,已建成完善的自来水管道和蓄水池。全村有山塘36口,大多数村民家中有水井,生活用水以井水为主,自来水的使用频率不高。村境内有丰

湾里乡村振兴示范区

富的煤炭资源,为保护生态环境,野猫窝煤场和庵子冲煤矿于2012年废弃。村内特产有沙田柚、冰糖橘、大豆等。

经济概况 湾里村是乡村振兴示范村,通过与当地种养大户达成产业合作,在全村种植1000余亩水稻。2021年与龙华公司合作种植航天大豆,2022年与本地大户合作种植食用大豆与油菜。村境内有天谷食品有限公司、雨笠农场、金朝龙陶瓷厂、冠毅家具厂等企业,还有一个集生产与销售于一体的产业园。

基础设施 全村境内有1条主干道,长5千米,为沥青路面;有防火道路1条,从星子塘二组到冲里四组,全长3.6千米。全村615户家庭均实现供电,已完成农网改造,全村依托赤山镇菜鸟驿站快递集散点接收和发送快递,村委会附近的小商店可接收邮政快递。村民生活用火主要依靠煤气、电磁炉。农田灌溉主要依靠山塘引水,先后对楼冲渠道、丰泉渠道进行清理整治,水利灌溉问题得到有效改善。

村镇建设较好,2020年进行了中小河流治理,河道两边绿化、亮化达到了100%,1100亩农田已全部流转。2022年,在湾里村进行了乡村示范点建设,进行了房相改造、坡屋顶改造、绿化提升、亮化改造,修建了上栗县第一产业园、豆豆广场、秋收广场、柚子广场、智慧书吧、文化广场、民宿等设施,沿线打造了家风家教文化墙,获得省民主法治示范村、市重大项目建设奖、红旗党支部等荣誉。

社会发展 村内有小学1所、可供村民休闲娱乐的场所12处、卫生室1家、居家养老服务中心1个。湾里小学全校师生最多的时候约110人(其中老师10人左右),校内环境优美,设施齐全。村卫生室设在原村委会对面,村医每天进行坐诊。全村居民医疗保险参保人数有1557人,参保率为98.17%。全村有脱贫户21户84人,低保户57户76人,五保户13人(集中供养1人,分散供养12人),残疾人61人,其中残疾人中享受政策补助的25人。居家养老服务中心位于湾里村委会二楼,于2022年打造,占地面积105平方米,配备休息室、图书阅览室等休闲娱乐设施,为老人提供居家养老服务。绿化总面积3100余亩,森林覆盖率达80%。卫生垃圾采取户收集、村拖运、镇处理的模式,在各村民聚居点均配备有垃圾收集设施。

特色地情 湾里村以炭业为主要产业,在运输工具落后的情况下,家家户户都用土车子搞运输、卖烧炭,以"土车子"出名,为"赤山十七子"之一。村内古迹甚多,真果寺有着上千年的历史,其中有一件明末清初的古铭文。解放前真果寺门口有10多亩良田都是萍乡宝积寺管辖,每到稻子收割的季节,成群结队的和尚就会来这里担稻谷,现有一座山叫作"担米岭"。

枫桥村

村情概况 枫桥村古属袁州府遵化乡东乡里,相传在明朝时期,烽火四起,战争不断,恰逢观音菩萨路过,观音菩萨把一座过河桥断封绝堵,乱军无法过河而撤退,后来百姓把该桥叫"封桥"。有族谱记载,在清朝嘉庆年间"封桥"改为"枫桥"。1965年将高田大队并入枫桥大队,2003年天堂村并入枫桥村。

枫桥村地处上栗县赤山镇中部,东邻楼霞村,南靠芦溪县,西接麻田村,北至东源乡,距萍乡市中心15千米,距镇政府5千米。全村辖地总面积13.8平方千米,其中耕地面积1857.8亩(水稻田1756.56亩)、林地面积18768亩。全村共有28个自然村,分别是鹊溪山、大坪前、枫桥街、冷水塘、甘家棚、水院前、马鞍岭、横塘陂、泉塘岭、北山下、长峰山、石背、土里塘、料山下、邱家里、廖家里、思家塘、黄泥路上、礼祖冲、杨梅塘、窑棚界、江洲上、老桥背、上龙安、杉窝里、九丰、下湾、天堂院,村部设在老桥背自然村。全村共有25个村民小组,有人口1189户5894人,其中男性3104人、女性2790人;常住人口4880人,流动人口1016人。全村共有39个姓氏,其中李、许、谭、张、朱等姓人口较多。

自然环境与资源 枫桥村地属半丘陵半山地地形,地势北低南高,村庄地势坡度变化大,平坦用地少,呈现纵向狭长态势。村内有一条萍水河支流自东向西穿村而过。境内煤炭矿产较为丰富。村辖枫林水库,森林覆盖率达70.6%,林地面积为18768亩,主要为油茶林、杉树林、毛竹林、杂林。

经济概况 村内农业以种植水稻、油茶、油菜、红薯,养殖土牛、鸡、山羊、鱼为主,2022年有水稻种植大户5户,种植面积约1500亩;油菜种植户约940户,种植面积约7400亩;新引进了水稻制种项目,种植面积500亩,从业人员21人;山羊养殖户4户,年末存栏260头,全年出栏250头。规模较大的合作社有枫桥村天堂院合作社、枫桥村下湾合作社。其中,枫桥村天堂院合作社成立于2017年,注册资金80万元,占地面积1200亩,主营养殖土羊、猪、牛等,有长期从事管护工作村民5人、临时雇用村民6人;枫桥村下湾合作社成立于2019年,注册资金40万元,占地面积700亩,以生态林为主,有松、杉、樟等各种树木9.5万余株,每年新造林木0.5万余株,有长期从事管护工作村民4人。工业以劳动密集型的轻工业为主,有纸业加工厂1家、鞋面加工厂1家。其中,鸿霖纸业加工厂成立于2020年,位于枫桥村老街,注册资金150万元,主营业务为餐饮宾馆用纸加工,为国外餐饮宾馆业主提供加工服务,有固定工人10人,临时用工

30余人,年产值1000余万元。枫桥鞋面加工厂成立于2022年9月,位于枫桥村秀福路,注册资金100万元,主营业务为鞋面加工,产品销售国内外,有固定工人21人,临时用工20余人,年产值950余万元。枫桥村商贸繁荣,农历每月逢二、七为赶集日,集镇全长500余米,有商铺76户,其中规模商超4家、小卖部14家、餐饮2家、衣帽服饰店2家、电器店2家、家具店1家、移动电信1家、诊所2家、美容美发店3家、五金店1家、水电安装2家、汽车修理1家、建材店2家。2022年村级集体经济收入达10万元以上。

基础设施　村境内交通便利,二级沥青公路由西向东畅行,西气东输二线在境内穿插而过,赤观县级公路穿村而过,均为沥青路面,路况良好。村内道路宽2.5～3.5米,主要为水泥路面,生产道路约18.5千米,生活道路约19.4千米,为沥青路面,全村通组水泥公路100%,通户水泥路90%,建有桥梁9座,其中小型桥梁4座、涵洞型桥梁5座。全村有变电器14台,总功率7000千瓦。村内有移动、电信、联通营业厅和邮政物流配送点。超市均配有POS机,村民可刷卡消费。村民日常做饭烧水使用的能源主要为电能和液化气,少数家庭使用蜂窝煤、木柴。村民生活用水主要来源于深井水,有7个集中供水点,分别位于冷水塘、鹊溪山、大坪前、水院前、北山下、长峰山、礼祖冲;有自来水储池9座,可蓄水400吨,铺设自来水管道约2.6万米,基本满足了全村村民日常生活用水需求。水利建设较为完备,有思家塘、礼祖冲、庙前塘、水鸭窝等具有水利灌溉功能的山塘9座,主要采用沟渠引水,可灌溉耕地700余亩。

社会发展　村内有完全学校1所、幼儿园1所、村文化活动场所1个、卫生所(室)2个。枫桥学校为完全学校,有学生980人。公办高田幼儿园有学生64人,可满足枫桥村及周边村庄学龄前和九年义务教育阶段的就学需求。村文化活动场所占地面积约6500平方米,包括村委会(党群服务中心)约300平方米、新时代文明实践站约200平方米、居家养老服务中心约400平方米、文化健身广场约3500平方米、庙祠约2100平方米。村新时代文明实践站采取"一室多区"形式建设,共设立4个集中活动室,包含图书馆、四点半课堂、市民宣讲室等10个功能区域。村委会为村民提供代缴医保服务,2022年度农村医保参保率达100%。全村有25户124人享受失地农民保险,有62户85人享受农村低保,有五保户13户14人,有脱贫户25户76人,有非农低保户4户5

枫桥村枫林湖

枫桥村村委会

人。人居环境较为良好,有太阳能路灯350盏,建有垃圾集中处理中心1个。

特色地情　枫桥村拥有丰富的煤炭资源,村民以煤为业,开发大小煤井,挖煤成为当地村民的拿手活,被称为"碳耙子",为"赤山十七子"之一。

枫桥村积淀深厚,历史悠久,辖区内有180多年的鹊溪山李氏宗祠、150多年的大坪前张鹏公祠,古风古色建筑保存良好,风格各异,彰显匠心,还有福主庙、灵官祠、龙潭庙、枫林水库等人文景观。华佗庙位于枫桥村南岭庵,始建于元朝年间,1978—2003年多次重修扩建,占地面积3000平方米,建筑面积800平方米。主要建筑有大殿、厢房,主祀神祇为神医华佗。

高兰村

村情概况　高兰村解放前夕属楼霞乡第三保,解放初为赤山区太平乡,土改时属新店乡,1958年为赤山公社高南大队,1963年改属楼下公社,1966年仍属赤山公社,

1968年并入新店大队,1984年3月改为赤山乡高兰村,驻地荷莲塘。

高兰村位于上栗县南部、赤山镇东北部,东邻新店村,北邻黄花村,西邻楼下村和泉陂村,南与芦溪县源南乡接壤,距离上栗县城50千米,距离萍乡市区22千米。辖区面积2.8平方千米,其中森林油茶面积3500亩,水田面积741亩,旱地面积200亩。全村共有11个自然村,分别是来燕窝、羊古岭、南岸、石弯里、荷莲塘、新屋里、陈家湾、高岸、罗家坪、井头冲、车台下。全村有11个村民小组,至2022年底,有546户2426人,其中男性1263人、女性1163人;常住人口1041人、流动人口1385人。居住人口以汉族为主。全村共有13个姓氏,分别是张、刘、廖、陈、易、甘、吴、徐、黄、曾、唐、王、杨。

自然环境与资源 高兰村地属半丘陵半山地地形,地势北低南高,村庄地势坡度变化大,平坦用地少,呈现纵向狭长态势。境内石灰石矿产和林业资源较为丰富。

经济概况 村内农业以种植水稻、油茶、油菜、红薯和养殖土鸡、羊、鸽子、蜜蜂为主。2022年,有水稻种植户约250户,种植面积约520亩;油菜种植户约310户,种植面积约280亩;2022年新引进优质香米水稻种植项目,种植面积150亩,从业人员约12人;香猪养殖专业户2户,存栏120头,全年出栏160头。规模较大的合作社有上栗县兰田园农业发展有限公司和上栗县光福种养专业合作社。其中,上栗县兰田园农业发展有限公司成立于2021年,占地面积1500亩,种植桃子树、板栗树、梨子树、松、杉、樟等各种树木13万余株,每年新栽油茶1余株,年产值25万余元,带动脱贫户长期从事管护工作3人,临时雇用村民6~8人;上栗县光福种养专业合作社成立于2021年,位于高兰村羊古岭二组,主要养殖山羊、鸡、鸭、鹅,2022年养羊120头、鸡鸭鹅共约280只,年产值15万余元,带动脱贫户长期从事管护工作2人。

基础设施 村内主干道均为沥青路面,路况良好,生产道路约3.2千米,生活道路约8.1千米,为水泥路面,兼具生产生活功能的集镇段约1.8千米,为沥青路面。全村有变电器3台,总功率4000千瓦。村内有邮政物流配送点。村民日常做饭烧水使用的能源主要为电能和液化气,村民生活用水主要来源于深井水,有3个集中供水点,分别位于峰子城、罗家坪、桎柴窝;有自来水储池3座,可蓄水200吨,

高兰小学

高兰村村委会

基本满足全村村民日常生活用水需求。水利灌溉主要采用沟渠引水,有荷莲塘、新屋里、高岸等具有水利灌溉功能的山塘6座,可灌溉耕地560余亩。

社会发展 村内有小学1所、村文化活动场所1个、卫生所(室)2个。其中,村文化活动场所占地面积约8970平方米,包括村委会(党群服务中心)约350平方米、新时代文明实践站约120平方米、8个文化健身广场共约6500平方米、庙宇约2000平方米。村新时代文明实践站采取"一室多区"形式建设,共设立4个集中活动室,包含图书馆、四点半课堂、市民宣讲室等10个功能区域。村卫生所(室)接诊率较高,服务范围覆盖周边村庄。村委会为村民提供代缴医保服务,2022年度农村医保参保率达100%。全村有42户65人享受农村低保。村内人居环境较为良好,有太阳能路灯120盏,建有垃圾集中处理中心1个。

特色地情 高兰村人热情好客,当地人有好酒待客的历史传统,家家户户有自制土药子酿造谷酒的技艺,村民家常有煮酒习俗,故被称为"酒坛子",为"赤山十七子"之一。

村内古迹甚多,定夸寺位于高兰村陈家湾,始建于宋代,距今1000多年,占地面积2500平方米,建筑面积1800平方米。"定夸寺"原名定夸祠,乾隆五十四年(1789),江西才子刘凤诰为该寺题写门联,横额为"定夸门",联为"保五方之清泰,佑四季以平安"。

楼泉村

村情概况 楼泉村因村前有泉水流出,故名来泉,后演变成楼泉村,由观背、田仔窝、楼前、石壁上、大茅窝、贺家屋场、狗仔窝、大冲里、狮子岭等自然村组成。楼泉村南靠芦溪县银河镇紫溪村、京竹村、横岭村,西靠赤山镇新店村,北连观泉村,东与宜春竹亭社江村相连。全村共有12个村民小组,至2021年有410户1610人,其中常住人口526人、流动人口1084人,居住人口以汉族为主,还有少数民族5人。全村共有15个姓氏,易、刘、杨、廖等姓人数较多。

自然环境与资源 楼泉村地处高山地带,平均海拔340米,其中龙舞岭自然村海拔608米。全村总面积4.4平方千米,有耕地面积710亩(水田630亩)、山地面积7860亩,森林覆盖率80%,其中生态公益林686亩,杉、松、杂用材林2794亩,经济林4466亩。村辖区内有一条河流流经,村民主要用水依靠本地天然的山泉水和地下水,已建

楼泉村龙舞岭秀美乡村旅游点

楼泉村龙舞岭秀美乡村旅游点

成完善的自来水管道和蓄水池,饮用水符合《生活饮用水卫生标准》。2022年投入10万元修建乡村振兴饮水工程,建设完成可蓄50吨水量的蓄水池1座。村境内有着丰富的煤炭资源,煤矿开采曾一度是附近一带经济发展的支柱行业,为保护生态环境,位于狮子岭的新岭煤矿于2010年废弃。

经济概况　　楼泉村发展高品质乡村休闲旅游示范点,其中龙舞岭有效带动乡村游、研学旅游、餐饮、民宿等第三产业蓬勃发展,龙舞岭合作社带动周边村民10户40余人就近务工。2022年村集体经济收入来源于土地流转、公益林补助资金、林场承包租金、卫生费收缴,合计约15万元。

基础设施　　全村境内有1条主干道,长5千米,属柏油路面,道路沿途经观背、希公祠、下楼泉、上楼泉、岩婆形、大毛窝6个自然村。村境内还有水泥路共9条,共计8.2千米;可通行的砂石路2条,共计0.6千米;生产道路1条,从观背龙里至木家台。全村410户家庭均实现供电,已完成农网改造。村民生活用能主要依靠煤气、电磁炉。全村依托赤山镇菜鸟驿站快递集散点接收和发送快递,村委会附近的小商店可接收邮政快递。农田灌溉主要依靠山塘引水,先后对岩婆形山塘、观背大门前山塘、十组的河道闸门进行修缮,可满足灌溉的耕地面积350亩。

社会发展　　全村有小学1所、可供村民休闲娱乐的场所5处、村卫生所(室)1个。其中,楼泉小学由于大量的人口外流、农村教育资源萎缩,于2021年初停止办学。观背木加台和易氏宗祠门口广场匹配了健身器材,其余文体广场均设置了石桌石凳。村委会为村民提供代缴医保服务,2022年度农村医保参保率达99%以上。全村有低保户23户57人,五保户7户,残疾人48人,脱贫户14户,脱贫户全部解决"两不愁三保障",没有出现返贫现象。

特色地情　楼泉村解放前就有湖南戏团传入,1958年成立了湖南湘戏团,后注册成立了楼泉特种艺术剧团,戏剧团由24位成员组成。源远流长的民间戏曲丰富了大家的业余生活,楼泉村扎根于群众的生活中,成为一门独具特色的民间艺术。由此,楼泉村成为内外知晓的"戏班子",为"赤山十七子"之一。

境内有宗教文物点2处,在大门前自然村口立有一乾隆年间《准示严禁碑》,为官府禁止流民进村强乞的文告,可见当时社会经济和地方治安状况良好。

境内龙舞岭自2019年12月9日举行第一届赣湘边摩托车越野赛,至2023年已举办4届,每年冬季举行一届,彰显速度与激情之美。

黄花村

村情概况　据族谱记载,大约300年前,廖姓家族从赣州逃荒至黄花塘,不断繁衍生息。后经过多次的村级区域重组,逐渐将附近的花冲、土丘、下井等村落合并在一起。中华人民共和国成立后,黄花大队、胡冲大队合并成黄花大队,20世纪80年代后逐渐改为黄花村。黄花村位于萍城北段、赤山镇东部,东邻观泉村、新店村,南接高兰村,西面毗邻枫桥村、泉陂村,北面与宜春市接壤,距赤山镇政府14千米,距上栗县城45千米,距离萍乡市区23千米,辖区面积4.8平方千米。全村分为9个自然村,分别是象鼻冲、下井、罗家冲、百益里、下井上、胡冲、土丘、黄花塘、花冲。全村有16个村民小组,至2021年有540户

黄花村村委会

1954人,其中男性1039人、女性915人;常住人口538人,流动人口1416人。居住人口以汉族为主。全村人口以廖、张、刘、许、谢、姚、钟等7个姓氏为主。

自然环境与资源 黄花村地属半丘陵半山地地形,村庄地势坡度变化大。最高海拔389.4米,位于村域西北侧与枫桥村交界处;最低海拔147.3米,位于村域南侧与泉陂村交界处。村居民住宅较为分散,平坦用地少,土地利用率较低。村辖区内无河流流经,村民用水主要依靠本地天然的山泉水和地下水。村境内有着丰富的煤炭资源,煤矿开采曾一度是附近一带经济发展的支柱行业,为保护生态环境,位于根积窝和摇篮窝的两处煤场均于2014年废弃。

经济概况 村内农业以种植业和养殖业为主,种植业包括水稻、油菜、香芋、红薯、油茶树等,养殖业包括肉牛、猪、羊、鸡、鱼等,成立了根发种养合作社、行大生态农业合作社等种养专业合作社。根发种养合作社成立于2019年,位于黄花村胡冲自然村,2022年种植果树(皇帝橘)50亩、蔬菜10亩、茶油树75亩、杉树300亩,养殖土鸡350羽、鱼塘2亩,建有鸡舍50平方米、猪舍130平方米、羊舍50平方米,共带动脱贫户7户28人,年销售量35万元左右。行大生态农业合作社成立于2021年,位于黄花村百益里自然村,2022年养殖西蒙达尔牛12头,出栏时每头可达300斤;种植西瓜8亩、香瓜2亩,带动脱贫户4户12人,年销售额25万元左右。黄花村是乡村振兴"十四五"重点村,积极探索本地适宜的产业项目。2022年3月通过与宜春种养大户达成产业合作意向,种植200亩香芋,亩产量可达4000斤,安排本地劳动力80余人,为百姓增收近15万元。

基础设施 全村境内有1条主干道,长3.1千米,属柏油路面,道路沿线途经象鼻冲、罗家冲、百益里、下井上、下井、黄花塘等6个自然村。村境内有柏油路4条,共计4.46千米;水泥路9条,共计6.15千米;可通行的砂石路3条,共计0.4千米;生产道路1条,从下胡冲六组到根发农林种养场,全长1.6千米。

全村540户家庭均实现供电,已完成农网改造。村民生活用能主要依靠煤气、煤炭、木柴、电能。全村依托赤山镇菜鸟驿站快递集散点接收和发送快递,村委会附近的小商店可接收邮政快递。农田灌溉主要依靠山塘引水,先后对胡冲、花冲、土丘的水渠和山塘进行修缮,能满足农田灌溉耕地面积约490亩。2022年投入11万元完成乡村振兴饮水工程的修建,建设完成可蓄50吨水量的蓄水池1座。

社会发展 村内原本有黄花小学1所,由于大量的人口外流、农村教育资源的萎缩,于2021年初停止办学。村内有可供村民休闲娱乐的场所6处、卫生室1所、居家养老服务中心1个。其中,象鼻冲和下井村委会广场配备了健身器材,其余文体广场均仅设置石桌石凳。村卫生室设立在原村委会旁,村医每周固定3天进行坐诊。居家养老服务中心建于2020年,位于黄花村百益里自然村,占地面积140平方米,配备休息室、图书阅览室等休闲娱乐设施,为老人提供居家养老服务。居民医疗保险参保人数有1557人,参保率为98.17%。全村有脱贫户6户25人,监测户4户10人,低保户34户48人,五保户8人(集中供养6人,分散供养2人),残疾人56人,其中残疾人中享受政策补助的29人。绿化总面积6448亩,森林覆盖率达85%。垃圾采取户收集、村拖运、镇处理的模式,在各村民聚居点均配备有垃圾收集设施。

特色地情　黄花村人多田少,山地面广,村民勤劳,以种植红薯等杂粮为主,尤其是种植红薯上了规模,家家户户喜欢做油炸红薯丸子。由此被称为"红薯丸子",为"赤山十七子"之一。

黄田社区

村情概况　黄田社区原为赤山居委会,后将黄田村合并为黄田社区。社区位于上栗县城最南端,辖区面积1.8平方千米。全村有13个村民小组,有11个自然村,分别是老街社区、吉善路、下山下、上山下、上屋田、上黄田市、下黄田市、小江桥、船形湾、中万、上万。有人口786户2986人,其中常住人口2785人,流动人口201人。居住人口以汉族为主。村民主要以陈、肖2个姓氏为主。黄田社区地属半丘陵半山地地形,地势东高西低,有毛竹、杉树、樟树等特色植物,有黑山羊及丰富的鱼类等特色农产品。

经济概况　社区农业主要是种植水稻、油桃、水蜜桃、李子和养殖鱼、牛、羊、鸡。2022年,有水稻种植户约200户,种植面积约400亩。规模较大的有江西金泰农业发展有限公司。该公司成立于2012年,注册资金400万元,占地面积250余亩,以种植桃子和冰糖橘为主,年产值达300万元。2022年社区集体经济收入在48万元以上,主要来源为合作社及其他转移性收入。社区商贸繁荣,农历每月逢五有大型赶集。

基础设施　全村境内有2条主干道,为沥青路面,有至上栗的杨宣公路,全村实现组组通水泥路。社区距县城45千米,距萍乡城区6千米仅需10分钟车程。全村供电用户586户。村内饮用水多为自来水,水质优良。水利灌溉主要采用沟渠引水,有眉子冲水库等具有水利灌溉功能的山塘7座,可灌溉耕地600余亩。

社会发展　社区内有小学1所、文化活动场所1个、卫生室1所。其中赤山中心小学可满足社区内所有小学阶段就学需求。村文化活动场所占地面积2500余平方米,包括村委会(党群服务中心)约1200平方米、新时代文明实践站约200平方米、文化健身广场800余平方米、居家养老服务中心300平方米,配有新时代文明实践站、图书室、青少年活动室、科普室、健身室、宣讲室、便民服务室等多种功能室。村卫生室有医生长期坐诊,接诊率较高。村委会为村民提供代缴医保服务,2022年度农村医保参保率达100%。社区有134户453人享受失地农民保险;有27户35人享受了农村低保。社区自然环境优美,绿化总面积780亩,森林覆盖率达70%,种植有杉树、油茶树、樟树等林木的总面积500余亩,2018年获国家森林公园称号。

特色地情 黄田社区居民从地情出发,延链补链强链,壮大蔬菜产业链,源源不断地把蔬菜送往市场,被称为"菜篮子",为"赤山十七子"之一。社区美丽屋场、特色民居、农旅产业园区黄金柚、休闲产业园"金泰农业""国家森林乡村"品牌,成为特色亮丽的风景线。

社区内较有特色的古桥有怀念桥、碓仔下老石桥等。怀念桥始建于1976年,位于赤水河,为两孔桥,因1976年为毛泽东主席逝世之年,为纪念毛主席取名为怀念桥。2017年重建为二孔平梁。碓仔下老石桥始建于1508年,麻石石灰砌成一孔拱桥,桥长7米、宽4米。2010年,桥上边搭建一座水泥平桥,方便村民出行。

黄田社区美丽屋场

后 记

历时三载，这部承载着萍乡各村(社区)风貌与底蕴的《萍乡概览》终于付梓，这是迄今为止萍乡市第一部覆盖全市所有行政村的地情资料丛书，填补了萍乡地情资料的空白。

近年来，中央和省地方志工作机构越来越重视地情资源收集整理及开发利用工作。《江西省地方志事业发展"十四五"规划》提出要"整理利用地情资源""做好地方志资料工作"。《萍乡概览》的编纂积极响应了中央和省地方志工作机构的号召，秉持对历史负责、为现实服务、替未来着想的理念，深入挖掘、细致整理了各方面的资料，最终编纂成书。全书系统记述了全市各县(区)、乡(镇、街)和村(社区)各级的自然、政治、经济、文化、社会的历史和现状，可以说载述了一方地情，对于传承中华优秀传统文化、开展红色文化教育、树立文化自信等都具有重要意义。

《萍乡概览》编纂工作从启动到成书，大体上经历了四个阶段。2022年3—6月是组织准备阶段。其间，经萍乡市人民政府同意，成立了《萍乡概览》编纂组，下发编纂方案至各县(区)，逐级组建编纂机构和人员，使编纂工作逐步走上正轨。6—12月是收集资料阶段。动员和组织各级编纂人员通过查阅档案、古籍、旧志以及走访、调查、核实等多种方式进行资料收集，广征博采，整理文字500余万字，各类照片2600余幅。2023年是编写初稿阶段。组织各级编纂人员对收集到的资料进行分类、整理，撰写初稿。由于各地编纂进度不一，编纂组收到一稿即审阅一稿、反馈一稿，由主编、副主编分头带队赴各乡(镇、街),召开审稿反馈会,面对面交流探讨,对初稿提出详细修改意见并进行具体指导,大大提高了稿件质量。到2024年1月,转入总纂阶段。同时,还邀请专家进行评审,依据专家意见,进一步完善编纂成果。7月交付出版社,进入出版流程。

  市委、市政府对《萍乡概览》编纂工作高度重视,市财政保障了编纂经费,市政府分管领导多次调度。编纂过程中,省地方志研究院给予悉心指导,市档案馆以及各县区委、县区政府等给予大力支持和协助,在此一并致谢。然各村(社区)历史源远流长,虽竭尽心力,但因年代跨度长、涉及内容广,兼之编者能力有限,难免存在疏漏、错讹或未尽妥帖之处,望广大读者不吝批评指正,以便我们在后续的修订中不断完善,使本书能够更加精准、全面、客观呈现萍乡各村(社区)的真实风貌,不负这片土地的厚重底蕴与读者的殷切期待。

《萍乡概览》编纂委员会

2025年1月